CURSO DE DIREITO CONSTITUCIONAL

O GEN | Grupo Editorial Nacional – maior plataforma editorial brasileira no segmento científico, técnico e profissional – publica conteúdos nas áreas de concursos, ciências jurídicas, humanas, exatas, da saúde e sociais aplicadas, além de prover serviços direcionados à educação continuada.

As editoras que integram o GEN, das mais respeitadas no mercado editorial, construíram catálogos inigualáveis, com obras decisivas para a formação acadêmica e o aperfeiçoamento de várias gerações de profissionais e estudantes, tendo se tornado sinônimo de qualidade e seriedade.

A missão do GEN e dos núcleos de conteúdo que o compõem é prover a melhor informação científica e distribuí-la de maneira flexível e conveniente, a preços justos, gerando benefícios e servindo a autores, docentes, livreiros, funcionários, colaboradores e acionistas.

Nosso comportamento ético incondicional e nossa responsabilidade social e ambiental são reforçados pela natureza educacional de nossa atividade e dão sustentabilidade ao crescimento contínuo e à rentabilidade do grupo.

MANOEL GONÇALVES
FERREIRA FILHO

CURSO DE DIREITO CONSTITUCIONAL

42.ª edição revista e atualizada

- O autor deste livro e a editora empenharam seus melhores esforços para assegurar que as informações e os procedimentos apresentados no texto estejam em acordo com os padrões aceitos à época da publicação, e todos os dados foram atualizados pelo autor até a data de fechamento do livro. Entretanto, tendo em conta a evolução das ciências, as atualizações legislativas, as mudanças regulamentares governamentais e o constante fluxo de novas informações sobre os temas que constam do livro, recomendamos enfaticamente que os leitores consultem sempre outras fontes fidedignas, de modo a se certificarem de que as informações contidas no texto estão corretas e de que não houve alterações nas recomendações ou na legislação regulamentadora.

- Fechamento desta edição: *09.02.2022*

- O Autor e a editora se empenharam para citar adequadamente e dar o devido crédito a todos os detentores de direitos autorais de qualquer material utilizado neste livro, dispondo-se a possíveis acertos posteriores caso, inadvertida e involuntariamente, a identificação de algum deles tenha sido omitida.

- **Atendimento ao cliente:** (11) 5080-0751 | faleconosco@grupogen.com.br

- Direitos exclusivos para a língua portuguesa
  Copyright © 2022 by
  Editora Forense Ltda.
  Uma editora integrante do GEN | Grupo Editorial Nacional
  Travessa do Ouvidor, 11 – Térreo e 6º andar
  Rio de Janeiro – RJ – 20040-040
  www.grupogen.com.br

- Reservados todos os direitos. É proibida a duplicação ou reprodução deste volume, no todo ou em parte, em quaisquer formas ou por quaisquer meios (eletrônico, mecânico, gravação, fotocópia, distribuição pela Internet ou outros), sem permissão, por escrito, da Editora Forense Ltda.

- Capa: Aurélio Corrêa

- **CIP – BRASIL. CATALOGAÇÃO NA FONTE.
  SINDICATO NACIONAL DOS EDITORES DE LIVROS, RJ.**

  F441c
  Ferreira Filho, Manoel Gonçalves

  Curso de direito constitucional / Manoel Gonçalves Ferreira Filho. – 42. ed. – Rio de Janeiro: Forense, 2022.

  Inclui bibliografia
  ISBN 978-65-5964-457-5

  1. Direito constitucional – Brasil. I. Título.

  22-75932　　　　　　　　　　　　　　　　　　　　　　　　　　　　CDU: 342(81)

  Meri Gleice Rodrigues de Souza – Bibliotecária – CRB-7/6439

SOBRE O AUTOR

Professor emérito da Faculdade de Direito da USP. Professor titular (aposentado) de Direito Constitucional da Faculdade de Direito da USP. Doutor *honoris causa* da Universidade de Lisboa. Doutor pela Universidade de Paris. Ex-professor visitante da Faculdade de Direito de *Aix-en-Provence* (França). Membro da Academia Brasileira de Letras Jurídicas. Presidente do Instituto "Pimenta Bueno" — Associação Brasileira dos Constitucionalistas.

NOTA À 42ª EDIÇÃO

Depois de um quinquênio, este livro ressuscita. Com esta nova edição, são quarenta e uma vezes em que veio à luz. É isto, sem dúvida, uma marca significativa para o Brasil. Com efeito, a sua longevidade é excepcional e me surpreende.

Nasceu ele modestamente de uma apostila elaborada por alunos da Faculdade de Direito da PUC-SP no início dos anos 1960, que revi. O texto, mimeografado, foi lido fora da Faculdade e caiu nas mãos de Paulino Saraiva. Este, num ato de coragem, publicou-o como livro. Surgiu, assim, este *Curso de Direito Constitucional*.

Na sua orientação, o texto seguiu o padrão cultural europeu, mormente francês, que se preocupa com os fundamentos doutrinários, e também políticos e sociais, das instituições e dos grandes temas constitucionais. Visa a preparar cabeças capazes de raciocinar por si próprias em face de qualquer Constituição e não as que querem receber, prontas, as respostas certas para os questionários escolares ou de concursos elementares.

É, todavia, um livro didático, o que valoriza a clareza e a precisão. Cuida singelamente de apontar o perfil do tema e mostrar como ele se afeiçoa no sistema nacional. Assim, não se preocupa com as polêmicas doutrinárias que pouco aproveitam aos destinatários da obra e tomam um tempo que melhor se utilizaria para a compreensão dos pontos fundamentais da disciplina.

Na sua longa existência, o *Curso*, escrito sob a Constituição de 1946, teve de adaptar-se à frequente mudança de nosso direito constitucional positivo. Com efeito, teve de ser adaptado à de 1967, à Emenda n. 1, de 1969, e a todas que se lhe seguiram, à Constituição de 1988, e às suas mais de cem Emendas já promulgadas até o momento em que se encerrou esta atualização.

Também teve de levar em conta a evolução dos tempos. Assim, por exemplo, na sua redação inicial, estudava o direito constitucional marxista, que desapareceu com o fim da URSS, o que evidentemente foi suprimido. Igualmente, veio a levar em conta a evolução do constitucionalismo mundial — por exemplo, as decorrências da globalização e das mudanças no perfil do Estado. E, mais recentemente, deveu firmar posição contra modas, como a do dito neoconstitucionalismo, reiterando posições clássicas acerca da efetivação da Constituição e de sua interpretação. É o que particularmente se fez na 31ª edição, de 2005.

Ressuscita agora renovado. Com efeito, em numerosos pontos, a obra foi reescrita, pois, se não mudei minhas concepções básicas, evoluí no que tange a muitos pontos importantes, por exemplo, a propósito da democracia. Nisto, procuro aproveitar os ensinamentos da ciência política e explicitar não uma visão idealizada e simplista, mas realista.

Nesse processo, muito devo a inúmeros colegas, cujas observações e sugestões procurei seguir. Não os enumero, porque são muitos e a memória de um idoso professor poderia omitir algum, fazendo uma injustiça. A todos, porém, agradeço, como à memória de Paulino Saraiva por ter sido o primeiro a reconhecer alguma valia neste trabalho

Agradeço também aos que ajudaram a atualizar este livro, especialmente à Ministra Maria Cristina Peduzzi, atual Presidente do Tribunal Superior do Trabalho e ao jovem doutor Gustavo de Oliveira Filippi, aluno das Arcadas.

São Paulo, janeiro de 2022.
O Autor

OBRAS DO AUTOR

A democracia no limiar do século XXI. São Paulo: Saraiva, 2001.
A democracia possível. 5. ed. São Paulo: Saraiva, 1979.
A reconstrução da democracia. São Paulo: Saraiva, 1979.
A ressurreição da democracia. Santo André: Dia a Dia Forense, 2020.
Aspectos do direito constitucional contemporâneo. 3. ed. São Paulo: Saraiva, 2011.
Comentários à Constituição brasileira. 6. ed. São Paulo: Saraiva, 1986.
Comentários à Constituição brasileira de 1988. São Paulo: Saraiva, 1990. v. 1.
Comentários à Constituição brasileira de 1988. São Paulo: Saraiva, 1992. v. 2.
Comentários à Constituição brasileira de 1988. São Paulo: Saraiva, 1994. v. 3.
Comentários à Constituição brasileira de 1988. São Paulo: Saraiva, 1995. v. 4.
Comentários à Constituição brasileira de 1988. 2. ed. São Paulo: Saraiva, 1997. v. 1 (abrange o v. 1 e o v. 2 anteriores).
Comentários à Constituição brasileira de 1988. São Paulo: Saraiva, 1999. v. 2 (abrange o v. 3 e o v. 4 anteriores).
Comentários à Constituição brasileira de 1988. 3. ed. São Paulo: Saraiva, 2000. v. 1.
Constituição e governabilidade. São Paulo: Saraiva, 1995.
Direito constitucional econômico. São Paulo: Saraiva, 1990.
Direitos humanos fundamentais. 14. ed. São Paulo: Saraiva, 2012.
Do processo legislativo. 7. ed. São Paulo: Saraiva, 2012.
Estado de direito e Constituição. 4. ed. São Paulo: Saraiva, 2007.
Ideias para a nova Constituição brasileira. São Paulo: Saraiva, 1987.
Lições de direito constitucional. São Paulo: Saraiva, 2017.
O anteprojeto dos notáveis. São Paulo: Saraiva, 1987.
O estado de sítio. São Paulo: Revista dos Tribunais, 1964.
O Parlamentarismo. São Paulo: Saraiva, 1993.
O poder constituinte. 6. ed. São Paulo: Saraiva, 2014.

Os partidos políticos nas Constituições democráticas. Belo Horizonte: Revista Brasileira de Estudos Jurídicos, 1966. [Versão em português da tese de doutorado *Le Statut Constitutionnel des Partis Politiques au Brasil, en Italie en Allemagne et en France.* Paris, 1960.]

Princípios fundamentais do direito constitucional. 3. ed. São Paulo: Saraiva, 2012.

Sete vezes democracia. São Paulo: Convívio, 1977.

Livros que editou em colaboração

Liberdades Públicas, de que foi o coordenador, em colaboração com as Profas. Dras. Ada Pellegrini Grinover e Anna Cândida da Cunha Ferraz. São Paulo: Saraiva, 1978.

A nova Constituição de 1988?, que coordenou com a colaboração do Prof. Roger Stiefelmann Leal. Santo André: Dia a Dia Forense, 2021.

SUMÁRIO

PARTE I – A CONSTITUIÇÃO 1

    1. Plano desta Parte 1

Capítulo 1 – O Constitucionalismo 3

    1. A Ideia de Constituição 3
    2. Antecedentes 3
    3. Pactos, Forais e Cartas de Franquia 3
    4. Contratos de Colonização 4
    5. As Leis Fundamentais do Reino 4
    6. As Doutrinas do Pacto Social 5
    7. O Pensamento Iluminista 5
    8. Noção Polêmica de Constituição 6
    9. O Constitucionalismo 6
    10. A Racionalização do Poder 7
    11. Valor da Racionalização 7

Capítulo 2 – Conceito de Constituição 9

    1. Conceito Genérico de Constituição 9
    2. Constituição Total 9
    3. Conceito Jurídico 9
    4. Regras Materialmente Constitucionais 9
    5. Regras Formalmente Constitucionais 10
    6. Regras Constitucionais quanto à Aplicabilidade 10
    7. Constituição Material e Constituição Formal 11
    8. Constituição Escrita e Constituição Não Escrita 11
    9. Constituição Dogmática e Constituição Histórica 11
    10. Constituição Rígida, Flexível e Semirrígida 11
    11. Constituição-Garantia, Constituição-Balanço, Constituição--Dirigente 12

Capítulo 3 – Conceito de Direito Constitucional 13

1. Direito Constitucional como Ciência 13
2. Direito Constitucional Particular ou Positivo 13
3. Direito Constitucional Comparado 13
4. Direito Constitucional Geral... 13
5. Direito Constitucional Material e Formal 14
6. O Direito Constitucional e os Demais Ramos do Direito Público 14
7. O Direito Constitucional e os Demais Ramos do Direito Privado..... 15
8. Relações do Direito Constitucional com Disciplinas de Cunho Não Jurídico... 15

Capítulo 4 – O Poder Constituinte 17

1. A Constituição, Lei Suprema 17
2. Origem da Ideia de Poder Constituinte... 17
3. O Poder Constituinte e seu Fundamento Lógico........................ 18
4. Poder Constituinte: Originário e Derivado 18
5. A Natureza do Poder Constituinte 18
6. Titularidade: *Consensus* e Legitimidade.. 19
7. O Agente do Poder Constituinte 20
8. O Veículo do Poder Constituinte 20
9. O Direito de Revolução 21
10. Caracteres do Poder Constituinte Originário.............................. 21
11. Formas de Expressão do Poder Constituinte Originário 22
12. O Poder Constituinte Derivado: Caracteres 22
13. Espécies de Poder Constituinte Derivado 23
14. A Limitação do Poder de Revisão 23
15. Limitações Temporais, Circunstanciais e Materiais.................. 24
16. Formas de Expressão do Poder de Revisão.................................. 24
17. O Estabelecimento da Constituição de 1988 25
18. A Incorporação de Tratados à Constituição 26

Capítulo 5 – O Controle de Constitucionalidade.. 27

1. O Critério Real da Distinção entre Rigidez e Flexibilidade Constitucionais 27
2. Origem Americana do Controle... 27

3.	Conceito de Controle de Constitucionalidade	27
4.	Aplicabilidade e Omissão no Cumprimento da Norma Constitucional...	28
5.	A Natureza do Ato Inconstitucional	28
6.	Formas de Controle: Preventivo ou Repressivo	29
7.	Formas de Controle: Judiciário ou Político	29
8.	Controle Judiciário Difuso e Concentrado	30
9.	Controle Judiciário Principal e Incidental	31
10.	Controle Concreto e Controle Abstrato	31
11.	Efeitos da Decisão de Inconstitucionalidade	31
12.	Natureza da Decisão de Inconstitucionalidade	32
13.	O Controle de Constitucionalidade no Direito Brasileiro	32
14.	O Controle Judiciário de Constitucionalidade no Brasil	32
15.	Quórum da Declaração de Inconstitucionalidade	33
16.	Ação Direta de Inconstitucionalidade	33
17.	Ação de Arguição de Descumprimento de Preceito Fundamental	33
18.	A Modulação dos Efeitos do Reconhecimento da Inconstitucionalidade	34
19.	Ação Declaratória de Constitucionalidade	34
20.	A Suspensão da Eficácia por Ato do Senado	35
21.	Desnecessidade da Suspensão no Caso de Ação Direta	35
22.	A Suspensão da Eficácia por Ato do Presidente da República	35
23.	A Ação de Inconstitucionalidade por Omissão	35
24.	O Caso Específico da Omissão Legislativa	36
25.	Recurso Extraordinário	37
26.	Súmula Vinculante	37

PARTE II – A FORMA DO ESTADO 39

    1. Plano desta Parte 39

Capítulo 6 – O Estado e seus Tipos 41

1.	Conceito e Elementos do Estado	41
2.	A Soberania	42
3.	A Contraposição entre Soberania e Autonomia	42
4.	A Finalidade do Estado	43
5.	O Estado-Garantia	43
6.	O Estado-Providência ou Estado Social	43

7.	O Estado de Bem-Estar	44
8.	O Bem Comum	44
9.	A Ordem Internacional	44
10.	Centralização e Descentralização	45
11.	Tipos de Estado: Estado Unitário	45
12.	Estado Unitário Descentralizado	46
13.	Estado Constitucionalmente Descentralizado	46
14.	O Estado Federal	46
15.	A Formação do Estado Federal	47
16.	Tipos de Federalismo	47
17.	A Repartição de Competências no Estado Federal	48
18.	A Repartição de Rendas no Estado Federal	48
19.	Natureza dos Componentes do Estado Federal	49
20.	O Federalismo de Segundo Grau	49

Capítulo 7 – O Estado Brasileiro 51

1.	Origem e Evolução do Federalismo no Brasil	51
2.	A Tríplice Estrutura do Estado Brasileiro	52
3.	Aspectos Unitários e Societários	52
4.	A Repartição de Competências	53
5.	A Repartição de Competência Legislativa	53
6.	A Repartição de Competência Administrativa	54
7.	A Divisão de Rendas	54
8.	As Quotas de Participação	56
9.	A Intervenção Federal	57
10.	A Decretação da Intervenção	57
11.	A Manifestação do Congresso	58

Capítulo 8 – Os Entes da Federação Brasileira 59

1.	Os Estados-Membros	59
2.	Os Territórios	60
3.	O Distrito Federal	61
4.	O Município	62
5.	As Regiões Metropolitanas	63
6.	Das Regiões de Desenvolvimento	64
7.	A Reordenação do Estado Brasileiro	64

PARTE III – A FORMA DO GOVERNO 67
   1. Plano desta Parte 67

Capítulo 9 – Formas, Sistemas e Regimes Políticos 69
   1. Formas, Sistemas e Regimes Políticos 69
   2. A Tipologia das Formas de Governo 69
   3. A Tipologia Aristotélica 70
   4. A Tipologia da Democracia 70
   5. A Democracia Direta 70
   6. O Exemplo Ateniense 70
   7. A Democracia Indireta 72
   8. A Distinção entre Monarquia e República 72
   9. Uma Tipologia Contemporânea 72

Seção 1ª – A Democracia Moderna 75
   1. Considerações Gerais 75
   2. As Raízes da Democracia Moderna 75

Capítulo 10 – A Democracia Representativa 77
   1. O Governo Representativo 77
   2. A Representação Política 77
   3. O Mandato Representativo 78
   4. A Seleção Eleitoral 79
   5. O Partido Político 79
   6. A Democratização do Governo Representativo 80
   7. O Direcionamento Social do Estado 81
   8. A Democratização da Democracia 82
   9. A Democracia pelos Partidos 82
   10. A Democracia Semidireta 83
   11. O Sistema Democrático na Constituição Brasileira 83

Capítulo 11 – A Poliarquia 85
   1. Uma Visão Realista 85
   2. A Visão Realista da Democracia 85
   3. A Visão Realista do Modelo Democrático Representativo 86
   4. O Cidadão Quer Governar-se? 86
   5. A Democracia como um Arranjo Institucional 86
   6. Elementos Substantivos da Poliarquia 87

7. A Influência do Sistema Eleitoral 87
8. A Realidade da Própria Poliarquia 89
9. A Qualidade da Poliarquia 89
10. Condições Favoráveis e Desfavoráveis à Poliarquia 89
11. O Condicionante Socioeconômico 90
12. O Fator Cultural 90
13. O "Princípio" da Democracia 91
14. Fatores Negativos 91
15. A Descrença na Poliarquia 91

Seção 2ª – O Povo na Democracia 93
1. Quem é o Povo? 93

Capítulo 12 – O Povo-Nação – A Nacionalidade 95
1. A Nacionalidade 95
2. O Brasileiro Nato e o Naturalizado 95
3. O Estrangeiro no Brasil 96
4. A Aquisição da Nacionalidade 96
5. Modos de Aquisição no Direito Brasileiro 97
6. Perda da Nacionalidade 97
7. Reserva em Favor dos Brasileiros Natos 98
8. A Extradição de Brasileiro 98

Capítulo 13 – O Povo-Cidadão – A Cidadania 99
1. A Cidadania 99
2. A Cidadania Ativa no Direito Brasileiro 99
3. Aquisição e Perda dos Direitos Políticos 100
4. Suspensão e Recuperação dos Direitos Políticos 100
5. Elegibilidade 101
6. Inelegibilidade 101
7. Irreelegibilidade 102
8. Incoerência 102
9. A Inelegibilidade na Constituição de 1988 102
10. Inelegibilidades Enunciadas no Texto Constitucional 102
11. Inelegibilidades Possibilitadas pelo Texto Constitucional ... 103
12. Inelegibilidades que Visam a Prevenir Abusos 103

13.	Inelegibilidades que Visam a Salvaguardar a Moralidade e a Probidade Administrativa	104
14.	A Situação do Militar	104
15.	A Impugnação de Mandato Eletivo	104

Capítulo 14 – Os Partidos Políticos 105

1.	A Previsão de um Estatuto Partidário	105
2.	A Proscrição dos Partidos Antidemocráticos	106
3.	O Controle Oligárquico dos Partidos	106
4.	O Financiamento do Partido	107
5.	Pluripartidarismo e Multipartidarismo	107
6.	O Estatuto dos Partidos na Constituição de 1967	108
7.	O Estatuto de 1988	109
8.	Vícios do Sistema Partidário Brasileiro	110
9.	A Emenda Constitucional nº 97/2017	111

PARTE IV – A ORGANIZAÇÃO GOVERNAMENTAL 113

1.	Plano desta Parte	113

Capítulo 15 – A Separação dos Poderes 115

1.	A Concentração e seus Inconvenientes	115
2.	A Limitação do Poder	115
3.	Critérios de Divisão do Poder	116
4.	A "Separação dos Poderes". Sua Origem	116
5.	A Classificação das Funções do Estado	116
6.	Crítica à Classificação Tradicional das Funções do Estado	117
7.	A Interpenetração dos "Poderes"	117
8.	O Valor da Separação dos Poderes	118
9.	A Evolução da Separação dos Poderes	118
10.	O Ensinamento de Loewenstein	119
11.	A "Separação dos Poderes" como Critério de Classificação dos Sistemas de Governo	119

Seção 1ª – Os Sistemas de Governo 121

1.	Considerações Gerais	121
2.	Observações sobre a Concentração de Poderes	121
3.	Plano da Seção	122

Capítulo 16 – O Presidencialismo 123
    1. Origem 123
    2. Características Fundamentais Jurídicas 123
    3. Características Políticas 124
    4. Presidencialismo e Multiplicidade Partidária 125
    5. A Exacerbação Personalista no Presidencialismo Brasileiro 125
    6. O Quadro Atual 126

Capítulo 17 – O Parlamentarismo 127
    1. Origem 127
    2. O Parlamentarismo Dualista e Monista 128
    3. A Crise do Parlamentarismo e a Racionalização do Poder 128
    4. O Parlamentarismo e suas Condições 129
    5. Caracteres Jurídicos do Parlamentarismo 130
    6. Traços Políticos 130

Capítulo 18 – O Sistema Misto 131
    1. Um Novo Sistema? 131
    2. A Inspiração do Modelo 131
    3. O Cerne do Modelo 132
    4. Os Poderes do Chefe de Estado 132
    5. Os Poderes do Governo 133
    6. O Papel do Parlamento 133
    7. A Flexibilidade do Sistema 133
    8. Semiparlamentarismo ou Semipresidencialismo? 134

Capítulo 19 – O Sistema Diretorial 135
    1. O Exemplo Suíço 135
    2. Características Jurídicas 135
    3. Traços Políticos 136
    4. Condições do Sistema Diretorial 136

Seção 2ª – O Poder Legislativo 137
    1. Considerações Gerais 137

Capítulo 20 – O Poder Legislativo e suas Tarefas ... 139

1. Poder Legislativo e Função Legislativa ... 139
2. Crise Legislativa e Delegação ... 139
3. O Poder Financeiro ... 141
4. A Razão de Ser do Tribunal de Contas ... 141
5. As Funções do Tribunal de Contas ... 141
6. *Status* do Tribunal de Contas e de seus Membros ... 142
7. Composição ... 142
8. O Poder de Controle Político ... 142
9. Relação Entre Controle Político e Sistemas de Governo ... 142
10. As Comissões Parlamentares de Inquérito ... 143
11. O *Impeachment* ... 143
12. Origem do *Impeachment*: Grã-Bretanha ... 144
13. Evolução do *Impeachment*: Estados Unidos ... 144
14. O *Impeachment* no Direito Brasileiro ... 145
15. Natureza do Instituto ... 145
16. O Procedimento ... 146
17. O Processo dos Crimes Comuns ... 147
18. Apreciação sobre o *Impeachment* ... 147

Capítulo 21 – Organização e Garantias do Legislativo ... 149

1. A Organização do Legislativo ... 149
2. O Unicameralismo ... 149
3. O Bicameralismo ... 149
4. O Bicameralismo na História Constitucional Brasileira ... 150
5. As Sessões Conjuntas do Congresso Nacional ... 151
6. A Organização do Legislativo no Brasil: Direção Autônoma ... 151
7. A Auto-Organização e seus Limites ... 151
8. As Comissões ... 152
9. Condições de Elegibilidade ... 152
10. O Senado na Federação ... 153
11. Funções do Senado ... 153
12. Composição ... 154
13. A Câmara dos Deputados: Missão Constitucional ... 154

14.	Composição	154
15.	Crítica	154
16.	O Modo de Eleição dos Deputados	155
17.	Funções Privativas da Câmara dos Deputados	155
18.	Garantias da Independência do Legislativo	155
19.	A Remuneração	156
20.	As Imunidades	156
21.	Proibições	157
22.	Impedimentos	157
23.	Incompatibilidades	158
24.	Zona Cinzenta	158
25.	Perda do Mandato	158
26.	Decoro Parlamentar	159
27.	A Perda do Mandato por Infidelidade Partidária	159

Capítulo 22 – A Elaboração da Lei 161

1.	Considerações Gerais	161
2.	Evolução do Direito Brasileiro	161
3.	Conceituação de Processo Legislativo	162
4.	Emendas à Constituição	163
5.	As Limitações ao Poder Constituinte Derivado	164
6.	A Lei Ordinária	165
7.	Objeto da Lei	166
8.	A Lei Ordinária como Ato Complexo	166
9.	A Iniciativa	167
10.	Iniciativa Geral, Reservada e Vinculada	167
11.	Iniciativa Popular	168
12.	Emenda a Projetos de Lei	168
13.	Deliberação	169
14.	A Instrução do Projeto	169
15.	Exame em Procedimento Normal	170
16.	Exame em Procedimento Abreviado	170
17.	Sanção: Modalidades	171
18.	Sanção e Defeito de Iniciativa	171
19.	O Veto	172

20.	Natureza do Veto	173
21.	Formalização do Veto	174
22.	Apreciação do Veto	175
23.	Promulgação	176
24.	Publicação	176
25.	Lei Delegada	177
26.	Natureza da Lei Delegada	178
27.	Matéria Vedada à Delegação	178
28.	Modo de Autorização da Delegação	179
29.	Delegação ao Presidente da República	179
30.	Medidas Provisórias	181
31.	Lei Complementar	183
32.	Decreto Legislativo	186
33.	Resolução	187
34.	O Plebiscito no Processo Legislativo	187
35.	O Referendo no Processo Legislativo	188

Seção 3ª – O Poder Executivo 189
    1.   Considerações Gerais 189

Capítulo 23 – O Poder Executivo e sua Missão 191
1.	O Executivo na "Separação dos Poderes"	191
2.	A Dupla Missão do Executivo na Doutrina Clássica	191
3.	O Novo Caráter do Executivo e suas Causas	191
4.	O Poder Governamental	192
5.	A Representação do Estado	192

Capítulo 24 – A Estruturação do Governo 193
1.	O Executivo: Governo mais Administração	193
2.	As Figuras Básicas do Governo	193
3.	A Chefia do Estado	193
4.	A Chefia do Governo	194
5.	Os Ministros	194
6.	As Formas Típicas de Governo	195
7.	A Forma Monocrática	195

8. A Forma Dualista 195
9. A Forma Colegiada 195
10. A Estrutura do Executivo no Brasil... 195
11. Os Poderes do Presidente da República 196
12. A Eleição do Presidente da República 196
13. Reeleição do Presidente da República 197
14. O Mandato Presidencial 197
15. Requisitos para a Presidência.. 197
16. Vacância da Presidência.. 197
17. Impedimentos do Presidente 198
18. A Sucessão e a Substituição do Presidente 198
19. A Vice-Presidência 198
20. Os Requisitos para o Ministério 199
21. Funções do Ministro 199
22. Órgãos de Apoio ao Presidente da República......................... 199
23. Conselho da República 199
24. Conselho de Defesa Nacional 200

Capítulo 25 – A Administração Civil.. 201
1. Conceito.. 201
2. Carreira ou Derrubada?... 201
3. Burocracia... 202
4. Tecnocracia... 202
5. O Estatuto do Servidor Público 203
6. A Carreira 203
7. Estabilidade e Vitaliciedade 203
8. A Aposentadoria 204
9. A Responsabilidade por Danos 205
10. Princípios Administrativos 205

Capítulo 26 – As Forças Armadas... 207
1. Conceituação... 207
2. A Finalidade Constitucional das Forças Armadas.................. 207
3. A Posição Constitucional das Forças Armadas 208
4. A Tentação Militar... 208

5.	Hierarquia Militar	209
6.	O Princípio da Nação em Armas	209
7.	Garantias do Militar	209
8.	O Militar em Cargos Civis	209
9.	As Forças Policiais Estaduais e Distritais	210

Seção 4ª – O Poder Judiciário 211
1. Considerações Gerais 211

Capítulo 27 – O Poder Judiciário: sua Função e Garantias 213

1.	A Natureza da "Função Jurisdicional"	213
2.	Ampliação do Controle Judicial	214
3.	A Independência do Judiciário	214
4.	As Condições e os Efeitos da Decisão Judicial	215
5.	A Matéria Sujeita ao Judiciário	215
6.	As Garantias do Judiciário	216
7.	A Independência dos Tribunais	216
8.	O Estatuto dos Magistrados — Ingresso e Promoção na Carreira	216
9.	Garantias dos Magistrados: as da sua Independência	217
10.	As da sua Imparcialidade	218
11.	Algumas Normas da Emenda nº 45/2004	218

Capítulo 28 – A Organização da Justiça Brasileira 221

1.	A Complexidade da Organização Judiciária Brasileira	221
2.	A Justiça Federal e a Justiça Estadual	221
3.	A Justiça Comum e a Justiça Especializada	221
4.	Justiça Especial e Justiça de Exceção	222
5.	Divisão da Justiça Federal	222
6.	Justiça Federal Comum: Competência	222
7.	Justiça Federal: Órgãos	223
8.	Justiça Federal: os Juízos Singulares	223
9.	Justiça Federal: os Tribunais Regionais Federais	224
10.	Justiça Militar: Competência	224
11.	Justiça Militar: Órgãos	224
12.	As Garantias dos Juízes Militares	225
13.	A Justiça Eleitoral: Origem	225

14. Competência 225
15. Órgãos em Geral 225
16. Juízes Eleitorais 225
17. Juntas Eleitorais 225
18. Tribunais Regionais: Composição 226
19. Competência dos Tribunais Regionais 226
20. Tribunal Superior Eleitoral: Competência 226
21. Composição do Tribunal Superior Eleitoral 226
22. Justiça do Trabalho: Observações Gerais 226
23. Competência da Justiça do Trabalho 227
24. Órgãos da Justiça do Trabalho 227
25. Justiça Estadual 228

Capítulo 29 – A Cúpula do Poder Judiciário 229
1. A Cúpula do Poder Judiciário 229
2. O Supremo Tribunal Federal 229
    2.1. Composição 229
    2.2. Função essencial 230
    2.3. O efeito vinculante 230
    2.4. As súmulas 231
    2.5. Restrição dos efeitos da declaração de inconstitucionalidade 231
    2.6. Outras competências 231
    2.7. O novo papel político do Supremo Tribunal Federal 232
3. O Conselho Nacional de Justiça 232
    3.1. Nota histórica 232
    3.2. Composição 233
    3.3. Função essencial 233
4. Superior Tribunal de Justiça 234
    4.1. Nota histórica 234
    4.2. Composição 234
    4.3. Competências 234

Capítulo 30 – Funções Essenciais à Justiça 237
1. Considerações Gerais 237

2.	O Ministério Público: Natureza	237
3.	A Defesa da Lei	237
	3.1. O Conselho Nacional do Ministério Público	238
4.	Ministério Público da União	239
5.	Ministério Público dos Estados	239
6.	Advocacia-Geral da União	239
7.	A Advocacia	240
8.	Defensoria Pública	240

PARTE V – A LIMITAÇÃO DO PODER 243

1.	A Limitação do Poder	243
2.	Plano desta Parte	244

Capítulo 31 – Os Princípios do Estado de Direito 245

1.	Considerações Gerais	245
2.	O Princípio de Legalidade	245
3.	A Legalidade nas Constituições Brasileiras	245
4.	O Princípio da Liberdade	245
5.	Os Atos com Força de Lei	246
6.	A Hierarquia dos Atos Normativos	246
7.	O Princípio da Igualdade	246
8.	Igualdade de Direito e Igualdade de Fato	246
9.	A Admissão das Desigualações	247
10.	Igualdade como Limitação ao Legislador e como Regra de Interpretação	247
11.	A Igualdade nas Constituições Brasileiras	247
12.	O Retrocesso da Igualdade	248
13.	O Princípio da Judicialidade	248
14.	Devido Processo Legal	249

Capítulo 32 – A Doutrina dos Direitos Fundamentais e sua Evolução 251

1.	Considerações Gerais	251
2.	Traços Gerais das Primeiras Declarações de Direitos	251
3.	Causas: os Abusos do Absolutismo	252
4.	Causas: a Base Filosófico-Religiosa	252
5.	Causas: o Contexto Econômico	253
6.	O Individualismo e sua Evolução	253

7. Os Direitos Econômicos e Sociais 253
8. Causas de Evolução: a Crítica às Declarações Individualistas 253
9. Causas de Evolução: a "Questão Social" 254
10. Causas de Evolução: a Extensão do Sufrágio 254
11. A Substância dos Direitos Econômicos e Sociais 254
12. As Manifestações da Nova Concepção 255
13. A Nova Concepção nas Constituições Brasileiras 255
14. Declarações de Direitos e Declarações de Direitos e Garantias 255
15. A Terceira Geração dos Direitos 256

Capítulo 33 – Os Direitos Fundamentais na Constituição Brasileira 257

1. Observações Gerais 257
2. Direitos Explícitos e Implícitos 257
3. Direitos Advenientes de Tratados 258
4. "Inabolibilidade" dos Direitos Fundamentais 259
5. Os Direitos-Limites 260
6. A Liberdade de Locomoção 261
7. A Liberdade de Pensamento: a Liberdade de Consciência 261
8. A Liberdade de Expressão ou Manifestação do Pensamento 262
9. A Liberdade dos Espetáculos e Diversões 263
10. A Liberdade de Ensino 263
11. A Liberdade de Reunião 264
12. A Liberdade de Associação 264
13. A Liberdade de Profissão e de Trabalho 265
14. A Liberdade de Ação 265
15. A Liberdade Sindical 265
16. O Direito de Greve 265
17. Os Direitos Relativos à Segurança: o Respeito aos Direitos Adquiridos 266
18. O Respeito à Liberdade Pessoal 267
19. A Inviolabilidade da Intimidade 267
20. A Inviolabilidade do Domicílio 267
21. A Segurança em Matéria Penal 267
22. Os Direitos Concernentes à Propriedade: Considerações Gerais 268
23. O Direito de Propriedade 268

24.	A Desapropriação e a Indenização	269
25.	Confisco Punitivo	270
26.	Os Fundamentos da Desapropriação	270
27.	As Exceções à Indenização Prévia: a Requisição	271
28.	Os Direitos do Inventor	272
29.	A Propriedade das Marcas de Indústria e Comércio	272
30.	Os Direitos de Autor	273
31.	Direito à Herança	273
32.	Aplicabilidade Imediata das Normas Definidoras de Direitos	273
33.	Direitos Sociais	274
34.	Direitos do Trabalhador	275
35.	Direitos de Solidariedade	275

Capítulo 34 – Os Remédios de Direito Constitucional 277

1.	Considerações Gerais	277
2.	O *Habeas Corpus* no Direito Inglês	277
3.	Na História Constitucional Brasileira	278
4.	Na Constituição de 1988	278
5.	Exclusão do *Habeas Corpus* no Tocante a Transgressões Disciplinares	279
6.	O Mandado de Segurança: Origem	279
7.	Objeto e Fundamento	280
8.	Mandado de Segurança Coletivo	281
9.	O Direito de Petição	281
10.	Mandado de Injunção	281
11.	A Polêmica sobre o seu Alcance	282
12.	A Solução da Lei Regulamentadora	283
13.	Competência Processual	283
14.	A Ação Popular: Objeto	283
15.	Fontes	283
16.	A Interpretação do Art. 5º, LXXIII	284
17.	A Extensão da Ação Popular	284
18.	A *Causa Petendi*	285
19.	A Natureza da Ação	286
20.	Ação Civil Pública	286
21.	*Habeas Data*	287

Capítulo 35 – Os Sistemas de Emergência 289
   1.   Considerações Gerais 289
   2.   Os Sistemas Principais de Defesa da Ordem Constitucional 289
   3.   A Ditadura Romana 289
   4.   A Suspensão da Constituição 290
   5.   A Lei Marcial 290
   6.   A Suspensão do *Habeas Corpus* 291
   7.   O Estado de Sítio: Origem 292
   8.   No Direito Brasileiro 292
   9.   Análise do Conceito 293
   10. Limitação no Tempo e no Espaço 294
   11. Os Fundamentos Fáticos do Estado de Sítio 294
   12. A Decretação do Sítio 295
   13. A Prorrogação do Sítio 295
   14. A Execução do Sítio e a Responsabilidade dos Seus Executores 295
   15. A Fiscalização Judiciária 296
   16. O Controle Político do Sítio 296
   17. Modalidades do Sítio 296
   18. As Imunidades Parlamentares 297
   19. A Questão das Eleições Durante o Estado de Sítio 297
   20. Proibições Durante o Estado de Sítio e de Defesa 297
   21. O Estado de Defesa 298
   22. O Quadro Contemporâneo 299

PARTE VI – A ORDEM ECONÔMICA 301
   1.   Plano desta Parte 301

Capítulo 36 – A Constituição Econômica 303
   1.   O "Econômico" nas Constituições Liberais 303
   2.   Nas Constituições Sociais 304
   3.   Nas Constituições Socialistas 304
   4.   A Constituição "Econômica" 304
   5.   Objeto 305
   6.   Constituição Econômica Formal 305
   7.   Constituição Econômica Material 306
   8.   Elementos Essenciais da Constituição Econômica Material 306

9.	Tipos de Organização Econômica: Economia Descentralizada	306
10.	Economia Centralizada	307
11.	Economia Mista	307
12.	A Iniciativa Econômica	308
13.	O Regime dos Fatores de Produção	308
14.	A Finalidade da Organização Econômica	308

Capítulo 37 – Bases e Valores da Ordem Econômica Brasileira 311

1.	Considerações Gerais	311
2.	Os Princípios do Ordenamento Constitucional Econômico e sua Inspiração	311
3.	A Justiça Social	311
4.	O Desenvolvimento Econômico	312
5.	A Liberdade de Iniciativa	312
6.	A Valorização do Trabalho Humano	313
7.	A Função Social da Propriedade	313
8.	A Expansão das Oportunidades de Emprego Produtivo	314
9.	Soberania Nacional	314
10.	Defesa do Consumidor	314
11.	Defesa do Meio Ambiente	314
12.	Favorecimento às Empresas Nacionais de Pequeno Porte	314

Capítulo 38 – A Atuação do Estado no Domínio Econômico 315

1.	Orientação Básica: Neoliberal	315
2.	A Doutrina Social da Igreja	315
3.	A Socialista-Democrática	315
4.	A Marxista	316
5.	A Corrente Estatista	316
6.	O Econômico na Constituição Vigente	316
7.	Iniciativa Privada *Versus* Iniciativa Estatal	317
8.	Igualdade na Competição	317
9.	Empresa Brasileira de Capital Nacional e de Capital Estrangeiro	317

PARTE VII – A ORDEM SOCIAL 319

1.	Plano desta Parte	319

Capítulo 39 – A Ordem Social na Constituição Vigente 321
    1.   Base da Ordem Social 321
    2.   Seguridade Social.. 321
    3.   Saúde 321
    4.   Previdência Social... 321
    5.   Assistência Social... 322
    6.   Educação.. 322
    7.   Cultura 322
    8.   Desporto 322
    9.   Ciência e Tecnologia 323
    10.   Comunicação Social.. 323
    11.   Meio Ambiente 323
    12.   Família.. 323
    13.   Criança, Adolescente, Jovem e Idoso 324
    14.   Índios.. 324

PARTE VIII – A EFETIVAÇÃO DA CONSTITUIÇÃO 327
    1.   Plano desta Parte 327

Capítulo 40 – A Interpretação da Constituição 329
    1.   Linguagem e Direito.. 329
    2.   A Interpretação 329
    3.   Objeções da Doutrina "Realista" 330
    4.   Os Métodos de Interpretação... 331
    5.   A Interpretação Autêntica 331
    6.   A Interpretação Jurisprudencial 331
    7.   *Stare Decisis*, Súmula e Efeito Vinculante...................................... 332
    8.   As Fórmulas de Experiência.. 333
    9.   A Interpretação Constitucional 333
    10.   A Lição dos Antigos 333
    11.   A Lição de Maximiliano 334
    12.   A Lição de Canotilho 334

Capítulo 41 – A Aplicabilidade das Normas Constitucionais............................... 335
    1.   Os Diferentes Ângulos.. 335
    2.   A Forma: Normas Escritas e Normas Não Escritas 335

3.	A Completude	336
4.	A Aplicabilidade das Normas Constitucionais	336
5.	As Normas Exequíveis por Si Sós	336
6.	As Normas Não Autoexecutáveis ou Não Exequíveis por Si Sós	337
7.	A Doutrina de José Afonso da Silva	337
8.	Princípios e Regras Constitucionais	338

Capítulo 42 – Os Princípios Constitucionais e sua Aplicação 339

1.	Constituição e Princípios	339
2.	Espécies de Princípios Constitucionais: os Princípios Inferidos	339
3.	Espécies de Princípios Constitucionais: os Princípios Prescritivos	340
4.	Princípios e Regras: a Distinção Clássica	340
5.	Princípios e Regras: a Doutrina Substancialista	340
6.	A Aplicação dos Princípios	341
7.	A Densificação dos Princípios: Competência do Legislador	341
8.	A Aplicação Direta dos Princípios	341
9.	Aplicação *Contra Legem*	342
10.	A Colisão entre Princípios	342
11.	Os Direitos Fundamentais como Princípios	342

PARTE IX – QUESTÕES CONTROVERSAS 345

1.	Plano desta Parte	345

Capítulo 43 – Alterações e Mudanças da Constituição Brasileira de 1988 347

1.	A Distinção entre Alteração e Mudança	347
2.	Mudanças Informais na Constituição de 1988	347
3.	O Fenômeno da Mudança Informal da Constituição	348
4.	Os Fatores de Mudança Informal	348
5.	A Identificação de Normas Não Escritas	349
6.	O Papel do Judiciário e dos Demais Poderes na Mudança Informal	350
7.	A Mutação Constitucional	350
8.	O Supremo Tribunal Federal e as Mudanças Informais na Constituição Brasileira	351
9.	Alguns Exemplos: a Reedição de Medidas Provisórias	351
10.	A Fixação do Número de Vereadores	352

11. A Vinculação do Eleito ao Partido 353
12. O Reconhecimento das Uniões Homossexuais como Entidade Familiar 354
13. O Suprimento de Omissão Legislativa 355
14. A Edição de Normas Gerais 356
15. As Súmulas Vinculantes 356
16. A Modulação dos Efeitos do Reconhecimento da Inconstitucionalidade 356
17. O Debate em Torno da Mutação da Constituição 357
18. Mudança ou Mutação? 358
19. Implicação das Mudanças em Relação à Doutrina do Poder Constituinte 358
20. Um Poder Constituído Constituinte 359
21. Um Aspecto Não Previsto do Controle de Constitucionalidade 359
22. A Questão da Legitimidade Democrática 359

Capítulo 44 – O Ativismo na Justiça Constitucional 361
1. Uma Síntese do Problema 361
2. A Judicialização da Política 361
3. O Ativismo Judicial 362
4. A Fundamentação Doutrinária do Ativismo 363
5. A Negação do Constitucionalismo e do Estado de Direito 365
6. A Negação da Democracia e Particularmente da Democracia Representativa 366
7. O Papel Legítimo da Justiça Constitucional 367

Bibliografia 369

Parte I
A CONSTITUIÇÃO

1. PLANO DESTA PARTE

O direito constitucional, como a própria denominação revela, é correlativo à ideia de Constituição. É preciso, portanto, desde logo determinar o que é uma *Constituição*, o que será o objeto desta Primeira Parte.

Se para conceituar o direito constitucional cumpre conceituar Constituição, este conceito, na medida em que nos importa, é um fato cultural e, portanto, histórico. Assim, o primeiro capítulo desta Parte tem de encará-lo em sua formação e em sua evolução, inserindo-o no movimento que se denomina constitucionalismo. Por isso, o estudo começa pelo capítulo: *O constitucionalismo*.

Todavia, a doutrina soube *neutralizar* esse conceito e, retirando seu caráter polêmico, analisá-lo fria e cientificamente. Esse exame é o objeto do segundo capítulo: *Conceito de Constituição*.

Por sua vez, essa análise revelou a existência de vários tipos de Constituição, a que correspondem outros tantos conceitos de direito constitucional, que são estudados no terceiro capítulo desta Parte: *Conceito de direito constitucional*.

Por fim, apresentada a formação, evolução e conceituação da ideia de Constituição, deve-se demonstrar como se constitui a própria Constituição, ou seja, como são positivadas em seu surgimento originário e em suas modificações eventuais as normas constitucionais, bem assim como se controla a constitucionalidade das demais normas, ou seja, a sua coerência com as normas constitucionais positivadas. Esse duplo estudo será o objeto dos derradeiros capítulos desta Parte: *O poder constituinte* e *O controle de constitucionalidade*.

Parte I
A Constituição

Capítulo 1
O CONSTITUCIONALISMO

1. A IDEIA DE CONSTITUIÇÃO

Data da Antiguidade a percepção de que, entre as leis, há algumas que organizam o próprio poder. São leis que fixam os seus órgãos, estabelecem as suas atribuições, numa palavra, definem a sua Constituição. Na célebre obra de Aristóteles, *A política*, está clara essa distinção entre leis constitucionais e leis outras, comuns ou ordinárias.

Tal distinção, porém, somente veio a ser valorizada no século XVIII, na Europa ocidental. E isso ocorreu com o propósito de limitar o poder, afirmando a existência de leis que seriam a ele anteriores e superiores. É daí em diante que o termo "Constituição" passou a ser empregado para designar o corpo de regras que definem a organização fundamental do Estado.

Isso ocorreu ao mesmo tempo que se reconhecia que o homem pode alterar a organização política que os eventos históricos deram a um determinado Estado. Ou seja, que o homem pode modelar o Estado segundo princípios racionais, estabelecendo para este uma (nova) Constituição. Nova Constituição forçosamente consagrada num documento escrito.

A Constituição escrita apresenta como novidade fundamental essa crença na possibilidade de, pondo-se de parte a organização costumeira do Estado, dar-se a ele uma estrutura racional inspirada num sistema preconcebido. Ora, essa crença, se pôde ter despontado cá ou lá anteriormente, só se difundiu e ganhou o público na segunda metade do século XVIII, triunfando com a Revolução de 1789.

2. ANTECEDENTES

A ideia de Constituição escrita, instrumento de institucionalização política, não foi inventada por algum doutrinador imaginoso; é uma criação coletiva apoiada em precedentes históricos e doutrinários. Elementos que se vão combinar na ideia de Constituição escrita podem ser identificados, de um lado, nos *pactos* e nos *forais* ou *cartas de franquia* e *contratos de colonização*; de outro, nas *doutrinas contratualistas medievais* e na das *leis fundamentais do Reino*, formulada pelos legistas. Combinação esta realizada sob os auspícios da filosofia iluminista.

3. PACTOS, FORAIS E CARTAS DE FRANQUIA

Os pactos, de que a história constitucional inglesa é particularmente fértil, são convenções entre o monarca e os súditos concernentes ao modo de governo e às garantias de direitos individuais. Seu fundamento é o *acordo de vontades* (ainda que os reis disfarcem sua transigência com a roupagem da outorga de direitos). O mais célebre desses *pactos* é a *Magna Carta*, que consubstancia o acordo entre João sem Terra e seus súditos revoltados sobre direitos a serem respeitados pela Coroa (1215). Outro que a doutrina inglesa aponta é a *Petition of Rights* (1628) que os parlamentares lograram impor ao rei da Inglaterra (Carlos I), forçando-o ao respeito de direitos imemoriais dos cidadãos ingleses.

Os *forais* ou *cartas de franquia*, que se encontram por toda a Europa, têm em comum com os *pactos* a forma escrita e a matéria, que é a proteção a direitos individuais. Esboça-se nelas, porém, a participação dos súditos no governo local, inserindo-se assim, nesses forais, um elemento propriamente político, estranho à maioria dos pactos. Por outro lado, seu fundamento é a *outorga* pelo senhor (ainda que essa outorga nem sempre seja espontânea).

Pactos, *forais* e *cartas de franquia*, frequentes na Idade Média, firmaram a ideia de texto escrito destinado ao resguardo de direitos individuais que a Constituição iria englobar a seu tempo. Esses direitos, contudo, sempre se afirmavam imemoriais, e, portanto, fundados no tempo passado, enquanto eram particulares a homens determinados e não apanágio do *homem*, ou seja, do ser humano enquanto tal.

4. CONTRATOS DE COLONIZAÇÃO

Próximos ainda dos pactos, de cujo caráter pela sanção real participavam, mas também já bem próximos da ideia setecentista de Constituição, situam-se os *contratos de colonização*, típicos da História das colônias da América do Norte.

Chegados à América, os peregrinos, mormente puritanos, imbuídos de igualitarismo, não encontrando na nova terra poder estabelecido, fixaram, por *mútuo consenso*, as regras por que haveriam de governar-se. Firma-se, assim, pelos chefes de família a bordo do *Mayflower*, o célebre "*Compact*" (1620); desse modo se estabelecem as *Fundamental Orders of Connecticut* (1639), mais tarde confirmadas pelo rei Carlos II, que as incorporou à Carta outorgada em 1662.

Transparece aí a ideia de estabelecimento e organização do governo pelos próprios governados, que é outro dos pilares da ideia de Constituição.

5. AS LEIS FUNDAMENTAIS DO REINO

A existência de *leis fundamentais* que se impõem ao próprio rei é uma criação dos legistas franceses, empenhados em defender a Coroa contra as fraquezas do próprio monarca. Afirmava essa doutrina que, acima do soberano e fora de seu alcance, há regras que constituem um *corpo específico*, seja quanto à sua matéria (a aquisição, o exercício e a transmissão do poder), quanto à sua autoridade (superiores às regras emanadas do Poder Legislativo ordinário, que são nulas se com elas conflitarem) ou quanto à sua estabilidade (pois são imutáveis, ou, ao menos, como concediam alguns, somente alteráveis pelos Estados Gerais).

Embora não houvesse acordo relativamente à enumeração das regras que compunham esse corpo, a doutrina das leis fundamentais teve ampla divulgação e aceitação, tendo penetrado também na Inglaterra, onde tanto a brandiam como arma os monarcas contra os parlamentares, quanto os parlamentares contra os Stuarts.

Nessa doutrina, encontra-se indubitavelmente a fonte da superioridade e da intocabilidade das regras concernentes ao poder, que se empresta às Constituições escritas.

6. AS DOUTRINAS DO PACTO SOCIAL

Antecedente próximo da ideia de Constituição é o Pacto — ou Contrato — Social. Na verdade, a ideia de Constituição foi por muitos associada à de renovação ou restabelecimento do Pacto Social.

Na Idade Média, floresceu a ideia de que a autoridade dos governantes se fundava num contrato com os súditos: o *pactum subjectionis*. Por este pacto, o povo se sujeitava a obedecer ao príncipe enquanto este se comprometia a governar com justiça, ficando Deus como árbitro e fiel do cumprimento do contrato. Assim, violando o príncipe a obrigação de justiça, exoneravam-se os súditos da obediência devida, pela intervenção do papa, representante da divindade sobre a terra.

No século XVII, Hobbes, no *Leviatã*, e Locke, no *Segundo tratado sobre o governo civil*, desenvolveram a concepção de que a própria sociedade se funda num pacto, num acordo — ainda que tácito — entre os homens. A mesma ideia foi difundida por Rousseau, às vésperas da Revolução Francesa, no *Contrato social*. Sem dúvida, não coincidem os seus ensinamentos quanto à razão determinante de tal pacto ou quanto às suas cláusulas. Entretanto, dessas lições resulta sempre que o poder decorre da vontade dos homens e tem um estatuto fixado por esses: estatuto que se impõe aos governantes e visa a assegurar a paz (único objetivo para Hobbes) e os direitos naturais (objetivo principal para Locke e Rousseau).

7. O PENSAMENTO ILUMINISTA

A ideia de Constituição ganhou força associada às concepções do Iluminismo, a ideologia revolucionária do século XVIII. Essa cosmovisão tem cinco ideias-força, que se exprimem pelas noções de Indivíduo, Razão, Natureza, Felicidade e Progresso. De fato, ela concebe o homem como indivíduo, ou seja, como um ser individualizado, com vida e direitos próprios, que não se confunde com a coletividade nem se funde nesta. Esse indivíduo é eminentemente racional, determina a sua vontade por uma razão que não aceita senão o que lhe pode ser demonstrado. Razão, portanto, que rejeita o preconceito, isto é, tudo aquilo que não pode ser explicado objetivamente. Tal indivíduo racional vive num mundo governado em última instância por uma natureza boa e previdente. Dessa natureza resultam leis (naturais) que conduzem à melhor das situações possíveis — desde que não embaraçadas. Visam à felicidade, que é o objetivo do homem. Objetivo a ser realizado na terra e não no céu, como era o caso da salvação eterna — meta proposta para o homem pelo cristianismo. Enfim, há otimismo quanto ao futuro, pois o homem, sua condição de vida e seus conhecimentos sempre estão em aperfeiçoamento, em progresso.

Essa cosmovisão é fonte do liberalismo político e econômico que triunfa com as revoluções dos séculos XVIII e XIX. Neste último plano, o liberalismo afirma a virtude da livre concorrência, e da não intervenção do Estado, enfim, o *laissez-faire*, que enseja a expansão capitalista.

No plano estritamente político, o liberalismo encarece os direitos naturais do homem, tolera o Estado como um mal necessário e exige — para prevenir eventuais abusos — a *separação dos poderes* que Montesquieu teorizou, de forma definitiva, em *O espírito das leis*.

8. NOÇÃO POLÊMICA DE CONSTITUIÇÃO

Ao surgir, ligada que estava a essa doutrina liberal, a ideia de Constituição escrita tinha um caráter polêmico. Não designava qualquer organização fundamental, mas apenas a que desse ao Estado uma estrutura conforme aos princípios do liberalismo.

Era, pois, uma arma ideológica contra o *Ancien Régime*, contra o absolutismo, contra a confusão entre o monarca e o Estado, contra uma organização acusada de ser irracional. Propunha substituir tudo isso por um governo moderado, incapaz de abusos, zeloso defensor das liberdades individuais.

Esse conceito polêmico se exprime, numa fórmula célebre, na Declaração de 1789: "Toda sociedade na qual não está assegurada a garantia dos direitos nem determinada a separação dos poderes, não tem Constituição" (art. 16).

Ou, mais explicitamente, para o liberalismo, Constituição é um documento escrito e solene que organiza o Estado, adotando necessariamente a separação dos poderes e visando a garantir os direitos do homem.

9. O CONSTITUCIONALISMO

Esse conceito polêmico alimenta o movimento político e jurídico chamado *constitucionalismo*. Este visa a estabelecer em toda parte *regimes constitucionais*, quer dizer, governos moderados e limitados em seus poderes, submetidos a Constituições escritas.

Confunde-se, no plano político, com o liberalismo e, com este, sua marcha no século XIX e nos primeiros três lustros do século XX foi triunfal. Ou pela derrubada dos tronos ou pela "outorga" dos monarcas, um a um, todos os Estados europeus adotaram Constituições.

Na América, o rompimento das sujeições coloniais impôs a adoção de Constituições escritas, em que, abandonando organização histórica, a vontade dos libertadores pudesse fixar as regras básicas da existência independente. Sem dúvida, o constitucionalismo na América procede da mesma orientação do europeu. Aqui, porém, a Constituição escrita era exigência da própria independência, pois esta implicava o rompimento dos costumes e a destruição das instituições políticas tradicionais.

Essa extensão fulminante do movimento a todo o mundo civilizado não significa, porém, que em toda parte o governo moderado, constitucional, tenha deitado raízes. Em muitos casos, o êxito do constitucionalismo não foi além das aparências, fornecendo roupagem brilhante para vestir uma realidade adversa.

Na verdade, tem o regime constitucional seus pressupostos. Em primeiro lugar, só um poder firmemente estabelecido é que pode assumir forma constitucional, de modo que ele não pode vingar ou prosperar onde um poder central efetivo não operou a unificação nacional.

Por outro lado, esse regime depende da existência de uma opinião pública ativa e informada e esta depende de um certo grau de lazer, instrução e riqueza, que só num certo grau de desenvolvimento pode um Estado alcançar. De um modo geral, os povos mais ricos tendem a ser os mais livres e o enriquecimento geral propicia a reivindicação de liberdade maior.

10. A RACIONALIZAÇÃO DO PODER

A Primeira Guerra Mundial, embora não marque o fim do constitucionalismo, assinala uma profunda mudança em seu caráter.

Por um lado, o pós-guerra, ao mesmo tempo que gerava novos Estados que — todos — adotavam Constituições escritas, o desassocia do liberalismo. Os partidos socialistas e democrata cristãos, cujo peso se faz então acentuadamente sentir, impõem às novas Constituições uma preocupação com o econômico e com o social. Isso repercute especialmente nas declarações constitucionais de direitos que combinam, de modo às vezes indigesto, as franquias liberais e os chamados direitos econômicos e sociais.

Por outro lado, a ciência jurídica impõe às novas Constituições o resultado de suas elucubrações de gabinete. Sutis mecanismos jurídicos vêm nos novos textos *racionalizar o poder*.

A racionalização do poder, nome pelo qual essa tendência a incorporar nas Constituições as sutilezas do jurista veio a ser conhecida, prolonga de certo modo o constitucionalismo. De fato, a ideia de racionalizar a vida política já estava presente nesse movimento, embora mais atenuada. Da mesma forma, a pretensão de enquadrar pela lei inteiramente a vida política, que se desvenda na racionalização, não passa de um exagero do desejo inerente ao constitucionalismo de fixar por meio de regras escritas os lineamentos fundamentais da existência política.

11. VALOR DA RACIONALIZAÇÃO

Viu-se no desmoronamento de todas as democracias que seguiram o ideal da racionalização — ao elaborar suas Constituições na década de 1920 —, sinal de seu fracasso. Na verdade, na Alemanha, na Polônia, nos jovens Estados do Báltico etc., a racionalização do poder não logrou manter de pé as Constituições e o governo democrático. Isso, porém, nada prova contra ela, senão talvez que seus crentes presumiram demais suas forças.

Em todos esses Estados faltavam as condições mínimas para que um poder democrático pudesse subsistir. Crise econômica, minorias raciais em conflito, agitação extremista, ausência de tradição liberal etc. conspiravam contra a sobrevivência de suas Constituições democráticas. Ora, não é possível suprir por regras jurídicas a ausência do substrato econômico e social próprio a cada regime. A racionalização tentou obviar essa lacuna, mas, empenhando-se em tarefa impossível, não podia ter êxito, como não teve.

Todavia, essa tendência não morreu. Estando na linha de desenvolvimento do constitucionalismo, ressurgiu depois de 1945, impondo suas soluções às Constituições elaboradas a partir de então. Diminuída a confiança em suas virtudes, nem por isso os constituintes desistiram do intento de racionalizar ao máximo as leis fundamentais.

SUGESTÃO DE LEITURA COMPLEMENTAR – **Clássico:** CHARLES H. MC ILWAIN, *Constitucionalism: ancient and modern*; **Nacionais:** OBRAS DO AUTOR: *Lições de direito constitucional*; *Estado de direito e Constituição*; *Aspectos do direito constitucional contemporâneo*; *Princípios fundamentais do direito constitucional*.

Capítulo 2
CONCEITO DE CONSTITUIÇÃO

1. CONCEITO GENÉRICO DE CONSTITUIÇÃO

O conceito polêmico de Constituição, imposto pela revolução burguesa, tinha de ser — como o foi — submetido à crítica da doutrina. Esta não demorou em retirar dele a aspereza e a carga explosiva, procurando determinar cientificamente o seu conteúdo.

Ora, a primeira observação que fez foi a de que o termo "Constituição" é análogo, tendo, ao lado de um sentido genérico, outros que com este de algum modo se ligam.

Nesse sentido geral, Constituição é a organização de alguma coisa. Em tal acepção, o termo não pertence apenas ao vocabulário do direito público. Assim conceituado, é evidente que o termo se aplica a todo grupo, a toda sociedade, a todo Estado. Designa a natureza peculiar de cada Estado, aquilo que faz este ser o que é.

Evidentemente, nesse sentido geral, jamais houve e nunca haverá Estado sem Constituição.

2. CONSTITUIÇÃO TOTAL

Aplicado ao Estado, o termo "Constituição", em sua acepção geral, pode designar a sua organização fundamental total, quer social, quer política, quer jurídica, quer econômica. E, na verdade, tem ele sido empregado — às vezes — para nomear a integração de todos esses aspectos — a Constituição *total* ou integral.

3. CONCEITO JURÍDICO

Entretanto, o termo "Constituição" é mais frequentemente usado para designar a organização jurídica fundamental.

Que é organização jurídica fundamental? Que compreende o termo "Constituição"?

Por organização jurídica fundamental, por Constituição em sentido jurídico, entende-se, segundo a lição de Kelsen, o conjunto das normas positivas que regem a produção do direito. Isto significa, mais explicitamente, o *conjunto de regras concernentes à forma do Estado, à forma do governo, ao modo de aquisição e exercício do poder, ao estabelecimento de seus órgãos, aos limites de sua ação*.

Realmente, a produção do direito é obra do poder, cuja estruturação fundamental é definida pelos aspectos "materiais" apontados.

4. REGRAS MATERIALMENTE CONSTITUCIONAIS

Todas as regras, cuja matéria estiver nesse rol, são constitucionais. Essas regras formam, como se diz usualmente, a Constituição *material* do Estado, sejam elas escritas ou não, sejam de elaboração solene ou não (Constituição em sentido lato).

Regras materialmente constitucionais são, em suma, as que, por seu conteúdo, se referem diretamente à forma do Estado (p. ex., as que o definem como Estado federal), à forma de governo (p. ex., democracia), ao modo de aquisição (p. ex., sistema eleitoral) e exercício do poder (p. ex., atribuições de seus órgãos), à estruturação dos órgãos de poder (p. ex., do Legislativo ou do Executivo), aos limites de sua ação (p. ex., os traçados pelos direitos fundamentais do homem).

Em verdade, as Constituições escritas devem ser breves, para que tenham valor educativo. Assim, contentam-se em fixar apenas as regras principais, deixando ao legislador ordinário a tarefa de completá-las, de precisá-las. Por isso, fora da Constituição escrita, encontram-se leis ordinárias de matéria constitucional (como entre nós a lei eleitoral). Tais leis são ditas, em vista disso, *materialmente constitucionais*.

5. REGRAS FORMALMENTE CONSTITUCIONAIS

Se há regras que, por sua matéria, são constitucionais ainda que não estejam contidas em Constituições escritas, nestas costumam existir normas que, rigorosamente falando, não têm conteúdo constitucional. Ou seja, regras que não dizem respeito à matéria constitucional (forma do Estado, forma de governo etc.).

Tais regras têm apenas a forma de constitucionais. São, portanto, normas (apenas) formalmente constitucionais.

A inclusão dessas regras de conteúdo não constitucional no corpo da Constituição escrita (*v.*, *infra*, cap. 2, n. 5) visa teoricamente a sublinhar a sua importância. E, quando essa Constituição é rígida (*v.*, *infra*, cap. 2, n. 10), tal inclusão visa a fazê-las gozar da estabilidade que a referida Constituição rígida confere a todas as suas normas.

Entretanto, a multiplicação de tais normas — não raro tratando de questões secundárias que mereceriam no máximo um tratamento legislativo — incha a Constituição e lhe a enfraquece a importância. Isto, com efeito, banaliza a Constituição, o que diminui a sua força sobre o espírito do povo. Deste mal padece a Constituição brasileira em vigor, à qual se incorporaram normas que nem de longe concernem à estrutura fundamental do Estado e da sociedade. É o caso, por exemplo, da Emenda Constitucional nº 72/2013, que estendeu direitos sociais aos empregados domésticos, o que poderia ser feito por uma simples lei ordinária.

6. REGRAS CONSTITUCIONAIS QUANTO À APLICABILIDADE

Convém assinalar que nem toda norma constitucional tem aplicabilidade imediata. Como ensinava a doutrina clássica (Thomas Cooley, Rui Barbosa etc.) e ensina hoje Jorge Miranda,[1] as regras constitucionais ou são *autoexecutáveis (noutra terminologia,* **exequíveis por si mesmas***)* ou *não autoexecutáveis (ou* **não exequíveis por si mesmas***)*. (*V.* Parte VIII, cap. 40, em que o assunto é discutido em profundidade.)

As normas *autoexecutáveis* são aquelas que, sendo completas e definidas quanto à hipótese e à disposição, bastam por si mesmas e assim podem e devem ser aplicadas de imediato. Têm aplicabilidade imediata.

---

[1] MIRANDA, Jorge. *Manual de direito constitucional*. 7. ed. Coimbra: Coimbra Editora, 2013. t. II, p. 216 e ss.

As normas *não autoexecutáveis* são aquelas que não podem ter aplicação imediata, porque dependem de regra ulterior que as complemente. Não têm aplicabilidade imediata. Três são as espécies de regras não autoexecutáveis: (*a*) normas *incompletas*, ou seja, aquelas que não são suficientemente definidas, seja quanto à hipótese, seja quanto à disposição; por exemplo, normas que criam institutos processuais mas não esclarecem qual o procedimento aplicável; (*b*) normas *condicionadas*, isto é, aquelas que, embora pareçam suficientemente definidas na hipótese e no dispositivo, foram condicionadas pelo constituinte a uma lei posterior, que precise os seus elementos integrantes; e (*c*) normas *programáticas*, quer dizer, as que indicam planos ou programas de atuação governamental. Estas não só reclamam lei ordinária de complementação ou regulamentação, mas também muitas vezes exigem medidas administrativas para que possam tornar-se efetivas.

É o caso de uma norma constitucional que reconheça um direito à habitação. A sua aplicação dependerá de uma lei de regulamentação que estabeleça as condições de aquisição do direito. Entretanto, essa lei não bastará para que tal direito se efetive; necessário será que haja casas e que se construam habitações — medida que é do âmbito do Poder Executivo.

7. CONSTITUIÇÃO MATERIAL E CONSTITUIÇÃO FORMAL

Desse modo, a Constituição escrita não contém sempre todas as regras cuja matéria seja constitucional. Costuma-se, por essa razão, opor a *Constituição formal* (a Constituição escrita) à *Constituição material* (o conjunto de regras materialmente constitucionais, pertençam ou não à Constituição escrita).

8. CONSTITUIÇÃO ESCRITA E CONSTITUIÇÃO NÃO ESCRITA

O constitucionalismo, porém, como se viu, difundindo o conceito polêmico, tornou obrigatório distinguirem-se tipos de Constituições, em sentido jurídico. De fato, se se encarar apenas a forma das regras constitucionais, encontram-se em oposição a *Constituição escrita*, cujas regras se contêm num documento elaborado para fixar a organização fundamental (a Constituição em sentido estrito) e a *Constituição não escrita*, de cujas regras umas são escritas — leis — e outras não o são — costumes.

9. CONSTITUIÇÃO DOGMÁTICA E CONSTITUIÇÃO HISTÓRICA

Da oposição anterior deriva outra. Como a Constituição escrita é sempre o fruto da aplicação consciente de certos princípios ou dogmas, enquanto a não escrita é produto de lenta síntese histórica — levando-se em conta a sua fonte de inspiração —, a primeira é também dita *Constituição dogmática*, e, a última, *Constituição histórica*.

10. CONSTITUIÇÃO RÍGIDA, FLEXÍVEL E SEMIRRÍGIDA

Por outro lado, a doutrina polêmica da Constituição pretendia que esta fosse imutável, ou, ao menos, só se alterasse por um processo especial, distinto de modo ordinário do estabelecimento de regras jurídicas. Assim, gozariam de uma estabilidade especial, seriam *rígidas*. Deveu-se reconhecer, porém, que o conceito de *Constituição escrita* não equivalia ao de *Constituição rígida*. Na verdade, pôde-se notar que as Constituições escritas, como o Estatuto Albertino e a Constituição do reino da Itália, eram modificáveis por meio de leis ordinárias. Desse modo, o conceito de *Constituição rígida* teve de ser restringido, empregando-se esse para designar, entre as Constituições escritas, aquelas que só se alteram mediante processos especiais. Passou-se então a chamar de *Constituições flexíveis* as que, escritas às vezes, não escritas sempre, podem ser modificadas pelo processo legislativo ordinário.

Ainda quanto à estabilidade, contudo, um terceiro tipo foi identificado, a que pertence a Constituição brasileira de 1824, chamado de *semirrígido*. A Constituição *semirrígida* é a Constituição escrita cujas regras, em parte, podem ser modificadas pelo processo legislativo ordinário (em parte são flexíveis), e em outros aspectos — que a própria Constituição determina — só podem ser alteradas por processo especial (em parte são rígidas).

11. CONSTITUIÇÃO-GARANTIA, CONSTITUIÇÃO-BALANÇO, CONSTITUIÇÃO-DIRIGENTE

Modernamente, é frequente designar a Constituição de tipo clássico como *Constituição-garantia*, pois esta visa a garantir a liberdade, limitando o poder. Tal referência se desenvolveu pela necessidade de contrapô-la à *Constituição-balanço*. Esta, conforme a doutrina soviética inspirada em Lassalle, é a Constituição que descreve e registra a organização política estabelecida. Na verdade, segundo essa doutrina, a Constituição registraria um estágio das relações de poder. Por isso é que a URSS, quando alcançado novo estágio na marcha para o socialismo, adotaria nova Constituição, como o fez em 1924, 1936 e em 1977. Cada uma dessas Constituições faria o *balanço* do novo estágio.

Hoje muito se fala em *Constituição-dirigente*. Esta é a Constituição que estabeleceria um *plano* para dirigir uma evolução política. Ao contrário da *Constituição-balanço* que refletiria o presente (o ser), a *Constituição-programa* anunciaria um *ideal* a ser concretizado. Esta *Constituição-dirigente* se caracterizaria em consequência de *normas programáticas* (que para não caírem no vazio reclamariam a chamada *inconstitucionalidade por omissão* — v. cap. 5).

A ideia de *Constituição-dirigente* foi sobremodo encarecida por juristas de inspiração marxista, como o português Canotilho, que desejavam prefigurar na Constituição a implantação progressiva de um Estado socialista, primeiro; comunista, afinal. Como exemplo, a Constituição portuguesa de 1976 (que, várias vezes revista, perdeu esse objetivo).

SUGESTÃO DE LEITURA COMPLEMENTAR: Nacionais: OBRAS DO AUTOR: *Estado de direito e Constituição; Aspectos do direito constitucional contemporâneo; Lições de direito constitucional; Princípios fundamentais do direito constitucional.*

Capítulo 3
CONCEITO DE DIREITO CONSTITUCIONAL

1. DIREITO CONSTITUCIONAL COMO CIÊNCIA

Como já se indicou anteriormente, o conceito de direito constitucional é relativo ao de Constituição, de modo que a cada um dos sentidos desse termo corresponde um conceito de direito constitucional.

À acepção jurídica de Constituição corresponde o conceito de direito constitucional. Como ciência, este é o conhecimento sistematizado da organização jurídica fundamental de Estado. Isto é, conhecimento sistematizado das regras jurídicas relativas à forma do Estado, à forma do governo, ao modo de aquisição e exercício do poder, ao estabelecimento de seus órgãos e aos limites de sua ação.

2. DIREITO CONSTITUCIONAL PARTICULAR OU POSITIVO

Cada Estado, porém, apresenta peculiaridades em sua organização jurídica fundamental, suficientes para distingui-la da de outro Estado. Encarada a organização jurídica fundamental de um Estado determinado como toda matéria a ser conhecida, tem-se aí o direito constitucional *particular* — ou direito constitucional *positivo* se se preferir sublinhar a vigência e a eficácia das regras componentes da organização jurídica fundamental de Estado determinado.

3. DIREITO CONSTITUCIONAL COMPARADO

Sempre há entre os Estados pontos de contato suficientes para justificar sua comparação sob um ou outro aspecto peculiar. Pode-se, por exemplo, comparar os direitos constitucionais positivos de uma área geográfica determinada (comparação no espaço) ou de uma certa época (comparação no tempo); pode-se comparar a estrutura de uma instituição em diversos direitos positivos (comparação institucional) etc. Quando o método de comparação é o principalmente empregado num estudo, costuma-se dizer que este é de *direito constitucional comparado*, mas não se quer com isso designar uma disciplina nova e sim um modo ou prisma de análise.

4. DIREITO CONSTITUCIONAL GERAL

Da comparação entre os direitos positivos extrai-se o que há de comum a todos eles, reunindo-se assim os princípios universalmente respeitados em matéria constitucional. A sistematização desses princípios constitui o *direito constitucional geral* ou *teoria geral do direito constitucional*, que serve ao mesmo tempo de roteiro para o constituinte e para o intérprete.

A teoria geral do direito constitucional estuda os princípios fundamentais da organização política, que se identificam por meio do estudo comparativo das Constituições em vigor. Hoje, em virtude do desaparecimento do Estado soviético, bem como das democracias populares, essa teoria está unificada. Com efeito, descabe falar, atualmente, num direito constitucional marxista.

O direito constitucional de derivação liberal, que impera sem contraste desde o final do século passado, pode ser resumido em três princípios gerais: *o princípio da supremacia da Constituição; o princípio democrático; o princípio da limitação do poder*. Tais princípios serão objeto de estudo no desenvolvimento deste livro.

5. DIREITO CONSTITUCIONAL MATERIAL E FORMAL

Por outro lado, é de interesse a distinção entre direito constitucional *material* e direito constitucional *formal*. Essa distinção corresponde rigorosamente à distinção entre Constituição material e Constituição formal que se pode fazer onde há Constituição escrita. Tal distinção tem importância sobretudo onde a Constituição é rígida, pois somente as regras constitucionais formais é que podem beneficiar-se dessa proteção especial.

6. O DIREITO CONSTITUCIONAL E OS DEMAIS RAMOS DO DIREITO PÚBLICO

O direito constitucional, que se definiu acima, pertence, na clássica divisão do direito, ao ramo público. Na verdade, é ele o próprio cerne do direito público interno, já que seu objeto é a própria organização básica do Estado, e, mais que isso, o alicerce sobre o qual se ergue o próprio direito privado. De fato, se estrutura o Estado e, com isso, a si subordina os demais ramos do direito público interno (o administrativo, o judiciário etc.), também põe as bases da organização social e econômica, de modo que os ramos do direito privado (civil, comercial etc.) às suas regras devem curvar-se.

Traçando as linhas fundamentais da organização dos poderes do Estado, o direito constitucional determina o rumo a ser seguido pelo direito administrativo e pelo direito judiciário. Sendo estes, como são, ramos do direito público que regem a estrutura e a ação da administração pública (o Poder Executivo), e da justiça (o Poder Judiciário), claro está que na Constituição é que se encontram seus princípios fundamentais e, inclusive, se acham estabelecidos os seus órgãos principais.

A Constituição brasileira ilustra bem isso. Em seu corpo se acham previstos e estruturados em linhas gerais os mais altos órgãos administrativos — os ministérios —, além de lá estarem consolidados o princípio da responsabilidade do Estado e o estatuto do funcionário. Nela também está fixada a estrutura das justiças em geral e de vários de seus órgãos em particular, afora princípios processuais que adota.

Os demais ramos do direito público também encontram na Constituição suas normas basilares. O direito penal é estritamente condicionado por inúmeros preceitos registrados nas declarações de direitos e garantias, como os que vedam certas penas. O tributário, por seu turno, está preso às regras constitucionais sobre o poder de tributar e às que discriminam os tributos, distribuindo-os à União, aos Estados, aos Municípios e ao Distrito Federal.

7. O DIREITO CONSTITUCIONAL E OS DEMAIS RAMOS DO DIREITO PRIVADO

Os próprios ramos do direito privado recebem da Constituição o seu cunho geral, sobretudo desde que as Cartas Magnas se preocupam ostensivamente com a ordem econômico-social.

O direito civil, entre nós, por exemplo, recebe da Constituição as normas fundamentais sobre a propriedade e sobre a família. O comercial tem de desdobrar-se a partir dos múltiplos preceitos que ora monopolizam em favor do Estado certas atividades, ora delas excluem certas pessoas. O trabalhista encontra no texto constitucional a substância de suas leis básicas, além de preceitos imediatamente imperativos.

8. RELAÇÕES DO DIREITO CONSTITUCIONAL COM DISCIPLINAS DE CUNHO NÃO JURÍDICO

Se, assim, todos os ramos do direito, sem exceção, vinculam-se à Constituição e, portanto, ao direito constitucional, esta disciplina mantém estreitas relações com outras de cunho não jurídico.

Particularmente importantes são suas relações com a Teoria do Estado. Esta ciência, cujo objeto é a unificação do conhecimento sobre o Estado, inspira necessariamente qualquer Constituição que pretenda viabilidade. De fato, a Teoria do Estado fornece ao direito constitucional dados seguros sobre problemas capitais, como o do reflexo dos ideais políticos sobre o funcionamento dos regimes de governo.

Com a economia não são menos importantes as suas relações. Se não é aceitável que a base econômica determine as instituições políticas de um Estado (como queria Marx), é irrecusável que ela condiciona o êxito das formas de governo, por exemplo. Assim, conhecimentos econômicos podem iluminar problemas inexplicáveis para quem pretende compreender fenômenos constitucionais somente com o auxílio do direito.

Igualmente, o direito constitucional muito deve à filosofia e à sociologia. Esta lhe mostra a inter-relação dos fenômenos sociais, entre os quais o jurídico e o político se inscrevem; aquela o esclarece sobre os valores que inspiram as organizações políticas.

Mais patente ainda é o vínculo entre o direito constitucional e a ciência política. De fato, esta é a ciência do poder e aquele é, no fundo, a ciência da organização jurídica do poder. Muito contribui a ciência política para que se mensure o valor efetivo das instituições constitucionais e se registre a realidade de seu funcionamento.

Capítulo 4
O PODER CONSTITUINTE

1. A CONSTITUIÇÃO, LEI SUPREMA

A Constituição rígida é a lei suprema. É ela a base da ordem jurídica e a fonte de sua validade. Por isso, todas as leis a ela se subordinam e nenhuma pode contra ela dispor.

A supremacia da Constituição decorre de sua origem. Provém ela de um poder que institui a todos os outros e não é instituído por qualquer outro; de um poder que constitui os demais e é por isso denominado *poder constituinte*. O estudo desse poder é o objeto deste capítulo.

Por outro lado, da superioridade da Constituição resulta serem viciados todos os atos que com ela conflitem, ou seja, dela resulta a inconstitucionalidade dos atos que a contrariem. Ora, para assegurar a supremacia da Constituição é preciso efetivar um crivo, um controle sobre os atos jurídicos, a fim de identificar os que, por colidirem com a Constituição, não são válidos. Esse *controle de constitucionalidade* é o tema do último capítulo desta Parte.

2. ORIGEM DA IDEIA DE PODER CONSTITUINTE

A ideia de que a Constituição é fruto de um poder distinto daqueles que ela estabelece — com a afirmação da existência de um poder constituinte, fonte da Constituição e, portanto, dos poderes constituídos (dentre os quais o Legislativo) —, é contemporânea da de Constituição escrita. Na verdade, é no panfleto de Sieyès, *Qu'est-ce que le tiers état?*,[2] que isso se afirma explicitamente pela primeira vez.

De fato, era na Antiguidade desconhecida essa ideia. Tanto na Grécia como em Roma as leis de conteúdo constitucional não se distinguiam formalmente das demais e se manifestavam sobretudo nos costumes, alterando-se pelos órgãos legislativos ordinários ou pela invenção individual (Licurgo, Sólon).

Da mesma forma, a Idade Média não a conheceu. As regras de matéria constitucional eram costumeiras e como tais só o decurso do tempo as podia mudar. Igualmente não se separavam essas regras das outras, por sua forma.

Nos albores da época moderna, a concepção, formulada pelos legistas, de leis fundamentais, caracterizadas por sua matéria, por sua superioridade e por sua estabilidade, trazia implícita essa ideia. Mas, ainda, então, não se chegou a ela.

---
[2] SIEYÈS, Emmanuel Joseph. *Qu'est-ce que le tiers état?* Paris: Chez Alexandre Correard, 1822.

3. O PODER CONSTITUINTE E SEU FUNDAMENTO LÓGICO

O reconhecimento de um poder capaz de estabelecer as regras constitucionais, diverso do de estabelecer regras segundo a Constituição, é, desde que se pretenda serem aquelas superiores a estas, uma exigência lógica. A superioridade daquelas, que se impõem aos próprios órgãos do Estado, deriva de terem uma origem distinta, provindo de um poder que é fonte de todos os demais, pois é o que constitui o Estado, estabelecendo seus poderes, atribuindo-lhes e limitando-lhes a competência: o poder constituinte.

Deve-se, portanto, reconhecer a existência de um poder constituinte do Estado e dos poderes deste (os quais são, por esse motivo, ditos constituídos). Esse poder constituinte é que estabelece a organização jurídica fundamental, estabelece o conjunto de regras jurídicas concernentes à forma do Estado e do governo, ao modo de aquisição e exercício do governo, ao estabelecimento de seus órgãos e aos limites de sua ação, bem como às bases do ordenamento econômico e social.

Observe-se, porém, que, embora se possa falar de poder constituinte relativamente a uma Constituição flexível, propriamente a distinção entre poder constituinte e poderes constituídos só tem interesse relativamente à Constituição rígida. De fato, naquela é o mesmo poder que gera as regras ordinárias e as regras constitucionais; assim, Poder Legislativo e poder constituinte se confundem (donde a flexibilidade da Constituição). Em relação à Constituição rígida é que se pode mostrar distintamente a existência de um poder anterior e inicial.

4. PODER CONSTITUINTE: ORIGINÁRIO E DERIVADO

O poder constituinte que edita Constituição nova substituindo Constituição anterior ou dando organização a novo Estado é usualmente qualificado de *originário*. Isso sublinha que ele dá origem à organização jurídica fundamental.

Tal qualificação serve também para distinguir esse poder constituinte — que é o único a realmente fazer jus ao nome — de Poderes Constituintes instituídos ou derivados. Estes impropriamente são chamados de Constituintes. Eles são constituídos pelo poder constituinte originário e dele retiram a força que têm. A designação poder constituinte só lhes vem do fato de que, nos termos da obra de poder originário, podem modificá-la, completá-la (poder de revisão) ou institucionalizar os Estados federados que dela provenham (poder constituinte dos Estados-membros).

Por isso, quando se fala simplesmente em poder constituinte é ao originário que se faz referência.

5. A NATUREZA DO PODER CONSTITUINTE

Qual é a natureza do poder constituinte? É ele um poder de fato, isto é, uma força que se impõe como tal, ou um poder de direito, ou seja, um poder que deriva de regra jurídica anterior ao Estado que funda?

Essa questão, na verdade, é o próprio problema do fundamento do direito. De fato, o direito positivo (no sentido de direito *posto* pelo Estado) se subordina à Constituição, de modo que o fundamento desta é o fundamento de todo o direito positivo.

Para quem entende que o direito só é direito quando positivo, a resposta é que o poder constituinte é um poder de fato, no sentido de que se funda a si próprio, não se baseando em regra jurídica anterior.

Para os que admitem a existência de um direito anterior ao direito positivo, a solução é que o poder constituinte é um poder de direito, fundado num poder natural de organizar a vida social de que disporia o homem por ser livre.

Na realidade, parece preferível a segunda tese. O direito não se resume ao direito positivo. Há um direito natural, anterior ao direito do Estado e superior a este. Desse direito natural decorre a liberdade de o homem estabelecer as instituições por que há de ser governado. Destarte, o poder que organiza o Estado, estabelecendo a Constituição, é um poder de direito.

6. TITULARIDADE: *CONSENSUS* E LEGITIMIDADE

Este debate confunde-se com a polêmica sobre o titular da soberania, isto é, do supremo poder no Estado. Na verdade, muitas são as respostas plausíveis a essa indagação e, sem dúvida, todas elas já foram defendidas com a mesma paixão e nos mesmos termos absolutos.

Pode-se dizer, com a maior objetividade, que a aceitação dessas respostas tem variado de época para época. Tal aceitação depende da cosmovisão que prevalece na sociedade, num determinado momento, a qual muda com o passar do tempo. Essa aceitação é o cerne do chamado *consensus*, do qual deriva a *legitimidade* do governo estabelecido. De fato, a legitimidade do governo está em haver sido ele estabelecido de conformidade com a opinião predominante na sociedade sobre a quem cabe o poder, ou como se confere o poder (*consensus*). A legitimidade não se confunde com a mera *legalidade*, ou seja, com o fato de haver sido o governo estabelecido de acordo com as leis vigentes, pois essas leis podem ser ilegítimas, em face do *consensus*.

É por isso incorreto aplicar a uma época o critério de legitimidade adotado noutra época, pretendendo com isso mostrar a ilegitimidade — *a posteriori* — de poderes uma vez estabelecidos. Estes podem ter sido legítimos a seu tempo, embora não o sejam hoje pela mudança do *consensus*.

Cumpre reconhecer, porém, que o poder só se estabiliza quando fundado na aceitação dos que vão ser por ele governados. O poder decorrente da mera força bruta é instável, pois varia com a relação de forças. Ele somente cria raízes ao se tornar legítimo. Assim, com certa rapidez se dá a consolidação dos governos resultantes de simples quebra da legalidade; contudo, é difícil a dos que importam em rompimento com a legitimidade.

Essa aceitação é imprescindível para que a obra do poder constituinte alcance eficácia; quer dizer, seja globalmente respeitada e cumprida como Constituição, como lei suprema.

A legitimidade, entretanto, que falta a um poder pode ser por ele obtida, por meio de uma catequese persistente, que o passar do tempo facilita. É possível a um poder, estabelecido pela força, manter-se apoiado nessa força, enquanto instila, compra e até impõe a cristalização do *consensus* que o legitima.

O conceito de *poder de fato* deflui dessa situação. É *de fato* o poder que não tem por si a legitimidade, ainda que tenha por si a legalidade. Realmente, pode o governo editar leis que ratifiquem seu estabelecimento muito antes de lograr a aceitação dos governados. O poder se torna *de direito*, quando alcança a legitimidade.

Não se deve, todavia, confundir poder de fato com *governo de fato*, tal qual se entende esta última expressão em direito internacional público. O governo de fato é tão somente o governo estabelecido ao arrepio da lei, o governo ilegalmente estabelecido. Tal expressão, portanto, diz respeito à legalidade e não à legitimidade. É a "ilegalidade" do governo de fato que o faz, à luz do direito internacional, necessitado de reconhecimento.

Se todo poder, em última análise, repousa no consentimento, na aceitação dos governados, pode-se dizer que a soberania — e, portanto, o poder constituinte originário — pertence ao povo. Isso não significa, entretanto, que tenha o poder constituinte como agente habitual o próprio povo.

7. O AGENTE DO PODER CONSTITUINTE

Não se confunde o titular do poder constituinte com o seu agente. Este é o homem, ou o grupo de homens, que em nome do titular do poder constituinte estabelece a Constituição do Estado. Assim, por exemplo, o ente coletivo, Assembleia Constituinte, costuma ser o agente do poder constituinte do povo.

Tal agente, exatamente por não ser o titular do Poder, edita uma obra que vale como Constituição na medida em que conta com a aceitação do titular. Essa aceitação é presumida sempre que o agente é designado pelo titular para estabelecer a Constituição — como ocorre quando uma Assembleia Constituinte é eleita —, ou é aferida depois, seja expressamente, quando a Constituição é sujeita à manifestação direta do povo (*referendum*), ou, tacitamente, quando, posta em prática, vem a ganhar eficácia.

Dessa distinção entre titular e agente resultam duas consequências importantes. Uma, a de que o poder constituinte do titular permanece, não se exaurindo depois de sua manifestação, enquanto o do agente se esgota, concluída a sua obra. Outra, a de que a obra do agente está sempre sujeita a uma condição de eficácia. Com efeito, antes disso não é uma verdadeira Constituição, mas um ato com a pretensão de ser uma Constituição, para seguir as lições de Kelsen.

Em outros termos, um ato editado como Constituição só se torna verdadeiramente a Constituição positiva de um determinado Estado se e quando lograr obter eficácia (efetividade); quer dizer, quando ela é globalmente cumprida, aplicada.

8. O VEÍCULO DO PODER CONSTITUINTE

A doutrina do poder constituinte raciocina a partir da hipótese da inexistência de instituições políticas, de Estado, portanto. O titular do poder constituinte (normalmente, o povo) estabeleceria, por intermédio do agente (os representantes do povo), a Constituição sobre um terreno até então virgem, vazio.

Entretanto, essa hipótese não ocorre no mundo dos fatos. Neste, o poder constituinte vem a manifestar-se onde já existem instituições e contra elas. Isto é, onde existem instituições políticas e Constituição estabelecida, o poder constituinte originário pode vir a manifestar-se editando nova Constituição. Para tanto, porém, é necessário que se preencha uma condição indispensável: a de que perca eficácia, consequentemente, deixe de ser verdadeiramente Constituição a que vigorava antes dessa (nova) manifestação do poder constituinte originário.

A perda de eficácia da Constituição (anterior) estabelece o vazio sobre o qual o poder constituinte originário vai erigir a nova Constituição, que se aperfeiçoará como Constituição se e quando ganhar eficácia.

Essa perda de eficácia traduz um evento revolucionário. Ou melhor, a revolução "quebra" a Constituição então em vigor (pois revolução, juridicamente falando, é sempre rompimento da Constituição) e assim abre caminho para a nova Constituição.

É por isso que se costuma dizer que a revolução é o veículo do poder constituinte originário, que este não se manifesta sem uma revolução, e que a revolução "tem" poder constituinte.

Há, porém, Constituições não precedidas de revoluções. Algumas, como a Constituição francesa de 1958, são fruto de reforma da Constituição anterior, estabelecidas de acordo com as normas (pelo menos formais) da Constituição anterior, mas que, por resultarem numa ampla, completa e profunda reformulação, se intitulam de (nova) Constituição. Outras são concedidas por um Estado colonizador a Estado que se liberta da colonização. É o que fez a Grã-Bretanha em favor de suas antigas colônias, em numerosas oportunidades.

9. O DIREITO DE REVOLUÇÃO

As considerações feitas no item precedente levam naturalmente ao reconhecimento em proveito do povo do *direito de revolução*, sem o qual o seu poder constituinte não poderia ordinariamente exprimir-se. De fato, o direito de mudar de organização política em função da ideia adotada implica faculdade de insurgir-se pelos meios que as circunstâncias fizerem necessários, contra a Constituição vigente.

O direito de revolução, como o de resistência, é o derradeiro recurso da liberdade, que só ela pode justificar como emprego da força contra a lei positiva. É ele sempre a *ultima ratio* de que só se deve usar em casos extremos, mormente nos Estados modernos de índole pluralista. Estes, na verdade, estão abertos à oposição de ideias, deixando o poder em disputa entre os grupos que as incorporam desde que estes respeitem os demais e não se proponham mudar as regras do jogo. Neles, assim, uma ideia de direito pode vir a se impor sem necessidade de recorrerem seus adeptos à força bruta.

O recurso à força, porém, subsiste sempre. Todavia, antes que o grupo apele para armas, para que o faça de modo sensato, é mister que não haja possibilidade razoável de fazer a ideia de direito triunfar por meio mais *econômico*, que haja bem alicerçada garantia de êxito (para que a tentativa não se esgote em inútil e cruenta luta), que daí não derive irremediável cisão entre o povo, fonte de contínuas discórdias, enfim, que haja sólida e fundada esperança de se obter a adesão dos indiferentes, da maioria. De fato, a revolução é sempre feita por uma minoria, mas só se legitima pela adesão da maioria.

10. CARACTERES DO PODER CONSTITUINTE ORIGINÁRIO

O poder constituinte originário apresenta três caracteres fundamentais.

É ele *inicial* porque não se funda noutro, mas é dele que derivam os demais poderes.

O seu segundo traço característico é diversamente designado conforme a corrente doutrinária. Todas as correntes estão de acordo em reconhecer que ele é *ilimitado* em face do direito positivo (no caso, a Constituição vigente até sua manifestação). A esse caráter os positivistas designam *soberano*, dentro da concepção de que, não sendo limitado pelo direito positivo, o poder constituinte não sofre qualquer limitação de direito, visto que para essa escola o direito somente é direito quando positivo. Os adeptos do jusnaturalismo o chamam de *autônomo*, para sublinhar que, não limitado pelo direito positivo, o poder constituinte deve sujeitar-se ao direito natural.

Enfim, é ele *incondicionado* no sentido de que não tem fórmula prefixada nem forma estabelecida para a sua manifestação. Sem embargo disto, observe-se que frequentemente as Assembleias Constituintes são limitadas pela predefinição de determinados pontos substanciais (p. ex., a República e a Federação na Constituinte brasileira de 1890) e condicionadas pela prefixação de certas regras de deliberação. Isto não desmente que o poder constituinte seja sempre autônomo e incondicionado, visto que essas Constituintes são precedidas por atos do poder constituinte, estes sim iniciais, autônomos e incondicionados, que investem na Assembleia o papel de seu agente. E, por isso, podem fixar-lhe um estatuto, uma verdadeira pré-Constituição (p. ex., o Dec. nº 1, de 15/11/1889).

11. FORMAS DE EXPRESSÃO DO PODER CONSTITUINTE ORIGINÁRIO

Vários são os processos usados para positivar a Constituição.

O mais simples de todos consiste na *outorga*. O agente do poder constituinte promulga um texto consubstanciando a nova organização, texto esse ao qual o povo tacitamente dá eficácia (p. ex., a Carta de 10/11/1937).

De modo geral, porém, o grupo constituinte só age revolucionariamente para derrubar a Constituição anterior preparando a consagração da nova ideia de direito. Para o estabelecimento da nova lei fundamental, convoca ele uma *convenção*, ou *assembleia constituinte*, na qual os mais importantes de seus membros (e às vezes alguns adversários até) discutem e aprovam suas regras (p. ex., a Constituição de 1946). Às vezes, ainda, o produto da deliberação dessa assembleia é submetido à votação popular, ao *referendum*, para que o titular do poder constituinte expressamente se manifeste. Esses dois processos são particularmente apreciados pelos grupos inspirados no ideal democrático.

Enfim, outro método, chamado de bonapartista por haver sido usado por Napoleão, consiste em consultar o povo sobre se este consente em que um homem promulgue em seu nome uma Constituição, em tais ou quais bases vagamente referidas. Desse modo, por um *plebiscito* o titular do poder constituinte originário transmite seu exercício a um césar.

12. O PODER CONSTITUINTE DERIVADO: CARACTERES

Embora grupo constituinte algum cuide de preparar a substituição da ideia de direito que o incita a agir, a experiência faz prever a necessidade futura de alterações ou complementações no texto que edita. Por isso é que dispõe sobre a revisão da

Constituição, atribuindo a um poder constituído o direito de emendá-la. Esse poder *instituído* goza de um poder constituinte *derivado* do originário. (*V.* n. 4, acima.) Sua modalidade principal é o poder de revisão. (*V.* n. 13.)

Caracteriza-se o poder constituinte instituído por ser *derivado* (provém de outro), *subordinado* (está abaixo do originário, de modo que é *limitado* por este) e *condicionado* (só pode agir nas condições postas, pelas formas fixadas pelo originário).

13. ESPÉCIES DE PODER CONSTITUINTE DERIVADO

Duas são as espécies de poder constituinte derivado.

Uma é o poder de revisão. Trata-se do poder, previsto pela Constituição, para alterá-la, adaptando-a a novos tempos e a novas exigências.

Outra é o poder constituinte dos Estados-membros de um Estado federal; o chamado poder constituinte decorrente. Este deriva também do originário, mas não se destina a rever sua obra e sim a institucionalizar coletividades, com caráter de Estados, que a Constituição preveja.

Como o *poder constituinte instituído*, o poder decorrente é *subordinado, secundário* e *condicionado*. Só pode agir validamente no âmbito fixado pelo originário. Este fixa princípios explícitos e implícitos e mesmo regras acabadas que devem ser por ele respeitados. É essa a lição das Constituições brasileiras, sem exceção. E somente se pode manifestar com a observância das formas para ele fixadas na Constituição.

14. A LIMITAÇÃO DO PODER DE REVISÃO

Com relação ao poder de revisão, discute-se se é ele limitado pela Constituição.

Autores há — e são muitos, *v.g.*, Duguit, Joseph Barthélemy, Laferrière, Duverger, Vedel... — que o consideram ilimitado. E assim pensam, de modo geral, porque o consideram o próprio poder originário subsistente em sua própria obra. Desse modo, as regras que ele próprio declarou, ele próprio pode mudar.

Outros — e são a maioria, *v.g.*, Schmitt, Burdeau, Hauriou, Recaséns Siches, Pinto Ferreira, e praticamente toda a doutrina brasileira, incluído o autor deste livro — sustentam o contrário. O poder constituinte constitucionalizado é uma criação do originário como os demais poderes, como a Constituição. Sua competência ele recebeu do poder originário e, como os demais poderes constituídos, não pode validamente ultrapassar seus limites.

A razão parece estar com os últimos. Dizer que o poder constituinte originário não se esgota com a edição da Constituição, que por isso ele subsiste na Constituição, é afirmação verdadeira em termos. Sem dúvida, o poder constituinte de que é titular o povo não se esgota com a prática de um ato, como a liberdade não se exaure em qualquer de suas manifestações. Entretanto, é um órgão constituído, e não o agente do poder constituinte originário autor da Constituição, que recebe desta o poder de alterá-la, sob certas formas, dentro de certos limites. Assim, o órgão constituído habilitado a modificar a Constituição está, como os demais órgãos constituídos, limitado em sua competência pela Lei Magna.

Pode suceder, porém, que essa expressamente autorize sua reformulação total pelo poder constituinte instituído. Existe aí uma equiparação, que não é normal, entre o grupo constituinte e o órgão revisor. Todavia, quando isso se dá, o processo de revisão envolve normalmente a intervenção do povo, o titular do poder originário, de modo que a exceção à regra desaparece.

Claro está que, no silêncio da Constituição, deve-se interpretar vedada a sua revisão completa pelo poder instituído.

15. LIMITAÇÕES TEMPORAIS, CIRCUNSTANCIAIS E MATERIAIS

As limitações postas pelo poder originário ao instituído podem ser distribuídas por três tipos diversos: um que compreende as restrições *temporais*; outro, restrições *circunstanciais*; terceiro, vedações *materiais*.

Constituições há que só permitem sua revisão em épocas certas, espaçadas. Vedam durante certo tempo sua alteração. É o caso da Constituição francesa de 1791 (Tít. VII, art. 3º).

Outras proíbem em determinadas circunstâncias, em que é presumível estarem sob coação, ou sob violenta emoção, os membros do órgão revisor. É o caso da Constituição francesa de 1946 (art. 94), que a vedava, estando, no todo ou em parte, o território nacional ocupado por forças estrangeiras.

Enfim, muitas marcam o caráter secundário do poder instituído pondo fora do seu alcance certas matérias de importância fundamental. As Constituições brasileiras de 1891, 1934, 1946 e 1967 consideram inafastáveis a Federação e a República. A Constituição francesa de 1946 (art. 95) dela excluía a forma republicana, como também a de 1958 (art. 89).

A Constituição brasileira em vigor fixa limitações materiais e circunstanciais. Contém limitações circunstanciais — proibição de emendar a Constituição durante intervenção federal, estado de defesa ou estado de sítio (art. 60, § 1º) — e limitações materiais — proibição de sequer deliberar sobre propostas tendentes a abolir a forma federativa de Estado, o voto direto, secreto, universal e periódico, a separação dos poderes e os direitos e garantias individuais (art. 60, § 4º). Estas limitações materiais são as chamadas "cláusulas pétreas" da Constituição. Seriam o seu cerne imutável.

É preciso notar que as limitações registradas na Constituição vigente proíbem seja *abolido* o instituto; quer dizer, eliminado, suprimido. Não veda que o seu regime (modo e condições de exercício) seja modificado, desde que — evidentemente — isto não leve a negar o seu conteúdo essencial.

Numa decisão do Supremo Tribunal Federal, o Min. Sepúlveda Pertence assinala claramente: "As limitações materiais ao poder constituinte de reforma, que o art. 60, § 4º, da Lei Fundamental enumera, não significam a intangibilidade literal da respectiva disciplina na Constituição originária, mas apenas a proteção do núcleo essencial dos princípios e institutos cuja preservação nelas se protege" (ADIn 2.024-2/DF, medida liminar).

16. FORMAS DE EXPRESSÃO DO PODER DE REVISÃO

O estabelecimento do modo de exercício do poder constituinte instituído oferece dificuldades técnicas sérias. De fato, é preciso organizá-lo de modo tal que a estabilidade do texto constitucional seja resguardada, abrindo-se, todavia, o caminho para as remodelações necessárias.

As soluções em direito comparado são, por isso, das mais variadas.

Quanto à iniciativa das emendas, certas Constituições a reservam ao Poder Legislativo ordinário (p. ex., Alemanha, art. 79), algumas, ao Executivo apenas (*v.g.*, Portugal, 1933, art. 135), outras a atribuem tanto ao Legislativo quanto ao Executivo (França, 1958, art. 89), outras ao Legislativo e ao próprio povo (*iniciativa popular*) (Suíça, art. 121), e nos Estados federais pode estar aberta aos legislativos dos Estados-membros (Estados Unidos, art. V).

Na Constituição brasileira, a proposta de Emendas cabe: (1) a um terço, no mínimo, dos membros da Câmara dos Deputados ou do Senado Federal; (2) ao Presidente da República; e (3) a mais da metade das Assembleias Legislativas das unidades da Federação, manifestando-se, cada uma delas, pela maioria simples de seus membros (art. 60, I a III). Esta última forma jamais foi utilizada. A Lei nº 9.709/1998 veio prever a possibilidade de referendo acerca de Emenda aprovada. (V., *infra*, cap. 22, n. 35.)

Quanto à aprovação das emendas, algumas preveem (ainda que em certas hipóteses apenas) que órgão especial (convenção) se reúna para tanto (Estados Unidos, art. V). Outras a deixam ao próprio legislativo ordinário, mas renovado especialmente (Noruega, art. 112; Holanda, art. 204). Enfim, a maioria a confere ao legislador ordinário, exigindo, porém, maioria qualificada para a sua aprovação. O procedimento fixado na atual Constituição brasileira segue esse modelo. (*V.*, em pormenor, o capítulo sobre o *processo legislativo.*)

Para que o povo, titular do poder constituinte, se pronuncie sobre a obra do revisor, alguns textos subordinam a adoção definitiva da emenda à ratificação popular (Suíça, art. 123). Outros condicionam à aprovação de outros órgãos (Estados Unidos, art. V, que exige a ratificação pelos Estados-membros).

17. O ESTABELECIMENTO DA CONSTITUIÇÃO DE 1988

A "Constituinte" de 1987 foi convocada por meio da Emenda Constitucional nº 26, de 27 de novembro de 1985, à Constituição então vigente (de 1967 com a redação dada pela Emenda Constitucional nº 1, de 1969, e as posteriores alterações que integravam o texto).

A Emenda Constitucional nº 26 estabeleceu no art. 1º que "os membros da Câmara dos Deputados e do Senado Federal reunir-se-ão, unicameralmente, em Assembleia Nacional Constituinte, livre e soberana, no dia 1º de fevereiro de 1987, na sede do Congresso Nacional".

Este texto foi propositalmente enganoso. Falando em "Assembleia Nacional Constituinte, livre e soberana", deu — e isto foi feito em razão de motivos políticos — a ideia de que haveria manifestação do poder constituinte originário.

Tal não ocorreu, porém. Inexistiu a ruptura revolucionária que normalmente condiciona as manifestações do poder constituinte originário. Ao contrário, a *Assembleia Nacional Constituinte* veio convocada por intermédio de uma Emenda Constitucional, adotada com o exato respeito das normas que regiam a modificação da Constituição.

Na verdade, e no fundo, a Emenda nº 26 simplesmente alterou o procedimento de modificação da Constituição, a partir de 1º de fevereiro de 1987. Simplificou esse procedimento porque não reclamou, para a aprovação de normas novas, senão a maioria absoluta dos membros da Câmara dos Deputados e do Senado Federal, em conjunto, em dois turnos, em lugar da maioria de dois terços em cada Casa do Congresso Nacional, também em dois turnos. E eliminou, com a referência à *liberdade* e à *soberania*, as limitações ao poder de reforma referentes à abolição da República e da Federação, bem como a proibição de emendas na vigência de intervenção federal, estado de sítio e estado de emergência (art. 47, §§ 1º e 2º, da EC nº 1/1969).

Verifica-se que o Brasil seguiu aqui o modelo inaugurado pela França em 1958, já anteriormente mencionado, também observado noutras transições de regimes autoritários para regimes democráticos, como na Espanha em 1978.

A ordem constitucional vigente no País é, portanto, resultado de reforma da Constituição anterior, estabelecida com restrita obediência às regras então vigentes, mas que, por resultar num texto totalmente refeito e profundamente alterado, deu origem a uma nova Constituição.

Assim, tivemos, na convocação da Assembleia Nacional Constituinte, manifestação do poder constituinte derivado, apenas, repita-se, libertado das limitações materiais e circunstanciais que lhe eram impostas.

Embora entrando em contradição com a doutrina do poder constituinte, há muitos autores que sustentam haver-se manifestado, em 1988, o poder originário. Trata-se de uma posição política, sem base científica, que atende, entretanto, ao objetivo de dar à nova Constituição um fundamento mais forte do que o que adviria de considerá-la uma mera revisão da Carta anterior.

18. A INCORPORAÇÃO DE TRATADOS À CONSTITUIÇÃO

A Emenda Constitucional nº 45/2004 previu, em dispositivo que inseriu na Lei Magna — o § 3º do art. 5º — que tratados e convenções sobre direitos humanos podem ser incorporados à Constituição, desde que o detentor do poder constituinte derivado de revisão — o Congresso Nacional — os aprovasse, nas suas duas Casas, em dois turnos, por três quintos dos votos dos seus respectivos membros.

Tal exigência formal corresponde exatamente ao que está prescrito no art. 60, § 2º, relativamente à aprovação de Emenda Constitucional. Assim, não dá aos tratados sobre direitos humanos tratamento privilegiado; toma-os como Emendas comuns.

São hoje dois os tratados incorporados. Um, a Convenção sobre os Direitos das Pessoas com Deficiência e seu Protocolo Facultativo, assinada em Nova Iorque, em 30 de março de 2007. Outro, o Tratado de Marraqueche para Facilitar o Acesso a Obras Publicadas às Pessoas Cegas, com Deficiência Visual ou com outras Dificuldades para Ter Acesso ao Texto Impresso, concluído no âmbito da Organização Mundial da Propriedade Intelectual (OMPI), de 28 de junho de 2013.

SUGESTÃO DE LEITURA COMPLEMENTAR – Clássico: Sieyès, *Qu'est-ce que le tiers état?*; **Recente:** Claude Klein, *Théorie et pratique du pouvoir constituant*; **Nacionais:** Obras do autor: *O poder constituinte; Aspectos do direito constitucional contemporâneo; Lições de direito constitucional; Princípios fundamentais do direito constitucional.*

Capítulo 5
O CONTROLE DE CONSTITUCIONALIDADE

1. O CRITÉRIO REAL DA DISTINÇÃO ENTRE RIGIDEZ E FLEXIBILIDADE CONSTITUCIONAIS

A distinção entre Constituição rígida e Constituição flexível, entre poder constituinte originário e poder constituinte derivado, implica a existência de um *controle de constitucionalidade*. De fato, onde este não foi previsto pelo constituinte, não pode haver realmente rigidez constitucional ou diferença entre o poder constituinte originário e o derivado.

Em todo Estado no qual falta controle de constitucionalidade, a Constituição é flexível; por mais que a Constituição se queira rígida, o poder constituinte perdura ilimitado em mãos do legislador. Este, na verdade, poderá modificar a seu talante as regras constitucionais, se não houver órgão destinado a resguardar a superioridade dessas sobre as ordinárias; mais ainda, órgão com força bastante para fazê-lo.

Isso não quer dizer que é preciso estar expressamente previsto na Constituição esse controle, para que ela seja de fato rígida. Basta que de seu sistema tal deflua.

2. ORIGEM AMERICANA DO CONTROLE

O controle de constitucionalidade surgiu nos Estados Unidos, sob uma Constituição que não o prevê expressamente. Todavia, pôde Marshall, em decisão célebre, deduzir de seu sistema esse controle e reconhecer pertencer ele ao Judiciário, incumbido de aplicar a lei contenciosamente.

No caso *Marbury versus Madison*, esse juiz demonstrou que, se a Constituição americana era a base do direito e imutável por meios ordinários, as leis comuns que a contradissessem não eram verdadeiramente leis, não eram direito. Assim, essas leis seriam nulas, não obrigando os particulares. Demonstrou que, cabendo ao Judiciário dizer o que é o direito, é a ele que compete indagar da constitucionalidade de uma lei. De fato, se duas leis entrarem em conflito, deve o juiz decidir qual aplicará. Ora, se uma lei entrar em conflito com a Constituição, é ao juiz que cabe decidir se aplicará a lei, violando a Constituição, ou, como é lógico, aplicar-se-á a Constituição, recusando a lei.

3. CONCEITO DE CONTROLE DE CONSTITUCIONALIDADE

Controle de constitucionalidade é, pois, a *verificação da adequação de um ato jurídico* (particularmente da lei) à Constituição. Envolve a verificação tanto dos *requisitos formais* — subjetivos, como a competência do órgão que o editou; objetivos, como a forma, os prazos, o rito, observados em sua edição — quanto dos *requisitos substanciais* — respeito aos direitos e às garantias consagrados na Constituição — de constitucionalidade do ato jurídico.

É isto o que sempre ensinou a doutrina clássica.

4. APLICABILIDADE E OMISSÃO NO CUMPRIMENTO DA NORMA CONSTITUCIONAL

Como já se viu, mas vale reiterar, as normas constitucionais podem ser, quanto à sua aplicabilidade, de duas espécies: as exequíveis, ou seja, normas completas, na hipótese e na consequência, que, por isso, podem ser imediatamente exigidas; e as não (imediatamente) exequíveis, que dependem de complementação, seja por lei (pelo legislador), seja por ato ou ação administrativa (pelo Executivo). Dentre estas últimas destacam-se as normas programáticas (que prometem providências e benefícios). As normas não imediatamente exequíveis são geralmente normas incompletas, ou seja, normas a que falta algum elemento, mormente no seu mandamento. É, por exemplo, o caso do mandado de injunção (Constituição, art. 5º, LXXI), em que se prevê quando ele cabe, mas não se diz o que há de decorrer dele. Entretanto, às vezes o constituinte condiciona à lei ou a um ato de complementação a exequibilidade da norma. É o que se dá quando inclui no texto fórmulas do tipo "na forma da lei", ou "a lei disporá". Isto é muito comum nas transições políticas, pois deixa para o futuro — em geral para o legislador — a decisão sobre a exequibilidade da norma. Deixa-lhe, tecnicamente falando, a apreciação da oportunidade.

Hoje, a doutrina entende haver inconstitucionalidade não somente quando o ato contraria norma exequível por si só, como também quando há omissão em tomar as providências necessárias à exequibilidade de normas não exequíveis por si sós. (*V.* um aprofundamento sobre a aplicabilidade das normas constitucionais no cap. 42.)

Para corrigir essa inação, prevê a Constituição uma ação de inconstitucionalidade por omissão, que se examinará mais adiante, assim como o mandado de injunção.

5. A NATUREZA DO ATO INCONSTITUCIONAL

O ato inconstitucional — ensina tradicionalmente a doutrina, tanto estrangeira (*v.g.*, Marshall) quanto nacional (*v.g.*, Rui) — é nulo e írrito. Dessa forma, ele não obriga, não sendo de se aplicar. Ou, se aplicado, nula é essa aplicação. Assim, o efeito da declaração de nulidade retroage *ex tunc*, não sendo válidos os atos praticados sob o seu império.

No Brasil, a jurisprudência do Supremo Tribunal Federal repetidas vezes declarou nulo o ato inconstitucional, como o quer a doutrina clássica.

Entretanto, as Leis nº 9.868/1999 e nº 9.882/1999, a primeira regulando as ações diretas de inconstitucionalidade e de constitucionalidade, a segunda, a arguição de descumprimento de preceito fundamental (*v.*, adiante, n. 16 e n. 17), vieram disciplinar entre nós os efeitos do reconhecimento da inconstitucionalidade. (*V.*, adiante, n. 18.)

Quanto a esses efeitos, delas decorre que, embora de modo geral o ato inconstitucional seja nulo, e, por isso, os seus efeitos devam ser desconstituídos desde a data de sua edição (*ex tunc*), em certos casos pode o Supremo Tribunal Federal estipular que esse reconhecimento de nulidade não produzirá efeitos senão a partir de determinada data, ou para o futuro. Há nisso uma atenuação da doutrina clássica.

A tese clássica já era rejeitada por autores do peso de Kelsen.[3] Ensina o grande mestre austríaco não poder existir dentro de uma ordem jurídica algo como a nulidade. As normas jurídicas podem ser anuláveis, tendo esta anulabilidade vários graus. Assim, uma norma pode ser anulada com efeitos para o futuro, permanecendo intocados os efeitos já produzidos. Ou pode ser "anulada com efeito retroativo, por forma que os efeitos jurídicos que ela deixou atrás de si sejam destruídos".

O ato inconstitucional seria um ato anulável com efeito retroativo (*ex tunc*) para essa corrente.

É preciso observar, porém, que o direito brasileiro se está aproximando da tese kelseniana. De fato, as referidas Leis nº 9.868 e nº 9.882/1999, sem renegar por completo a tese da nulidade do ato inconstitucional, admitem uma atenuação dos efeitos do reconhecimento da inconstitucionalidade. É o que se verá no n. 18, adiante.

6. FORMAS DE CONTROLE: PREVENTIVO OU REPRESSIVO

Não há apenas uma, mas várias formas de controle da constitucionalidade, uma vez que esse controle pode ser encarado sob vários aspectos. Um deles concerne ao momento em que intervém. Distingue-se então o *controle preventivo* do *controle repressivo*. O primeiro opera antes que o ato, particularmente a lei, se aperfeiçoe; o último depois de perfeito o ato, de promulgada a lei. O primeiro é controle *a priori*. O último, *a posteriori*.

Sem dúvida, grande vantagem haveria em impedir-se de modo absoluto a entrada em vigor de ato inconstitucional. Todavia, a experiência revela que toda tentativa de organizar um controle preventivo tem por efeito politizar o órgão incumbido de tal controle, que passa a apreciar a matéria segundo o que entende ser a conveniência pública e não segundo a sua concordância com a lei fundamental. Isso é mais grave ainda no que concerne à lei, que se considera, na democracia representativa, expressão da vontade geral, pois vem dar a um órgão, normalmente de origem não popular, uma influência decisiva na elaboração das leis.

O controle preventivo, entretanto, foi previsto em várias Constituições antigas, como também o é nalgumas modernas. Exercia, por exemplo, esse controle preventivo o Senado conservador da Constituição francesa do ano VIII (1799), que deixou passar em brancas nuvens todas as alterações constitucionais reclamadas por Napoleão, evidentemente inconstitucionais. Mais recentemente, a Corte Constitucional austríaca, prevista na Constituição de 1920 (art. 138, n. 2), foi incumbida do controle preventivo com resultado desanimador. Ainda atualmente a Constituição francesa de 1958 o atribui, no art. 61, ao Conselho Constitucional.

7. FORMAS DE CONTROLE: JUDICIÁRIO OU POLÍTICO

Quanto à natureza do órgão chamado a conhecer das questões de constitucionalidade, o controle pode ser *judiciário* ou *político*.

---

[3] KELSEN, Hans. *Teoria pura do direito*. 2. ed. Coimbra: Arménio Amado, 1962. v. 2, p. 149 e ss.

Pode-se dizer que há *controle político* toda vez que a verificação de constitucionalidade é confiada a órgão não pertencente ao Poder Judiciário.

A criação desse órgão funda-se principalmente na alegação de que a interpretação da Constituição deve ser reservada a órgãos com sensibilidade política, porque a Constituição, mais do que simples lei, é um plano de vida política, cujo sentido não permanece estático e deve levar em conta a sua significação para o bem do povo. Claro está que essa visão fragiliza a Constituição como limitação do poder.

Ademais — outro argumento — o controle judiciário atentaria contra o princípio da separação dos poderes, já que daria aos juízes o poder de anular as decisões do Legislativo e do Executivo.

Na verdade, a experiência tem mostrado que esse controle é ineficaz. De fato, esses órgãos, onde previstos, têm apreciado as questões a eles submetidas antes pelo critério da conveniência do que pelo critério de sua concordância com a Constituição. Assim, esses órgãos vêm a ser redundantes, pois se tornam outro Legislativo, ou outro órgão governamental.

O controle político é, por exemplo, o previsto hoje pela Constituição francesa (art. 56).

Há controle judiciário de constitucionalidade sempre que a verificação de concordância entre um ato e as regras constitucionais é conferida a órgão integrado no Poder Judiciário, contando com as garantias deste.

O controle judiciário tem por si a naturalidade. De fato, a verificação de constitucionalidade não é senão um caso particular de verificação de legalidade, ou seja, de verificação da concordância de um ato qualquer, como de um regulamento, à lei, tarefa que rotineiramente é desempenhada pelo Judiciário. O mesmo argumento milita em favor de que todo juiz possa exercê-lo nos casos de sua competência.

8. CONTROLE JUDICIÁRIO DIFUSO E CONCENTRADO

O controle judiciário pode ser *difuso* ou *concentrado*. Há controle difuso quando a qualquer juiz é dado apreciar a alegação de inconstitucionalidade. É o que se dá nos Estados Unidos. Esse sistema se coaduna com a ideia, difundida por Marshall, de que o juiz resolve a questão de constitucionalidade como se se tratasse de um mero caso de conflito de leis, ou seja, de determinação de qual é a lei aplicável a um caso concreto. Entretanto, enseja por muito tempo a dúvida sobre a constitucionalidade, visto como diversos juízes são chamados a apreciar a mesma questão constitucional e podem ter opiniões divergentes, o que acarretará decisões que se contradizem entre si. De qualquer forma, apenas após a manifestação do mais alto Tribunal ficará definida a questão de constitucionalidade.

É concentrado o controle toda vez que a competência para julgar a questão de constitucionalidade é reservada a um único órgão. Certas Constituições (Chile, 1925; Venezuela, 1936; Japão, 1946 etc.) reservam ao mais alto Tribunal o julgamento das impugnações de um ato do poder público sob a alegação de contradizerem a Lei Magna. Outras (Alemanha, 1949) reservam esse julgamento a um Tribunal especializado (Corte Constitucional).

Essa concentração num só órgão da apreciação dos problemas de constitucionalidade tem a inegável vantagem de dar uma só e última palavra sobre a validade do ato, o que não ocorre quando a sua invalidade é declarada por órgão sujeito ao controle, por via de recurso, por parte do Tribunal mais alto.

9. CONTROLE JUDICIÁRIO PRINCIPAL E INCIDENTAL

Durante muito tempo só se admitiu que a questão de constitucionalidade de uma lei viesse a ser examinada por um juiz como *exceção*, isto é, como alegação de defesa. Exatamente isto ocorreu nos Estados Unidos, como se infere do caso *Marbury versus Madison*.

Ou seja: exigida a satisfação de obrigação imposta por lei suspeita de inconstitucionalidade, o devedor dessa obrigação, ao se defender em juízo, alega a inexistência da obrigação, por não ser válida a lei que a fundamenta. Tal exceção é apreciada como preliminar, ou incidente da ação, pelo juiz que, após resolvê-la, julga o pedido (aplicando a lei se a entender constitucional ou aplicando a Constituição se considerar inconstitucional a lei). Essa modalidade de controle é chamada de *incidental*, pois, embora o reconhecimento da constitucionalidade ou inconstitucionalidade da lei decorra da decisão judicial, esta não tem por objeto senão a existência ou não de uma obrigação. Tal sutileza preserva a suscetibilidade do legislador e não fere, nem na aparência, a separação dos poderes, como ocorreria se o juiz julgasse a lei.

Os inconvenientes do controle incidental são os mesmos do controle difuso: a possibilidade de juízes apreciarem diferentemente a validade de uma lei, com a consequência de ser aplicada a uns e não a outros; a incerteza quanto ao direito até a decisão final do Tribunal mais alto, ou especializado.

Para evitá-los, a imaginação dos juristas passou a procurar caminhos outros, ainda que arranhando a separação dos poderes. Isto se deu nos próprios Estados Unidos, onde se admite que a questão da inconstitucionalidade seja trazida aos tribunais por meio de ação declaratória e até de injunção (*injunction*, ordem, emanada de um tribunal, de que se faça ou não se faça alguma coisa).

Hoje tende a generalizar-se a chamada *ação direta*, na qual o objeto da lide é a constitucionalidade ou a inconstitucionalidade do ato em questão. Tal ação é proposta perante o Tribunal especializado ou o Tribunal Supremo e nela se aprecia de uma vez essa questão, eliminando o período de incerteza que o sistema tradicional acarretava. Esse controle por ação direta é dito *controle principal*.

10. CONTROLE CONCRETO E CONTROLE ABSTRATO

O controle exercido incidentalmente como preliminar para a aplicação ou não de uma lei a um caso concreto é por essa razão designado como **controle concreto**. Opõe-se ao controle que tem por objeto a constitucionalidade de uma lei em tese. Esse é denominado de **controle abstrato** de constitucionalidade.

11. EFEITOS DA DECISÃO DE INCONSTITUCIONALIDADE

Convém observar que o controle incidental tem efeito apenas para as partes litigantes. A decisão que afasta o ato inconstitucional não beneficia a quem não for parte na demanda em que se reconhece a inconstitucionalidade. É o chamado *efeito particular*, ou *inter partes*.

O controle principal tem efeito geral, *erga omnes*, eliminando para o futuro e de vez qualquer possibilidade de aplicação do ato reconhecido como inconstitucional.

12. NATUREZA DA DECISÃO DE INCONSTITUCIONALIDADE

Essa questão é correlativa à da natureza do ato inconstitucional.

Para a doutrina clássica, que provém de Marshall, sendo nulo o ato inconstitucional, a decisão que tal reconhece é *declaratória*.

Para a doutrina kelseniana, sendo anulável *ex tunc* o ato inconstitucional, a decisão que tal reconhece o desconstitui, o desfaz. Tem caráter *desconstitutivo*, ou, como alguns preferem, constitutivo-negativo.

13. O CONTROLE DE CONSTITUCIONALIDADE NO DIREITO BRASILEIRO

Na Constituição vigente, tanto se estabelece controle preventivo como controle repressivo.

O primeiro é atribuído ao Presidente da República, que o exerce por intermédio do veto. Com efeito, o art. 66, § 1º, autoriza o Presidente a vetar o projeto de lei que lhe parecer inconstitucional. Esse veto, contudo, pode ser superado pelo Congresso Nacional (art. 66, § 4º). Tal deliberação do Congresso não exclui a possibilidade de a questão ser examinada pelo Judiciário e por este ser reconhecida a inconstitucionalidade.

O controle repressivo é confiado ao Judiciário.

14. O CONTROLE JUDICIÁRIO DE CONSTITUCIONALIDADE NO BRASIL

A sistematização do controle de constitucionalidade é complexa pelo fato de que, ao controle concreto, já consagrado sob a Constituição de 1891, somou-se o controle abstrato, já na vigência da Constituição de 1946.

É, em princípio, de caráter difuso o controle judiciário no Brasil. Perante qualquer juiz pode ser levantada a alegação de inconstitucionalidade e qualquer magistrado pode reconhecer essa inconstitucionalidade e, em consequência, deixar de aplicar o ato inquinado. Trata-se, pois, de caso de controle concreto, incidental, que tem efeitos meramente *inter partes*. Presume um litígio, portanto, um caso concreto, cuja solução pressupõe a averiguação da constitucionalidade de uma norma. Daí ser chamado de **controle concreto de constitucionalidade.**

Entretanto, a Constituição prevê que a constitucionalidade possa ser apreciada em ações, cujo objeto seja exclusivamente essa averiguação. Fala-se então em **controle abstrato de constitucionalidade**, porque se dá à parte de litígio existente. A questão é apreciada em tese e seu efeito é geral, alcança a todos e não apenas aos litigantes, as partes de um litígio. A competência para essas ações é exclusiva do Supremo Tribunal Federal.

A coexistência do controle concreto e do controle abstrato leva à afirmação frequente de que o sistema brasileiro é misto.

15. QUÓRUM DA DECLARAÇÃO DE INCONSTITUCIONALIDADE

Observe-se que, se todo juiz pode reconhecer a inconstitucionalidade, os tribunais só o podem fazer pela maioria absoluta de seus membros, ou de seu órgão especial (art. 97). Isto se aplica também às decisões do Supremo Tribunal Federal (que não possui órgão especial).

16. AÇÃO DIRETA DE INCONSTITUCIONALIDADE

Desde a Emenda nº 16/1965 à Constituição de 1946 existe no direito brasileiro uma ação visando a declarar a inconstitucionalidade de uma lei ou de um ato normativo federal ou estadual. É a chamada ação direta de inconstitucionalidade hoje prevista no art. 102, I, *a*, da Constituição em vigor. Essa ação visa à decretação da inconstitucionalidade de lei ou ato normativo federal ou estadual. Trata-se, aqui, de controle principal, que exerce exclusivamente o Supremo Tribunal Federal (controle concentrado) em ação que era proposta pelo Procurador-geral da República privativamente, no direito anterior, mas que hoje também o pode ser pelo Presidente da República, pela Mesa do Senado Federal, pela Mesa da Câmara dos Deputados, pela Mesa da Assembleia Legislativa, ou da Câmara Legislativa do Distrito Federal, por Governador de Estado, ou do Distrito Federal, pelo Conselho Federal da Ordem dos Advogados do Brasil, por partido político com representação no Congresso Nacional e por confederação sindical ou entidade de classe de âmbito nacional.

A Lei nº 9.868/1999 veio regular o processo dessa ação, bem como os efeitos da decisão que nela for tomada. Deu-lhe expressamente efeito vinculante e eficácia *erga omnes* e permitiu, em certos casos, que somente produza efeito a declaração de nulidade a partir de determinado momento. (*V.*, adiante, n. 18.)

17. AÇÃO DE ARGUIÇÃO DE DESCUMPRIMENTO DE PRECEITO FUNDAMENTAL

O art. 102, § 1º, da Constituição previu essa ação. À época de sua promulgação, muito se debateu, como ainda se pode discutir, por implicar uma distinção entre o que é fundamental e o que não o é na Constituição.

A Lei nº 9.882/1999, a pretexto de regulamentar o preceito constitucional é que lhe definiu o perfil. Este é o de uma ação por meio da qual a decisão sobre a inconstitucionalidade ou não de atos federais, estaduais e municipais impugnados perante juízes e tribunais pode ser avocada pelo Supremo Tribunal Federal. Quer dizer, será sustado o andamento da ação em que essa inconstitucionalidade está em discussão — e outras que tratem do mesmo assunto —, até que essa Corte decida a questão. E a orientação, pró ou contra a constitucionalidade, prevalecerá para todas as demandas que a envolverem.

Ou seja, a decisão nessa arguição terá eficácia *erga omnes* — de modo que se imporá a todas as ações colhidas pela arguição — e efeito vinculante, ou seja, será obrigatória para o futuro para todos os órgãos judicantes e administrativos.

Tal qual sucede com o reconhecimento da inconstitucionalidade nas ações diretas, os efeitos dessa inconstitucionalidade poderão, nas mesmas condições, ser restringidos ou ser fixada a data de sua incidência, por decisão de dois terços dos membros do Supremo Tribunal Federal.

Aponte-se ainda que tal arguição poderá ser proposta pelos legitimados para as ações diretas de inconstitucionalidade.

18. A MODULAÇÃO DOS EFEITOS DO RECONHECIMENTO DA INCONSTITUCIONALIDADE

As citadas Leis nº 9.868/1999 e nº 9.882/1999 inovam quanto a esse ponto, como já se observou.

Insista-se, porém. Para a doutrina clássica e adotada jurisprudência do Supremo Tribunal Federal, o ato inconstitucional é nulo e de nenhum efeito. Em consequência, o reconhecimento da inconstitucionalidade deve operar retroativamente, *ex tunc*, devendo-se desfazer todos os efeitos já produzidos pelo ato inconstitucional desde o momento de sua edição.

Tais leis, contudo, admitem que, excepcionalmente, por razões de segurança jurídica ou de relevante interesse social, sejam restringidos os efeitos do reconhecimento da inconstitucionalidade, ou fixado o momento em que esse reconhecimento passará ou passou a ter efeitos. Isso reclamará, todavia, o voto de dois terços dos membros do Supremo Tribunal Federal. Daí decorre — o que logicamente é uma contradição — ser o ato inconstitucional nulo, mas poder ter efeitos válidos até determinado instante.

Tal modulação, assim sendo, denota se não a consagração da tese kelseniana, ao menos uma nítida evolução no sentido de sua acolhida.

19. AÇÃO DECLARATÓRIA DE CONSTITUCIONALIDADE

A Emenda nº 3/1993 introduziu no direito pátrio essa novidade, que é a ação (direta) declaratória de constitucionalidade de lei ou ato normativo federal. Com isto, pretende-se dar a possibilidade de que, de pronto, o Supremo Tribunal Federal declare ser adequada à Constituição (constitucional) lei ou ato normativo federal.

Justifica-se essa criação pelo fato de que, às vezes, por longo tempo, persistia a dúvida sobre a constitucionalidade de uma lei ou ato normativo federal, não tendo havido o julgamento final de arguição de sua inconstitucionalidade perante os tribunais e juízos inferiores. Por força da inovação, o Supremo Tribunal Federal, que antes só poderia ser chamado, por via direta, a manifestar-se sobre a inconstitucionalidade de uma lei, pode agora ser provocado para declarar a constitucionalidade de lei ou ato normativo federal. Veja-se que, ao contrário do que ocorre com a ação de inconstitucionalidade, ela não cabe quanto a atos normativos estaduais (muito menos municipais).

Hoje, por força da Emenda Constitucional nº 45/2004, têm legitimidade para propor a ação declaratória de constitucionalidade todos os que a possuem para mover a ação direta de inconstitucionalidade.

Por outro lado, a decisão definitiva de mérito que declarar a constitucionalidade de lei ou ato normativo federal terá eficácia contra todos e efeito vinculante para os demais órgãos do Poder Judiciário. Trata-se de uma inovação no nosso direito. Em razão dela, todos os tribunais e juízos terão obrigatoriamente de considerar constitucional a norma assim declarada nessa ação de constitucionalidade, independentemente do juízo pessoal de cada magistrado. E isto em qualquer demanda, mesmo, evidentemente, entre pessoas que não intervieram na ação declaratória.

Também quanto a essa ação, a Lei nº 9.868/1999 veio regular o processo, bem como os efeitos da decisão. (*V., retro*, n. 18.)

20. A SUSPENSÃO DA EFICÁCIA POR ATO DO SENADO

Nas hipóteses de controle difuso, a decisão definitiva do Supremo Tribunal Federal é por este comunicada ao Senado Federal. Cabe, então, a essa Casa, suspender a execução do ato, o que significa suspender-lhe a eficácia.

Note-se que essa suspensão não é posta ao critério do Senado, mas lhe é imposta como obrigatória. Quer dizer, o Senado, à vista da decisão do Supremo Tribunal Federal, tem de efetuar a suspensão da execução do ato inconstitucional. Do contrário, o Senado teria o poder de convalidar ato inconstitucional, mantendo-o eficaz, o que repugna ao nosso sistema jurídico.

21. DESNECESSIDADE DA SUSPENSÃO NO CASO DE AÇÃO DIRETA

A jurisprudência do Supremo Tribunal Federal entende desnecessária a suspensão da eficácia quando a inconstitucionalidade foi reconhecida em decorrência de ação direta. O efeito dessa decretação, portanto, além de *erga omnes*, é imediato.

22. A SUSPENSÃO DA EFICÁCIA POR ATO DO PRESIDENTE DA REPÚBLICA

No caso de declaração de inconstitucionalidade de ato estadual, postulada como pressuposto de intervenção federal, a procedência da ação importa em conferir ao Presidente da República o poder de decretá-la. Entretanto, este poderá apenas suspender a eficácia do ato impugnado, não decretando, pois, a intervenção, se isso bastar para restabelecer a normalidade da ordem jurídica (art. 36, § 3º).

23. A AÇÃO DE INCONSTITUCIONALIDADE POR OMISSÃO

Criou o legislador constituinte a figura da inconstitucionalidade por omissão. Trata-se de novidade inspirada na Constituição portuguesa de 1976 (art. 283, na revisão de 1982).

A inconstitucionalidade por omissão se configuraria no momento em que se deixa de cumprir qualquer de suas disposições, ao passo que a inconstitucionalidade por ação se dá quando se atua contra as disposições constitucionais.

Determina a norma constitucional (§ 2º do art. 103) que, após a declaração de inconstitucionalidade por omissão, o órgão competente para saná-la deverá ser comunicado de tal fato, e ser-lhe-á dada ciência da omissão. Em se tratando de medida de natureza administrativa, a decisão determinará o prazo de trinta dias para que sejam tomadas as medidas cabíveis.

A inconstitucionalidade por omissão será declarada em ação direta, restrita a sua propositura às autoridades e entidades elencadas no art. 103 da Constituição Federal: Presidente da República; Mesas do Senado, da Câmara dos Deputados, de Assembleia Legislativa e da Câmara Legislativa do Distrito Federal; Governador de Estado ou do Distrito Federal; Procurador-geral da República; Conselho Federal da Ordem dos Advogados do Brasil; partido político com representação no Congresso Nacional e confederação sindical ou entidade de classe de âmbito nacional.

24. O CASO ESPECÍFICO DA OMISSÃO LEGISLATIVA

O problema da inconstitucionalidade por omissão, semelhantemente ao do mandado de injunção, concerne a normas constitucionais não executáveis, a que já se fez referência. (V., *supra*, cap. 2, n. 6.)

Com efeito, a omissão que se quer colmatar por meio dessa ação é a da falta da complementação necessária para que a norma constitucional seja suscetível de aplicação — seja executável.

Sob as Constituições anteriores, isso ocorria particularmente em relação a normas programáticas. Estas enunciavam promessas que persistiam descumpridas impunemente.

A ação instituída visa exatamente a fazer com que essas promessas sejam cumpridas, procurando levar o poder competente a editar a referida complementação.

O texto constitucional (art. 103, § 2º) distingue, porém, a omissão da autoridade administrativa e a do legislador. No caso daquela, ou seja, no caso de falta de regulamentação administrativa, a procedência da ação importa num prazo de trinta dias para sua edição.

No caso do legislador, entretanto, a decisão apenas dará ciência ao poder competente, que é o próprio legislador, se ocorrer a omissão. Tal ciência não compele o Poder Legislativo a colmatar a omissão; tem força antes moral, do que cogente. Isto porque essa complementação é um ato de natureza política que há de levar em conta conveniência e oportunidade, o que descabe a um poder não político, que é o Judiciário.

Entretanto, a Lei nº 9.868/1999 (com a redação dada pela Lei nº 12.063/2009), ao regulamentar a ação, previu de modo geral que, "em caso de excepcional urgência e relevância da matéria", o Supremo Tribunal Federal, "por decisão da maioria absoluta de seus membros", possa conceder medida cautelar (art. 12-F). Esta "poderá consistir na suspensão da aplicação da lei ou do ato normativo questionado, no caso de omissão parcial, bem como na suspensão de processos judiciais ou de procedimentos administrativos, ou ainda em outra providência a ser fixada pelo Tribunal" (§ 1º).

Essa "providência" tem sido vista por muitos como autorização para a Corte a estabelecer uma "legislação provisória" a vigorar até que seja suprida a omissão legislativa. É isto agressão frontal ao texto constitucional, que apenas fixa prazo para o suprimento da omissão em matéria administrativa, bem como importa em violação do princípio da separação dos poderes. Com efeito, consiste numa "legislação provisória" editada pelo Judiciário que, segundo a Constituição, obviamente não tem poder de legislar.

25. RECURSO EXTRAORDINÁRIO

É por meio deste recurso que as questões constitucionais suscitadas no controle difuso chegam ao Supremo Tribunal Federal. Segundo o art. 102, III, da Constituição, este recurso cabe quando a decisão recorrida contraria dispositivo da Lei Magna federal, declara a inconstitucionalidade de tratado ou lei federal, julga válida lei ou ato de governo local contestado em face da Constituição Federal, ou julga válida lei local (estadual) em face de lei federal. Portanto, todas as hipóteses concernem à prevalência da Constituição, incluída a última, porque a validade de lei estadual em relação à lei federal há de ser aferida de acordo com a repartição de competências que a Lei Magna federal estabelece.

Entretanto, foi acrescentado, pela Emenda nº 45/2004, o § 3º ao art. 102 da Constituição, que restringe este recurso. Conforme esse parágrafo, o recurso somente será conhecido pelo Supremo Tribunal Federal se for demonstrada a *repercussão geral* das questões constitucionais discutidas no caso.

De acordo com a Lei nº 13.105/2015, no art. 1.035, § 1º, a repercussão geral importa na existência de "questões relevantes do ponto de vista econômico, político, social ou jurídico que ultrapassem os interesses subjetivos do processo".

Essa repercussão geral será presumida se a decisão impugnada houver contrariado "súmula ou jurisprudência dominante do Supremo Tribunal Federal" ou "tenha reconhecido a inconstitucionalidade de tratado ou de lei federal". Nesta última hipótese, por decisão tomada por maioria absoluta de tribunal", conforme reclama o art. 97 da Constituição Federal.

Claro está que a restrição visa a evitar que o Tribunal seja assediado por questões constitucionais de menor interesse. Entretanto, daí resulta que, eventualmente, violações da Constituição ficarão sem reparo, por não terem "repercussão geral". Isto evidentemente fragiliza a supremacia da Constituição, ainda que seja um expediente útil para que a nossa Suprema Corte não seja "afogada" pelo trabalho. É interessante indicar que a decisão sobre a repercussão geral é tomada pelos ministros votando em ambiente da rede de informática interna do Tribunal. Trata-se, pois, de uma decisão "eletrônica".

A restrição agora prevista lembra a "arguição de relevância" que condicionava o recurso extraordinário nos termos da Emenda Constitucional nº 7/1977 à Constituição anterior, cujo alcance e razão de ser eram equivalentes.

26. SÚMULA VINCULANTE

A Emenda Constitucional nº 45/2004 introduziu na Constituição uma inovação, qual seja a *súmula vinculante* (art. 103-A).

Esta súmula é um enunciado que deve explicitar o entendimento (a jurisprudência) do Supremo Tribunal Federal sobre questão de matéria constitucional, definindo "a validade, a interpretação e a eficácia de normas determinadas", ou seja, a sua interpretação, nisto incluído o juízo de constitucionalidade ou inconstitucionalidade. Tal enunciado somente poderá ser editado depois de reiteradas decisões sobre a questão.

O seu objetivo é eliminar grave insegurança e relevante multiplicação de litígios sobre o assunto, pondo termo à controvérsia entre órgãos judiciários ou entre estes e a administração pública.

Ela será editada pelo Supremo Tribunal Federal por meio de decisão de dois terços de seus membros. Ao mesmo Tribunal caberá sua revisão ou cancelamento, mas poderão os legitimados para a ação direta de inconstitucionalidade solicitar desse Tribunal também a sua "aprovação, revisão ou cancelamento".

Tal súmula terá "efeito vinculante" em relação aos órgãos do Poder Judiciário e à administração pública, direta, ou indireta, de qualquer esfera. O seu descumprimento enseja "reclamação" ao Supremo Tribunal Federal, que poderá cassar a decisão reclamada ou anular o ato administrativo praticado.

Esta súmula foi regulada pela Lei nº 11.417, de 19 de dezembro de 2006.

A finalidade da súmula é eliminar a multiplicação de demandas que, no controle difuso, são suscitadas por controvérsia acerca da constitucionalidade ou inconstitucionalidade de uma determinada norma. Ela evidentemente força os tribunais e juízes a seguirem a linha fixada pelo Supremo Tribunal Federal, o que evitará a interposição de recursos para esse. Com isto, espera-se aliviar a carga que pesa sobre o referido Tribunal.

Há o risco, porém, de que a súmula "engesse" a jurisprudência, impedindo-a de evoluir em face de novas circunstâncias ou novos argumentos.

SUGESTÃO DE LEITURA COMPLEMENTAR – Clássico: MAURO CAPPELLETTI, *Il controlo giudiziario di constituzionalità delle leggi nel diritto comparato*; **Nacionais:** LÚCIO BITTENCOURT, *O controle jurisdicional de constitucionalidade das leis*; ALFREDO BUZAID, *Da ação direta de controle de constitucionalidade*; **Recente:** GILMAR MENDES, *Jurisdição constitucional*; OBRAS DO AUTOR: *Aspectos do direito constitucional contemporâneo*; *A nova Constituição de 1988?*, coordenada pelo autor e por ROGER STIEFELMANN LEAL.

PARTE II
A FORMA DO ESTADO

1. PLANO DESTA PARTE

O direito constitucional pressupõe conhecida a noção de *Estado*, que toma já pronta da Teoria do Estado. Na verdade, o direito constitucional é a análise sistemática da organização jurídica do Estado.

Didaticamente, contudo, não dispensa um curso de direito constitucional que se recorde o que é o Estado e quais os seus elementos, seus tipos e outras noções pertinentes. Este é o objeto do cap. 6, no qual se repassam sumariamente *noções gerais* sobre o Estado, por serem estas imprescindíveis para a análise constitucional.

Outrossim, antes de entrar na análise sistemática da organização jurídica do Estado no Brasil, é também didaticamente conveniente que se recordem os principais traços do Estado brasileiro *em específico*. Este é o objeto dos capítulos 7 e 8, que complementam esta Parte.

Capítulo 6
O ESTADO E SEUS TIPOS

1. CONCEITO E ELEMENTOS DO ESTADO

Segundo ensina a doutrina tradicional, o Estado é uma associação humana (*povo*), radicada em base espacial (*território*), que vive sob o comando de uma autoridade (*poder*) não sujeita a qualquer outra (*soberana*).

Mais sutil é a lição de Kelsen,[1] ao mostrar que o Estado e seus elementos — *povo*, *território* e *poder* — só podem ser caracterizados juridicamente.

De fato, a coletividade que é o *povo* decorre de critérios que são fixados pela ordem jurídica estatal. É ela formada por quem o direito estatal reconhece como integrante da dimensão pessoal do Estado. Pertence, pois, ao povo quem o direito do Estado assim declara (daí, p. ex., o fenômeno da dupla nacionalidade, que ocorre quando dois Estados dizem que o mesmo indivíduo faz parte de seu povo). Por isso, com Kelsen se deve dizer que *povo* é o conjunto de todos aqueles para os quais vigora uma ordem jurídica. Ou seja, para os quais, especificamente, existe essa ordem jurídica (já que nenhuma ordem jurídica estatal pode existir para reger, apenas, aqueles que ela considera estrangeiros).

Território, por seu turno, é o domínio espacial de vigência de uma ordem jurídica estatal. É também por ela definido, tanto no tocante às terras como às águas, tanto no concernente às profundezas quanto às alturas. Não há dúvida de que, na delimitação do território, intervêm princípios de direito internacional. Estes, porém, enquanto se considerar soberano o Estado (v., adiante, n. 2), dependem da aceitação dos Estados para aplicar-se.

Poder, enfim. Este se traduz no cumprimento das normas estatais. Só existe poder quando tem ele efetividade ou eficácia, quando globalmente os seus comandos são obedecidos.

É por isso que, segundo a doutrina kelseniana, os três elementos do Estado não passam da vigência (poder) e do domínio pessoal (povo) e territorial (território) de uma ordem jurídica. Assim, o Estado coincide com a ordem jurídica. Consiste numa ordem coercitiva da conduta humana, mas com o caráter de organização. Isto é, instituindo órgãos que funcionam segundo o princípio da divisão do trabalho para a criação e a aplicação de normas, apresentando um certo grau de centralização, que distingue de outras ordens jurídicas nas quais as normas se produziam consuetudinariamente.

Por outro lado, essa ordem que é o Estado não está subordinada a outra ordem estatal. É ela *soberana*.

Em resumo, é o Estado uma ordem jurídica relativamente centralizada, limitada no seu domínio espacial e temporal de vigência, soberana e globalmente eficaz.

---

[1] KELSEN, Hans. *Teoria pura do direito*. 2. ed. Coimbra: Arménio Amado, 1962.

2. A SOBERANIA

Depreende-se dos conceitos expostos que o Estado apenas é verdadeiramente Estado quando o poder que o dirige é soberano.

É incontestável que hoje, quando se fala em Estado, vem à mente a ideia de uma ordem estatal não submetida a outra ordem da mesma espécie. E essa ausência de subordinação é em última análise a soberania. Traço ainda hoje reputado imprescindível ao Estado, ainda que isso seja fortemente contestado por globalistas.

Evidentemente isso não quer dizer que, sob o aspecto moral, não estejam as regras positivas subordinadas a outras normas nem que a organização estatal não possa subordinar-se a normas resultantes de seu acordo com outra organização da mesma natureza, ou resultantes do longo uso nas relações interestatais.

Nem quer dizer que a soberania seja requisito essencial de toda e qualquer organização política. Já houve no passado organizações políticas que regiam, no âmbito de um território, um povo, mas cujo comando reconhecia subordinação a outra autoridade. Foi essa a situação, por exemplo, na Idade Média, quando reinos e senhorios aceitavam a subordinação ao Império ou ao Papado. Tais autoridades não se punham como as mais altas (no superlativo), ou seja, como soberanas (pois soberano, do latim *soberanus*, é o superlativo de *super*). É certo que se afirmavam mais altas (no comparativo) em relação às demais autoridades que se inscreviam no seu âmbito de poder.

Deve-se assinalar que o Estado, no sentido estrito da palavra, surge na história no exato momento em que certos monarcas, como os franceses, afirmaram-se detentores do mais alto poder, recusando sujeição quer ao Papado, quer ao Império.

3. A CONTRAPOSIÇÃO ENTRE SOBERANIA E AUTONOMIA

Costuma-se opor, na Teoria do Estado, soberania a autonomia. Nessa contraposição, entende-se que *soberania* é o caráter supremo de um poder. É supremo, visto que esse poder não admite qualquer outro, nem acima, nem em concorrência com ele. Assim, ele é independente, se autodetermina, estabelecendo livremente a sua estrutura política e delimitando também livremente a sua competência — tem a competência da competência. Igualmente, não tolera nem admite ingerências de outro poder soberano. Essa concepção, todavia, é contestada, admitindo-se ao menos que sofra os limites advenientes do direito internacional.

Já autonomia é o poder de autodeterminação, exercitável de modo independente, mas dentro de limites traçados por lei estatal superior.

Na clara lição de Sampaio Dória: "O poder que dita, o poder supremo, aquele acima do qual não haja outro, é a soberania. Só esta determina a si mesma os limites de sua competência. A autonomia, não. A autonomia atua dentro de limites que a soberania lhe tenha prescrito".[2]

---

[2] DÓRIA, Antônio de Sampaio. *Direito constitucional*. 3. ed. São Paulo: Editora Nacional, 1953. t. 2, p. 7.

4. A FINALIDADE DO ESTADO

O surgimento das sociedades políticas, portanto, do Estado em sentido amplo, foi motivada pela necessidade de resguardar a segurança de uma comunidade. Em razão disso, é inerente ao Estado a finalidade de garantir a segurança da comunidade, seja protegendo-a contra violações que ocorram no seu espaço territorial, portanto, dando-lhe a segurança "interna"; seja resguardando-a de ameaças ou agressões vindas de fora, mormente por parte de outras comunidades, assim, dando-lhe segurança "externa". Esta seria a finalidade essencial do Estado.

Entretanto, no curso da história, o Estado assumiu ou lhe foram atribuídas outras finalidades. Para tanto, contribuíram, por um lado, os problemas que a comunidade deveria enfrentar, por outro, a concepção própria que no momento histórico prevalecia ou prevalece.

5. O ESTADO-GARANTIA

Na aurora do constitucionalismo, por influência do liberalismo, essa finalidade era a proteção dos direitos fundamentais, como está bem claro na Declaração de 1789. Prevalecia, então, a ideia de que ao Estado competia assegurar a ordem dentro da qual a liberdade de cada indivíduo o levaria, em competição com outros, alcançar para si o bem-estar. O Estado, nesse entendimento, teria como objetivo essencial a segurança. Numa metáfora, tal Estado veio a ser designado em francês como *État-gendarme*, pois gendarme é lá o policial incumbido de assegurar a ordem. Essa designação evitava falar em *Estado-polícia*, expressão que sugeriria um Estado não liberal, opressivo, um Estado policial.

Tal concepção da finalidade do Estado marca todo um rol de Constituições, que são chamadas de Constituições-garantia, típicas do século XIX. Pode-se, portanto, designar o Estado marcado pela visão exposta como Estado-garantia ou Estado liberal.

6. O ESTADO-PROVIDÊNCIA OU ESTADO SOCIAL

Em contraposição a esse Estado liberal — *État gendarme* — desenvolveu-se, ainda no final do século XIX, uma nova concepção da finalidade do Estado. Esta era de que o Estado devesse proteger os mais fracos, mormente no plano econômico-social. Ele seria a providência dos desvalidos, a que não socorresse a providência divina. Daí ser designado como Estado-providência.

Tal desenvolvimento surgiu nos tempos mais agudos da "questão social" e foi ele adotado pela "esquerda" de orientação socialista moderada, bem como pela doutrina social da Igreja após a encíclica *Rerum Novarum* de Leão XIII. Essa nova finalidade, que não eliminava a de manter a ordem, é que inspirou a intervenção do Estado na ordem econômica e social, bem como o reconhecimento dos direitos sociais.

Essa concepção encontrou consagração ao final da Primeira Guerra Mundial, estando presente no Tratado de Versalhes. Ela inspirou as Constituições que surgiram nos anos 1920 e 1930, como a brasileira de 1934. Hoje, os Estados que seguem esse modelo são designados como "Estados sociais", o que cria certa obscuridade, como se todo Estado não fosse social.

Embora, desde o século passado, sofresse esse Estado social a contestação do Estado nazista — cuja finalidade era a hegemonia de uma raça —, do fascista — que se baseava na santificação do próprio Estado — e do marxista — empenhado no estabelecimento de uma sociedade sem classes —, ele prevaleceu sobre todas essas visões. Ainda prevalece incontestavelmente.

7. O ESTADO DE BEM-ESTAR

É verdade que ele, na atualidade, passou por uma alteração de curso. Reformulou-se como o Estado de bem-estar. Apresenta-se com a missão positiva de dar felicidade a todos, e não apenas de proteger os desvalidos. Atende nisto a busca da felicidade de que já falava a Declaração de Independência dos Estados Unidos.

8. O BEM COMUM

Vale recordar a propósito da finalidade do Estado a doutrina medieval do bem comum. Para ela, a finalidade do Estado seria o bem comum. Deste, a essência seria a vida humana digna; a condição, a paz (portanto, a segurança); os meios, os bens espirituais e materiais sem os quais não se efetiva a vida digna do ser humano.

Ela difere, tanto da visão liberal, quanto da concepção social, por seu equilíbrio, que nessas não existe. A liberdade não faz por si só a vida digna, nem o faz bem-estar. Também, este não se limita a (boas) condições materiais de vida, tem uma dimensão espiritual.

Seria esse bem comum o interesse geral da comunidade humana.

9. A ORDEM INTERNACIONAL

É notório o fato de existir, hoje, uma forte tendência a sujeitar os Estados a uma autoridade, ou se se quiser, a uma ordem internacional. É a tese globalista.

Essa concepção integradora tem hoje uma força e uma amplitude que nunca se manifestaram antes na história. Sem dúvida, o primeiro impulso que nela se faz presente é a velha necessidade de segurança que sempre, através dos tempos, levou os Estados a aliarem-se uns aos outros. A unificação do globo produzida pelo progresso dos meios de comunicação, o sentimento de interdependência resultante do intercâmbio econômico, a aproximação das culturas, o reconhecimento da igualdade da natureza humana etc., tudo isso contribui para a integração internacional.

Contudo, essa concepção não é (ainda?) vencedora. Não chegou ela, porém, a firmar o princípio da supremacia da ordem internacional em outra base que não a da voluntária submissão dos Estados. E está em luta com um revigoramento da tendência "nacionalista", que também é visível na atualidade.

A referida tendência levou ao estabelecimento, primeiro, da Liga das Nações, depois, da Organização das Nações Unidas (ONU). Entretanto, os Estados que a essa se vinculam não abandonam a sua soberania. Isto é bem claro quando se considera que podem dela retirar-se, a qualquer momento, para não cumprir as suas determinações. Estas, portanto, não se impõem aos Estados como vontade de um poder a eles superior. A sua eficácia está condicionada ao assentimento dos próprios Estados aos quais se dirigem.

Sua natureza, pois, não é muito diversa da das Confederações de Estados de que são tantos os exemplos históricos. Essas eram também ordens jurídicas que subordinavam os Estados enquanto estes a elas aderissem. Eram ordens internacionais, mas de domínio limitado intencionalmente. A diferença está, assim, no domínio pretendido, já que de fato a ordem que exprime a ONU tem em mira abranger todos os Estados.

Na verdade, as Confederações históricas representaram um estágio transitório na formação de novos Estados a partir de antigos Estados soberanos, sempre que um mínimo de cultura e de interesse comuns estava à sua base. É possível supor, assim, que da ONU resulte, em longo prazo, o Estado mundial.

10. CENTRALIZAÇÃO E DESCENTRALIZAÇÃO

Em todo e qualquer Estado, o poder é relativamente centralizado. Com isso se quer dizer que, numa medida maior ou menor, a criação do direito, seja o estabelecimento das normas gerais, seja o de normas individuais, é reservada ao órgão central, ao "governo".

Se não há Estado sem relativa centralização, correlativamente não existe Estado sem um certo grau de descentralização — salvo microestados, como Andorra ou Mônaco. Na realidade, o grau mínimo de descentralização é aquele em que somente a criação de normas individuais é conferida a órgãos subordinados e periféricos (descentralização "administrativa").

Grau maior apresenta o Estado em que também a criação de normas gerais — de interesse local ou particular — normalmente é atribuída a órgãos periféricos, com ou sem domínio espacial determinado (descentralização "legislativa"). Quando a descentralização legislativa e a administrativa se combinam com a escolha dos membros dos órgãos periféricos por fração especialmente determinada do povo, existe a descentralização "política".

A descentralização — note-se — é instrumento de eficiência governamental. Em geral, a centralização retarda as decisões que sobrevêm a destempo, atrasadas. E não raro leva a decisões inadequadas. De fato, a centralização tende a distanciar a vivência do problema da competência para decidi-lo, ou do poder para enfrentá-lo.

A descentralização, no entanto, é também uma fórmula de limitação do poder. É geradora de um sistema de freios e contrapesos propício à liberdade. Com efeito, diminui a probabilidade de opressão, dividindo o exercício do poder por muitos e diferentes órgãos, e também aproximando os governantes dos governados, o que facilita a influência destes no processo de tomada de decisões.

11. TIPOS DE ESTADO: ESTADO UNITÁRIO

Em função da descentralização, distinguem-se tipos (ou formas) de Estado.

Um é o Estado *unitário*. Existe este sempre que a descentralização nele existente (administrativa, legislativa e/ou política) está à mercê do poder central. Este, por decisão sua (em geral por forma de lei), pode suprimir essa descentralização, ampliá-la, restringi-la etc.

Assim, a autonomia de eventual ente descentralizado não tem qualquer garantia contra a vontade do governo, em geral contra a vontade do legislador.

12. ESTADO UNITÁRIO DESCENTRALIZADO

A existência de descentralização — sublinhe-se — não basta para que o Estado unitário seja dito descentralizado. (Como se viu, todo Estado é relativamente descentralizado.) Chama-se de *Estado unitário descentralizado* uma modalidade de Estado unitário, aquela em que existe descentralização política. É o caso do Brasil no Império.

13. ESTADO CONSTITUCIONALMENTE DESCENTRALIZADO

Revela o direito comparado a tendência de inscrever a descentralização política no próprio texto constitucional. É o que ocorre na Itália, sob a Constituição vigente. Surgem, com isso, *Estados unitários constitucionalmente descentralizados*. Neles, o poder central não tem à sua mercê a existência e amplitude da descentralização. Ou, diga-se melhor, o *poder constituído central* não a tem à sua mercê, pois ela depende do *poder constituinte central*. Este é que a pode suprimir ou alterar pelo modo por que se altera a Constituição.

Muitos chamam esses Estados de *Estados regionais*.

É o caso da Itália e da Espanha.

Vale sublinhar que essas *regiões* podem ser suprimidas por reforma constitucional e não possuem elas um poder constituinte, já que sua organização é sempre aprovada por lei nacional.

Nesse caso, a autonomia do ente descentralizado — a "região" — tem uma garantia e um campo mínimo de abrangência definidos pela Constituição.

14. O ESTADO FEDERAL

Distingue-se do Estado unitário o Estado Federal, embora este, olhado de cima para baixo, do todo para as partes, apresente uma descentralização do poder, com uma divisão de competências e rendas próprias.

Há, todavia, diferenças fundamentais entre um e outro.

De fato, o Estado federal é um Estado composto de Estados. Historicamente, o modelo do Estado federal surgiu de uma associação de Estados que se pôs como insolúvel, diferentemente da associação em confederações das quais os integrantes sempre e a qualquer momento poderiam retirar-se. É o que se passou na Suíça e mais tarde na América do Norte, gerando significativamente os Estados Unidos. De certo modo, o Estado federal é uma confederação insolúvel.

O modelo federativo, em razão disso, se constrói a partir de uma Constituição do todo — a Constituição federal — na qual se reconhece uma divisão do poder entre a Federação — o todo — e   seus componentes, que, na terminologia, são designados como Estados-membros.

Tal divisão importa em que esses tenham autonomia por meio de Constituição própria — obra de um poder constituinte derivado (v., *supra*, n. 3) —, autogoverno — por meio de poderes não subordinados ao poder central, eleitos pelo seu povo (dimensão pessoal própria) —, competências próprias, bem como, pressuposto necessário, rendas próprias numa esfera territorial própria.

Os Estados-membros, todavia, não têm soberania; portanto, não possuem independência, mas gozam de autonomia — ou seja, de um poder de autodeterminação dentro do seu espaço territorial — quanto a suas competências e à disposição de suas rendas. Claro está dentro do campo que é definido pela Constituição do todo — a Constituição federal. Ademais, esses Estados-membros não podem ser suprimidos pelo poder central.

Por outro lado, os Estados-membros têm uma participação no poder central, ou seja, no governo do todo. Isto se opera — teoricamente — pela instituição de uma Câmara que os represente (o Senado), integrante do Poder Legislativo federal. Essa participação, todavia, perdeu muito de sua substância nos Estados federais contemporâneos.

Todos os traços mencionados estão patentes na Constituição brasileira (como se verá adiante).

15. A FORMAÇÃO DO ESTADO FEDERAL

É preciso não olvidar que, historicamente, a formação dos Estados federais tem resultado de dois processos diversos.

Em casos como o dos Estados Unidos, da Alemanha e da Suíça, o Estado federal resultou de uma agregação de Estados que a ele preexistiam. O Estado federal veio superpor-se a tais Estados. Bom exemplo é o caso dos Estados Unidos da América, que reuniu treze Estados, independentes em 1776, unidos numa confederação em 1781, e integrados num Estado federal pela Constituição de 1786. Ocorreu o que doutrinariamente se chama de *federalismo por agregação*.

Noutros, como no Brasil, o Estado unitário, em obediência a imperativos políticos (salvaguarda das liberdades) e de eficiência, "federalizou-se", "descentralizando-se" a ponto de gerar Estados que a ele foram "subpostos". Com efeito, sob o Império o Brasil, era um Estado unitário descentralizado, que se tornou Estado federal por força do Decreto nº 1, datado de 15 de novembro de 1889, que também instaurou a República, o que foi confirmado pela Constituição de 1891. Ocorreu o federalismo por segregação.

O resultado jurídico desses processos é o mesmo: a estrutura descentralizada, dita federativa, cujos traços acima se descreveram. Mas cumpre reconhecer que os Estados em que a Federação resultou de uma agregação resistem melhor à universal tendência para a centralização que hoje se registra, motivada especialmente pela intervenção no domínio econômico (desenvolvida o mais das vezes pela União).

16. TIPOS DE FEDERALISMO

Essa tendência, inclusive, levou a cabo profundas transformações no tipo ideal do Estado federal.

Nos séculos XVIII e XIX, concebia-se o federalismo como *dualista*. O ideal era separar duas esferas estanques, a da União de um lado, a do Estado-membro de outro. Daí a repartição horizontal de competências e a previsão de tributos exclusivos.

Depois da Primeira Guerra Mundial, concebe-se o federalismo como *cooperativo*. O ideal é coordenar as duas esferas, evidentemente sob a batuta da União. Daí a repartição vertical, os tributos partilhados, reflexo de uma repartição vertical de competências.

Chegou-se, sob a Constituição anterior, a falar em federalismo de integração. Federalismo este que acentuaria os traços do cooperativo, mas tendendo a uma sujeição do Estado-membro à União. Na verdade, seria ele um passo no sentido da substituição do Estado federal por um Estado unitário descentralizado, orientação política que ainda hoje conta com adeptos na alta Administração Pública.

17. A REPARTIÇÃO DE COMPETÊNCIAS NO ESTADO FEDERAL

O Estado federal importa numa divisão de competências. O poder de dispor obrigatoriamente (a competência) é partilhado entre a União (o poder central) e os Estados-membros (o poder regional). Excepcionalmente com poderes locais, os Municípios.

Essa partilha se dá por duas técnicas principais: uma, a da *reserva* de matérias à União ou aos Estados, daí *competências reservadas* ou *exclusivas* da União ou dos Estados. Nesses casos, somente quem recebeu a competência pode dispor sobre a matéria, com exclusão de qualquer outro. Daí, por exemplo, o poder constituído da União não poder invadir a esfera de competência dos Estados, sob pena de inconstitucionalidade. Essa técnica é chamada de *repartição horizontal*, porque separa competências como se separasse setores no horizonte governamental.

Por vezes, a mesma matéria é deixada ao alcance de um (União) ou de outro (Estados ou Distrito Federal). Fala-se então em *competência concorrente*. De acordo com a Constituição em vigor (art. 24, § 1º), nesse campo cabe à União apenas estabelecer as normas gerais. Consequentemente, cabe aos Estados (ou ao Distrito Federal) complementar essas normas gerais, adaptando-se às peculiaridades locais (art. 24, § 2º). Se, todavia, inexistem as normas gerais editadas pela União, pode o Estado, exercendo a chamada *competência supletiva*, estabelecer as próprias normas gerais (art. 24, § 3º), as quais perderão eficácia quando vier a ser editada a lei federal de normas gerais (art. 24, § 4º).

Essa técnica de repartição de competências é chamada de *vertical* porque separa em níveis diferentes o poder de dispor sobre determinada matéria. Isto, na verdade, favorece a coordenação no tratamento de uma questão por parte de diversos entes federativos.

18. A REPARTIÇÃO DE RENDAS NO ESTADO FEDERAL

A existência real da autonomia do Estado federado depende evidentemente da previsão de recursos, suficientes e não sujeitos a condições, para que os Estados possam desempenhar suas atribuições. Claro que tais recursos hão de ser correlativos à extensão dessas atribuições. Se insuficientes ou sujeitos a condições, a autonomia dos Estados-membros só existirá no papel em que estiver escrita a Constituição. Daí o chamado problema da *repartição de rendas*.

A técnica preferível para isto corresponde à divisão horizontal de competências. Consiste em reservar certa matéria tributável a um poder (União ou Estado-membro) que dela aufere recursos exclusivos.

Disto decorre que, na sua matéria tributável, um poder não sofre ingerência de outro (o que reforça a sua recíproca independência). E especificamente beneficia à autonomia estadual ameaçada pelo expansionismo do poder central.

Tal técnica, porém, apresenta como inconveniente o fato óbvio de que a diferença de condições econômicas entre regiões de um mesmo todo faz com que a mesma matéria tributável seja rendosa para um Estado e não o seja para outro. Com efeito, um imposto sobre produção agrícola, por exemplo, não renderá num Estado industrializado e assim por diante.

Por isto, modernamente, tem-se acrescentado a essa repartição horizontal um sistema de redistribuição análogo à divisão vertical. Ou seja, prevê-se que, do produto dos tributos, uma parcela seja redistribuída a poder outro que não o que recebeu o poder de dispor sobre aquela matéria tributável. Isto diretamente, ou por meio de um sistema de fundos. Tal solução, na prática, atenua as desigualdades entre os Estados, mas frequentemente os sujeita a condicionamentos ou pressões por parte da União.

19. NATUREZA DOS COMPONENTES DO ESTADO FEDERAL

Serão, todavia, os componentes de um Estado federal verdadeiramente Estados, Estados-membros ou Estados federados, como se usa dizer?

Os Estados-membros não são Estados na medida em que se considera a soberania elemento indispensável ao Estado. De fato, o Estado-membro está subordinado ao Estado federal, visto este como um todo. Quer dizer, a existência e a organização do Estado-membro estão sujeitas às normas da Constituição do Estado federal. Ou, na linguagem kelseniana, a ordem parcial do Estado-membro se subordina à ordem total do Estado federal.

Afora isso, os Estados-membros partilham os caracteres do Estado. Há um povo, um território e um poder do Estado-membro que são próprios a ele. É verdade que esse povo, esse território e esse poder se integram na estrutura do Estado total — o Estado federal.

O Estado-membro goza de *autonomia*. Quer dizer, é livre no campo a ele deixado pela Constituição do Estado federal. Este, o Estado total, na sua *soberania*, fixa a organização do todo e, ao fazê-lo, cria um campo aberto para os Estados federados. Tal campo, como já se viu, tem um espaço natural: auto-organização; autogoverno, com descentralização legislativa, administrativa e política; bem como recursos financeiros próprios. (V., *supra*, n. 3.)

Observe-se que os Estados-membros de um Estado federal podem ser por seu turno Estados federais ou Estados descentralizados (inclusive Estados constitucionalmente descentralizados). De fato, a Constituição do todo pode determinar que as Constituições dos Estados adotem a descentralização, o que importa em determinar a autonomia de entes intraestaduais.

20. O FEDERALISMO DE SEGUNDO GRAU

Note-se que um Estado federado pode ser ele próprio um Estado federal. Fala-se, então, em federalismo de segundo grau.

Na URSS, havia Estados-membros que eram, por sua vez, Estados federais, como a República Federativa Russa.

No Brasil, o quadro é semelhante, pois os Estados-membros são constitucionalmente descentralizados em Municípios, que são reconhecidos como entes federativos (Constituição, art. 1º). Estes são autônomos, embora a amplitude de sua autonomia não só seja restringida pela Constituição federal como pelas Constituições dos Estados em que se integrem.

SUGESTÃO DE LEITURA COMPLEMENTAR – Clássico: HANS KELSEN, *Teoria geral do Estado*; **Nacionais:** JOSÉ ALFREDO BARACHO, *Teoria geral do federalismo*; FERNANDA DIAS MENEZES DE ALMEIDA, *Competências no Estado Federal*. OBRAS DO AUTOR: *Aspectos do direito constitucional contemporâneo*; *Lições de direito constitucional*.

Capítulo 7
O ESTADO BRASILEIRO

1. ORIGEM E EVOLUÇÃO DO FEDERALISMO NO BRASIL

O ideal federativo é no Brasil tão antigo quanto a reivindicação de independência. Obtida esta, já na Constituinte de 1823, houve quem postulasse a implantação de uma estrutura federativa, mais condizente com a diversidade de condições regionais e com os meios de comunicação da época, do que a centralização.

A Constituição de 1824, todavia, deu ao Brasil a forma de Estado unitário descentralizado. Não satisfez, assim, o anseio federalista que, por todo o Império, serviu de arma à oposição, inclusive ensejando conflitos armados. É certo que a Emenda Constitucional de 1834, o chamado Ato Adicional, ampliou a descentralização. Todavia, pela dita Lei de Interpretação de 1840, voltou-se atrás num sentido centralizador.

Não é de surpreender, pois, que os republicanos houvessem levantado a bandeira federalista, mais fácil de levar do que a da derrubada da monarquia, de modo geral apreciada pelo povo.

A Federação chegou ao Brasil ao mesmo tempo que a República, formalizadas ambas pelo Decreto nº 1, de 15 de novembro de 1889. Por este decreto, as províncias do Império foram transformadas nos Estados da República, ganhando autonomia. O caso brasileiro, pois, é típico do *federalismo por segregação*.

A Constituição de 1891, ao institucionalizar a Federação, seguiu o modelo do federalismo dualista. Este, porém, era mal adaptado à profunda diversidade de condições entre as regiões do País, consequentemente entre os Estados. De fato, para muitos dos Estados faltavam condições econômicas para adequadamente atender às tarefas que desde então lhes incumbiam. Esse mau atendimento foi causa de maior empobrecimento dos mesmos Estados e, destarte, do alargamento do fosso entre regiões ricas e regiões pobres.

E igualmente era destoante da mentalidade prevalecente no País, na medida em que essa tende a tudo esperar da capital. Por isso, foram os Estados que batalharam pelo incremento da atividade da União (e, desse modo, pelo alargamento de sua esfera de competências) e não o contrário, conforme revela a história da Primeira República, por paradoxal que isto pareça.

Com a Revolução de 1930 e, sobretudo, com a Constituição, substituiu-se o federalismo dualista pelo de caráter cooperativo. Deu-se com isso à União uma posição e uma influência preponderante no tratamento do interesse geral, amesquinhando-se o papel dos Estados. Isto ainda se acentuou com o Estado Novo (Constituição de 1937).

A tendência à centralização — praticamente ao fortalecimento da União — não foi detida pela Constituição de 1946. Na verdade, vigendo esta, a preocupação desenvolvimentista veio reforçar a tendência centralizadora. Para tanto, confluíam as tentativas de planejamento, as iniciativas destinadas a reduzir as desigualdades regionais (como a Sudene) e os grandes investimentos estatais, mormente na indústria de base.

Com a Revolução de 1964 e a Constituição de 1967, mais se acentuou essa tendência, a ponto de se ter instaurado, na opinião de muitos, um novo tipo de federalismo, o federalismo de integração.

A Constituição de 1988 confere maior autonomia aos Estados-membros, tentando um reequilíbrio federativo. A expansão da autonomia estadual restabelece o federalismo cooperativo. Abandona o federalismo de integração.

2. A TRÍPLICE ESTRUTURA DO ESTADO BRASILEIRO

A Constituição brasileira de 1988, no que segue a anterior, não se contenta em estabelecer a Federação, descentralizando o todo; estabelece também o municipalismo, impondo a descentralização das partes. Há em nossa Constituição *três* ordens e não duas, como é normal no Estado federal. Em primeiro lugar, a ordem central — a União —; em segundo lugar, ordens regionais — os Estados —; e, em terceiro lugar, ordens locais — os Municípios.

A Constituição Federal, com efeito, afora organizar a União, prevê e reconhece os Estados, dando-lhes competências e rendas; prevê e reconhece os Municípios, entidades intraestaduais, conferindo-lhes competências e rendas.

Prevê o novo texto a auto-organização dos Estados e dos Municípios, sujeitando-os ao respeito aos princípios constitucionais.

Estes são os enumerados no art. 34, VII, ou seja: "*a*) forma republicana, sistema representativo e regime democrático; *b*) direitos da pessoa humana; *c*) autonomia municipal; *d*) prestação de contas da administração pública, direta e indireta; *e*) aplicação do mínimo exigido da receita resultante de impostos estaduais, compreendida a proveniente de transferências, na manutenção e desenvolvimento do ensino e nas ações e serviços públicos de saúde (acrescentado pela EC nº 29/2000)".

Ganham os Municípios o poder de auto-organização, sujeitos, entretanto, aos princípios da Constituição Federal, aos da Constituição do respectivo Estado, além de estarem obrigados ao respeito a uma série de preceitos expressos, conforme o disposto no art. 29 da Constituição Federal. Isto corrobora a tese de que a Constituição de 1988 consagra um federalismo de segundo grau.

3. ASPECTOS UNITÁRIOS E SOCIETÁRIOS

A ordem total — a ordem da Federação — apresenta dois aspectos diversos embora complementares: um aspecto *unitário* e um aspecto *societário*. Isso corresponde aliás à estrutura íntima do Estado federal que é *um* Estado, mas *composto de Estados*.

Estado federal é *um* Estado e, por isso, apresenta um aspecto unitário, quer no plano internacional, quer no mero plano interno. No plano internacional, esse aspecto se manifesta em sua *unidade de personalidade* — só o Estado federal é pessoa de direito internacional Público, o que na Constituição de 1988 se depreende do art. 21, I —, em sua *unidade de nacionalidade* — não há nacionalidade estadual (CF de 1988, art. 12) — e em sua *unidade de território* (CF de 1988, art. 1º).

No plano interno essa unidade se manifesta antes de mais nada pela existência de um ordenamento jurídico (constitucional ou não) próprio ao todo, com uma organização completa, competente em todo o território e sobre todos os habitantes desse território. Essa unidade interna implica a existência de um tribunal federal habilitado a resolver os conflitos de competência (que, entre nós, é o STF; cf. art. 102, I, *f*, da CF de 1988); o estabelecimento de limites à organização dos Estados-membros (*v*. o que se disse anteriormente sobre o poder constituinte dito decorrente, cap. 4, n. 13); a possibilidade de intervenção federal para salvaguarda dessa própria unidade (que merecerá exame à parte, nos números finais deste capítulo).

A incorporação, a fusão e o desmembramento dos Estados voltaram a ter a participação dos Estados envolvidos. Embora a decisão final seja do Congresso Nacional, por meio de lei complementar, as populações diretamente interessadas deverão ser ouvidas previamente, por meio de plebiscito.

Todavia, é também o Estado federal uma *"sociedade" de Estados*. Daí que, no típico Estado federal, os Estados-membros de algum modo participam do governo do todo, seja por existir um órgão no ordenamento total cuja função é representá-los — um Senado —, seja por elegerem eles o chefe de Estado e do governo, como formalmente ocorre nos Estados Unidos.

4. A REPARTIÇÃO DE COMPETÊNCIAS

É bastante complexa a repartição de competências na Constituição brasileira. Nela coexistem a repartição horizontal e a repartição vertical de competências. Por outro lado, há que distinguir a repartição de competência legislativa e a repartição de competência administrativa.

5. A REPARTIÇÃO DE COMPETÊNCIA LEGISLATIVA

Quanto a esta, no texto em vigor, há, por um lado, uma repartição estabelecida segundo o critério "horizontal".

Assim, há *competências exclusivas* da União (p. ex., art. 22), dos Municípios (art. 30) e dos Estados e do Distrito Federal. A competência exclusiva dos Estados compreende tudo aquilo que não foi atribuído à União ou aos Municípios (ou não foi incluído no campo das competências concorrentes) (art. 25, § 1º). A competência exclusiva do Distrito Federal abrange as competências não só conferidas aos Estados, mas também as atribuídas aos Municípios (art. 32, § 1º). A competência exclusiva do Município abrange o que for assunto de "interesse local" (art. 30, I).

Por outro lado, existe uma repartição vertical. Há uma *competência concorrente* deferida à União, aos Estados e ao Distrito Federal (não aos Municípios) (art. 24). Neste campo, compete à União estabelecer apenas as "normas gerais" (art. 24, § 1º). Aos Estados e ao Distrito Federal cabe complementar essas normas, adaptando-as às suas peculiaridades (competência complementar, que a Constituição incorretamente chama de "suplementar", art. 24, § 2º).

Na falta de normas gerais editadas pela União, os Estados e o Distrito Federal podem editá-las, suprindo a lacuna (competência supletiva, que a Constituição também chama de "suplementar", de modo incorreto, art. 24, § 3º). Nesse caso, porém, editando a União as normas gerais, estas prevalecerão sobre as que houverem sido promulgadas pelos Estados ou pelo Distrito Federal (art. 24, § 4º).

A Constituição não atribui aos Municípios competência legislativa concorrente com a da União, Estados e Distrito Federal. Entretanto, confere a eles uma competência de "suplementar" (entenda-se, "complementar") a legislação federal e estadual, no que for de seu interesse peculiar (art. 30, II).

6. A REPARTIÇÃO DE COMPETÊNCIA ADMINISTRATIVA

A competência administrativa é, em princípio, correlata à competência legislativa. Assim, quem tem competência para legislar sobre uma matéria tem competência para exercer a função administrativa quanto a ela. Entretanto, há todo um campo que é comum, no plano administrativo, à União, aos Estados, ao Distrito Federal e aos Municípios (art. 23). Nele, todos esses entes federativos devem cuidar do cumprimento das leis, independentemente da origem federal, estadual, "distrital" ou municipal.

7. A DIVISÃO DE RENDAS

A divisão de rendas é, no dizer de Durand,[3] a pedra de toque da Federação, pois é a medida da autonomia real dos Estados-membros. Na verdade, essa partilha pode reduzir a nada a autonomia, pondo os Estados a mendigar auxílios da União, sujeitando-os a verdadeiro suborno. Como a experiência americana revela, pelo concurso financeiro, a União pode invadir as competências estaduais, impondo sua intromissão em troca de tal auxílio.

A questão é mais complexa ainda nos tempos que correm. Pode a União, com suas faculdades econômicas e financeiras, manipular a seu bel-prazer o crédito, o câmbio e o volume de papel-moeda. Daí decorre que de sua política é que depende a substância dos recursos à disposição dos Estados-membros. Uma política inflacionária, por exemplo, pode reduzi-los a nada, tornando incapazes os Estados de pagar seus próprios funcionários.

O primeiro aspecto a considerar a propósito da divisão de rendas concerne à repartição de competência tributária. Realmente, a fórmula preferida para assegurar à União, aos Estados e, quando for o caso, aos Municípios renda suficiente e ao mesmo tempo isenta de vinculações prejudiciais consiste em repartir entre esses entes a matéria tributável. Assim, a Constituição reparte essa matéria, atribuindo a criação, o lançamento e a cobrança dos tributos a ela referentes, com exclusividade, ou à União, ou aos Estados, ou aos Municípios e ao Distrito Federal.

O sistema tributário nacional vigente compreende *impostos*, ou seja, prestações pecuniárias arrecadadas compulsoriamente pelo poder público sem outra contrapres-

---

[3] DURAND, Charles. *Confédération d'États et État fédéral*. Paris: Marcel Rivière, 1955.

tação que a satisfação das funções estatais em geral, sem o caráter de sanção; *taxas*, isto é, prestações arrecadadas como remuneração de serviços específicos prestados ou postos à disposição do contribuinte; *contribuições de melhoria*, a saber, prestações arrecadadas de proprietários de imóveis valorizados por obras públicas; e também *empréstimos compulsórios*, quer dizer, prestações arrecadadas compulsoriamente, mas a serem posteriormente devolvidas aos contribuintes.

Os empréstimos compulsórios foram disciplinados de forma mais adequada. Exige a Lei Maior que sua criação se dê mediante lei complementar, objetivando o atendimento de despesas extraordinárias ou decorrentes de calamidade pública, guerra, ou necessárias a investimento urgente. Nesses casos, porém, a cobrança somente poderá verificar-se no exercício seguinte ao da publicação da lei que os criou (art. 148, I e II).

A arrecadação de quaisquer tributos está sujeita às normas gerais de direito financeiro que compete à União promulgar, assim como às limitações postas pela Constituição e reguladas pela legislação federal complementar.

As limitações constitucionais ao poder de tributar são de duas ordens distintas: uma, a das limitações gerais; outra, a das particulares. As limitações gerais são aquelas que se impõem tanto à União como aos Estados, Distrito Federal e Municípios (art. 150). As particulares são as que se referem a um desses especialmente (art. 151).

A primeira das limitações gerais que aponta a Constituição é a seguinte: (1) a legalidade tributária, segundo a qual nenhum tributo pode ser instituído, exigido ou aumentado, sem que lei (ou ato com força de lei) o estabeleça (art. 150, I). Outras são: (2) a de instituir tratamento desigual entre contribuintes que se encontrem em situação equivalente, proibida qualquer distinção em razão de ocupação profissional ou função por eles exercida, independentemente da denominação jurídica dos rendimentos, títulos ou direitos (art. 150, II); (3) a de cobrar tributos: (*a*) em relação a fatos geradores acontecidos antes da vigência de lei que os crie ou aumente; (*b*) no mesmo exercício financeiro em que foram criados ou majorados por lei, com as exceções que estabelece ou (*c*) cobrar tributos, antes de serem decorridos noventa dias da data da publicação da lei que os instituiu ou aumentou (ressalvado o disposto na alínea *b*); (4) utilização de tributos com finalidade confiscatória; (5) a do estabelecimento de limitações do tráfego de pessoas ou de bens, por meio de tributos interestaduais ou intermunicipais, excetuada a cobrança do pedágio; (6) a de instituir impostos sobre: (*a*) patrimônio, renda ou serviços uns dos outros, incluindo autarquias e fundações instituídas e mantidas pelo poder público no que se vincular a suas finalidades essenciais, excluídos expressamente o patrimônio, renda e serviços relacionados com atividades econômicas; (*b*) templos de qualquer culto; (*c*) patrimônio, renda ou serviços dos partidos políticos, de entidades sindicais, de instituições de educação e assistenciais (art. 150, III a VI, §§ 1º a 4º).

Veda-se aos Estados, ao Distrito Federal e aos Municípios a utilização do poder de tributar para estabelecer tratamento diferenciado em face de procedência ou destino de bens e serviços.

As limitações particulares atingem a União, nos termos do art. 151. Não pode ela usar de seu poder de tributar para estabelecer tratamento diferenciado com relação a Estados, ao Distrito Federal e a Municípios, exigindo a Lei Magna que o tributo instituído pela União seja uniforme para todo o território nacional. Permite, todavia, a criação de incentivos fiscais que objetivem o equilíbrio do desenvolvimento das diversas regiões do País.

É vedado também à União tributar em níveis superiores aos utilizados, quanto às suas obrigações e agentes, a renda das obrigações da dívida pública dos Estados, do Distrito Federal e dos Municípios.

O texto em vigor retirou da União o poder de conceder isenções de tributos da competência dos Estados, Municípios e Distrito Federal.

A Constituição discrimina a competência tributária da União, no seu art. 153, atribuindo-lhe, entre outros, os impostos sobre a renda, sobre a propriedade territorial rural, sobre as grandes fortunas, sobre as importações, sobre os produtos industrializados; dos Estados e Distrito Federal, no art. 155, conferindo-lhes, entre outros, o de transmissão *causa mortis* e doação de bens ou direitos, o de circulação de mercadorias; e dos Municípios, no art. 156, aos quais cabem os impostos sobre a propriedade predial e territorial urbana, os sobre vendas a varejo de combustíveis líquidos e gasosos, exceto óleo diesel etc.

Mantém o novo texto a competência residual da União, que poderá criar, mediante lei complementar, outros impostos, respeitados os fatos geradores e as bases de cálculo utilizadas nos já definidos, desde que não sejam cumulativos (art. 154, I).

Admite ainda que a União institua impostos extraordinários, no caso de guerra ou de sua iminência (art. 154, II).

8. AS QUOTAS DE PARTICIPAÇÃO

No intuito de fornecer aos Estados e aos Municípios os recursos necessários ao desempenho de suas atribuições, a Constituição vigente complementou a repartição de competência tributária, com um sistema de quotas de participação. Nisso, aliás, desenvolveu tendência anterior que fora consagrada na Emenda Constitucional nº 18, de 1965, à Constituição de 1946.

O sistema de repartição da competência tributária em círculos exclusivos tem a vantagem de assegurar a autonomia dos Estados e dos Municípios, já que lhes assegura renda tributária independentemente de qualquer condicionamento. Tem, porém, uma desvantagem ponderável: não serve para a redistribuição de rendas, ou para a igualização de recursos. Como é óbvio, os tributos privativos apenas rendem onde há matéria econômica para tributar. Assim, nas regiões pobres, esses tributos rendem pouco, porque lá lhes falta o substrato econômico. Em consequência, esse sistema tende a estimular a acentuação dos desníveis econômicos.

Como no Brasil os desníveis econômicos são muito pronunciados, essa desvantagem avulta. Por isso, entendeu-se conveniente estabelecer um sistema de quotas de participação, pelas quais se assegurassem às unidades mais pobres recursos suficientes para impedir o crescimento dos desníveis e, se possível, sua atenuação. Por tal sistema, o produto de certos tributos é partilhado entre quem tem a competência para criá-lo, lançá-lo e arrecadá-lo, e outras entidades, redistribuindo esse produto, em função de diferentes critérios.

Assim, por exemplo, o produto da arrecadação do imposto de renda recolhido na fonte sobre rendimentos pagos pelos Estados, Distrito Federal e Municípios, lhes pertence, respectivamente. Também se a União criar imposto novo, pelo exercício de sua competência prevista no art. 154, I, deverá destinar aos Estados e ao Distrito Federal vinte por cento de sua arrecadação. Por outro lado, compete aos Municípios cinquenta por cento do produto da arrecadação do imposto da União sobre a propriedade territorial rural, relativamente aos imóveis neles situados. Pertence também aos Municípios cinquenta por cento da arrecadação do imposto estadual sobre a propriedade de veículos automotores licenciados em seus territórios etc.

Do produto da arrecadação de determinados impostos da União, percentuais definidos pela Constituição serão entregues aos Fundos de Participação dos Estados e do Distrito Federal, bem como ao dos Municípios, e destinados a programas de financiamento ao setor produtivo das regiões Norte, Nordeste e Centro-Oeste, com privilégio para o setor semiárido do Nordeste, ao qual se destinará metade dos recursos cabíveis à região.

A Emenda Constitucional nº 112/2021 aumentou, mais recentemente, a participação dos Municípios em tributos federais.

9. A INTERVENÇÃO FEDERAL

Como ordem de unificação, o ordenamento federal não pode dispensar um mecanismo destinado a salvaguardar o todo contra a desagregação. Esse instrumento é a *intervenção federal*.

Esta consiste em assumir a União, por delegado seu, temporária e excepcionalmente, o desempenho de competência pertencente a Estado-membro. É uma invasão da esfera de competências pertencente e reservadas aos Estados-membros para assegurar o grau de unidade e de uniformidade indispensável à sobrevivência da Federação. Note-se que a União só pode intervir nos Estados. Nos Municípios, eventualmente são os Estados que podem intervir.

A intervenção, por ser contrária à autonomia dos Estados-membros, só pode fundar-se em fato de gravidade indisfarçável. Assim, o constituinte cuidou de estabelecer o elenco taxativo dos problemas que são suficientemente perigosos para o todo, a ponto de ensejar essa intervenção.

De modo geral, a intervenção cabe: para assegurar a unidade nacional (art. 34, I e II); manter a ordem, isto é, a ordem constitucional (art. 34, VII), a ordem pública (art. 34, III e IV), a ordem jurídica (art. 34, VI); bem como disciplinar as finanças estaduais (art. 34, V).

10. A DECRETAÇÃO DA INTERVENÇÃO

A competência para decretar a intervenção pertence ao Presidente da República (art. 84, X). A competência do Presidente, contudo, é de natureza diversa conforme a hipótese que a fundamenta.

De fato, ela é uma competência vinculada, cabendo ao Presidente a mera formalização de uma decisão tomada por órgão judiciário, sempre que a intervenção se destinar a "prover a execução de lei federal, ordem ou decisão judicial" (art. 34, VI) ou a assegurar o livre exercício do Judiciário estadual (art. 34, IV). Nestas hipóteses, a decisão sobre a intervenção cabe ao Supremo Tribunal Federal, ao Superior Tribunal de Justiça ou ao Tribunal Superior Eleitoral, mediante requisição (art. 36, II). No caso de inexecução de lei federal, a Lei Magna condiciona a intervenção ao provimento de representação do Procurador-geral da República, que, ocorrendo, dá ensejo à mencionada requisição por parte do Supremo Tribunal Federal (art. 36, III, com a redação da Emenda Constitucional nº 45/2004).

Nas hipóteses de ameaça à integridade nacional, invasão estrangeira, ou de Estado em outro, perturbação grave da ordem, coação a Legislativo ou Executivo estaduais e reorganização financeira do Estado-membro (art. 34, I a V), a decisão é discricionária. Tem ele a faculdade de decretar a intervenção se a situação, a seu juízo, o exigir, como aliás ensinava Rui Barbosa. Não resta dúvida, porém, de que, devendo ele zelar pela salvaguarda da ordem constitucional, tem a obrigação de fazê-lo sempre que necessário, sob pena de incidir em crime de responsabilidade, como queria Epitácio Pessoa.[4] Observe-se que a intervenção para assegurar o livre exercício do Legislativo ou do Executivo estadual coagido depende de solicitação dele (art. 36, I). Entenda-se nos seus devidos termos essa solicitação, que não poderá em tal hipótese revestir-se de formas especiais ou obedecer a um rito minucioso, que a coação normalmente vedaria. Basta que, de algum modo, o poder coato faça sentir sua vontade para caber a decretação.

Mais complicada é a decretação com base na violação dos princípios constitucionais da União (art. 34, VII). A intervenção é ainda aí decretada pelo Presidente. Todavia, ela somente cabe depois que o Supremo Tribunal Federal declarar a inconstitucionalidade do ato impugnado, por provocação do Procurador-geral da República (art. 36, III). Não será ela, entretanto, decretada se a suspensão do ato inconstitucional bastar para restabelecer a normalidade no Estado (art. 36, § 3º).

11. A MANIFESTAÇÃO DO CONGRESSO

A intervenção federal, salvo quando é fruto de requisição judiciária, deve ser aprovada pelo Congresso (art. 49, IV), que deverá ser convocado para tanto, se não estiver reunido (art. 57, § 6º, I). A recusa de aprovação equivale à suspensão da medida; seus efeitos, pois, são *ex nunc* e não *ex tunc*.

Cessada a intervenção, as autoridades estaduais eventualmente substituídas devem voltar ao exercício de suas funções (art. 36, § 4º), salvo se outro impedimento existir.

> **SUGESTÃO DE LEITURA COMPLEMENTAR – Nacional:** RAUL MACHADO HORTA, *Evolução política da Federação*; FERNANDA DIAS MENEZES DE ALMEIDA, *Competências na Constituição de 1988*; OBRAS DO AUTOR: *Aspectos do direito constitucional contemporâneo* e *Lições de direito constitucional*; ARTIGO DO AUTOR: O Estado Federal brasileiro à luz da Constituição de 1988 (*Revista da Faculdade de Direito da USP*, v. 86, p. 116 e ss.).

---

[4] LEME, Ernesto. *A intervenção federal nos Estados*. São Paulo: Revista dos Tribunais, 1930.

Capítulo 8
OS ENTES DA FEDERAÇÃO BRASILEIRA

1. OS ESTADOS-MEMBROS

Como Estado federal que é, o Brasil é composto de Estados federados que gozam, segundo já se ensinou, de *autonomia* (v. cap. 6, n. 3). Esta — relembre-se — autodeterminação dentro de limites estabelecidos pela Constituição federativa.

Tal autonomia compreende auto-organização — o poder de organizar-se (ainda que sujeito a princípios ou preordenado em pontos específicos); autogoverno — poder dirigente próprio, não subordinado a poder mais alto, o que pressupõe competências próprias e não dispensa recursos financeiros também próprios (sempre — insista-se — dentro de um campo delimitado pelo poder central, ou, como se diz no Brasil, pela União).

A auto-organização está prevista no art. 25 da Constituição. Cada Estado federado se há de reger por uma Constituição que o seu poder constituinte estabelece. Mas este poder constituinte do Estado-membro não é originário, é decorrente do poder constituinte originário que gerou como federativa a Constituição brasileira. Não é, pois, um poder ilimitado. Ao contrário, é um poder de auto-organização delimitado pela Constituição Federal, que fixa em parte a estruturação estadual.

Com efeito, por um lado, a Constituição Federal impõe aos Estados a observância, sob pena de intervenção federal, de alguns princípios que devem ser adaptados pelo constituinte estadual às peculiaridades locais. São os princípios enumerados no art. 34, VII, da Constituição, ou seja, forma republicana, sistema representativo e regime democrático; direitos da pessoa humana; autonomia municipal; prestação de contas da administração pública, direta e indireta.

Verifica-se que aos Estados foi concedida maior autonomia de auto-organização do que aquela que lhes cabia no direito anterior. A Constituição de 1967 previa a auto-organização dos Estados, mas limitava-lhes extensamente esse poder, obrigando-os ao respeito de inúmeras regras, preordenando sua organização (EC nº 1/1969, art. 13), além de incorporar-lhes grande parte do direito federal (EC nº 1/1969, art. 200).

Entretanto, afora o respeito aos princípios que enuncia, sob pena de intervenção federal — art. 34, VII (v., *supra*, cap. 5) —, a Lei Magna lhes preordena o número dos integrantes de sua Assembleia Legislativa (art. 27), a eleição e o mandato de seus Governador e Vice-governador (art. 28), assim como as linhas mestras do seu Poder Judiciário no Capítulo III do Título IV, arts. 92 e ss.

Não é necessário repetir que esses Estados têm uma competência própria, a que resta após excluir-se o que cabe à União ou aos Municípios (art. 25, § 1º). Nem que têm eles receitas próprias resultantes, inclusive, de tributos privativos (art. 155).

Igualmente não é preciso sublinhar que os poderes estaduais não estão sujeitos aos poderes federais correspondentes, como não o está a administração estadual à federal.

2. OS TERRITÓRIOS

Como é sabido, a primeira Constituição republicana não previa a existência de Territórios, de onde surgiu difícil problema com a aquisição do Acre. Daí em diante fixou-se na doutrina e nos textos posteriores a ideia de que os Territórios são Estados em embrião.

Não há na Constituição atual, como na anterior, critérios fixados para que se afira estar ou não o Território em condições de se tornar Estado. Por analogia, contudo, poder-se-ia aplicar o critério fixado pelo "Ato das Disposições Constitucionais Transitórias" à Constituição de 1946, art. 9º, em relação ao Acre, isto é, igualar as rendas do Território às do Estado de menor arrecadação. Essa transformação observará o procedimento fixado em lei complementar.

Embora Estados em embrião no plano político, no jurídico, os Territórios são meras divisões administrativas da União, podendo ser divididos, redivididos ou reunidos por ela sem maiores dificuldades. Não têm autonomia política, pois são regidos por um governador nomeado pelo Presidente da República, mediante aprovação prévia do Senado, por voto secreto e com arguição pública. Em regra, os Territórios não têm órgão legislativo próprio. É o Congresso Nacional que vota os projetos de lei a eles referentes.

O texto constitucional em vigor excepciona os Territórios com população excedente de cem mil habitantes, determinando que disporão de Câmara Territorial que exercerá competência legislativa nos termos da lei (art. 33, § 3º). Remanesce, todavia, a competência do Congresso Nacional sobre sua organização administrativa, judiciária, do Ministério Público e da Defensoria Pública (art. 48, IX, c/c o art. 61, § 1º, II, *b*).

Neles existe a autonomia administrativa, mas a soma de competências conferidas a seu órgão dirigente, de nomeação do Executivo federal, pode variar de um para outro.

Nos Territórios, compete, como é lógico, à União arrecadar os tributos que a Constituição atribui aos Estados-membros (art. 147). Igualmente, cabe à União exercer nos Territórios as competências que seriam estaduais.

Os Territórios não têm, como tais, representação política. Não há lugar no Senado para representantes dos Territórios. Todavia, o povo de cada Território elege quatro deputados à Câmara Federal.

O Território de Fernando de Noronha foi incorporado ao Estado de Pernambuco pela nova Constituição.

Note-se, porém, que hoje inexiste qualquer Território. Os que havia antes da vigência da Constituição atual foram, pelo Ato das Disposições Constitucionais Transitórias, transformados em Estados.

Não estão sequer incluídos na Constituição vigente entre os entes federativos, ao contrário do que constava do direito anterior.

3. O DISTRITO FEDERAL

Situação particular ao lado dos Estados e dos Municípios ocupa o Distrito Federal, cujo estatuto, de 1891 até hoje, muito tem variado.

Ao tempo da Constituição de 1891, assinalava Rui[5] ser ele "um semiestado, um quase estado" já que, se lhe faltava a auto-organização, era dotado de participação igual à dos Estados no governo federal. A Constituição de 1934, por sua vez, aproximou ainda mais o Distrito Federal da situação dos Estados-membros, dando satisfação ao chamado "movimento autonomista".

Veio, porém, com a Carta de 1937, reação centralizadora que estritamente subordinou o Distrito Federal à administração federal. Essa reação, porém, com a Constituição de 1946, cedeu lugar à tendência oposta.

De fato, a Constituição de 1946 restabeleceu para o Distrito Federal situação semelhante à de que gozava antes de 1930, concedendo-lhe certa autonomia, permitindo-lhe eleger Câmara de Vereadores, com poderes legislativos, mas prevendo que o seu Executivo fosse presidido por prefeito nomeado pelo chefe de Estado, demissível *ad nutum*, cujo nome deveria ser aprovado pelo Senado Federal. Como os Estados, porém, o Distrito Federal elegia deputados e senadores.

Em 1956, a Emenda nº 2 veio acentuar a semelhança do Distrito Federal com os Estados federados, prevendo prefeitos eleitos e intervenção federal nos casos em que ela cabia nos Estados-membros, embora não a excluísse nos casos em que era possível a intervenção dos Estados nos Municípios.

A mudança da capital, em 1960, esvaziou de certa forma essa emenda, adotada em função de uma metrópole como o Rio de Janeiro e não de uma nova cidade como Brasília. Assim, nova emenda, a de nº 3, restabeleceu no fundo o estatuto previsto em 1946, subordinando, todavia, a eleição de deputados e senadores do novo Distrito Federal a decisão do Congresso Nacional, dispondo o mesmo em relação à sua Câmara, cujas funções seriam até então exercidas pelo próprio Congresso. Essa decisão, contudo, não chegou a ser tomada, ficando o Distrito Federal sem representantes.

A Constituição de 1967 assemelhou o Distrito Federal aos Territórios, dispondo sobre ambos num capítulo especial, o quarto (Tít. I), estabelecendo que a lei disporia sobre sua organização administrativa e judiciária. Previu que sua administração seria encabeçada por um governador (Emenda nº 1), de nomeação do Presidente, impondo, porém, a aprovação prévia de seu nome pelo Senado (art. 42, III). Dispôs ainda que este discutiria os projetos de lei concernentes ao serviço público, ao pessoal, ao orçamento e aos tributos do Distrito Federal.

Com o advento da Emenda Constitucional nº 25/1985, o Distrito Federal passou a ter representação semelhante à de Estado-membro, elegendo três senadores e ficando seu povo representado por oito deputados.

A Constituição em vigência prevê essa representação, equiparando-o aos Estados. Na verdade, o *status* do Distrito Federal muito se aproxima ao dos Estados. Assim é que seu governador será eleito diretamente pelo povo (art. 32, § 2º). Disporá de uma Câmara Legislativa, cuja competência inicialmente prevista é a de votar uma lei orgâ-

---

[5] BARBOSA, Rui. *Comentários à Constituição Federal brasileira*. São Paulo: Saraiva, 1934. v. V, p. 39.

nica que o regerá. Dessa forma, passa o Distrito Federal a gozar de autonomia de auto-organização (art. 32), restrita, embora, à organização administrativa, considerando-se a competência da União para legislar sobre organização judiciária, do Ministério Público e da Defensoria Pública, nos termos do art. 22, XVII. Acrescente-se, contudo, que a competência da União se cinge a normas gerais, conforme decorre do disposto na letra *d* do inc. II do § 1º do art. 61.

Recebeu também as competências legislativas deferidas aos Estados e aos Municípios (art. 32, § 1º).

O Distrito Federal ainda dispõe de competência legislativa concorrente com a da União, nas matérias previstas no art. 24.

Os tributos pela Constituição atribuídos aos Estados e aos Municípios cabem ao Distrito Federal em seu território.

4. O MUNICÍPIO

O Município, no direito constitucional brasileiro em vigor, é entidade política, de existência prevista como necessária, com autonomia e competência mínima rigidamente estabelecidas.

A Constituição Federal prevê o Município como entidade federativa (art. 1º), confere-lhe competência (art. 30) e lhe discrimina rendas (art. 156).

Encerra-se, com isso, a polêmica doutrinária sobre a natureza do Município, que alguns entendiam não ser entidade federativa por ter sido omitido no texto do art. 1º da EC nº 1/1969.

A competência que lhe é concedida pela Constituição, o é, aliás, nos mesmos termos que a da União. Esta e o Município têm os poderes enumerados; os Estados-membros, os poderes remanescentes. Sua competência, pois, impõe-se, ainda que implicitamente, aos poderes estaduais remanescentes e até aos poderes da própria União, na medida em que a norma for de (prevalecente) interesse local.

Sua competência, enunciada no art. 30, lhe atribui de modo geral o tratamento das questões de interesse local, inclusive legislação (art. 30, I e II).

O Município possui autonomia, embora mais restrita que a dos Estados, pois exclui a instituição de Poder Judiciário. No plano estritamente político, ela se manifesta pela eleição de vereadores — Legislativo — e de prefeito — Executivo (art. 29, I).

Acrescente-se que a autonomia municipal passou a compreender auto-organização. Será a Lei Orgânica Municipal que — respeitados, como é óbvio, os preceitos constitucionais tanto federais quanto do Estado, assim como preceitos expressos, contidos nos vários incisos do art. 29 — fixará a sua organização, nos pontos fundamentais. Quanto ao número de vereadores, por exemplo, a Lei Orgânica deverá respeitar o fixado pela Emenda Constitucional nº 58, de 23 de setembro de 2009.

A criação de Municípios é sempre decidida por lei estadual. Nos termos da redação primitiva do art. 18, § 4º, da Constituição, essa criação deveria preservar a continuidade e a unidade histórico-cultural do ambiente urbano e atender aos requisitos fixados previamente em lei complementar estadual, dependendo sempre de consulta prévia, por meio de plebiscito, das populações interessadas. Devia-se entender que este plebiscito, se contrário, bloqueia a criação do Município, mas, sendo favorável, apenas permitiria a sua criação. Não há, segundo mostra o Prof. Miguel Reale,[6] direito público subjetivo à transformação em Município. Todavia, observa o mesmo mestre, que os Municípios têm um direito ao território como condição de sua autonomia, de modo que a incorporação, a fusão, a divisão de Municípios não se pode fazer sem sua participação (art. 18, § 4º). A Emenda Constitucional nº 15/1996 deu nova redação ao art. 18, § 4º. Mantendo, embora, ser a criação de Município decidida por lei estadual, subordina-a à consulta prévia dos Municípios envolvidos, que deve ser precedida de "estudos de viabilidade municipal", apresentados e divulgados na forma da lei (estadual — a lei complementar estadual já anteriormente prevista). A isso se ajunta a exigência de que essa criação somente se poderá dar "dentro do período determinado por lei complementar federal". Claro está que a modificação almeja dificultar a criação de novos Municípios ao exigir um estudo de viabilidade, bem como pelo seu condicionamento a período fixado pelo legislador federal. Traduz, também, uma patente ingerência do poder federal na matéria.

Em face das novas regras, ocorreu a criação irregular de numerosos Municípios. Para sanar essa anomalia, a Emenda Constitucional nº 57/2008 convalidou a situação jurídica dessas entidades, desde que a lei estadual de criação haja sido publicada até 31 de dezembro de 2006, e que hajam sido atendidos os requisitos da legislação estadual pertinente à época de sua criação. Introduziu, para tanto, um art. 96 no ADCT.

A Constituição Federal atribui aos Estados o poder de intervir nos seus Municípios. Cabe essa intervenção em várias hipóteses que demonstrem a insolvência do Município, bem como não ocorrendo a aplicação de vinte e cinco por cento da receita municipal no ensino (arts. 35, III, e 212) e nas ações e serviços públicos de saúde (EC nº 29/2000). Em julgamento recente da Ação Direta de Inconstitucionalidade nº 6.617, o Plenário do STF decidiu que as hipóteses previstas no art. 35 são taxativas, não podendo o legislador constituinte estadual alterá-las, sob pena de ferir a autonomia municipal e o equilíbrio federativo.

5. AS REGIÕES METROPOLITANAS

Embora as regiões metropolitanas não sejam entes federativos, têm traços que as aproximam desses, de modo que cabe examiná-las neste capítulo.

As regiões metropolitanas são entidades administrativas, superpostas aos Municípios de uma área constituinte de comunidade socioeconômica, com o objetivo de integrar a organização, o planejamento e a execução de funções públicas de interesse comum a todas as unidades componentes.

No direito constitucional anterior era federal a competência para sua criação; esta passou a ser dos Estados-membros, que a exercerão por intermédio de lei complementar (art. 25, § 3º). Com finalidade análoga, o Estado poderá criar aglomerações urbanas e microrregiões.

Diferentemente da disciplina anterior, que admitia regiões integradas por Municípios integrados em diferentes Estados, hoje os Municípios integrantes de tais unidades

---

[6] REALE, Miguel. Município, criação, natureza jurídica; limites do poder do estado federado; direito ao território. *Revista Forense*, Rio de Janeiro, v. 162, p. 71 e ss., 1955.

deverão pertencer ao mesmo Estado-membro, não podendo ser vinculados a Estados diferentes, o que podia ocorrer quando sua criação era de competência federal. Isso resulta de agora ser da competência estadual a criação de tais regiões.

A instituição das regiões metropolitanas decorre da impossibilidade de se resolverem certos problemas próprios às metrópoles, no âmbito restrito, exclusivo e isolado de um dos Municípios que a conurbação recobre. É, por exemplo, o que se dá com o abastecimento de água, o tratamento de esgotos, o combate à poluição, os transportes, as vias de comunicação etc.

6. DAS REGIÕES DE DESENVOLVIMENTO

A Constituição se preocupa no art. 43 com as regiões de desenvolvimento. Reflete isto a política de estímulo ao desenvolvimento de regiões menos favorecidas que se iniciou sob a Constituição de 1946. Com efeito, essa política levou à instituição da Sudene (Superintendência do Desenvolvimento do Nordeste), da Sudam (Superintendência do Desenvolvimento da Amazônia) etc.

Tais regiões, na verdade, não são entes federativos autônomos como os Estados, o Distrito Federal e os Municípios, nem descentralizações administrativas, como os Territórios. Ao contrário, abrangem áreas que constituem complexos geoeconômicos e sociais, politicamente pertencentes, eventualmente, à esfera de diferentes Estados e Municípios.

Servem elas para definir áreas especiais, a respeito das quais a União articulará a sua ação administrativa por meio de organismos, criados por lei complementar (art. 43, § 1º, II), que executarão planos regionais de desenvolvimento.

Igualmente, essas regiões poderão ser favorecidas, na forma da lei, por medidas destinadas a estimular o seu desenvolvimento, como juros reduzidos, isenções tributárias etc. (art. 43, § 2º).

7. A REORDENAÇÃO DO ESTADO BRASILEIRO

Esta é prevista e regulamentada na Constituição em vigor especificamente no art. 18, §§ 2º e 3º quanto a Territórios e Estados, e no § 4º relativamente a Municípios.

Com relação a Estados, estes podem incorporar-se entre si, subdividir-se ou desmembrar-se para se anexarem a outros ou formarem novos Estados (e Territórios) por um processo complexo. Deste, as linhas mestras estão no art. 18, § 3º. São elas, por um lado, "mediante aprovação da população diretamente interessada" e, por outro, pela adoção de lei complementar aprovada pelo Congresso Nacional (e obviamente pela sanção dessa pelo Presidente da República, ou pela superação de seu veto, o que o constituinte esqueceu de dizer).

Esse plebiscito é regulamentado hoje pela Lei nº 9.709/1998, especificamente no art. 7º. Entende-se, em razão deste "por população diretamente interessada tanto a do território que se pretende desmembrar, quanto a do que sofrerá desmembramento; em caso de fusão ou anexação, tanto a população da área que se quer anexar quanto a da que receberá o acréscimo; e a vontade popular se aferirá pelo percentual que se manifestar em relação ao total da população consultada".

A lei mencionada traz uma inovação. É ela a exigência de ser ouvida a Assembleia Legislativa do Estado, ou dos Estados em causa, contudo, sem caráter vinculante (art. 4º, § 3º).

O Território pode ser criado por lei complementar. Como o constituinte não previu a obtenção pelo Brasil de território estrangeiro — como sucedeu pela aquisição do Acre —, ele não a concebe senão como produto de um fracionamento de Estado-membro já existente. Assim, o referido parágrafo se refere à sua criação, à sua reintegração ao Estado de origem, ou à sua transformação em Estado, sempre por obra de lei complementar federal.

Entretanto, como o que ocorre quanto a Estados, essa criação etc. pressupõe consulta plebiscitária (art. 18, § 3º) que regula a lei há pouco referida.

PARTE III

A FORMA DO GOVERNO

1. PLANO DESTA PARTE

Após tratar da noção de Constituição (Parte I) e da forma do Estado (Parte II), é chegada a vez de abordar a forma do Governo (Parte III), o que será objeto desta nova Parte.

Ao fazê-lo, é preciso, antes de mais nada, desfazer a confusão terminológica, que não distingue entre formas, sistemas e regimes. É isto o objeto do cap. 9 — "Formas, sistemas e regimes políticos".

Em seguida, será dada atenção particular à *democracia*, pela razão óbvia de ser ela, na atualidade, a forma de governo comumente tomada como modelo.

Isto se fará em duas seções.

Na primeira — *A democracia moderna* —, será ela estudada quanto às instituições adotadas para efetivá-la, ou seja, como um modelo institucional, na época contemporânea.

Dois capítulos serão dedicados a esse estudo.

Um tratará do modelo *moderno* de democracia — a democracia representativa — acrescentando algumas observações críticas provindas da experiência concreta e histórica de sua aplicação. Será o tema do cap. 10 — "A democracia representativa". Outro trará à meditação uma visão realista da efetivação da democracia (cap. 11 — "A poliarquia e seus fatores condicionantes").

A segunda seção dedicada à democracia preocupa-se em encarar o aspecto — diga-se subjetivo — da democracia. Tratará *do povo na democracia*.

Isto pode surpreender os desavisados, que não se recordam de que a democracia é, por um lado, governo para o povo, mas o *povo-nação* (cap. 12 — "O povo-nação — a nacionalidade"). Entretanto, desse *povo-nação* — povo governante — se destaca o *povo--cidadão*, que goza dos *direitos políticos* e é quem escolhe os representantes-governantes. Isto era patente ao tempo em que não imperava o sufrágio universal, mas não é mais, embora a diferenciação seja real e ainda exista, pois nem todo nacional goza de direitos políticos (cap. 13 — "O povo-cidadão — a cidadania").

Enfim, o exercício dos direitos políticos, em democracias como a brasileira, presume um ente instrumental que são os partidos. Estes, por essa razão, ganharam um capítulo na Constituição de 1988, fixando-lhes um estatuto. Por isto, serão o objeto de um capítulo ainda nesta Parte (cap. 14 — "Os partidos políticos").

Capítulo 9
FORMAS, SISTEMAS E REGIMES POLÍTICOS

1. FORMAS, SISTEMAS E REGIMES POLÍTICOS

A atribuição do poder supremo no Estado não acarreta apenas divergências entre partidários desta ou daquela solução. Suscita na doutrina uma grande incerteza acerca de sua designação, incerteza que redunda numa intrincada confusão terminológica. Assim, essa atribuição tem o nome para uns de forma de governo, para outros de sistema de governo e para muitos de regime de governo. Disto decorre o fato de que aquilo que num trabalho é designado de forma de governo, noutro é referido como regime ou sistema. Igualmente, se, para alguns, essas expressões são sinônimas, para não poucos cada uma delas tem uma acepção própria.

Neste livro, forma de governo é a definição abstrata de um modo de atribuição do poder. Corresponde a uma categoria pura, objeto da meditação do filósofo político.

Sistema de governo é a decorrência de cada uma dessas formas, traduzida em normas que a institucionalizam. É o sistema que se imprime na Constituição, sempre adaptado, mais ou menos, às condições do país e seu povo.

O tema do jurista, enquanto meramente jurista, é o sistema ou a comparação dos sistemas e seu aprimoramento.

Enfim, regime de governo é o modo efetivo por que se exerce o poder num certo Estado, em determinado momento histórico. Deveria coincidir com o sistema se a Constituição, na qual ele se inscreve, fosse rigorosamente cumprida. E na sua letra e no seu espírito. Mas, sempre, a prática da Constituição se afasta das linhas nela traçadas, seja pela corrupção ou deturpação de suas instituições, seja pelo influxo do tempo que ora desgasta, ora valoriza certos princípios. É o regime o tema do cientista político, ou do sociólogo da política.

Na verdade, aplicando esses conceitos, deve-se observar que primeiro se identificaram regimes de governo para, depois, mediante uma abstração, se chegar, afinal, às formas, registrando-se no caminho os princípios, os sistemas.

Igualmente, na atividade construtiva, não meramente exegética, o jurista tem de levar em conta as observações da ciência política, pois sem isto o sistema que desenhar provavelmente não será efetivamente aplicado. Haverá então grande distância entre o sistema e o regime de um Estado determinado.

2. A TIPOLOGIA DAS FORMAS DE GOVERNO

No mais alto grau de abstração, continua-se a distinguir três formas de governo: a monarquia, a aristocracia e a democracia. O critério dessa distinção é o número de pessoas a quem se atribui o supremo poder. Critério meramente quantitativo, pois.

Monarquia é a forma de governo em que este é deferido a um só. Aristocracia, quando é atribuído a uma minoria. Democracia, quando é atribuído à maioria. Esta tipologia é antiquíssima, estando presente nas *Histórias* de Heródoto.

3. A TIPOLOGIA ARISTOTÉLICA

Ainda na Antiguidade se registrou a pouca utilidade daquela tipologia para caracterizar efetivamente os Estados. Aristóteles, na *Política*, tomou-a como ponto de partida para uma tipologia, após haver estudado uma a uma as Constituições das Cidades-Estado helênicas. Assim, distingue formas legítimas (que buscam o interesse geral) e formas ilegítimas (que visam ao interesse de alguns, mormente dos governantes). Três são as formas legítimas: a monarquia (governo de um só em proveito de todos), a aristocracia (governo de uma minoria — dos melhores ou mais capazes — em proveito geral) e a república (ou democracia, para alguns tradutores, o governo da maioria, mas em benefício de todos). As ilegítimas são: tirania (governo de um só, mas em benefício de uma minoria, ou do próprio tirano), oligarquia (governo da minoria dos mais ricos em benefício próprio) e demagogia (ou democracia, conforme o tradutor, o governo da maioria explorada pelos demagogos em vista do interesse de alguns, em prejuízo da maioria).

Esta tipologia é ainda a base das que ainda hoje se usam.

4. A TIPOLOGIA DA DEMOCRACIA

No mundo contemporâneo, a forma de governo que concentra a atenção dos estudiosos é a democracia. Entretanto, a concepção que se faz de democracia difere da que era adotada na Grécia antiga.

Na Antiguidade, a democracia presumia serem tomadas pelo povo, diretamente, as decisões políticas fundamentais. Na modernidade, essas decisões são tomadas pelo povo indiretamente — por intermédio de eleitos pelo povo. Daí a contraposição entre *democracia direta* e *democracia indireta*, bem como a de *democracia antiga* e *democracia moderna*.

5. A DEMOCRACIA DIRETA

A *democracia direta*, ou seja, aquela em que as decisões fundamentais são tomadas pelos cidadãos em assembleia, é uma reminiscência histórica ou uma curiosidade quase que folclórica.

Hoje, nenhum Estado pode adotá-la, já que não é possível reunir milhões de cidadãos, frequente e quase diuturnamente, para que resolvam os problemas comuns. Sem se falar na incapacidade de que sofre esse povo de compreender os problemas técnicos e complexos do Estado social.

6. O EXEMPLO ATENIENSE

O modelo de democracia direta foi Atenas.

De fato, foi Atenas a inspiradora das lições que sobre a democracia escreveram os mestres helênicos e os grandes pensadores antigos. Tal decorre de dois fatos. O primeiro, haver sido a cidade de Péricles o mais importante centro que se governou democraticamente na Antiguidade. O segundo, haverem coincidido o período democrático e a época áurea da vida ateniense. Com efeito, a democracia ateniense durou cerca de dois séculos, das reformas de Clístenes (509 a.C.) à paz de 322 a.C., quando Antípatro impôs a transformação das instituições políticas. Ora, é esse o tempo em que lá viveram os grandes filósofos, como Platão (429-347 a.C.), Sócrates (470-399 a.C.) e o próprio Aristóteles (384-322 a.C.), artistas como Fídias, morto em 431 a.C., estadistas como o citado Péricles (499-429 a.C.), e em que a economia e poderio atenienses atingiram o clímax. Assim, as instituições de Atenas fixaram o primeiro grande modelo de democracia, modelo esse que, pelo menos até os fins do século XVIII, foi considerado o único verdadeiramente democrático. Estabeleceram o padrão da democracia dita direta na linguagem de hoje.

O supremo poder na democracia ateniense era atribuído a todos os cidadãos. Nisso estava o ponto-chave para a qualificação de Atenas como uma democracia. Todo cidadão ateniense tinha o direito de participar, usando da palavra e votando, na assembleia em que se tomavam as decisões políticas fundamentais. Mas a qualidade de cidadão que presumia a liberdade era hereditária, não cabendo senão a filho de atenienses, exceto atribuição a determinados estrangeiros dessa qualidade por decisão expressa da assembleia. Desse modo, o ateniense tinha de descender de quem o era ao tempo de Sólon. Com isso, o numeroso grupo de metecos, estrangeiros ou descendentes, que representavam importante fator da grandeza econômica de Atenas, era posto à margem de qualquer participação política, que, como era do tempo, também se negava às mulheres. Em razão disto, avaliam os historiadores que, no período democrático, Atenas, que tinha cerca de 200.000 habitantes, não contava com mais do que 10.000 ou 20.000 cidadãos. Igualmente, entre os cidadãos se sorteavam os que iriam exercer as magistraturas temporárias, bem como compor os tribunais, constituir, portanto, o que, *mutatis mutandis*, chamar-se-ia modernamente Executivo e Judiciário.

Por força da identificação estabelecida entre a democracia e o modelo institucional ateniense, foi ela, por muitos séculos, considerada pelos pensadores políticos como própria apenas para Estados de exíguo território e pequeníssima população. Somente nesses, com efeito, era possível reunir em assembleia todos os cidadãos para que estes, após debate livre, tomassem as decisões políticas, votando, inclusive, a lei. Por isso, conquanto admirado, o modelo foi posto quase no rol das curiosidades até as revoluções liberais do último quartel do século XVIII.

Ainda como inviável, salvo nos pequeninos Estados, aparece a democracia desenhada no célebre livro de Rousseau, *Do contrato social*, publicado em 1762. Para o mestre genebrino, somente é legítimo o governo em que o supremo poder cabe à vontade geral, resultante dos votos de todos os cidadãos. Somente é legítima, pois, a democracia (direta). Entretanto, como não é em toda parte que podem os cidadãos reunir-se para deliberar, a democracia não é possível em qualquer Estado, o que o leva a preocupar-se com a dimensão ótima do Estado. E é também por isso que ele afirma, com certo desconsolo, que, "não sendo um fruto de qualquer clima, a liberdade não está ao alcance de todos os povos".

Entretanto, já se gerava ao tempo de Rousseau um novo modelo democrático, destinado aos Estados de vasto território e grande população. Por meio da representação se iria construir uma forma de governo de que participaria todo o povo. Sente-se, aliás, a presença dessa ideia no próprio *Do contrato social*, pela oposição veemente que Rousseau manifesta à possibilidade de representação da vontade geral. "A soberania não pode ser representada, pela mesma razão que não pode ser alienada; ela consiste essencialmente na vontade geral e a vontade não se representa: ela é a mesma, ou ela é outra; não há meio termo".

Na verdade, a democracia ateniense recebe dos historiadores um julgamento ambíguo. Por um lado, é elogiada pela participação direta do povo na condução das questões de seus interesses, pela liberdade e pela igualdade que assegurava, como a apresenta um famoso discurso de Péricles; por outro lado, é criticada por haver ensejado a demagogia, que levou a pólis à derrota na guerra do Peloponeso e à sua subsequente decadência.

7. A DEMOCRACIA INDIRETA

A *democracia indireta* é aquela em que o povo se governa por meio de "representante" ou "representantes" que, escolhidos por ele, tomam em seu nome e presumidamente no seu interesse as decisões de governo. O modelo clássico de *democracia indireta* é a chamada *democracia representativa*, que apresenta dois subsistemas: o puro, ou tradicional; e a democracia pelos partidos. Por ser a forma que hoje se pratica, a ela se dará, adiante, maior atenção.

Esse tipo de democracia hoje apresenta uma vertente, que é a democracia semidireta. Esta é basicamente uma democracia indireta, mas que submete algumas decisões à deliberação direta do povo.

8. A DISTINÇÃO ENTRE MONARQUIA E REPÚBLICA

Formalmente, ainda há monarquias na atualidade. Entretanto, são uma relíquia histórica, pois, os monarcas atuais não governam. Casos evidentes são os do Reino Unido e da Suécia, que são governados democraticamente. Diferem de outras democracias apenas porque neles se observa o princípio da hereditariedade e da vitaliciedade na chefia (formal) do Estado.

Em contraposição, são repúblicas os Estados que rejeitam a hereditariedade e adotam a temporariedade mesmo para chefia do Estado, bem como a temporariedade na ocupação de cargos políticos.

A oposição entre monarquia e república vem do ensinamento de Montesquieu. Este distingue em *O espírito das leis* a monarquia e as repúblicas, englobando no rol destas tanto o governo de minorias — repúblicas aristocráticas —, como o governo pelo povo — república democrática (*O espírito das leis*, Livro II, cap. 2º).

Deve-se observar que, nos primórdios do constitucionalismo, autores como Madison usavam o termo república para designar o que os franceses denominavam de governo representativo. (V., *infra*, cap. 10, n. 1.)

9. UMA TIPOLOGIA CONTEMPORÂNEA

Hoje é difundida, especialmente pela ciência política, uma tipologia que distingue democracia, autoritarismo e totalitarismo. Na verdade, ela leva em conta mais do que a forma de atribuição do poder, prevendo eleições e governo por representantes. Põe ela ênfase noutros elementos.

Assim, a democracia se caracterizaria por permitir a livre formulação das preferências políticas, prevalecendo as liberdades básicas de associação, informação e comunicação, com o objetivo de propiciar a disputa, a intervalos regulares, entre líderes e partidos a fim de alcançar o poder por meios não violentos e, consequentemente, exercê-lo.

O autoritarismo existiria quando ocorresse um limitado pluralismo político, sem uma ideologia elaborada, sem extensa ou intensa mobilização política, exercendo o grupo governante o poder dentro de limites mal definidos, conquanto previsíveis.[1]

O totalitarismo apresenta-se marcado por uma ideologia oficial, um partido único — de massa —, que controla toda a mobilização política, e pelo poder concentrado em mãos de um pequeno grupo que não pode ser afastado do poder por meios institucionalizados e pacíficos.

Como se vê, trata-se de uma tipologia de regimes.

---

[1] FERREIRA FILHO, Manoel Gonçalves. Regime político. *Enciclopédia Saraiva do Direito*. São Paulo: Saraiva, 1981. v. 64.

Seção 1ª
A DEMOCRACIA MODERNA

1. CONSIDERAÇÕES GERAIS

O povo, na concepção moderna de democracia, governa-se indiretamente, por meio de representantes eleitos. É o que já se apontou e no que agora se insiste. Cabe agora examinar a formação desse modelo, bem como seu sistema, na sua versão — diga-se — clássica.

2. AS RAÍZES DA DEMOCRACIA MODERNA

A democracia moderna tem suas raízes no pensamento liberal, fruto do iluminismo.

Isto se manifesta na Declaração de Independência dos Estados Unidos, de 1776, e, particularmente, na Declaração dos Direitos do Homem e do Cidadão, editada na França em 1789. Nestas, claramente se afirmam os dois princípios fundamentais — **liberdade e igualdade** — que inspiram o liberalismo, bem como a democracia.

Igualmente, a democracia moderna adota do liberalismo a necessidade da limitação do poder — daí a declaração dos direitos inalienáveis do ser humano, a separação dos poderes etc. Esses persistem no bojo do constitucionalismo, fazendo da democracia uma democracia constitucional (e estão presentes na Constituição brasileira, como adiante se estudará).

E foi o pensamento iluminista que consagrou o instrumento fundamental do sistema democrático qual seja a representação política.

Capítulo 10
A DEMOCRACIA REPRESENTATIVA

1. O GOVERNO REPRESENTATIVO

O constitucionalismo, todavia, não trouxe de imediato a democracia, mas sim o governo representativo — como preferem dizer os franceses — ou a república — como Madison e os americanos diziam. Os pais do constitucionalismo, como Sieyès, estavam mais preocupados em evitar o abuso do poder — e esse abuso é que provocou a revolução americana, bem como a francesa —, do que em dar o poder ao povo. Como não concebiam a democracia senão como democracia direta, tinham diante dos olhos os percalços da democracia ateniense. Ouviam as lições de Platão (v. *A República*) de que a democracia levava a um governo sem regras, arbitrário, daninho ao interesse geral e até violador da liberdade e da igualdade. Temiam que eles se repetissem em seu tempo. Sieyès, por exemplo, via na democracia o poder entregue à plebe ignara, de modo que no fundo ela seria uma oclocracia.

Neste contexto, o sistema adequado à instituição de um governo condizente com os valores de liberdade e igualdade, seria o que Montesquieu teorizara em *O espírito das leis*, tendo-o encontrado na constituição da Inglaterra (livro XI, cap. VI).

Este modelo se estruturaria pela separação dos poderes, criando um sistema de freios e contrapesos que impediria o abuso, e pela representação, dando ao povo participação na governança. Mas uma participação indireta, essencialmente limitada à escolha de quem governaria, que seriam os mais capazes.

É o que se estabeleceu nos primórdios do constitucionalismo.

2. A REPRESENTAÇÃO POLÍTICA

Realmente está na obra magna de Montesquieu a concepção da representação que iria, por um lado, instituir o governo representativo, mas, por outro, propiciar a transformação do governo representativo em democracia representativa.

Quais são os pontos fundamentais dessa concepção?

O primeiro está bem longe da democracia: é a ideia de que o povo não tem capacidade de decidir adequadamente as questões que lhe tocam. Isto porque não saberá apreender o seu cerne nem discutir soluções ou alternativas — *"discuter les affaires"* (*O espírito das leis*, livro XI, cap. VI).

O segundo, ao contrário, é ligado à democracia como ainda hoje é aceita de modo unânime (ou quase). É a ideia de que o povo é capaz, sim, de escolher aqueles que têm a capacidade de decidir as questões que lhe afetam (*O espírito das leis*, livro II, cap. 2).

O terceiro é a ideia de que essa escolha deve ser feita por eleição. Este meio não era visto pelos mestres, como Aristóteles, como democrático e sim como aristocrático. O método democrático, que se consagrara em Atenas, era o sorteio que põe todos os cidadãos em pé de igualdade, sem levar em conta suas habilidades.

O modelo representativo desenhado por Montesquieu enseja, portanto, um governo dos mais capazes escolhidos pelo povo. Um governo "aristocrático" fundado numa escolha democrática.

E — decorrência lógica, o quarto ponto — esses representantes, por terem a capacidade que o povo não tem, não estariam sujeitos a respeitar instruções dos que não têm capacidade para bem apreciar as matérias que devem ser decididas.

Claro está que esta concepção aplicada à governança importava em estabelecer um governo "aristocrático" (no sentido grego de aristocracia, ou seja, governo dos mais capazes), mas com participação popular.

3. O MANDATO REPRESENTATIVO

Do ângulo jurídico, a concepção exposta, que ainda é a que adota o constitucionalismo, traduz um **mandato livre,** por oposição ao **mandato imperativo.**

A ideia de mandato é uma transposição do contrato desse nome, bem conhecido no direito privado, pelo qual alguém habilita a outrem para atuar em seu nome — cria um mandante, um procurador. E isto por tempo determinado ou indeterminado. Mas este deve obedecer às instruções recebidas do mandante, deve prestar contas ao mandatário e arcar com a responsabilidade pelo que faz.

Na verdade, a representação dos governados em deliberações políticas — observe-se — não era desconhecida antes do constitucionalismo. Ao contrário, na Idade Média ela era frequente, como comprova a história — eram as cortes em Portugal, em Castela, os Estados Gerais, na França etc. Haviam elas sido silenciadas pelo absolutismo monárquico. (A crise política e econômica francesa na segunda metade do século XVIII é que levou à sua convocação depois de mais de um século e foi essa assembleia que evoluiu para a revolução.)

Ora, na representação medieval, os poderes e a orientação dos procuradores eram estritamente vinculados às questões suscitadas na convocação e também estavam eles vinculados às instruções recebidas dos que os haviam designado. Eram essas imperativas para ele. Daí dizer-se que tinham um **mandato imperativo**, obviamente restrito.

Ao contrário, na representação "moderna", o representante não está preso, juridicamente falando, a instruções, como está expresso em numerosas Constituições. Em consequência, tem um **mandato livre**. Assim como pode deliberar sobre qualquer assunto, na duração estipulada para o cargo. Disto, advém o uso do termo "mandato" para designar o período de investidura do representante.

Tal mandato livre praticamente reduz a democracia a um método de escolha dos representantes-governantes que livremente conduzirão os negócios públicos. A isto se tentou corrigir pela vinculação dos eleitos aos partidos políticos pelos quais se elegeram, o que não teve êxito. (V., *infra*, item 5.)

4. A SELEÇÃO ELEITORAL

No modelo consagrado, a escolha do representante que é também o governante é confiada à eleição. A justificativa disto já se viu, mas é necessário apontar que a preferência pela eleição tem ao menos dois pressupostos.

Um é o de que o eleitor — quem vai escolher — aja racionalmente, procurando o melhor. Tome-se isto como indiscutível, pois de outra forma o sistema é irrealista. Montesquieu certamente considerava óbvia essa racionalidade da escolha. Na sua época, não se conhecia a propaganda como arte de vender ideias.

Outra é a condição óbvia de uma escolha racional: o conhecimento das qualidades, ideias e propósitos daqueles que competem para ser escolhidos. O mestre francês certamente supôs — os exemplos que dá são expressivos disto — que esse conhecimento decorria de um convívio duradouro. Presumiu ele assim uma seleção entre "conhecidos", em comunidades pequenas em que tudo se vê e tudo se sabe, embora possa haver grande distanciamento social.

Ora, isto é muito difícil de ocorrer quando o sistema se aplica à seleção em Estados cujo povo se conta em milhões e se estendem por milhares de quilômetros, salvo no plano de eleições em distritos como já se usava na Inglaterra que visitou. E, com o crescimento populacional, esse conhecimento de convívio se tornou impossível, pois os distritos — nem se fale de eleições nacionais — englobam milhares de pessoas.

É verdade que a dificuldade era menor nos primeiros tempos do governo representativo, quando, em razão das restrições censitárias — o grau de riqueza a restringir o eleitorado e a elegibilidade, como na Constituição de 1824 —, os eleitores e os candidatos eram em menor número e pertenciam ao mesmo estamento social.

5. O PARTIDO POLÍTICO

Foi, no quadro acima descrito, que os partidos políticos se afirmaram como peça indispensável do sistema representativo, a ponto de gozarem hoje, em numerosas Constituições, como a brasileira, um estatuto que lhes atribui direitos políticos. (V., *infra*, cap. 13.)

Várias razões militaram para tanto.

A primeira, e talvez a principal, está no fato de que vieram a suprir o déficit de informação sobre candidatos e ideias, resultante do processo eleitoral nos Estados contemporâneos, de numerosa população e de vasta extensão. Seria um papel de propaganda *avant la lettre*.

Outra, foi a de que se tornaram os fiadores dos candidatos perante o eleitorado que não tinha nem podia ter contato direto com os postulantes à representação. Davam a estes, se não um aval a suas qualidades pessoais, uma visão (um *insight*) sobre sua orientação ideológica. Nisto, assumiram um papel de caráter diverso das facções que anteriormente cercavam os candidatos, desde a Antiguidade. Essas serviam para o apoio de candidaturas, não de ideias, enquanto o partido se fez instrumento de divulgação de candidaturas e de ideias — "programas" — que serviriam como referência da orientação do candidato e avalista de seu posicionamento futuro.

E a frequência das eleições acentuou a importância desse papel.

Na verdade, isto foi propiciado pelo caráter ideológico que assumiu a disputa política na aurora da era contemporânea. Essa foi além da competição entre indivíduos em busca de poder, como o era em Atenas ou na Roma antiga; tornou-se uma luta entre cosmovisões. Contrapunham-se, de um lado, uma tradição autoritária — monárquica e absolutista — associada à religião e marcada pela desigualdade social, de outro, um pensamento laico, enfatizando a liberdade e a igualdade — o do iluminismo, particularmente no seu aspecto liberal. Por isso, os partidos necessariamente incorporavam orientações — "programas". Isto, aliás, o que — antecipe-se — veio mais tarde fortalecer-lhes a posição no modelo representativo.

Mais. Tornando-se o partido critério da escolha eleitoral, naturalmente a vinculação a um partido se tornou essencial para o acesso à governança e aos cargos públicos. Seja para compor como ministro o governo, seja para integrar a esfera mais humilde do serviço público.

Enfim, outro fator, que também os valorizou, decorre de que, com o governo representativo, o partido se tornou elemento-chave para a aglutinação da maioria e esta é sempre e obviamente indispensável às deliberações nas câmaras, portanto, no Poder Legislativo.

Ademais, num processo de retroalimentação, o partido se tornou um instrumento de ligação entre a governança e a opinião pública, em vista de eleições futuras, ou, ao menos, para sintonizar a atuação do governante às expectativas do eleitorado.

Tudo isto fez com que o partido, mesmo que não adquirisse uma organização formalmente definida, passasse a ter direção e quadros, como o aspecto ideológico os forçava a ter "programa" — um corpo de ideias.

O passo seguinte nesse processo de institucionalização foi dado pelos movimentos socialistas em busca de recursos para as campanhas eleitorais. Ao contrário dos agrupamentos liberais, cujas necessidades financeiras eram supridas por ricas contribuições de simpatizantes, esses movimentos procuraram enquadrar em "células" os simpatizantes, para que, por um lado, cotizassem-se para o pagamento das despesas, por outro, recebessem uma formação política que não possuíam senão de modo incipiente. E — acrescente-se — como tinham ambição revolucionária, esse enquadramento facilitaria a mobilização para "greve geral" ou o levante armado que os levaria ao poder. Para tanto, era necessário que tivessem organização estável e definida, com chefes e militantes também definidos.

Por tudo isto, em meados do século XIX o partido já aparece como peça essencial do processo político. E sua importância iria crescer mais ainda no futuro.

6. A DEMOCRATIZAÇÃO DO GOVERNO REPRESENTATIVO

A grande vulnerabilidade do governo representativo, tal qual se instaurou com as revoluções liberais, era a desigualdade na participação política. É evidentemente ilógico que um sistema baseado no princípio da igualdade não desse a todos igual participação no processo político. Ora, essa desigualdade era ínsita no sistema eleitoral em toda parte adotado.

Esse não dava a todos participação nas eleições, tanto no que concerne ao voto quanto à elegibilidade. Um bom exemplo disto fornece a Constituição do Império.

Neste, em resumo, não tinha qualquer participação eleitoral quem não possuísse uma renda mínima de 100$; tendo renda superior a isto, mas inferior a 200$, votava, não nos candidatos às câmaras, mas em "eleitores" que, estes sim, votariam para as câmaras. Mas para ser eleito deputado deveria ter o rendimento de 400$ e, para ser incluído na lista da qual o Imperador escolheria o Senador, sua renda não poderia ser menor do que 800$ (arts. 92, 94, 95 e 44).

Tal sistema, chamado de censitário (por ser baseado num censo de riqueza), media, portanto, a participação política pelo nível de riqueza. Claro está que dava aos mais ricos o acesso e o controle do poder. Seria isto um elemento oligárquico que negava de fato a ideia aristocrática, inerente à representação, de caber o poder aos mais capazes.

Era isto justificado pelo maior interesse que teriam os mais ricos no bom andamento dos negócios públicos, mas era criticado com veemência como contrário ao espírito do sistema. Crítica esta que unia os partidários de um liberalismo puro e os partidários de um socialismo ainda incipiente, que nele viam o governo dos ricos.

Desenvolveu-se então uma luta pelo sufrágio universal, portanto, pela igual de participação dos homens livres no processo eleitoral. Luta que paulatinamente se tornou vencedora ainda no século XIX (para os homens, porque as mulheres só alcançaram participação política mais tarde, na grande maioria dos casos já no século XX — no Brasil, em 1932, e nosso país não foi o último).

Na França, isto se deu em 1848, com a derrubada da monarquia e a reimplantação (temporária) da república.

Na Inglaterra, por meio de sucessivas leis — *Reform Bills* — o valor dos rendimentos exigidos para votar e ser votado foram reduzidos aos poucos, de modo que, na metade do século XIX, a maioria dos homens já possuía esses direitos.

Neste quadro, entendeu-se que a democracia haveria sido alcançada, porque todo o povo (masculino), ou ao menos a maioria do povo, não somente poderia escolher os representantes que atuariam na governação, mas também ter elegibilidade para ser representante.

O sistema institucional do governo representativo permaneceu intacto, corrigido de uma distorção afetando seus próprios valores básicos. Entretanto, ele se haveria tornado uma democracia representativa, designação que é atribuída a John Stuart Mill.

Essa democracia representativa seria a democracia possível nos Estados modernos, com povo numeroso, espaço territorial, extenso, cuja governança era complexa. Seria a **democracia moderna**.

7. O DIRECIONAMENTO SOCIAL DO ESTADO

O impacto do sufrágio universal não se limitou a alterar o quadro da "classe política", o que é óbvio, mas teve uma repercussão profunda no direcionamento do Estado.

Para o liberalismo, a missão por excelência do Estado era assegurar as condições para a livre competição dos indivíduos na vida econômica. Essencial era que garantisse a ordem. Não lhe era tarefa obrigatória cuidar do bem-estar do povo.

Ora, se isto convinha aos bem-aquinhoados na fortuna, não era o que os carentes desejavam. Sendo estes a maioria, o seu peso nas eleições levou a um redirecionamento da atuação estatal. O Estado passou a ter de mirar uma ação positiva no plano econômico e social. Substitui-se o Estado social, o Estado de bem-estar, o Estado-providência — as designações variam — pelo Estado liberal.

Tal mudança se consagrou inequivocamente ao final da Primeira Guerra Mundial, como comprovam as Constituições adotadas no período imediatamente posterior. A mais importante delas, a Constituição alemã de 1919, conhecida como a Constituição de Weimar — cidade em que se reuniu a Constituinte. No Brasil, veio esse novo direcionamento na Constituição de 1934.

Manifesta-se ela principalmente no reconhecimento dos direitos sociais como direitos fundamentais, na inclusão no campo constitucional de preceitos relativos à ordem econômica e à ordem social.

8. A DEMOCRATIZAÇÃO DA DEMOCRACIA

A transformação do governo representativo em democracia representativa logo suscitou a crítica de que esta não era suficientemente democrática. Era preciso aprimorá-la para que o povo não se limitasse a escolher quem governaria.

Relembrou-se o que Rousseau sarcasticamente dizia, em *Do contrato social*: "O povo inglês pensa ser livre, mas se engana muito; ele não o é senão durante a eleição dos membros do parlamento: logo que estes estão eleitos, é escravo, não é nada. Nos curtos momentos de sua liberdade, o uso que dela ele faz o torna merecedor de sua perda".

9. A DEMOCRACIA PELOS PARTIDOS

Um dos meios dessa democratização dos partidos foi a ideia de exigir de todo partido um programa definido, que servisse de orientação para a governança, não mera indicação vaga e imprecisa de uma orientação política, como até então ocorria. Pôr em prática esse programa seria obrigação dos candidatos do partido, caso eleitos.

Ora, isso deveria tornar o processo eleitoral uma competição entre programas, não entre homens (não se falava então de mulheres na política).

Assim, a eleição teria dois papéis: um, o principal, o da escolha do programa que dirigiria a ação governamental futura; outro, menor, o de designar quem exerceria o poder, para executar esse programa.

Em termos claros, o partido é que seria o verdadeiro candidato, o representante seria um instrumento do partido. E — aspecto essencial subentendido — o eleitor racionalmente escolheria entre partidos. A eleição, portanto, não seria a escolha de homens para governar, mas de programas a serem realizados.

Consequência disto seria a transformação do mandato representativo. Este não mais deixaria o representante livre de escolher, segundo sua apreciação, o melhor caminho para a governança; ele estaria imperativamente preso ao programa do partido. Era o inverso do que Montesquieu pretendia, ou seja, o povo em geral é que escolheria o programa, o representante seria um mero comissário incumbido de realizá-lo.

Este modelo de democracia contou e conta com o apoio de ilustres juristas, bem como se inscreve em Constituições recentes e numa certa medida em Constituições em vigor, como a brasileira de 1988.

Decorrência lógica e típica da democracia pelos partidos é gozar o partido do monopólio da apresentação de candidaturas (o que está no direito brasileiro). E nem se fale ser ele o verdadeiro candidato na representação proporcional, sistema eleitoral previsto no Brasil para a eleição das câmaras. Sim, pois a repartição de cadeiras se faz em proporção à votação do partido, independentemente da votação do candidato.

A mais importante, porém, é a instituição chamada "fidelidade partidária". Esta foi por primeiro consagrada pela Constituição da Tchecoslováquia de 1920, cuja elaboração contou com a participação de Hans Kelsen. Foi incluída na Constituição brasileira de 1967, com redação dada pela Emenda nº 1/1969, foi extinta em 1985 e "ressuscitada" pelo Tribunal Superior Eleitoral e avalizada por decisões do Supremo Tribunal Federal. (V., adiante, cap. 21, n. 27.)

10. A DEMOCRACIA SEMIDIRETA

Outro caminho seguido para a "democratização" da democracia foi o de dar ao povo o poder de manifestar-se diretamente sobre determinadas matérias. Com isto, ademais, se limitava o poder do Parlamento, não raro acusado de atender a interesses ou de se descuidar da vontade popular.

Os principais institutos para tanto previstos são o plebiscito, o referendo e a iniciativa (legislativa) popular. Todos eles consagrados, aliás, na Constituição brasileira (art. 14). É de se destacar que recentemente, através da EC nº 111/2021, em uma das disposições da chamada "Reforma Eleitoral", foi definido que os municípios podem, concomitantemente às suas eleições, realizar consultas populares, lê-se: plebiscitos, sobre questões locais aprovadas pelas Câmaras Municipais e encaminhadas à Justiça Eleitoral até 90 dias antes da data das eleições (§§ 12 e 13 adicionados ao art. 14 da Constituição). A medida visa robustecer o debate popular e incentivar a participação política por meio do exercício da soberania popular.

Conforme a regulamentação deles pela Lei nº 9.709/1998, o plebiscito é essencialmente uma consulta sobre determinada matéria, realizada antes da decisão do poder competente para tomá-la. Ele é expressamente previsto na Constituição como condição da remodelação do quadro federativo (art. 18, § 3º). (V., *supra*, cap. 7, nº 3, e cap. 8, nº 7) Pode ter, entretanto, um escopo mais largo. (V., *infra*, cap. 10, n. 10)

Já o referendo é consulta posterior à tomada de decisão, em matéria legislativa ou administrativa, seja para ratificá-la, seja para rejeitá-la. Não está isto previsto em nenhum preceito constitucional.

Lembre-se, porém, que, na esfera federal, a autorização de referendo e a convocação de plebiscito são de competência exclusiva do Congresso Nacional (art. 49, XV).

A iniciativa popular é a atribuição a parcela do povo de indicar, à deliberação do Poder Legislativo, uma proposição de lei. (V., adiante, cap. 22, n. 5.)

11. O SISTEMA DEMOCRÁTICO NA CONSTITUIÇÃO BRASILEIRA

A Constituição de 1988 plenamente consagra a democracia.

O princípio democrático — a soberania popular — é expressamente declarado no art. 1º, parágrafo único: "Todo o poder emana do povo, que o exerce por meio de representantes eleitos ou diretamente, nos termos desta Constituição".

Dele, resulta claramente, por um lado, a permanência — em termos globais — do modelo representativo. Está aí patente caber a governança ao povo que a realizará, em princípio indiretamente, por meio de representantes **eleitos**. Entretanto, "nos termos da Constituição", pode ser exercida diretamente pelo próprio povo. Assim, a democracia brasileira é representativa, mas segundo o modelo da democracia semidireta.

A eleição assim é condição inafastável da representatividade, portanto, ao exercício da governança. Autoridade não eleita não é, em consequência, representante do povo no sentido constitucional e não pode exercer papel de governança.

Mantém ela a adoção da democracia partidária, como resulta de ser a vinculação a partido indispensável para a disputa das eleições para os cargos políticos. É expressa a Lei Magna quanto a isto aos candidatos a Presidente da República — e por reflexo aos que postulam a Vice-presidência — no art. 77, § 2º. E o sistema de representação proporcional o exige por sua própria índole para as eleições para câmaras representativas. Milita no mesmo sentido a ressurreição da fidelidade partidária feita pela Justiça em 2007, a que já se aludiu. (V., *infra*, cap. 10, n. 9 e adiante, cap. 21, n. 27.)

Por outro lado, a democracia brasileira consagra instrumentos de participação direta do povo — o plebiscito, o referendo. (V. cap. 10, n. 10.)

Assim, a democracia brasileira é ao mesmo tempo uma democracia representativa — segundo o modelo da democracia partidária — combinada com elementos de democracia dita semidireta.

Trata-se, portanto, de um sistema compósito. Como já o é a democracia representativa, que combina um elemento democrático e um elemento liberal, qual seja a limitação dos poderes pelo sistema de separação dos poderes, pelo reconhecimento dos direitos fundamentais da pessoa humana etc., e incorpora a isto um elemento social, como fazem fé o reconhecimento dos direitos sociais, dos princípios regentes da ordem econômica etc.

> **SUGESTÃO DE LEITURA COMPLEMENTAR – Clássicos:** Hans Kelsen, *A democracia*; Giovanni Sartori, *The theory of democracy revisited*. **Nacionais:** Obras do autor: *A democracia possível*; *A democracia no limiar do século XXI*; *A ressurreição da democracia*. Santo André: Dia a Dia Forense, 2020.

Capítulo 11
A POLIARQUIA

1. UMA VISÃO REALISTA

Na segunda metade do século passado, desenvolveu-se entre juristas e cientistas políticos uma visão realista da democracia. As razões disto foram, por um lado, a análise dos motivos que conduziam à crise e à falência de democracias já implantadas — como a Alemanha de Weimar no "entre duas guerras" e muitas democracias latino-americanas após 1945; e, por outro, as dificuldades na implantação e na estabilização de democracias nos novos Estados que emergiam com o ocaso do colonialismo.

Tais análises — reconheça-se — foram muito facilitadas, bem como aprofundadas, pela utilização dos métodos de pesquisa da sociologia em que se abeberou a ciência política. É a contribuição de figuras contemporâneas (ao menos do autor deste livro) como Robert Dahl e Samuel Huntington nos Estados Unidos, de Raymond Aron e Maurice Duverger, na França, Giovanni Sartori, na Itália etc. Não formam eles uma escola de pensamento, mas há entre todos uma convergência de registros e ideias.

Até então, o conhecimento em que se baseavam as instituições políticas, e, consequentemente, a engenharia constitucional necessária à implantação ou à sobrevivência da democracia, advinham de observações e lições extraídas dos mestres mais antigos, como Platão e Aristóteles ou Cícero, ou mais recentes, como Tomás de Aquino, Jean Bodin ou Hugo Grócio.

Delas, algumas eram fruto da leitura de fatos de acordo com a narração histórica, como a já mencionada experiência helênica da democracia. Outras, de uma observação pessoal de práticas políticas de sua contemporaneidade, como as de Montesquieu, sobre a Constituição da Inglaterra. Algumas, fruto de um raciocínio lógico a partir de premissas hipotéticas, mas sem base histórica, como as de Rousseau a respeito da formação da sociedade. Sem dúvida, a contribuição das lições desses e de outros mestres — ninguém o negará — é extremamente importante, mesmo porque afeiçoaram as instituições existentes, muitas vezes por força das "receitas" de arte política que souberam subjetivamente propor como decorrência do material em que se baseavam.

2. A VISÃO REALISTA DA DEMOCRACIA

Pode-se resumir essa visão realista, embora com o risco de, simplificando-a, caricaturá-la nalgumas ideias-chave.

A primeira é a de que a democracia, no sentido de governo pelo povo é um **ideal**. A democracia real — a que existe — é uma aproximação desse ideal. O povo, sim, escolhe os que governam, influencia a orientação governamental, entretanto, a governança efetiva não é realizada por ele, como bem ou mal a democracia direta ateniense o fazia. (Por isto, Robert Dahl prefere designar a democracia que existe de **poliarquia** — governo de muitos.)

3. A VISÃO REALISTA DO MODELO DEMOCRÁTICO REPRESENTATIVO

A afirmação de que o povo se governa se alicerça na análise do funcionamento do mecanismo pelo qual a democracia, tal que existe, pretende que isso se faça.

O modelo democrático tem como ponto de partida a eleição. Esta, sem dúvida, atribui à maioria do povo a escolha dos representantes-governantes.

Tal escolha manifesta a vontade do povo, embora essa seleção possa ser manipulada pela propaganda, pelas *Fake News* etc. Entretanto, a eleição, como já se viu, pode significar não a preferência por um candidato, mas a rejeição de outro candidato. Ser ditada pela esperança num mal menor.

A ideia de que a eleição serviria também para que o povo escolhesse o programa a ser posto em prática é desmentida pela prática. O programa, seja de candidato específico, seja de um partido, na verdade, nada significa de específico. É sempre um conjunto de ideias genéricas que visam a agradar à maioria e desagradar a poucos. No máximo, ele pode significar uma preferência de rumo para a governança, ou que está longe de significar uma orientação efetiva das medidas de governo. Mesmo porque o mandato partidário é livre e o governante não está adstrito de modo imperativo a pôr em prática suas promessas.

Ademais, salvo o caso excepcional de um partido sozinho deter toda a governança — no presidencialismo deter a Presidência e a maioria parlamentar; no parlamentarismo ter esta última, ou seja, ter todo o poder político nas mãos — o programa real e sua efetivação dependerão do acordo com outros partidos, com outros programas. Em razão disto, evidentemente, a atuação real da governança não será senão uma composição entre diferentes programas e diversas concepções da vida e do mundo.

4. O CIDADÃO QUER GOVERNAR-SE?

A pergunta é chocante para os idealistas, mas é necessária em face das inúmeras pesquisas que comprovam que, se ele o quer, não quer ter o trabalho de fazê-lo ou de, ao menos, se interessar sobre o que há de ser feito pelo governo.

De fato, elas provam que a maioria dos cidadãos não se interessa por política; quando o faz, o faz superficialmente, e atribui aos outros o cuidar de que a governança se faça em seu proveito. É imensa a porcentagem de cidadãos que não vota, quando votar não é obrigatório; e quando o é, anula o voto, ou vota em branco.

Por outro lado, ao definir o voto, não é a razão que o inspira, mas a paixão, ou a simpatia, muito mais do que as ideias ou o programa do candidato, mesmo porque bem sabe que são demagógicos, ou "para inglês ver".

5. A DEMOCRACIA COMO UM ARRANJO INSTITUCIONAL

Na verdade, os realistas veem a democracia como um arranjo institucional — chame-se ele para clareza da exposição de poliarquia — que combina o princípio de que todo o poder emana do povo e deve ser exercido para o povo, com institutos de origem liberal. Estes, adotados desde os primórdios do constitucionalismo, como estado de direito, limitação do poder, reconhecimento de direitos fundamentais. Veem a democracia liberal como a melhor fórmula por meio da qual os valores de liberdade e igualdade — comuns à democracia e ao liberalismo — efetivam-se.

Nisto, não são revolucionários, nem utópicos, mas reconhecem que o modelo praticado nas democracias existentes — que são reconhecidas como tais —, não é perfeito e, portanto, pode ser aprimorado. É certamente o menos ruim de todas as fórmulas já praticadas, como Churchill apontou.

6. ELEMENTOS SUBSTANTIVOS DA POLIARQUIA

A visão realista vê nesse modelo o quadro institucional que enseja a maior aproximação possível do ideal democrático.

Com efeito, tal modelo propicia:

1) dar ao povo real participação no processo político pela escolha dos representantes-governantes, por meio de eleições livres;

2) dar ao povo influência na orientação da política governamental, por lhe permitir — quando elege — manifestar o sentido que deseja para a governança, e, no futuro, quando de nova eleição, tomar contas da obra dos representantes-governantes;

3) sujeitar o poder ao direito, seja por constituí-lo por uma lei suprema, seja por disciplinar o seu exercício também ao direito, expresso em leis iguais para todos (o Estado de Direito, ou *rule of law*);

4) reconhecer a todo ser humano direitos inalienáveis e invioláveis, dos quais o primeiro é a liberdade (direitos fundamentais);

5) dar segurança à liberdade, não só pela sujeição do poder ao direito, mas também pela divisão de seu exercício entre poderes, formando um sistema de freios e contrapesos (separação dos poderes).

7. A INFLUÊNCIA DO SISTEMA ELEITORAL

Não há dúvida de que o mérito da poliarquia depende em primeiro lugar da liberdade e do caráter significativo das eleições. O primeiro aspecto é óbvio, o segundo reclama atenção, pois a significação da eleição depende do sistema eleitoral adotado. Isto, aliás, é demonstrado pela análise realista que registra não serem neutros os sistemas eleitorais.

Os sistemas eleitorais não são neutros no sentido de que o eleitor se comporta diferentemente em face de cada um deles, e, ademais, afetam o número e mesmo a índole dos partidos. Ora, isto, por via reflexa, influencia profundamente os sistemas de governo; ou, em outros termos, o modo por que o povo se governa.

É a lição que se extrai principalmente da obra de Maurice Duverger, tantas vezes citada, *Les partis politiques*, publicada em 1951.

O mais antigo dos praticados, é o da maioria simples. Ganha, elege o que tiver maioria de votos, ainda que não seja a maioria do total — a maioria absoluta — nem da maioria dos eleitores. Em face dele, o eleitor tende a decidir-se, quando não tem opinião firme sobre um partido ou candidato, pelo mal menor. Vota naquele que lhe parece ser a melhor opção dentre as que existem, ainda que não tenha apreciação positiva quanto ao candidato em que vota.

Isto leva, com o passar do tempo, a uma bipolarização partidária e a uma aproximação entre os dois partidos que habitualmente estão em disputa. A bipolarização decorre do tudo ou nada que é a eleição. A aproximação decorre de que ambos, para conquistar os eleitores, tendem a defender posições semelhantes nas suas promessas. E — mais — como esses hesitantes não estão no espectro político dos extremos, mas no meio-termo, aproximarão deles os seus "programas", o que, consequentemente, os aproximará um do outro. De fato, os radicais da direita já estão forçados a votar no partido da direita, os da esquerda, no da esquerda, mas os "centristas" podem caminhar para um lado ou outro. É o que cientistas políticos veem como razão do bipartidarismo em países como os Estados Unidos ou o Reino Unido, assim como da moderação ideológica nos partidos preponderantes.

Diga-se de passagem ser este o sistema que inspirou a democracia pelos partidos. Ele, com efeito, cria a possibilidade de o eleitor, ao votar, escolher um programa ou orientação e sua concretização pela vitória eleitoral que faz a maioria governante. Não foi outra a razão que inspirou o bipartidarismo (forçado) adotado no Brasil após 1965. Era o que a elite política e a intelectualidade da época viam como condição da democracia (e de uma condução moderada dos negócios públicos). Esta (e não os militares) é que introduziram o modelo no direito constitucional brasileiro.

Outro sistema praticado é ainda um sistema majoritário, mas em dois turnos: se no primeiro nenhum candidato obtiver a maioria absoluta dos votos, bastará para a eleição no segundo a maioria simples. É o sistema adotado atualmente no Brasil para a eleição do Presidente da República.

No primeiro turno, esse sistema enseja que todos os agrupamentos políticos meçam forças, mas estimula que no segundo se agrupem para vencer. Tem ele, portanto, algumas virtudes esperadas: o estímulo à competição pelo primeiro turno, a conciliação entre linhas ideológicas no segundo. Entretanto, como já observava Duverger, para que isto aconteça é necessário que no primeiro turno não se formem feridas insuperáveis entre os grupos que teriam ideologicamente de se associar no turno decisivo. E — pode-se acrescentar — não resulte do primeiro turno uma polarização que transcenda o aspecto político.

O terceiro sistema é o de representação proporcional. O cerne deste é a ideia de que a distribuição das cadeiras nas câmaras — pois ele é obviamente impraticável nas eleições para postos de chefia do Executivo — deve ser proporcional à porcentagem de votos que cada partido obtiver. Se 20% dos votos, 20% das cadeiras. Isto teria o condão de dar a todos os grupos peso proporcional ao seu apoio nas deliberações da casa. Evitaria, por outro lado, que todo sistema majoritário acabasse por super-representar os ganhadores e sub-representar os vencidos. Sim, porque um partido pode, na lógica, eleger todos os representantes e, assim, o outro ou os outros não elegerem nenhum. E até pode levar à situação paradoxal de que a maioria das cadeiras pertença a um partido que na maioria dos distritos venceu por pequena diferença, mas não tenha globalmente a maioria de votos. (E que pode acontecer, como já aconteceu no Reino Unido e nos Estados Unidos, inclusive na eleição presidencial que se faz num colégio eleitoral e não numa votação direta.)

O sistema, porém, tende a multiplicar os partidos. A proporcionalidade dá lugar de que toda divergência ideológica suscite um novo partido, ou, o que vem a dar no mesmo, embora disfarçadamente, que uma liderança derrotada no seu partido crie outra sem abandonar os seus ideais.

Ora, a multiplicação de partidos acarreta naturalmente a "pequenização" dos partidos e a fragmentação da representação e isto afeta a governança, seja num sistema parlamentar, seja num sistema presidencial.

Claro está que a análise acima não exclui a influência sobre os próprios partidos de fatores culturais ou históricos que diferem de país para país.

Nem ignora o peso que, para a significação das eleições, têm fatores emocionais ou degenerações demagógicas.

8. A REALIDADE DA PRÓPRIA POLIARQUIA

Entretanto, essa visão realista — e se não se apercebesse disso não seria realista — não basta para fazer uma poliarquia incluir formalmente os institutos consagrados pela democracia liberal na ordem constitucional. É preciso que eles se concretizem na vivência de todos os dias. Caso contrário, serão falsas poliarquias, mas verdadeiros governos autoritários ou totalitários.

9. A QUALIDADE DA POLIARQUIA

Outrossim, a visão realista constata que, se compararmos as poliarquias existentes e reconhecidas como tais, elas não serão todas da mesma "qualidade".

Esta qualidade a visão realista afere pela efetivação dos elementos substantivos mencionados mais acima. Tal efetivação, ao menos num grau mínimo e razoável (cuja mensuração é, sem dúvida, difícil e delicada — mas que a ciência política tenta) é que faz uma verdadeira poliarquia. Mas há poliarquias mais e poliarquias menos avançadas.

Cientistas políticos nos Estados Unidos, por exemplo, destacam como os pontos mais significativos da qualidade da poliarquia: a efetivação do *rule of law*, o respeito à orientação política manifestada nas urnas (*responsiveness*), a prestação de contas do eleito ao eleitor (*accountability*) etc. Também a amplitude da participação política, de que a extensão do voto e da elegibilidade das mulheres é um exemplo de aprimoramento institucional.

10. CONDIÇÕES FAVORÁVEIS E DESFAVORÁVEIS À POLIARQUIA

Faz parte da visão realista notar que a implantação de uma poliarquia, bem como a qualidade dessa poliarquia, têm condições objetivas que variam de Estado para Estado. Há fatores objetivos que pesam a esse propósito, não raro criando dificuldades ou obstáculos para o êxito dessa implantação, ou para a sua qualidade, ou até para a sua sobrevivência.

Desmente isto a ideia simplista de que estabelecer uma poliarquia, ou vivenciá-la, é mera questão de vontade. Ou a versão do idealismo (ou irrealismo) jurídico de que basta uma Constituição que consagre, na sua letra, os elementos da poliarquia, obra de um (mítico) poder constituinte do povo, para fazê-lo.

Uma poliarquia depende, sim, dessa Constituição, mas a efetividade desta não está à mercê da boa ou má vontade dos que a estabelecem, ou dos que a executam. Há fatores objetivos que pesam a esse propósito, fatores que podem até obstaculizar a poliarquia, sua estabilidade, ou a governança, como podem favorecê-la. Esses fatores condicionam a poliarquia que é possível num dado momento, sua alteração pode levar ao aprimoramento ou à deturpação da poliarquia.

11. O CONDICIONANTE SOCIOECONÔMICO

O mais citado desses fatores é o socioeconômico.

Robert Dahl, por exemplo, no livro *Polyarchy*, aborda a questão das condições socioeconômicas. Não foi o primeiro nem o último a fazê-lo.

Registra ele uma alta correlação entre poliarquia e renda *per capita*, um dos indicadores econômicos mais empregados nas avaliações do nível de desenvolvimento. E explica o porquê: uma economia desenvolvida produz recursos suficientes para propiciar a todo o povo instrução e informação, o que favorece a participação e esclarece as decisões políticas.

Igualmente, ela desconcentra recursos e habilidades políticas bem como reduz as desigualdades entre os vários grupos e classes sociais. Isto favorece o pluralismo social e leva à competição em vista do poder, portanto, à poliarquia enquanto seleção do governante, bem como em vista da aplicação do poder, portanto, a definição democrática do rumo a ser tomado por aqueles.

Pluralismo social, desconcentração e dispersão dos fatores de poder, ausência de desigualdades extremadas seriam, assim, condições socioeconômicas que favoreceriam a poliarquia. Favoráveis, não essenciais — entenda-se bem.

Esta ideia foi a inspiração política do desenvolvimentismo, estimulado pela política norte-americana da *Aliança para o Progresso*, que conquistou o Brasil no governo Kubitschek e ainda tem numerosos adeptos.

Vale lembrar que o marxismo coonesta esse entendimento. Como para ele a infraestrutura econômica determina a superestrutura política, é inviável uma forma política — como a poliarquia — se esta não reflete uma infraestrutura que a sustente.

12. O FATOR CULTURAL

Outro aspecto que pode ser favorável ou desfavorável à poliarquia é o da cultura política. Esta varia de civilização para civilização e de povo para povo.

Tal cultura é o critério da legitimidade das instituições, da observância das normas, da conduta do ser humano no dia a dia. Ela se transmite na família como o leite materno — recebe-se uma cultura sem o saber — e está sempre intimamente ligada à crença religiosa. Sofre, sem dúvida, o influxo da educação escolar e da educação informal que hoje advém dos meios de comunicação de massa e das redes sociais.

A poliarquia — cumpre observar — pressupõe uma cultura de tolerância e de igualdade, o que não ocorre em toda parte. Muito pelo contrário. Frequente é a intolerância no seio do mesmo povo, em que grupos se hostilizam por razões não raro fúteis, quando não por preconceitos, racismo e quizílias religiosas; ou se apegam a privilégios e vantagens no trato diário.

13. O "PRINCÍPIO" DA DEMOCRACIA

O peso do fator cultural que afeiçoa a mentalidade de um povo já foi observado por Montesquieu. Em *O espírito das leis*, ele, ao estudar cada forma de governo, distingue dois aspectos: um, a sua natureza — aquilo que o faz ser o que é; outro, o seu princípio — a cultura que essa forma presume. É o que a faz possível e viva.

Para ele, o princípio da democracia — evidentemente Montesquieu não usa o termo poliarquia — é a **virtude,** não no sentido que lhe dá a religião, mas a virtude cívica, ou seja, um devotamento ao interesse geral. Este implica que se aceite a prevalência desse interesse sobre o interesse pessoal. Portanto, que não se procure levar vantagem para si próprio em detrimento do interesse de todos. Portanto, a renúncia a privilégios.

Aron, no livro *Democracia e totalitarismo*, insiste na importância do princípio para a democracia. Na sociedade contemporânea, ele seria basicamente o respeito às leis e o senso do compromisso. O primeiro propiciaria o convívio social pacífico; o último, a conciliação nas controvérsias que a vida moderna multiplica.

Aqui se insinua a importância da educação — de uma educação democrática — para a poliarquia. Esta é que faz democrática a mentalidade de um povo e particularmente a conduta da elite de governantes. Sem essa cultura, pouco valem as instituições democráticas.

14. FATORES NEGATIVOS

Claro está que a poliarquia tem frequentemente de enfrentar fatores que lhe são frontalmente opostos.

Um deles é a corrupção no sentido de comportamentos que se desviam das normas aceitas, a fim de servir a interesses particulares (na fórmula elegante de Huntington), ou, mais grosseiramente, o exercício do poder de modo indevido, em benefício de interesse privado, em troca de uma retribuição de ordem material ou de favores outros.

Outro é a difusão de ideologias autoritárias, totalitárias ou "populistas", cujo impacto leva a governos não democráticos, opressivos, iliberais, mormente quando pregam o emprego da força e do terror como meios de ação legítimos.

15. A DESCRENÇA NA POLIARQUIA

Hoje ocorre, registram vários estudos, uma relativa descrença na democracia tal qual existe.

Decorreria isto de vários fenômenos que se somam, um acentuando a gravidade do outro.

O primeiro é a decepção com a governança democrática que muitas vezes se preocupa mais com o atendimento a clientelas eleitorais articuladas do que com o bem comum.

O segundo é outra face do primeiro. É a preferência dada pela governança "politicamente correta" a minorias, que aparece como indevida e injusta pela maioria dos cidadãos.

Outro é reflexo de malfeitos, como a corrupção e a busca de vantagens privilegiadas em que têm incidido os representantes-governantes eleitos e que são denunciados na atualidade com maior escândalo do que no passado.

O último, e não o menor, é o mau funcionamento das instituições devido à imperícia ou à negligência dos eleitos mal escolhidos pelo voto.

> **SUGESTÃO DE LEITURA COMPLEMENTAR – Clássico:** ROBERT DAHL, *Poliarquia* e *A preface to democratic theory*; SAMUEL HUNTINGTON, *A ordem política nas sociedades em mudança* e *The third wave*; RAYMOND ARON, *Démocratie et Totalitarisme*; CHRISTOPHER ACHEN E LARRY M. BARTELS, *Democracy for realists*; **Nacional:** OBRAS DO AUTOR: *A democracia possível*; *A reconstrução da democracia*; *Ideias para a nova Constituição brasileira*; *A democracia no limiar do século XXI*; *A ressurreição da democracia*. Santo André: Dia a Dia Forense, 2020.

Seção 2ª

O POVO NA DEMOCRACIA

1. QUEM É O POVO?

Na seção anterior, foi exposta a democracia como sistema pelo qual o povo se governou ou se governa, numa visão que combina o direito com elementos da ciência política. Nela, porém, não se tratou de um ponto: em que consiste o povo a que se refere a democracia?

A democracia, na fórmula expressiva de Lincoln, consiste no governo do povo pelo povo para o povo. Entretanto, é preciso apontar que o povo que é governado não é o povo que governa nem o povo para quem o povo governa.

Não se trata de um jogo de palavras. O povo que governa são os **cidadãos**, o que não coincide com todo o povo — a dimensão pessoal do Estado —, pois compreende apenas os **nacionais**; nem com o povo para o qual se governa, pois é este — mais precisamente — a população sujeita ao Estado, o que inclui a **todos**, isto é, os estrangeiros permanente ou passageiramente presentes na sua dimensão territorial.

Há, portanto, na democracia, um **povo-nação**, aquele pelo qual e para o qual existe o Estado, um **povo-cidadão**, o que detém e exerce a soberania, isto é, a governança. Esse povo-nação é a base da qual deriva o povo-cidadão. Este não se confunde com aquele porque goza de direitos que aquele não tem — os direitos políticos.

Não se esqueça, porém, que a democracia moderna nasceu quando a maioria dos nacionais adquiriu participação na governança, o principal dos direitos políticos.

Nem se olvide, ademais, que, no direito brasileiro, como já se indicou acima, o povo-cidadão atua por meio de partidos que são destarte peça indispensável do governo pelo povo.

Assim, nesta seção, serão estudadas, em face do direito brasileiro, a nacionalidade, a cidadania — os direitos políticos — e o estatuto do partido político.

Capítulo 12
O POVO-NAÇÃO — A NACIONALIDADE

1. A NACIONALIDADE

Por nacionalidade, compreende-se o *status* do indivíduo em face do Estado. O termo já denota a vinculação do Estado a uma nação. É o ideal do Estado-nação que se encarnou no princípio das nacionalidades, ainda hoje vivo. Assim, o Estado é fundamentalmente o Estado de uma nação — um povo-nação — uma comunidade distinta que é a sua razão de ser.

Decorre disto que, em face de um Estado, todo indivíduo ou é "nacional" ou "estrangeiro".

O nacional é o sujeito natural do Estado. O conjunto de nacionais é que constitui o *povo* sem o qual não pode haver Estado. De acordo com o direito internacional público o nacional está preso ao Estado por um vínculo que o acompanha em suas deslocações no espaço, inclusive no território de outros Estados.

O estrangeiro, que se define, por exclusão, como aquele ao qual o direito do Estado não atribui a qualidade de nacional, é excepcionalmente sujeito a outro Estado, de acordo com o preceito também de direito internacional público, segundo o qual cada Estado governa todos os que se encontram em seu território. Ocorre, todavia, que, deixando ele esse Estado, rompe-se qualquer vínculo que com ele tenha mantido.

Durante longos séculos, o estrangeiro foi considerado como inimigo e não raro se lhe recusava qualquer direito. A identidade da natureza humana acabou por ser reconhecida e, mercê do estoicismo e do cristianismo especialmente, aos estrangeiros se foram reconhecendo direitos a ponto de se equipararem eles aos próprios nacionais, salvo quanto à participação no governo.

O art. 5º, *caput*, da Constituição brasileira assegura aos estrangeiros residentes no País paridade com os brasileiros no tocante aos direitos à vida, à liberdade, à igualdade, à segurança e à propriedade.

2. O BRASILEIRO NATO E O NATURALIZADO

Do direito brasileiro decorre a existência de duas classes de nacionalidade: a do nato e a do naturalizado (art. 12).

Rompendo com a tradição anterior de tratamento bastante discriminatório para o brasileiro naturalizado, a Constituição vigente ameniza em grande parte as distinções entre as duas classes, constantes da Constituição revogada.

Acrescente-se que a Constituição impede a criação de tratamento diferente para o naturalizado (art. 12, § 2º), enumerando taxativamente quais os cargos privativos de brasileiros natos (art. 12, § 3º).

Note-se que também é reservada a brasileiros natos a participação, como vogais, no Conselho da República (art. 89, VII).

3. O ESTRANGEIRO NO BRASIL

O estrangeiro tem no Brasil, como em toda parte, um *status* diferente do atribuído ao nacional. A razão disto é óbvia. O nacional é a razão de ser do Estado, que existe por ele e para ele, objetivamente falando.

O estrangeiro, porém, não é para o Brasil um indivíduo sem direitos, como ainda o é em muitos Estados do mundo.

A Constituição, no art. 5º, *caput*, reconhece-lhe, se residente no país, os mesmos direitos de que goza o brasileiro. Ressalve-se que o português, sob condição de reciprocidade, é equiparado quanto a direitos ao brasileiro (art. 12, § 1º), não importando, pois, se reside ou não no Brasil.

Entretanto, embora a Lei Magna admita, em princípio, a qualquer pessoa, o livre ingresso e a livre permanência no território nacional, bem como a livre saída dele, a qualquer pessoa, portanto, ao estrangeiro, com seus bens — no art. 5º, XV, parte final —, ela não o faz incondicionalmente. Realmente, já vem expressa no texto uma condição — "em tempo de paz". E prevê que esse direito se exerça "nos termos da lei".

É esta, hoje, a Lei nº 13.445/2017.

Quanto ao ingresso, torna-se com isso inegável que o estrangeiro não tem direito a ingressar no país, mesmo se "refugiado", se não atender às exigências da lei. Neste caso, ele pode ser repatriado *incontinenti*.

Quanto à permanência, pode ele ter negada a autorização para tanto, ou, já sendo residente, pode ser deportado ou expulso, sempre observados os requisitos materiais e formais da referida lei.

Pode ser também extraditado, na forma da lei, para responder a processo criminal ou para cumprir pena a que estiver condenado fora do Brasil. Há, todavia, uma exceção já expressa na Constituição, no art. 5º, LII. Este dispositivo proíbe a extradição por crime político ou de opinião.

4. A AQUISIÇÃO DA NACIONALIDADE

A aquisição da nacionalidade por um ser humano é matéria de direito constitucional, por ser inerente à organização fundamental do Estado. Na verdade, é o que consubstancia o vínculo do indivíduo em relação ao Estado, do que resultam obrigações para com esse e direitos em face dele. Por isto é que se afirma ser a nacionalidade a dimensão pessoal do Estado.

O direito comparado mostra que a atribuição da nacionalidade pelo ordenamento jurídico e, consequentemente, sua aquisição pelos indivíduos, pode depender, ou não, da vontade desses: pode ser involuntária ou voluntária, nesse sentido.

A atribuição independentemente da vontade do que recebe se dá em razão do lugar do nascimento ou em razão da nacionalidade dos pais, ou de um deles. No primeiro caso, a nacionalidade é conferida a todos os que nasceram no território do Estado: é o critério do *jus soli*. No segundo, a nacionalidade é concedida ao descendente de nacional, embora o lugar do nascimento fique em território de outro Estado: é o critério do *jus sanguinis*. O primeiro critério é normalmente preferido pelos países de imigração enquanto o segundo o é pelos de emigração.

A atribuição dependente da vontade envolve sempre manifestação do consentimento de quem adquire essa nacionalidade. Essa manifestação pode ser, porém, expressa ou tácita. A expressa é a que transparece do pedido de naturalização. A tácita é a que decorre de não se opor o interessado à aquisição de nacionalidade por força do imperativo editado pelo Estado. Naquela há solicitação, nesta há aceitação de nacionalidade oferecida.

5. MODOS DE AQUISIÇÃO NO DIREITO BRASILEIRO

O direito brasileiro conhece a aquisição da nacionalidade por todos os modos acima.

O art. 12, I, *a*, da Constituição concede a nacionalidade brasileira a todos os nascidos no País. Abre exceção, todavia, para os que forem filhos de pais estrangeiros que estiverem a serviço de seu país.

O art. 12, I, *b*, a confere aos filhos de brasileiro ou brasileira, nascidos no exterior, estando o ascendente a serviço do Brasil.

O art. 12, I, *c*, que tinha tido sua redação alterada pela Emenda de Revisão nº 3/1994, voltou a ser modificado, agora pela Emenda Constitucional nº 54/2007. Em razão desta, adquire a nacionalidade brasileira o filho de pai brasileiro ou de mãe brasileira nascido no exterior que tenha sido registrado na repartição brasileira competente, ou que venha a residir no País e opte, a qualquer tempo, depois de atingida a maioridade, pela nacionalidade brasileira. Isso independentemente de o ascendente estar no exterior a serviço do Brasil, pois se estiver, aplica-se o disposto na alínea *b* desse mesmo inciso.

O art. 12, II, admite a naturalização, desde que o interessado preencha os requisitos fixados em lei. Para os originários de países de língua portuguesa, considerados facilmente assimiláveis, esse dispositivo não admite que se lhe exija mais que "residência (no País) por um ano ininterrupto e idoneidade moral" (alínea *a*).

Ao estrangeiro que resida no País há mais de quinze anos ininterruptos o disposto no art. 12, II, *b*, facilita a naturalização, exigindo-lhe tão somente prova de que não tenha condenação penal.

6. PERDA DA NACIONALIDADE

Nos termos da Emenda de Revisão nº 3/1994, pode-se perder a condição de brasileiro em duas hipóteses.

A primeira, que só alcança o naturalizado, constante do art. 12, § 4º, I, se exercer atividade nociva ao interesse nacional. Nesse caso, deverá haver o cancelamento de sua naturalização, que somente poderá ser decretado por sentença judicial.

A segunda, que alcança tanto o brasileiro nato quanto o naturalizado, se adquirir outra nacionalidade, exceto se isto se der pelo reconhecimento de nacionalidade originária por Estado estrangeiro na forma de sua legislação, ou se essa aquisição houver sido imposta para a sua permanência ou para o exercício de direitos civis em Estado estrangeiro. Assim, o direito brasileiro claramente admite a "dupla nacionalidade" e, quiçá, a múltipla nacionalidade de brasileiro, desde que isto não decorra da vontade livre desse.

7. RESERVA EM FAVOR DOS BRASILEIROS NATOS

A Constituição excepciona também em favor de brasileiros natos alguns cargos de importância considerada fundamental. É o que está no art. 12, § 3º, que, além de lhes reservar a eleição para a Presidência e a Vice-presidência da República, também o faz com relação a outros. Ou seja, a Presidência da Câmara dos Deputados, a do Senado Federal, bem como integrar o Supremo Tribunal Federal. Quer dizer, reserva-lhes a cúpula dos Poderes do Estado.

Também lhes reserva a carreira diplomática, o cargo de oficial das Forças Armadas e o de Ministro de Estado da Defesa.

8. A EXTRADIÇÃO DE BRASILEIRO

O direito constitucional pátrio não admitia em caso algum a extradição de brasileiro, mesmo se naturalizado. Foi aberta, todavia, na Constituição em vigor, uma exceção em detrimento deste último (art. 5º, LI).

Sempre na forma da lei, o naturalizado pode ser extraditado, em dois casos. Um é do seu comprometimento no tráfico de entorpecentes e drogas, outro em caso de haver cometido crime comum.

Por outro lado, o § 4º, acrescentado ao art. 5º da Constituição pela Emenda Constitucional nº 45/2004, gera uma dúvida relativamente à extradição do próprio brasileiro nato.

Este parágrafo, de modo (propositalmente) obscuro, diz que "o Brasil se submete à jurisdição de Tribunal Penal Internacional a cuja criação tenha manifestado adesão". Ora, o Brasil aderiu a tal Tribunal, que não julga países, mas pessoas, e as normas que o regem admitem sejam processados e julgados perante ele nacionais dos países aderentes. Em razão disto, se põe a hipótese de estar quebrada a prerrogativa de não extradição do brasileiro, mesmo nato, bem como obviamente do naturalizado, para ser processado, julgado e eventualmente condenado por crimes que estejam na alçada da referida Corte. É isto, sem dúvida, o que se pretendeu estabelecer de modo disfarçado pela redação obscura utilizada.

Entretanto, com tal alcance, haverá insofismável inconstitucionalidade, pois, o art. 5º, LI, em vigor no momento da adesão ao TPI, vedava de modo absoluto e sem exceções a extradição de brasileiro nato e, apenas nos casos mencionados acima, do brasileiro naturalizado.

Capítulo 13
O POVO-CIDADÃO — A CIDADANIA

1. A CIDADANIA

No uso de todos os dias, a palavra cidadão é empregada como sinônimo de nacional. Será exato esse uso?

Para essa identificação há um fundamento: a inexistência, em muitos ordenamentos, de distinção entre nacional e cidadão, ambas as expressões designando pessoas com o mesmo *status*.

A distinção surge, e se desenvolve, na medida em que, admitido o indivíduo a participar do governo, essa participação não foi aberta a todos, mas somente a parcela dos nacionais.

Dessa distinção resulta o emprego do termo cidadão para designar quem conta com direito a intervir no processo governamental, seja num regime democrático, seja num regime oligárquico.

Todavia, é largamente difundido, no Brasil, o uso da expressão cidadão para designar todo e qualquer nacional. Em realidade, a bem da clareza, deve-se caracterizar a nacionalidade como um *status* cujo conteúdo só se esclarece por contraposição ao do estrangeiro.

Por sua vez, a cidadania (em sentido estrito) é o *status* de nacional acrescido dos direitos políticos (*stricto sensu*), isto é, poder participar do processo governamental, sobretudo pelo voto. Destarte, a nacionalidade — no direito brasileiro — é condição necessária, mas não suficiente da cidadania.

A cidadania é, assim, um *status* ligado ao regime político. Assim, é correto incluir os direitos típicos do cidadão entre aqueles associados ao regime político, em particular entre os ligados à democracia.

Nas democracias como a brasileira, a participação no governo se dá por dois modos diversos: por poder contribuir para a escolha dos governantes ou por poder ser escolhido governante. Distinguem-se, por isso, duas faces na cidadania: a ativa e a passiva. A cidadania ativa consiste em poder escolher; a passiva em, além de escolher, poder ser escolhido. Essa distinção importa porque, se para ser cidadão passivo é mister ser cidadão ativo, não basta ser cidadão ativo para sê-lo também passivo.

Veja-se o caso do analfabeto, que inscrito como eleitor, torna-se cidadão ativo, mas não se pode tornar cidadão passivo, por não ter elegibilidade.

2. A CIDADANIA ATIVA NO DIREITO BRASILEIRO

Todo brasileiro pode ascender à condição de cidadão ativo, isto é, de eleitor. Para isto, é necessário que não esteja como conscrito realizando o serviço militar obrigatório, não esteja privado, temporária ou definitivamente, dos direitos políticos e tenha, no mínimo, dezesseis anos de idade. Preenchendo ele tais requisitos, pode-se inscrever como eleitor. Na verdade, o maior de dezoito, menor de setenta anos, é obrigado a inscrever-se como eleitor (art. 14), bem como a exercer o direito de votar em toda eleição.

Por força do art. 12, § 1º, o português pode inscrever-se como eleitor, caso haja reciprocidade desse direito com relação ao brasileiro.

Cabe, aqui, observar que a Constituição vigente encampou a restauração do voto ao analfabeto procedida pela Emenda nº 25/1985 à Constituição de 1967. A restrição que perdurava desde a República remanesce suprimida. Tal abolição passou sem maior exame. Certamente muitos nela veem uma forma de promoção do analfabeto a ser humano e brasileiro; entretanto, essa medida não contribui para a melhoria do nível do eleitorado. Verdade é que, hoje, em razão dos meios audiovisuais de comunicação de massa, o nível de informação do analfabeto, pelo menos nas regiões mais desenvolvidas do país, não é inferior ao do semialfabetizado, ou do alfabetizado, que pouco ou nada lê: assiste à televisão...

Inovou, contudo, o constituinte ao prever o voto do menor de dezoito e maior de dezesseis anos de idade, ainda que em caráter facultativo.

Trata-se de uma incoerência, dado o fato de que a maioridade civil e a penal surgem aos dezoito anos. De fato, a estipulação da idade em que se alcança a maioridade decorre de uma presunção de maturidade. Será esta alcançada mais cedo quanto à decisão política do que para a prática dos atos da vida civil ou para não cometer crimes?

3. AQUISIÇÃO E PERDA DOS DIREITOS POLÍTICOS

Os requisitos acima apontados para a aquisição da condição de eleitor são os requisitos para a aquisição dos direitos políticos, em sentido estrito. Com efeito, não se olvide que a condição de eleitor (cidadania ativa) é pressuposto da elegibilidade (cidadania passiva).

Embora previsto em caráter de exceção, no novo texto, pode, todavia, o brasileiro vir a ser privado dos direitos políticos, temporária ou definitivamente. Neste último caso, fala-se em perda dos direitos políticos.

A perda — a privação definitiva —, nos termos do art. 15 da Constituição, decorre:

1) do cancelamento da naturalização por sentença transitada em julgado;

2) da escusa da consciência, ou seja, da recusa em cumprir com obrigação, encargo ou serviço impostos pela lei aos brasileiros em geral, ou em satisfazer os deveres que a lei estabeleceu em substituição àqueles (arts. 5º, VIII, e 143, § 1º).

4. SUSPENSÃO E RECUPERAÇÃO DOS DIREITOS POLÍTICOS

A privação temporária dos direitos políticos, impropriamente chamada "suspensão", decorre de:

1) incapacidade civil absoluta (art. 15, II) decretada pelo Judiciário, conforme a jurisprudência;

2) condenação criminal (art. 15, III), enquanto perdurarem os seus efeitos. Contra o texto claro desse dispositivo constitucional, julgados há que entendem suspender — o *sursis* — não só a execução da pena, mas também a privação dos direitos políticos. Na

verdade, a suspensão da execução da pena não apaga os efeitos da condenação. Ora, se estes perduram, não se deve negar que acarretariam a privação dos direitos políticos; 3) improbidade administrativa nos termos do art. 37, § 4º.

As pessoas privadas dos direitos políticos podem recuperá-los. Se essa privação for a dita definitiva, ou perda, dependerá do cumprimento de exigências legais. Se for a privação dita temporária, ou "suspensão", a recuperação se fará automaticamente, pelo desaparecimento de seu fundamento ou pelo decurso do prazo.

Perda e suspensão dos direitos políticos têm os mesmos efeitos. Daí decorre logicamente que a perda ou a suspensão acarretam a perda dos cargos que não possam ser preenchidos por quem não for cidadão, bem como dos mandatos representativos.

5. ELEGIBILIDADE

A elegibilidade (cidadania passiva) exprime a segunda faceta do princípio democrático.

Dela não goza o analfabeto (art. 14, § 4º).

Ela é reservada aos brasileiros natos e naturalizados. Há, todavia, cargos em que a elegibilidade é reservada a brasileiros natos. (V., *supra*, cap. 12, n. 7.)

O português usufrui de situação igual à do brasileiro naturalizado, caso haja reciprocidade.

A elegibilidade é graduada pela Constituição, em função da idade. Corresponde isto à ideia de que a idade não só exige maturidade — o que já se viu quanto ao direito de votar —, mas uma experiência de vida que leva tempo adquirir.

Assim, conforme o art. 14, VI, a idade mínima para Presidente e Vice-presidente da República e Senador é de trinta e cinco anos (alínea *a*); de trinta anos para Governador e Vice-governador de Estado ou do Distrito Federal (*b*) e de vinte e um anos para Deputado Federal, Estadual ou Distrital, Prefeito e Vice-prefeito e Juiz de Paz (*c*); e dezoito anos para Vereador (*d*).

6. INELEGIBILIDADE

A elegibilidade pode ser, todavia, suspensa temporariamente, por motivo relevante, com relação a determinados cargos. Diz-se então inelegível o cidadão que, embora esteja no pleno gozo dos direitos políticos, está impedido, por uma razão relevante, de postular temporariamente um determinado cargo eletivo.

A inelegibilidade é uma medida destinada a defender a democracia contra possíveis e prováveis abusos. Em sua origem, na Constituição de 1934, aparecia ela como medida preventiva, ideada para impedir que principalmente os titulares de cargos públicos executivos, eletivos ou não, se servissem de seus poderes para serem reconduzidos ao cargo, ou para se conduzirem a outro, assim como para eleger seus parentes. Para tanto, impedia suas candidaturas, assim como a de cônjuges ou parentes, por um certo lapso de tempo (art. 112).

A Constituição de 1946 não tornou inelegíveis senão aqueles que, pelos cargos que ocupavam ou por suas funções, teriam possibilidade de exercer influência indevida nos pleitos, em benefício próprio ou de familiares que eram também colhidos pela inelegibilidade (art. 139).

É claro, pois, que as inelegibilidades visavam apenas a impedir o abuso de cargos públicos.

O direito posterior não abandonou essa orientação, mas estendeu a inelegibilidade a outras situações.

7. IRREELEGIBILIDADE

A irreelegibilidade é uma espécie de inelegibilidade. Não visa, todavia, a prevenir apenas influência indevida no processo político ou mau uso de poder, mas também a perpetuação no poder. Isto sempre foi associado à ideia de república em contraste com a vitaliciedade no poder associada à monarquia.

Tradicionalmente, o direito brasileiro consagrava a irreelegibilidade dos Chefes de Executivo. Essa regra, na verdade, jamais foi quebrada em toda a história republicana. De fato, Getúlio Vargas, que parece ser a exceção, rigorosamente não o foi. Realmente, de 1930 a 1934 foi Chefe do Governo Provisório; de 1934 a 1937, Presidente da República; e de 1938 em diante (até 1945) foi Presidente também, não, todavia, em razão de reeleição, mas de golpe de Estado que levou à promulgação da Carta de 1937.

A Emenda Constitucional nº 16/1997 veio a admitir a reeleição, mas apenas para o período imediatamente subsequente — um período, pois.

Tal Emenda deu nova redação ao art. 14, § 5º, da Constituição vigente, permitindo que o Presidente da República, o Governador de Estado ou do Distrito Federal e o Prefeito possam reeleger-se para o período subsequente.

8. INCOERÊNCIA

As autoridades acima mencionadas podem reeleger-se sem sequer se afastarem do exercício do cargo no período imediatamente anterior à eleição. Entretanto, por força do art. 14, § 6º, se almejarem outro cargo, por exemplo, o de Senador, ou de Deputado, terão de renunciar ao cargo que ocupam, "até seis meses antes do pleito".

Existe aí uma incoerência chocante. Se há o risco de abuso no exercício de cargo por parte do Chefe de Executivo que pretende outro cargo, o que justifica a regra do § 6º — a necessidade de renúncia até seis meses antes do pleito —, igualmente tal risco existe na hipótese de a autoridade pretender reeleger-se.

Onde fica a lógica?

9. A INELEGIBILIDADE NA CONSTITUIÇÃO DE 1988

A Constituição em vigor adotou a técnica de enunciar algumas hipóteses de inelegibilidade, prevendo a possibilidade de lei complementar enunciar outras, no campo que indica.

10. INELEGIBILIDADES ENUNCIADAS NO TEXTO CONSTITUCIONAL

São hipóteses de inelegibilidade previstas no próprio texto constitucional:

a) Não possuir *domicílio eleitoral na circunscrição* (Constituição, art. 14, § 3º, IV).

Ter domicílio eleitoral significa formalmente estar inscrito como eleitor na circunscrição na qual se vai postular a eleição. Mas tal inscrição deve ser feita no local do domicílio real da pessoa, de modo que se considera fraude inscrever-se noutra circunscrição apenas para ganhar elegibilidade.

b) Não ter *filiação partidária* (Constituição, art. 14, § 3º, V).

O modelo de democracia consagrado pela Lei Magna canaliza por meio de partidos a participação política. Assim, quem não estiver vinculado a partido, não pode ser candidato.

c) Ser analfabeto (Constituição, art. 14, § 4º). O analfabeto, desde a Emenda nº 25/1985 à Constituição anterior, tem o direito de voto — a cidadania ativa — mas lhe é recusada a elegibilidade. A razão é que não se considera seja o analfabeto, na generalidade dos casos, apto a exercer as funções de parlamentar ou de governante.

d) Ser titular de determinados cargos (Constituição, art. 14, § 6º).

É a incoerência logo acima analisada.

e) Ter vínculos pessoais com quem seja titular de determinados cargos, ou os haja exercido num determinado período (Constituição, art. 14, § 7º). (Com a exceção mencionada no item 6.)

Deriva essa inelegibilidade do temor de que, em razão de tais vínculos, sejam candidatos beneficiados pela atuação do ocupante de elevados cargos públicos, o que prejudicaria a lisura do pleito.

Note-se que, se a pessoa for titular de mandato eletivo e se propuser a disputar a reeleição, não é ela colhida pela inelegibilidade.

11. INELEGIBILIDADES POSSIBILITADAS PELO TEXTO CONSTITUCIONAL

O § 9º do art. 14 da Constituição permite que lei complementar amplie os casos de inelegibilidade. Isto, porém, é condicionado por finalidades que aponta e em campos de atividade que indica. Quer isto dizer que a fixação de tais casos é excepcional e não pode ser arbitrariamente estabelecida pela lei complementar necessária.

As finalidades que condicionam o estabelecimento dessas inelegibilidades podem ser enquadradas em duas categorias.

12. INELEGIBILIDADES QUE VISAM A PREVENIR ABUSOS

Uma é a das inelegibilidades que visem a assegurar a "normalidade e a legitimidade das eleições contra a influência do poder econômico e o abuso do exercício de função, cargo ou emprego na administração direta ou indireta".

Na verdade, as duas finalidades no fundo envolvem abuso: abuso de poder de ocupantes de certas posições na administração pública; abuso (influência abusiva) do poder econômico — especialmente do uso de meios financeiros — no processo eleitoral. Entretanto, pode presumir-se o abuso e, assim, preventivamente, impedir a participação no processo eleitoral de quem poderia abusar? É possível presumir que alguém abusará do poder que detiver? Não seria melhor considerar causa de perda do mandato tal abuso quando verificado na realidade?

Observe-se que, ao menos no tocante ao abuso de poder econômico, a Constituição marcha no sentido apontado. De fato, no parágrafo seguinte (§ 10), ela prevê uma ação visando à perda do mandato, em casos de abuso do poder econômico, corrupção ou fraude.

13. INELEGIBILIDADES QUE VISAM A SALVAGUARDAR A MORALIDADE E A PROBIDADE ADMINISTRATIVA

Este é o caso das inelegibilidades estabelecidas "a fim de proteger a probidade administrativa, a moralidade para o exercício do mandato, considerada a vida pregressa do candidato".

A intenção é clara e louvável: trata-se de impedir que disputem eleições — e por estas se elejam — pessoas cujo passado — a vida pregressa — sugira que ameacem a probidade administrativa e a moralidade.

Entretanto, uma grave indagação se levanta. Se tais pessoas tiverem sido condenadas, no cível ou no criminal, por ações que importem em improbidade administrativa, elas terão sofrido a sanção legal devida, que envolve a suspensão de direitos políticos. De fato, a Constituição, no art. 37, § 4º, prevê que os atos de improbidade administrativa acarretarão a suspensão dos direitos políticos. Esta, ademais, é prevista quanto a delitos no art. 15, III, da Constituição. Ora, aplicar-lhes a inelegibilidade para um período que vai além do período de suspensão de direitos políticos parece abusivo. Tratar-se-ia de uma extensão da "pena", quiçá fazendo-a perpétua.

Se, todavia, essas pessoas não sofreram condenação em juízo, é de se presumir a sua inocência. Trata-se de norma inscrita entre os direitos fundamentais (Constituição, art. 5º, LVII).

É certo que este texto fala em condenação criminal, mas, ao fazê-lo, não estará pressupondo que o mesmo se dê quanto a condenações cíveis?

Sim, porque a sanção penal é evidentemente mais grave que a sanção civil.

Essas questões certamente são a razão de até hoje não haverem sido editadas essas inelegibilidades para salvaguardar a moralidade e a probidade administrativa, o que é de lamentar.

14. A SITUAÇÃO DO MILITAR

Com a Constituição de 1988, apenas os conscritos continuam sem o voto e a elegibilidade.

Hoje o militar alistável é elegível. Se contar mais de dez anos de serviço deverá ser agregado pela autoridade e, se eleito, passa para a inatividade. No caso de contar menos de dez anos de serviço, deverá afastar-se da atividade.

15. A IMPUGNAÇÃO DE MANDATO ELETIVO

A Constituição em vigor, no intento de punir atos contrários à legitimidade do pleito, especificamente atos de abuso do poder econômico, corrupção (compra de votos, sobretudo) ou fraude, instituiu uma ação especial com essa finalidade. Trata-se da ação de impugnação de mandato eletivo, que resulta na decretação da perda do mandato, prevista no art. 14, § 10.

Capítulo 14
OS PARTIDOS POLÍTICOS

1. A PREVISÃO DE UM ESTATUTO PARTIDÁRIO

O reconhecimento da importância dos partidos políticos para o sistema democrático que se apontou mais acima (v., *supra*, cap. 10, n. 9), não fez esquecer os vícios que frequentemente os maculam, ao que também se aludiu acima.

Reitere-se que, segundo já se apontou, os partidos são chamados a cumprir na democracia uma função delicada e importante. São eles os incumbidos de mostrar ao eleitorado quais são as opções políticas possíveis, indicando ao mesmo tempo pessoas que afiançam serem capazes de realizá-las. Essa função, porém, nem sempre é bem cumprida, não passando eles, em muitos países, de máquinas para a conquista do poder. Na verdade, só podem eles cumprir essa função quando não são dominados por oligarquias, quando têm disciplina interna, quando não são passíveis de suborno por interesses escusos.

Por outro lado, quando sua ação é deturpada pelo domínio oligárquico, pela corrupção financeira, pela indisciplina, ou quando é ela exercida em favor de doutrinas ou homens hostis ao governo pelo povo, ou em favor de grupos vinculados a governos ou interesses estrangeiros, são eles um terrível instrumento de destruição da democracia.

Têm assim os partidos um caráter ambivalente. De um lado, são necessários; de outro, são daninhos e destrutivos.

Consequência disto, foi a de que, após a Segunda Guerra, as Constituições passaram a reconhecer os partidos como agente político necessário, mas a prever normas que não os levassem a desvios na sua atuação, o que punha em risco a própria democracia. Para tanto, atribuem a eles verdadeiros direitos políticos, ao mesmo tempo que impõem limitações a seus programas, à sua ação, à sua organização, a seu financiamento, que garantam contra eles a própria democracia.

A Constituição brasileira de 1946, por exemplo, já o fez, mas para proscrever os partidos antidemocráticos, no art. 141, § 13.

A primeira a fazê-lo foi a Lei Fundamental alemã, de 1949, que cuidou de regulamentar com minúcia os direitos e obrigações dos partidos. Ou seja, foi a primeira a conter um estatuto do partido, conforme decorre do art. 21. Neste, por um lado, é clara a definição de seu papel em termos gerais, "Os partidos colaboram na formação da vontade política do povo", donde ser livre a sua fundação; mas, por outro, "a sua organização interna tem de ser condizente com os princípios democráticos. Eles têm de prestar contas publicamente sobre a origem e a aplicação de seus recursos financeiros, bem como sobre seu patrimônio".

2. A PROSCRIÇÃO DOS PARTIDOS ANTIDEMOCRÁTICOS

Entretanto, se a fundação de partidos é livre, ela proscreve os partidos antidemocráticos. Com efeito, está na segunda parte do art. 21: "São inconstitucionais os partidos que, pelos seus objetivos ou pelas atitudes dos seus adeptos, tentarem prejudicar ou eliminar a ordem fundamental livre e democrática ou pôr em perigo a existência da República Federal da Alemanha. Cabe ao Tribunal Constitucional Federal decidir sobre a questão da inconstitucionalidade."

A isto já se antecipara a Constituição brasileira de 1946, no art. 141, § 13, ao vedar o partido político, "cujo programa ou ação contrarie o sistema democrático baseado na pluralidade dos partidos e na garantia dos direitos fundamentais do homem". Em razão disto, foi proscrito, por decisão do TSE, o partido comunista brasileiro em 1947.

Esse posicionamento resultava da experiência de que partidos havia — no passado, por exemplo, o nazista alemão e o fascista italiano; no presente do pós-Segunda Guerra, os partidos comunistas — que lutavam contra a democracia, tendo em vista a instauração do totalitarismo e a pretensão de tornarem-se partidos únicos.

Tal posicionamento suscitou à época um intenso debate, com argumentos que ainda têm atualidade e merecem ser lembrados.

De um lado, estavam os que esposam a concepção da democracia combatente, ou seja, da democracia que não é neutra, que não é passiva perante seus inimigos. Em resumo, esta corrente enfatiza o valor "liberdade". Admite, sem dúvida, que esse valor importa na divergência de opiniões e ideias, mas até o ponto em que estas ponham em risco a democracia e, assim, a própria liberdade. A democracia não pode tolerar que um grupo, sob a proteção de suas leis, lhe solape as bases e valores. Assim, é legítima a defesa da democracia contra seus inimigos.

De outro, os adeptos do chamado "relativismo democrático", dentre eles o grande Kelsen, enfatizam a igualdade. Para eles, a democracia tem de ver em pé de igualdade todas as doutrinas, todas as cosmovisões, mesmo as que lhe sejam hostis.

Nesse debate, tem tido prevalência a primeira orientação, que repudia, mesmo no plano da liberdade de pensamento, a defesa e a divulgação de ideais antidemocráticos, ou mesmo de ideias e orientações que podem ser vistas como tais, como a negação do "holocausto" e a homofobia.

O combate a partidos antidemocráticos foi certamente a questão principal que motivou a instauração de uma disciplina constitucional — de um estatuto dos partidos nas Constituições. Pôs ela em vista o programa e a ação do partido. Não foi essa, todavia, a única.

3. O CONTROLE OLIGÁRQUICO DOS PARTIDOS

Uma outra motivação provém do fato já mencionado de passagem de que frequentemente os partidos não têm uma estrutura interna democrática. Ao contrário, são dominados por grupos, sofrem um controle oligárquico.

Cedo foi isto apercebido. Os primeiros estudos de caráter científico acerca dos partidos já o apontaram. É o que assinalou, por exemplo, Robert Michels no livro *Para uma sociologia dos partidos na moderna democracia*, que tem por subtítulo "Ensaio sobre as tendências oligárquicas nas democracias modernas".

Se oligárquicos, os partidos deformarão completamente o sistema. Dominados por pequenos grupos, servirão eles, sobretudo, para propiciar uma influência desmedida aos dirigentes que os controlam. Esses políticos, por assenhorearem-se da máquina partidária, poderão a seu bel-prazer e segundo seus interesses — nem sempre coincidentes com o interesse comum —, escolher candidatos — predeterminando forçosamente a escolha popular — impor diretrizes cujo cumprimento a disciplina, e, *a fortiori*, a fidelidade partidária tornarão obrigatório.

E, de outro ângulo, essa cúpula dirigente pode ser influenciada por grupos de interesse, pondo-se a serviço desses e não do bem comum.

Ademais, como os dirigentes de todos os partidos têm interesses comuns, podem vir a constituir uma oligarquia — a oligarquia de uma "classe política".

4. O FINANCIAMENTO DO PARTIDO

A influência dos grupos de interesse é favorecida pela necessidade de recursos financeiros para as custosas campanhas eleitorais. Cada vez, aliás, são estas mais onerosas devido sobretudo à propaganda por meios sofisticados, como a que se faz através dos meios de comunicação. Essa propaganda, como é notório, exige uma equipe de especialistas — os "marqueteiros" — bem remunerados, e não raro um trabalho "artístico" também dispendioso com o preparo das peças da propaganda, por exemplo, programas de rádio e televisão, filmes etc. (ainda que sua divulgação seja vista como gratuita, quando o instrumento de divulgação não é pago por esta tarefa).

Evidentemente, no quadro acima, pode vicejar a corrupção, pode desenvolver-se um desequilíbrio em favor de partidos simpáticos a meios econômicos.

Põem-se assim a questão do financiamento e de suas fontes — o que envolve a participação privada e sua alternativa à participação estatal — e os aspectos correlatos, como prestação de contas e participação privada.

Na Constituição brasileira, os partidos podem contar não só com doações de particulares — mas, em razão de decisão do Supremo Tribunal Federal, apenas de pessoas físicas —, como também de recursos públicos de um fundo partidário. E também de um fundo específico para o financiamento das campanhas eleitorais — o chamado FEFC. Foi este instituído pela Lei nº 13.487/2017 em resposta à decisão do TSE em que pessoas jurídicas não poderiam contribuir para a campanha eleitoral, a pretexto de coibir a corrupção. Efeito perverso disto está no fato de que se tornou um "negócio" rentável criar um partido, eis que mesmo partidos sem representação têm direito a parcela de tal Fundo, afora a "generosidade" com que os parlamentares estipulam o valor desse Fundo.

5. PLURIPARTIDARISMO E MULTIPARTIDARISMO

Acrescente-se à problemática um outro fato. A vivência da democracia tem demonstrado que o número excessivo de partidos é prejudicial ao funcionamento das suas instituições. O mal se torna evidente quando esse número dificulta a formação da maioria que há de governar pelo povo (respeitados os direitos da minoria). Isto se torna evidente porque esse número excessivo contribui para a instabilidade dos gabinetes parlamentaristas, bem como para ineficiência governamental em todo Estado de Direito, mesmo no sistema presidencialista.

É certo que a pluralidade partidária, como reflexo do pluralismo, é uma decorrência natural da liberdade. Assim sendo, o caráter liberal imprimido à democracia moderna proscreve a ideia de partido único que está associada ao fascismo, ao nazismo e ao comunismo soviético — portanto, ao totalitarismo —, e abre as portas para o pluralismo partidário.

Põe-se então a questão do limite entre o pluripartidarismo necessário e o multipartidarismo inconveniente. É esse um ponto com o qual os estatutos partidários têm de se preocupar, como será adiante tratado a propósito do estatuto brasileiro.

6. O ESTATUTO DOS PARTIDOS NA CONSTITUIÇÃO DE 1967

A primeira Constituição brasileira a conter um estatuto dos partidos políticos foi a de 1967, que o consubstanciou no art. 167. Vale resumir suas linhas mestras, pois estas são muito úteis para a compreensão do estatuto ora vigente.

Esse estatuto não admitia partido a não ser que respeitasse como princípio ideológico o "regime representativo e democrático, baseado na pluralidade dos partidos e na garantia dos direitos fundamentais do homem" (inciso I). Esta opção deveria constar do seu programa "aprovado pelo Tribunal Superior Eleitoral"; controlaria a sua atuação no tocante ao respeito a tal programa. Nisto, a linha era a que traçava a Constituição anterior, no já citado art. 141, § 13.

Expressamente impunha que o partido não estivesse vinculado à "ação de governos, entidades ou partidos estrangeiros". Tinha isto em mira o partido comunista que notoriamente seguia a orientação soviética e das "internacionais socialistas", de que essa orientação se servia.

Exigia que o partido deveria ter âmbito nacional, o que ainda refletia a realidade da República "velha" — a primeira 1889-1930 — em que só existiam partidos de âmbito estadual, como o PRP — Partido Republicano Paulista.

Proibia coligações partidárias que, evidentemente, esvaziavam a escolha programática reclamada pela democracia pelos partidos — consagrada no texto dessa Constituição.

Previa, por razões óbvias, a sua fiscalização financeira.

Exigia disciplina partidária. E um mínimo de representatividade. Com efeito, para a constituição de um partido era necessário que ele comprovasse o apoiamento de "dez por cento do eleitorado que haja votado na última eleição geral para a Câmara dos Deputados, distribuídos em dois terços dos Estados, com o mínimo de sete por cento em cada um deles, bem como dez por cento de deputados, em pelo menos um terço dos Estados, de dez por cento de senadores".

Esse dispositivo tornava muito difícil a criação de novos partidos. Esta era a intenção que o ditou. Tinha ela duas faces: uma era pragmática, assegurava o bipartidarismo instaurado em decorrência do Ato Institucional nº 2/1965; outra, teórica, pois correspondia ao modelo da democracia pelos partidos, eis que, num bipartidarismo, a eleição habilita a uma governança de execução de programa — o do majoritário.

A redação dada ao texto primitivo pela Emenda Constitucional nº 1/1969 reduziu a dimensão desta última exigência. Suprimiu o número mínimo de deputados e senadores. Quanto ao apoiamento, diminuiu-o para cinco por cento do eleitorado, distribuído pelo mínimo de sete Estados, sendo sete por cento em cada um deles.

Essa Emenda, entretanto, introduziu a chamada fidelidade partidária. No parágrafo único do artigo agora de número 152, estabeleceu que perderia o mandato, em decisão da Justiça Eleitoral, o eleito para qualquer das casas legislativas, que, "por atitudes ou pelo voto se opuser às diretrizes legitimamente estabelecidas pelos órgãos de direção partidária ou deixasse o partido sob cuja legenda foi eleito". Era isto a consagração do mandato partidário, a que se aludiu anteriormente.

O processo de abertura do regime levou à extinção dessa exigência. Primeiro, excepcionando-se da fidelidade aquele que deixasse o partido para ser fundador de outro (Emenda Constitucional nº 11/1978), depois a extinguindo totalmente (Emenda Constitucional nº 25/1985).

Paralelamente, o apoiamento necessário para a criação de novos partidos foi reduzido por esta Emenda para três por cento do eleitorado, distribuídos ao menos por cinco Estados, com o mínimo de dois por cento em cada um deles.

7. O ESTATUTO DE 1988

Neste, contido no art. 17, mantém-se a exigência de que o partido "resguarde" o "regime democrático, o pluripartidarismo e os direitos fundamentais da pessoa humana", bem como a "soberania nacional". Muda-se o tom, não a orientação ideológica.

Igualmente permanece a proibição da subordinação a entidades ou governos estrangeiros, bem como a obrigação de prestar contas financeiras à Justiça eleitoral, acrescentando-se a proibição do recebimento de recursos financeiros de entidade ou governos estrangeiros.

Também se conserva a exigência de que tenham âmbito nacional.

Prevê que tenham funcionamento parlamentar de acordo com a lei, o que significa, sem meias palavras, que, na atuação nas câmaras, haja entre os partidos diferenciação, por exemplo, quanto às questões decididas pela votação de líderes.

Proíbe-lhes utilizar organização paramilitar.

Quanto à sua criação, que é livre, dispõe que o partido principia como uma mera associação, adquirindo personalidade de direito privado nos termos da lei comum (civil). Depois disto é que devem registrar os seus estatutos no Tribunal Superior Eleitoral (§ 2º), o que é necessário para que possam apresentar candidatos etc.

Não menciona o apoiamento necessário, que, todavia, permanece previsto na Lei Orgânica, que regulamenta o preceito constitucional (hoje a Lei nº 9.504/1997).

Confere expressamente ao partido autonomia para definir a sua organização, estrutura, funcionamento etc., devendo "estabelecer normas de disciplina e fidelidade partidária".

Enfim, têm direito a recursos do fundo partidário e acesso gratuito ao rádio e à televisão na forma da lei.

Este último ponto é importantíssimo na prática. Esse "tempo" no rádio e na televisão é uma verdadeira moeda. Por meio dele, os partidos, sobretudo os pequenos, barganham com outros, obtendo vantagens para seus dirigentes nos acordos de escolha de candidatos, por exemplo, a de vice ou de suplente de Senador, ou para a composição de futuro ministério ou secretariado.

Vale observar que a Constituição, embora habilite os estatutos partidários a estabelecer normas de fidelidade e disciplina partidária, na realidade não impede que o eleito por um partido vote contra as diretrizes do seu programa.

Na verdade, a Emenda Constitucional nº 111/2021, no § 6º que introduziu no art. 17 da Constituição, fragilizou a fidelidade partidária, ao admitir que os deputados federais, estaduais, distritais e vereadores possam deixar o partido pelo qual se elegeram, não só havendo "justa causa" definida em lei, mas com a anuência de tal partido.

8. VÍCIOS DO SISTEMA PARTIDÁRIO BRASILEIRO

O estatuto que rege o partido político merece, de um ponto de vista realista e objetivo, ser vigorosamente criticado.

Em primeiro lugar, ele não coíbe o número excessivo de partidos que participam do processo político brasileiro. Existe um polipartidarismo — cerca de trinta partidos — que fragmenta a representação política no Congresso, a ponto de se poder dizer que no Brasil somente existem pequenos partidos. Com efeito, conforme a última eleição para a Câmara dos Deputados — 2018 — trinta elegeram representantes, mas o maior deles não elegeu mais que 11% do total de integrantes da Casa. Somada, a representação dos três maiores não vai além de 28,1%.

Sem dúvida, uma das razões dessa multiplicação é o sistema eleitoral, como já se apontou anteriormente (V., *supra*, cap. 11, n. 7). Esse sistema estimula e favorece o surgimento de mais e mais partidos, muitas vezes não se distinguindo entre si senão pelo personalismo de seus líderes.

Em vista disso, já em 1965, por meio de uma lei orgânica, procurou-se corrigir esse mal. Tal lei (de nº 4.740/1965) visava a estimular a redução do número de partidos, exigindo-lhes certas condições de representatividade, como porcentagem mínima de apoio do eleitorado etc. Foi isto, aliás, consagrado pela Constituição de 1967, pela exigência de um mínimo de apoiamento para o seu reconhecimento como participante do processo político. Tal condição não está no Estado, embora prevaleça frágil (e não raro contornada por meios escusos) na Lei Orgânica.

Esse multipartidarismo — insista-se — dificulta a formação de maioria estável que apoie a atuação governamental, o que leva a meios escusos para construí-la e mantê-la (v. o processo dito do "Mensalão"), afora obscurecer a definição da vontade política do povo. E essa dificuldade é potencializada pela inautenticidade e habitual indisciplina dos partidos brasileiros.

Tal inautenticidade aparece claramente no caráter do partido. O partido justifica-se por seu programa, ou, ao menos, pela sua orientação ideológica. Entretanto, não se identifica qualquer orientação ideológica na esmagadora maioria, senão na totalidade dos partidos brasileiros. Confirma-se isto pelo vazio dos seus programas — meros discursos vagos, quando não contraditórios, visando a agradar ao máximo e desagradar o mínimo. E ninguém os leva a sério, nem os eleitores, muito menos os eleitos que mudam de um para outro, sem hesitação nem dor de consciência.

São, assim, os partidos brasileiros meras facções que giram em torno de personalidades ou simplesmente máquinas para alcançar o poder e suas benesses.

É verdade que, para a inautenticidade dos partidos no Brasil, muito contribui o individualismo dos brasileiros.

Esse traço do caráter nacional não apareceu hoje, nem é fruto de circunstâncias excepcionais. Através dos tempos vem sendo notado por observadores seguros da realidade brasileira. Já na *História do Brasil* de Frei Vicente do Salvador, encontra-se a seguinte observação: "nem um homem nesta terra é repúblico, nem zela ou trata do bem comum, senão cada um do bem particular". E isto apontam autores modernos, como Oliveira Viana, Capistrano de Abreu, Evaristo de Moraes Filho etc.

9. A EMENDA CONSTITUCIONAL Nº 97/2017

O excesso no multipartidarismo brasileiro – pode-se falar na existência de um polipartidarismo, forma exacerbada de multipartidarismo – e os males disto decorrentes se tornaram tão evidentes que o Congresso Nacional editou uma Emenda Constitucional, com o objetivo declarado de corrigi-los. Realmente, os males desse multipartidarismo — excessivo, insista-se — ensejavam na época uma reação de repúdio, por parte da opinião pública.

Para tanto, houve por bem tocar na "bolsa", isto é, na repartição do fundo partidário e no acesso gratuito ao rádio e à televisão — este, como já se disse, é um ponderável valor de troca.

Estabeleceu-se que, na forma de lei regulamentar, esses recursos não caberiam senão a partidos que tivessem obtido o mínimo de três por cento dos votos válidos para a Câmara dos Deputados, distribuídos ao menos por um terço das unidades da Federação, com o mínimo de dois por cento em cada um deles; ou a partidos que houvessem elegido ao menos 15 deputados, distribuídos pelo mínimo de um terço das unidades da Federação.

O partido que não alcançar esses mínimos não deixará de existir e ter as funções de partido. Igualmente o eleito por um deles não perderá o mandato.

Entretanto, adiou para as eleições de 2030 a cogência dessa norma. É previsível que até lá as disposições editadas serão alteradas. Pode-se por isso temer que as regras citadas sejam, como se diz popularmente, "para inglês ver"; no caso, para fingir um propósito de correção.

SUGESTÃO DE LEITURA COMPLEMENTAR – Clássico: Maurice Duverger, *Partidos políticos*; Giovanni Sartori, *Partidos políticos* **(trad. bras.); Nacional:** Obras do autor: *Os partidos políticos nas Constituições democráticas; A democracia possível; A reconstrução da democracia; A democracia no limiar do século XXI; A ressurreição da democracia*. Santo André: Dia a Dia Forense, 2020.

Parte IV
A ORGANIZAÇÃO GOVERNAMENTAL

1. PLANO DESTA PARTE

Esta parte examina em primeiro lugar a separação dos poderes (cap. 15), que é o princípio de organização do poder nas democracias e, na Constituição brasileira, tem o caráter de princípio imutável (art. 60, § 4º, III).

A partir dela, a base, sucessivamente serão estudados numa primeira seção os sistemas de governo, noutra o Poder Legislativo, em seguida uma terceira dedicada ao Poder Executivo, e, por fim, uma derradeira relativa ao Poder Judiciário.

Parte IV

A ORGANIZAÇÃO GOVERNAMENTAL

Capítulo 15
A SEPARAÇÃO DOS PODERES

1. A CONCENTRAÇÃO E SEUS INCONVENIENTES

Não há, nem pode haver, Estado sem poder. Este é o princípio unificador da ordem jurídica e, como tal, evidentemente, é uno.

O exercício desse poder pelos órgãos estatais pode ser, todavia, diferentemente estruturado. Tanto pode ser ele concentrado nas mãos de um só órgão, como pode ser dividido e distribuído por vários órgãos.

A unidade de exercício do poder, ou sua concentração como se usa dizer, foi a sua primeira forma histórica. A monarquia absoluta é disso o exemplo clássico.

À luz da experiência, porém, essa concentração aparece inconveniente para a segurança do indivíduo, por dar a alguém a possibilidade de fazer de todos os outros o que lhe parecer melhor, segundo o capricho do momento. Embora tenha ela a vantagem da prontidão, da presteza de decisões e de sua firmeza, jamais pode servir à liberdade individual, valor básico da democracia representativa.

A necessidade de prevenir o arbítrio, ressentida onde quer que haja apontado a consciência das individualidades, leva à limitação do poder, de que a divisão do poder é um dos processos técnicos e, historicamente, dos mais eficazes.

2. A LIMITAÇÃO DO PODER

Repugna ao pensamento político contemporâneo a ilimitação do poder. Ao contrário, é arraigada a convicção de que o poder, mesmo legítimo, deve ser limitado. Isto porque, na famosa expressão de Lord Acton, "todo poder corrompe", inclusive o democrático.

Para limitar o poder, várias são as técnicas adotadas. Uma é a da divisão territorial do poder, que inspira as descentralizações e não raro o próprio federalismo.

Outra consiste em circunscrever o campo de ação do Estado, reconhecendo-se em favor do indivíduo uma esfera autônoma, onde a liberdade não pode sofrer interferências do Estado. É isso que se busca obter pela Declaração dos Direitos e Garantias do Homem.

A terceira é a *divisão funcional do poder*, tão conhecida na forma clássica da *separação dos poderes*. É esta o objeto do presente capítulo, que é complementado pelos seguintes, em que se apontam as linhas mestras de cada um dos poderes identificados pela velha doutrina: o *Legislativo*, o *Executivo* e o *Judiciário*.

Todavia, como as relações entre esses poderes, como a variável posição de cada um em relação aos demais, servem para a caracterização dos sistemas de governo, a seção primeira, a seguir, será dedicada aos sistemas, em particular ao *parlamentarismo* e ao *presidencialismo*.

3. CRITÉRIOS DE DIVISÃO DO PODER

A divisão do poder consiste em repartir o exercício do poder político por vários órgãos diferentes e independentes, segundo um critério variável, em geral funcional ou geográfico, de tal sorte que nenhum órgão isolado possa agir sem ser freado pelos demais. A divisão impede o arbítrio, ou ao menos o dificulta sobremodo, porque só pode ocorrer se se der o improvável conluio de autoridades independentes. Ela estabelece, pois, um *sistema de freios e contrapesos*, sob o qual pode vicejar a liberdade individual.

A divisão do poder segundo o critério geográfico é a descentralização, ou, mais precisamente, o federalismo que, aliás, apresenta também a divisão funcional com ela combinada.

4. A "SEPARAÇÃO DOS PODERES". SUA ORIGEM

A divisão segundo o critério funcional é a célebre *"separação dos poderes"*, que vai ser agora examinada. Essencialmente, a "separação dos poderes" consiste em distinguir três funções estatais — legislação, administração e jurisdição — e atribuí-las a três órgãos, ou grupos de órgãos, reciprocamente autônomos, que as exercerão com exclusividade, ou ao menos preponderantemente.

A divisão funcional do poder — ou, como tradicionalmente se diz, a *"separação dos poderes"* — que ainda hoje é a base da organização do governo nas democracias ocidentais, não foi invenção genial de um homem inspirado, mas sim é o resultado empírico da evolução constitucional inglesa, a qual consagrou o *Bill of Rights* de 1689.

De fato, a "gloriosa revolução" pôs no mesmo pé a autoridade real e a autoridade do parlamento, forçando um compromisso que foi a divisão do poder, reservando-se ao monarca certas funções, ao parlamento outras e reconhecendo-se a independência dos juízes.

Esse compromisso foi teorizado por Locke, no *Segundo tratado do governo civil*, que o justificou a partir da hipótese do estado de natureza. Ganhou ele, porém, repercussão estrondosa com a obra de Montesquieu, *O espírito das leis*, que o transformou numa das mais célebres doutrinas políticas de todos os tempos.

Na verdade, tornou-se a "separação dos poderes" o princípio fundamental da organização política liberal e até foi transformada em dogma pelo art. 16 da Declaração dos Direitos do Homem e do Cidadão.

5. A CLASSIFICAÇÃO DAS FUNÇÕES DO ESTADO

A "separação dos poderes", como se indicou acima, pressupõe a tripartição das funções do Estado, ou seja, a distinção das funções *legislativa, administrativa* (ou executiva) e *jurisdicional*.

Essa classificação que é devida a Montesquieu encontra, porém, antecedentes na obra de Aristóteles e de Locke. O primeiro, na *Política*, reparte as funções do Estado em *deliberante* (consistente na tomada das decisões fundamentais), *executiva* (consistente na aplicação pelos magistrados dessas decisões) e *judiciária* (consistente em fazer justiça), sem cuidar de sua separação, sem sugerir, ainda que de longe, a atribuição de cada uma delas a órgão independente e especializado.

Locke também reconhece três funções distintas: a *legislativa* (consistente em decidir como a força pública há de ser empregada), a *executiva* (consistente em aplicar essa força no plano interno, para assegurar a ordem e o direito) e a *federativa* (consistente em manter relações com outros Estados, especialmente por meio de alianças — *foedus*, em latim, significa aliança). Indo além do estagirita, o inglês chega mesmo a recomendar uma separação entre a função legislativa, de um lado, e as funções executiva e federativa, de outro, as quais devem estar sempre reunidas nas mesmas mãos, por importarem o uso de força.

A divisão e a distribuição clássicas, porém, são incontestavelmente devidas ao autor de *O espírito das leis*.

6. CRÍTICA À CLASSIFICAÇÃO TRADICIONAL DAS FUNÇÕES DO ESTADO

É científica, é exata, a classificação das funções do Estado subjacente à doutrina da "separação dos poderes"?

A esse propósito, longo tem sido o debate que não parece próximo de terminar. Observe-se, contudo, que é duvidoso que Montesquieu tenha, no célebre capítulo "Da Constituição da Inglaterra", buscado fazer ciência. Bem mais preocupado parece estar ele em pregar um governo moderado pela divisão e repartição do poder, valorizando a lição por atribuí-la ao país na moda, do que em expor rigorosamente a realidade constitucional britânica de seu tempo. Na verdade, em meados do século XVIII, na época em que Montesquieu escreveu sua obra, não havia mais na Grã-Bretanha a "separação" nos termos em que a descreve, pois o parlamentarismo — que elimina a independência do Executivo em relação ao Legislativo — já a esse tempo se praticava naquele país.

Em realidade, essa tripartição não tem o rigor necessário para ser acatada como científica. De fato, é fácil mostrar que as funções administrativa e jurisdicional têm no fundo a mesma essência, que é a aplicação da lei a casos particulares. A distinção entre ambas pode estar no *modo*, no acidental, portanto, já que substancialmente não existe. Por outro lado, a função legislativa não esgota a edição de regras gerais e impessoais. Tradicionalmente inclui-se na função administrativa o estabelecimento de regulamentos, cujo conteúdo é também de regras gerais e impessoais.

Cientificamente, parece preferível a classificação de Georges Burdeau:[1] função *governamental* — consistente em introduzir por primeira vez uma questão no domínio do direito (manifestação de poder só condicionado pela Constituição) e função *administrativa* (consistente em tomar decisões subordinadas em relação àquela). Essa classificação, como se vê, repousa no grau de intensidade do poder estatal manifestado.

7. A INTERPENETRAÇÃO DOS "PODERES"

Por outro lado, ainda que se tome por científica a classificação de Montesquieu, resta indagar se a especialização que recomenda se realiza nos Estados modernos.

---

[1] BURDEAU, Georges. *Traité de Science Politique*. 2. ed. Paris: Libraire Générale de Droit et de Jurisprudence, 1969. v. 4, n. 186.

O próprio Montesquieu abria exceção ao princípio da separação ao admitir a intervenção do chefe de Estado, pelo *veto*, no processo legislativo. A organização, todavia, dos três poderes na Constituição envolve sempre certa invasão de um poder na função reservada a outro.

Assim é que o Legislativo às vezes julga (p. ex., o Senado brasileiro, os crimes de responsabilidade do Presidente — art. 52, I, da Constituição de 1988) e não raro administra (p. ex., quando admite pessoal para a sua secretaria).

Igualmente, o Judiciário ora administra (*v.g.*, quando um tribunal organiza o seu secretariado), ora participa da elaboração da lei (pela iniciativa de certos projetos — *v.g.*, Constituição de 1988, art. 96, II) —, se é que não legisla pelas súmulas vinculantes (*v.g.*, CF, com a EC nº 45/2004, art. 103-A).

Enfim, o Executivo não raro legisla (formalmente pelas medidas provisórias ou pela delegação, informalmente, por meio dos "regulamentos") e julga (no contencioso dito administrativo).

A especialização inerente à "separação" é, dessa forma, meramente relativa. Consiste numa predominância no desempenho desta ou daquela função. Cada *poder*, em caráter secundário, colabora no desempenho de outras funções, pratica atos teoricamente fora de sua esfera.

8. O VALOR DA SEPARAÇÃO DOS PODERES

A separação dos poderes teve e tem um grande mérito. É indiscutível que ela estabelece um sistema de freios e contrapesos que impede, ou ao menos dificulta, o abuso do poder.

Por essa razão, ela é ainda adotada como o princípio básico de estruturação do poder nos Estados democráticos contemporâneos.

Na Constituição brasileira, está ela consagrada no art. 2º e tornada inabolível no art. 60, § 4º, III.

9. A EVOLUÇÃO DA SEPARAÇÃO DOS PODERES

Sem dúvida, a separação clássica e rígida dos primórdios do constitucionalismo sofreu uma forte evolução. Teve de admitir atenuações e aceitar exceções em face das exigências de novos tempos, por exemplo, do papel assumido pelo Estado de provedor do bem-estar.

Ela, por exemplo, hoje, aceita que em certos casos o Executivo "legisle", mas sempre condicionando os atos normativos editados por esse, ou a uma delegação prévia (caso da lei delegada), ou um controle *a posteriori* — aprovação ou rejeição *ex tunc* (caso das medidas provisórias no Brasil). Ela tolera também que o Judiciário exerça um certo controle sobre as políticas públicas, tarefa do Executivo. Essa evolução demonstra a sua adaptabilidade.

Igualmente, na atualidade existe a percepção de que a governança exige uma colaboração entre os poderes. É isto claro, por exemplo, em relação ao parlamentarismo. Neste, como o Executivo, o Governo, é uma emanação da maioria parlamentar, ou seja, da maioria do Legislativo, é natural que ele assuma o "comando" da atividade parlamentar.

Esta evolução, todavia, não elimina o núcleo mínimo e essencial da repartição de funções consagrada pela fórmula clássica.

Preserva-se apesar disto um núcleo mínimo e essencial, salvo exceções restritas que não cheguem a esvaziar a fórmula. Ou seja, quem legisla ordinariamente não é aquele que administra nem o que julga, quem administra não é quem legisla ou julga, nem quem julga é quem legisla ou administra. Com isto, mantém-se uma limitação do poder que inexistiria se um poder acumulasse as três ou mesmo duas dessas funções e obviamente se conserva o sistema de freios e contrapesos.

Neste novo quadro, não perde valor a separação dos poderes, ainda que seu perfil seja hoje diverso do que adotou o constitucionalismo, no final do século XVIII.

10. O ENSINAMENTO DE LOEWENSTEIN

É certo que a dinâmica da governança, na atualidade, enseja a lição de Karl Loewenstein[2] de que, no Estado contemporâneo, a ação governamental não importa apenas em legislar e aplicar a lei. Ela importa também num controle. Refere-se ele a uma *policy determination*, a uma *policy execution*, mas também a um *policy control*. As duas primeiras funções coincidem, *grosso modo*, com as funções governamental e administrativa referidas por Burdeau (v., *supra*, n. 6 deste capítulo). A sua originalidade está exatamente em identificar essa função de controle e ver nela um ponto crucial do regime constitucional.

Isto, todavia, se compatibiliza com a fórmula da separação dos poderes, tal qual se configura hoje. Com efeito, ela atribui ao Legislativo amplos poderes de controle político — ou seja, sobre a conveniência e oportunidade das ações do Executivo, e ao Judiciário amplos poderes de controle sobre atos dos demais poderes, do ângulo do direito, portanto, da Constituição e das leis.

Entretanto, a lição de Loewenstein abre as portas para uma eventual reordenação do Estado, com base numa nova tripartição do poder.

11. A "SEPARAÇÃO DOS PODERES" COMO CRITÉRIO DE CLASSIFICAÇÃO DOS SISTEMAS DE GOVERNO

A "separação dos poderes", por ser base da estrutura normal do Estado contemporâneo, fornece um razoável critério para a classificação dos sistemas políticos. Levando-se em conta a existência ou não de divisão do poder e o grau em que esta se opera, podem-se distinguir os sistemas:

1) de *concentração* do poder (em que não há divisão de poder: *v.g.*, o regime da antiga URSS, onde o *Soviet Supremo* concentrava todo o poder);

2) de *colaboração* de poderes (em que há a distinção de poderes, mas estes são interdependentes: *v.g.*, o regime parlamentarista);

3) de *separação dos poderes* (em que à distinção se soma sua independência: *v.g.*, o regime presidencialista).

---

[2] LOEWENSTEIN, Karl. *Political power and the governmental process*. 2. ed. Chicago: University of Chicago Press, 1965. p. 42 e ss.

Evidentemente, essa classificação tem alcance pouco mais do que didático, espelhando palidamente a realidade. Difícil, por exemplo, é enquadrar nessa tipologia o chamado sistema misto, que combina colaboração de poderes sem interdependência. (V., *infra*, cap. 18.)

Note-se que não raros autores chamam esses sistemas de *regimes* de governo. É questão de enfoque. De fato, todos esses sistemas, que hoje as Constituições adotam consciente e racionalmente, nasceram como regimes praticados em certo e determinado Estado. E com base na experiência deste é que se inferiram os seus princípios básicos, que guiam alhures a imitação. Assim, o parlamentarismo nasceu como regime na Inglaterra e atualmente é um sistema adotado em muitos Estados do mundo.

SUGESTÃO DE LEITURA COMPLEMENTAR – Clássico: MONTESQUIEU, *O espírito das leis*; **Moderno:** KARL LOEWENSTEIN, *Political power and the governmental process*. **Nacionais:** OBRAS DO AUTOR: *Princípios fundamentais do direito constitucional*; *Lições de direito constitucional*.

Seção 1ª
OS SISTEMAS DE GOVERNO

1. CONSIDERAÇÕES GERAIS

Já se mostrou anteriormente que a tipologia usual dos sistemas de governo toma por critério a consagração ou não da divisão clássica de poderes. Há assim sistemas de *confusão de poderes*, nos quais inexiste a divisão de poderes, por exemplo, as ditaduras; de *colaboração de poderes*, nos quais a divisão existe, mas os poderes não são independentes, como no parlamentarismo; e, enfim, sistemas de *separação dos poderes*, como o presidencialismo.

Na verdade, é tradicional definir juridicamente um sistema de governo pela posição recíproca dos poderes e por suas relações no processo governamental. De fato, o que se chama juridicamente de sistema de governo nada mais é senão a marcha conjunta dos órgãos do Estado para atenderem aos fins deste, segundo as prescrições legais. Assim, o estudo dos sistemas de governo está para o direito como a dinâmica está para a física.

2. OBSERVAÇÕES SOBRE A CONCENTRAÇÃO DE PODERES

Também se ensinou que a concentração ou confusão de poderes não é propícia à liberdade individual em regra, estando ela mais bem assegurada pela separação, ou pela colaboração de poderes, que implica evidentemente uma distinção ou separação de funções.

A concentração de poderes não é contrária à democracia, considerada em abstrato. Entretanto, a experiência histórica mostra que a concentração só serviu à opressão e ao desrespeito dos princípios democráticos e, particularmente, da liberdade.

Um dos sistemas hoje praticados, porém, o *convencional* ou *governo de assembleia*, que é o adotado na Suíça, escapa a esse juízo crítico. Esse sistema não é de completa concentração, uma vez que a administração da justiça é confiada a órgãos independentes. É ela, pois, "separada" da legiferação e do governo, em sentido estrito, resguardando com isso a liberdade individual.

Feita essa ressalva, não é possível negar que os sistemas que rejeitam a confusão de poderes, que se baseiam na separação do Legislativo, do Executivo e do Judiciário, são, na democracia ocidental — especialmente ciosa das liberdades individuais —, as formas consagradas. De modo geral, umas democracias ocidentais adotam parlamentarismo; outras, o presidencialismo, algumas um sistema misto, como regime de governo, com a exceção Suíça.

3. PLANO DA SEÇÃO

Fielmente seguindo a orientação acima lançada de estudar neste *Curso* apenas a democracia "ocidental" e as manifestações de sua cosmovisão, será dedicado o cap. 16 ao *presidencialismo*, o cap. 17 ao *parlamentarismo, o* seguinte ao chamado *sistema misto* (cap. 18) e o último ao *sistema convencional*, por alguns também chamado de *diretorial* (cap. 19).

Capítulo 16
O PRESIDENCIALISMO

1. ORIGEM

O sistema presidencialista, que se examina em primeiro lugar por ser adotado no Brasil, é uma criação, racional e consciente, de uma assembleia constituinte, a Convenção de Filadélfia, reunida para estabelecer a Constituição dos Estados Unidos da América. Ao contrário, como se verá adiante, o parlamentarismo é fruto de longa, insensível e lenta evolução histórica, em que as opções conscientes dos juristas e dos legisladores tiveram papel de somenos importância.

Não se pode dizer, todavia, seja uma invenção dos constituintes americanos. Não é um arranjo arbitrário e mais ou menos feliz de instituições, estabelecido segundo o arbítrio dos constituintes, ao sabor de suas preferências e idiossincrasias. Longe disso está a verdade. O presidencialismo instituído pela primeira vez em Filadélfia é uma versão republicana da monarquia limitada, ou constitucional, instaurada na Grã--Bretanha pela revolução de 1688.

O Parlamento inglês, ao chamar nessa ocasião Guilherme e Maria para o trono que declarara vago, instaurara a "separação dos poderes" que Locke iria intuir e Montesquieu consagrar. De fato, assegurada a independência da magistratura, reservava-se a elaboração da lei ao Parlamento, ainda que com a sanção real, e ao monarca se deixavam a administração, a defesa e a política estrangeira — o Poder Executivo da doutrina clássica.

Sistematizando essas instituições sob a influência visível de Locke e também de Montesquieu, não tendo príncipe ao qual conceder o trono, colocaram os constituintes em seu lugar um cidadão. Essa monarquia limitada sem rei e com um presidente é o regime presidencialista em suas linhas gerais. Observe-se, todavia, que o regime assim copiado — a monarquia limitada — não mais vigorava, ao tempo de sua instituição, na Grã-Bretanha, uma vez que lá o parlamentarismo deitara raízes, definitivamente, ao menos em 1782.

2. CARACTERÍSTICAS FUNDAMENTAIS JURÍDICAS

As observações acima já sugerem as características fundamentais do presidencialismo. Para precisá-las, no entanto, cumpre distinguir seus caracteres jurídicos e seus traços políticos.

Juridicamente, o presidencialismo se caracteriza em primeiro lugar por ser um regime de separação dos poderes. Ou seja, à sua base está a lição de Montesquieu, que distingue três funções no Estado e as atribui a órgãos independentes, que as exercem com exclusividade relativa, aliás.

Caracteriza-se, em segundo lugar, por conferir a chefia do Estado e a do governo (do "Executivo") a um órgão unipessoal, a Presidência da República. De fato, os chefes dos grandes departamentos da administração são meros auxiliares do Presidente, que os escolhe segundo bem entender e os demite quando quiser.

Em terceiro lugar, a independência recíproca do Executivo e do Legislativo é rigorosamente assegurada. Nem a reunião do Legislativo pressupõe necessariamente convocação do chefe de Estado, como sucedia nas monarquias, nem pode ele pôr fim, por qualquer razão, ao mandato dos parlamentares, dissolvendo a Câmara e convocando novas eleições. Nem pode a Câmara destituir o Presidente que não contar com sua confiança, só o podendo fazer como sanção de um crime. Nem, em regra, é a Câmara que o elege.

Para garantir a independência do Presidente em relação à Câmara, usualmente sua eleição se faz sem a interferência daquela. Assim, em geral é o povo quem escolhe pelo voto o titular da Presidência, diretamente, exigida ou não a maioria absoluta. Nos Estados Unidos, contudo, essa eleição é indireta, escolhendo o povo em cada Estado os eleitores que elegerão o Presidente. Cada Estado tem nessa eleição tantos votos quantos somarem seus deputados e senadores, não havendo assim rigorosa proporção entre o número de votos e sua população. Todos os votos do Estado, porém, são conferidos ao nome mais votado pelo povo no Estado. Destarte, a soma nacional de votos populares não importa, já que é eleito quem obtiver a maioria absoluta dos votos dos Estados, embora no cômputo nacional possa ter obtido menos sufrágios populares do que outro. Isso, aliás, sucedeu mais de uma vez na história norte-americana, *v.g.*, com Lincoln, em 1861, com Wilson, em 1912 etc.

Somente no caso de nenhum candidato haver obtido a maioria absoluta referida, a Câmara dos Representantes o deverá eleger, nos termos da Emenda nº 12.

3. CARACTERÍSTICAS POLÍTICAS

Para a caracterização de um sistema, todavia, os traços políticos são talvez de maior importância que os estritamente jurídicos. O principal deles no presidencialismo é, como se pode supor, a predominância do Presidente.

Essa preponderância é normal, estando presente em todos os países que adotam o presidencialismo. Decorre ela de muitos fatores, dentre os quais avulta a liderança nacional que a eleição popular confere ao escolhido.

Salvo casos excepcionais, os candidatos à Presidência são as figuras mais conhecidas e influentes de seu partido. Entrados na campanha, todas as luzes se focam sobre eles, a publicidade se orquestra em torno de seus pronunciamentos, de seus ditos, de seu modo de vida, de suas qualidades, de seus méritos, de sua experiência e, até, de seu *sex appeal*... Nessa onda sabiamente concertada por especialistas com abundância de fundos, o melhor ator dentre os candidatos ganha sempre terreno e não raro a eleição. De qualquer forma, porém, jamais vence quem não lograr marcar sua personalidade junto aos eleitores.

A marcha da campanha eleitoral e seu pináculo, a votação e a apuração, transformam necessariamente o vencedor do pleito na primeira figura nacional em prestígio. Consequência disso é cair em suas mãos a orientação da vida política nacional, que é facilitada pela enorme soma de poderes colocada a seu dispor pela estrutura jurídica do regime. Acrescente-se a isso ser ele o representante da unidade nacional, como chefe de Estado.

Some-se depois a preponderância natural do governo no *Welfare State*, e se fará uma ideia bem aproximada do papel conferido ao Presidente nesse regime.

Enfim, graças ao descrédito das Câmaras parlamentares muitas vezes subservientes, não raro corruptas, na América Latina o presidencialismo tende a se tornar na prática um regime de ditadura temporária, só temperado, quando o é, pela independência do Judiciário, ou pela arbitragem das Forças Armadas.

4. PRESIDENCIALISMO E MULTIPLICIDADE PARTIDÁRIA

Apesar dos riscos que traz para países onde não existe sólida tradição democrática, o presidencialismo é o único praticável em face da multiplicidade partidária excessiva.

Conforme demonstrou Duverger,[3] o sistema de partidos condiciona o êxito, o bom ou o mau funcionamento do regime político. O esmigalhamento das forças políticas nacionais em inúmeros partidos que se entredevoram por questões de pormenor, sublinhando suas diferenças e intensificando a demagogia para alcançar apoio popular, repercute sempre nas Câmaras onde nenhum dos grupos consegue normalmente maioria sólida, onde nenhuma coligação é estável. Assim, a multiplicidade partidária excessiva impede o bom funcionamento de qualquer regime em que a preponderância caiba ao Legislativo, ou, ao menos, em que ao Legislativo caiba constituir e destituir o governo, como no parlamentarismo.

Ao contrário, o presidencialismo sofre em grau menor os males do pluripartidarismo sem peias. De fato, sendo a eleição presidencial necessariamente majoritária, impõe ela uma polarização das forças políticas. Não podendo ser o Presidente destituído por motivos políticos, o governo não depende em sua estabilidade da confiança parlamentar. Ademais, a liderança nacional do Presidente lhe permite usar a pressão popular contra a má vontade do Parlamento, que dificilmente pode resistir a seus reclamos. Sem dúvida, não faltam exemplos de paralisia governamental causada pela hostilidade entre o Presidente e o Congresso, mas têm eles sido raros e passageiros.

Desse modo, parece ele ser o possível onde a proliferação de partidos seja incontrolável, salvo a hipótese do sistema misto.

5. A EXACERBAÇÃO PERSONALISTA NO PRESIDENCIALISMO BRASILEIRO

O presidencialismo no Brasil — é preciso observar — padece de uma deturpação devida à exageração de poder de que goza o Presidente da República.

Fiel às tradições republicanas, a Constituição de 1988 — apesar de forte combate levado a efeito por parlamentaristas — manteve o presidencialismo, que se caracteriza, politicamente e em primeiro lugar, pela preeminência do Presidente da República, ao mesmo tempo chefe de Estado e chefe do Governo.

Tal preeminência, inerente ao regime, ainda mais se acentua contemporaneamente, por força de fatores incoercíveis. Entre estes avultam a ampliação das atividades governamentais no domínio econômico e social, o intervencionismo e a gravidade hodierna

---

[3] DUVERGER, Maurice. *Les partis politiques*, cit.

dos problemas de segurança, que, confiados ao Executivo, tendem a soerguê-lo em detrimento do Legislativo. Por outro lado, essa preponderância se agrava em razão do desprestígio dos parlamentos decorrente da ineficácia e da futilidade dos debates intermináveis, cujos meandros são incompatíveis com a velocidade da vida moderna.

A esses fatores, que são universais, socorrem outros que são especificamente brasileiros. De todos, o mais flagrante é a inclinação para o poder pessoal. Esse personalismo está no cerne da concepção brasileira do presidencialismo. Formulou-a claramente Campos Sales ao conceituar esse regime como o "governo pessoal constitucionalmente organizado".[4] E, na verdade, como o ilustre paulista, sem dizê-lo embora, os Presidentes da República brasileira sempre se consideraram "o Governo e não apenas o chefe do Governo".[5] Com essa colocação, aliás, perfeitamente se compadece a vida nacional, que tudo espera do Presidente. A preeminência se torna, então, uma proeminência e o presidencialismo degenera em "presidentismo".

Na Constituição vigente, por um lado, tentou-se atenuá-la pelo fortalecimento do Legislativo quanto ao controle de certos atos governamentais do Executivo, entretanto, por outro, foi ela acentuada pela adoção das medidas provisórias, sobretudo antes da edição da Emenda Constitucional nº 32/2001.

Registre-se que persiste uma forte corrente política que luta incansavelmente para a adoção do parlamentarismo. Isto até se intentou, por meio do apelo direto à vontade popular, em plebiscito previsto no art. 2º do Ato das Disposições Constitucionais Transitórias. Esse, todavia, foi favorável à manutenção do presidencialismo.

6. O QUADRO ATUAL

A Constituição em vigor longe está de haver corrigido a exacerbação apontada. Ao contrário, ela, e sua prática, vêm acentuando a preponderância incontrastável do Presidente da República — não apenas o chefe, mas o próprio Poder Executivo (que "legisla" por medidas provisórias) —, enquanto o Legislativo se encontra fragilizado, reduzido a investigações frequentemente inócuas, e o Judiciário se politiza, não raro substituindo-se ao Congresso Nacional na função de legislar e atualizar a Constituição.

É o que destaco no trabalho "Presidencialismo exacerbado, Legislativo fragilizado e Judiciário politizado".[6]

SUGESTÃO DE LEITURA COMPLEMENTAR – Clássicos: AREND LIJPHART, *Parliamentary versus presidential government*; EDWARD S. CORWIN: *The President: office and powers*; **Nacionais:** IVES GANDRA DA SILVA MARTINS (COORD.), *Princípios constitucionais relevantes*; OBRAS DO AUTOR: *Constituição e governabilidade, Lições de direito constitucional; Princípios fundamentais do direito constitucional; A ressurreição da democracia*. Santo André: Dia a Dia Forense, 2020.

---

[4] Apud TORRES, João Camillo de Oliveira. O presidencialismo no Brasil. *O Cruzeiro*, Rio de Janeiro, p. 222, 1962.
[5] Idem, p. 223.
[6] FERREIRA FILHO, Manoel Gonçalves. Presidencialismo exacerbado, Legislativo fragilizado e Judiciário politizado. In: MARTINS, Ives Gandra da Silva (Coord.). *Princípios constitucionais relevantes*. São Paulo: Fecomércio, 2011. p. 105 e ss.

Capítulo 17
O PARLAMENTARISMO

1. ORIGEM

Ao contrário do presidencialismo, que é uma criação racional, o parlamentarismo é fruto de longa evolução histórica. Sua matriz foi a vida política britânica, no século XVIII.

A formação do parlamentarismo parte da monarquia limitada instaurada pela revolução de 1688, isto é, da divisão de poderes em que ao monarca se reservava a administração, a defesa e a política estrangeira, enquanto o Parlamento detinha a legiferação e a tributação, sendo independentes os tribunais.

Esta divisão de poderes exigia uma colaboração entre o monarca e o Parlamento para o bom andamento dos negócios públicos. Para facilitá-la, desde cedo os monarcas ingleses timbraram em escolher seus ministros na corrente preponderante nas Câmaras. Assim, apareceu já nos albores do século XVIII o primeiro dos traços que iriam caracterizar o futuro parlamentarismo: *a identidade de cor política entre o ministério e a maioria parlamentar.*

O passo seguinte na evolução foi provocado pelos azares da sucessão hereditária no trono britânico. Excluído o ramo católico dos Stuarts da sucessão, veio o trono, com a morte da Rainha Ana, a cair em mãos de príncipes alemães — a casa de Hanôver. Esses príncipes, especialmente Jorge I e Jorge II, subiram ao trono desconhecendo os interesses nacionais britânicos, pouco preocupados com os negócios públicos, e até ignorando a língua do povo que governavam. Em vista disso, deixaram em mãos de um de seus ministros a orientação geral do governo e a presidência dos Conselhos de Estado, aos quais deixaram de comparecer. Surge, assim, a figura do primeiro-ministro, verdadeira cabeça do governo, que Walpole foi o primeiro a encarnar e amoldar.

Entregue aos ministros sob a chefia de um deles, o governo era ainda o governo do rei, dependente de sua vontade, que poderia destituí-lo a qualquer instante. Ao Parlamento ia, porém, caber o passo seguinte. Ganhando audácia, foi ele aos poucos buscando senão impor a sua orientação, ao menos enquadrar dentro de certos limites a linha de ação do ministério. Para isso, usou ele do *impeachment,* ou de sua ameaça. O *impeachment* era um procedimento penal, mas, não podendo o monarca agraciar os condenados por ele, não cabendo apreciação judicial das decisões nele tomadas, estava nas mãos do Parlamento caracterizar, ou não, a conduta de um ministro como criminosa.

Desse modo, pôde o Parlamento obrigar os ministros de que dissentia a renunciar e mesmo todo o gabinete a demitir-se, pois cedo se instaurou a solidariedade entre todos os membros do ministério, ao menos com respeito às decisões tomadas em conselho. Viram-se assim os ministros forçados a seguir a linha política predominante no Parlamento, sob pena de, perdendo a confiança dele, terem de demitir-se para salvar a pele. Nasceu, destarte, a chamada *responsabilidade política*, traço fundamental do parlamentarismo. Ou seja, a obrigação que tem o ministério de deixar o poder, sempre que perder o apoio da maioria parlamentar.

Sem dúvida, o princípio da responsabilidade política não se firmou sem luta. Jorge III procurou reagir contra a submissão do gabinete ao Parlamento, impondo contra estes ministros de sua confiança pessoal, como ocorreu com gabinete que presidiu Lord North. O insucesso de sua política, manifesto na rebelião das colônias da América do Norte, pôs termo à resistência. A demissão de Lord North e seu gabinete em 1782, diante da desconfiança e da reprovação da maioria parlamentar, marca, segundo se ensina, o nascimento do regime parlamentarista de governo.

2. O PARLAMENTARISMO DUALISTA E MONISTA

O parlamentarismo estabelecido na Grã-Bretanha, no último quartel do século XVIII, era do tipo que veio a ser chamado de *dualista*. Dualista porque, se o gabinete para se manter necessitava do apoio parlamentar, para constituir-se dependia da vontade do soberano. Fundava-o assim uma dupla confiança: a do rei e a do Parlamento.

Foi essa a modalidade de regime que se instalou e se espraiou por quase toda a Europa no decurso do século XIX, quando, em seguida à Revolução Francesa, condições semelhantes às da Grã-Bretanha depois de 1688 nela se concretizaram. De fato, o estabelecimento de monarquias limitadas segundo o modelo de Montesquieu, isto é, segundo a "separação dos poderes", acompanhado pela luta entre soberania do direito divino encarnada no monarca e a soberania popular representada pelas Câmaras, gerou as condições de seu aparecimento, inspirado pelo exemplo britânico.

O parlamentarismo permaneceu dualista enquanto não perdeu atrativo a soberania de direito divino e enquanto não surgiram os partidos modernos, de caráter disciplinado. A influência do chefe de Estado na escolha do ministério gradativamente perdeu terreno para quase desaparecer quando o disciplinamento dos partidos sob um líder, ou alguns, praticamente a suprimiu, forçando-o a designar para a chefia do gabinete o líder do partido, ou da coligação majoritária. No caso das repúblicas parlamentaristas, das quais a primeira foi a França, em 1875, o chefe de Estado, eleito pelas Câmaras, raramente contava com força suficiente para influenciar em profundidade o gabinete em organização.

Surge, então, o parlamentarismo dito *monista*, em que o gabinete só depende da maioria parlamentar, é expressão desta.

3. A CRISE DO PARLAMENTARISMO E A RACIONALIZAÇÃO DO PODER

A multiplicação de partidos organizados e a consagração do sufrágio universal vieram provocar a crise do parlamentarismo que, por um breve instante, pareceu ser o regime do futuro e o regime democrático por excelência.

A proliferação dos partidos acarretou a instabilidade dos gabinetes e daí a sua fraqueza. É observação corriqueira a de que, havendo muitos partidos, estes tendem a tornar-se de dimensões equivalentes, de onde decorre serem pequenos demais para governarem sozinhos. Só as coligações podem fundar o gabinete, mas são elas sempre frágeis, porque reúnem programas e interesses disparatados. Gabinetes instáveis, inseguros, são fracos, incapazes de enfrentar problemas políticos sérios.

Por outro lado, com a extensão do sufrágio alcançando o proletariado, a tarefa de governar deixou de ser o apanágio de *gentlemen*, em acordo tácito sobre as questões fundamentais. Acarretou ela o surgimento do Estado-providência com seu intervencionismo e fez reaparecer o debate sobre a natureza do poder e seu destino, que o descrédito da soberania monárquica havia encerrado. Com isso, novos fatores de instabilidade apareceram, novos problemas se puseram, que governos fracos não podiam solucionar.

Para recompor as bases abaladas da democracia representativa veio à luz o movimento de *racionalização do poder*, cujo capítulo principal é a *racionalização do parlamentarismo*. Esta tendência buscava assegurar a estabilidade e dar eficiência ao parlamentarismo, por meio da racionalização de seus mecanismos mediante sua redução a regras jurídicas escritas e rígidas.

O resultado dessa tentativa, porém, não tem sido apreciado favoravelmente. Inspirando as principais Constituições europeias do "entre duas guerras" — Weimar, Espanha etc. —, imputam-lhe muitos o insucesso da democracia nesses países. É difícil, todavia, discriminar sua parcela de responsabilidade da que tem de ser atribuída aos fatores sociais, econômicos e estritamente políticos.

Depois da Segunda Guerra, voltou a racionalização, olhada com maior descrença, mas com êxito maior. De fato, se o parlamentarismo francês da 4ª República foi instável e fraco, o alemão ocidental e o italiano têm dado frutos melhores, como hoje o da 5ª República gaulesa. Este, na verdade, parece antes ser uma combinação de parlamentarismo e presidencialismo.

4. O PARLAMENTARISMO E SUAS CONDIÇÕES

Na verdade, o parlamentarismo é um sistema extremamente sensível às condições sociais e políticas que lhe são subjacentes. Particularmente sensível é ele aos sistemas de partidos.

O parlamentarismo só dá bons frutos quando se apoia no sistema bipartidário rígido (em que só dois partidos verdadeiramente pesam, de modo que um deles tem sempre a maioria absoluta no Parlamento, sendo essa maioria disciplinada). Aí, o gabinete é estável e capaz de governar, sendo a cúpula do partido majoritário e assim orientando a própria legislação. É o caso da Grã-Bretanha. Era o da Alemanha Federal, em grande parte do período posterior à Segunda Guerra.

Dá frutos piores, mas ainda razoavelmente bons, quando se apoia em sistema pluripartidário, mas onde há um partido dominante cujas dimensões se aproximam da maioria absoluta, quando a disciplina interna desse assegura a coesão de tal maioria. Existe, nesse caso, razoável estabilidade e conta o gabinete com boa força. O exemplo deste quadro é, hoje, a República Federal Alemã.

Com multiplicidade excessiva de partidos (v. *supra*) — que repercute na governabilidade —, o parlamentarismo é um governo instável e incapaz. Frágil, sua sobrevivência depende de contínuas combinações de bastidores, sempre abaladas pelas ambições e pelos mais miúdos problemas. Escolhe por isso a inação como a única maneira de descontentar o menos possível. O repouso é menos arriscado que o movimento. Acontece, todavia, que os problemas não param e, descuidados, crescem. E crescendo, destroem o regime. A esse respeito, não há exemplo melhor que o da 4ª República francesa, o que se repetiu na Itália, quando a hegemonia democrata cristã desapareceu.

5. CARACTERES JURÍDICOS DO PARLAMENTARISMO

Juridicamente, caracteriza-se o parlamentarismo pelos seguintes traços:

1) É um regime de divisão de poderes, na medida em que adota a distinção clássica das funções do Estado e sua atribuição a órgãos diversos.

2) Os Poderes Legislativo e Executivo, entretanto, são *interdependentes*. De fato, o governo depende, para manter-se no poder, do apoio da maioria parlamentar, que pode a qualquer instante, seja votando moção de desconfiança, seja rejeitando questão de confiança, obrigá-lo a apear-se desse poder, pondo em jogo a responsabilidade política. Por outro lado, o Legislativo, ou pelo menos a sua Câmara baixa, pode ser dissolvido pelo governo, convocando-se nova eleição.

3) O Executivo parlamentarista possui estrutura *dualista*. O rei, ou o Presidente da República, é o *chefe* de Estado, com funções de representação, de cerimonial e de conselho, enquanto o governo é exercido por um órgão coletivo, o *conselho de ministros* ou *gabinete*. Ultimamente, porém, à testa desse conselho vêm as Constituições pondo um chefe, o primeiro-ministro, presidente do conselho ou chanceler, verdadeiro chefe do governo.

6. TRAÇOS POLÍTICOS

Politicamente, porém, o parlamentarismo é um só nome para dois regimes diversos: um é o parlamentarismo quando apoiado num bipartidarismo real e rígido; outro, quando fundado na pluralidade atomística de partidos, estando, porém, bem próximo daquele quando houver um partido dominante.

No primeiro caso, é um regime de clara preponderância do governo em cujas mãos se concentram no fundo os Poderes Legislativo e Executivo. De fato, sendo ele a cúpula do partido majoritário, de estrutura rígida e disciplinada, a Câmara se limita a debater e a aprovar o que for pelo governo determinado. Por outro lado, é democrático, já que o povo, em última análise, é que nas eleições opta pela política a ser realizada, posto diante de dois programas apenas, e, posteriormente, aplaude ou verbera a sua realização.

No segundo, caracteriza-se por crises frequentes entre as quais se alteram períodos longos de preponderância parlamentar e de inação governamental com breves instantes de predomínio do gabinete. Apoiando-se sempre o gabinete numa coligação instável, em geral resigna-se a nada fazer, seguindo ao sabor da maioria parlamentar que não controla. Todavia, de quando em quando, é preciso fazer algo, para o que o Legislativo consente em silenciar por momentos curtos, antes de restabelecer seu predomínio. Esse parlamentarismo é extremamente instável, substituindo-se os gabinetes frequentemente por outros em geral muito semelhantes ao substituído e cuja permanência no poder não é mais longa.

SUGESTÃO DE LEITURA COMPLEMENTAR – **Clássico:** Giovanni Sartori, *Engenharia constitucional*; **Nacionais:** Afonso Arinos e Raul Pilla, *Presidencialismo ou parlamentarismo?*; Obras do autor: *O parlamentarismo*; *Ideias para a nova Constituição brasileira*; *A ressurreição da democracia*. Santo André: Dia a Dia Forense, 2020

Capítulo 18
O SISTEMA MISTO

1. UM NOVO SISTEMA?

Na segunda metade do século XX, a experiência do mau funcionamento do parlamentarismo em vários Estados europeus, devida sobretudo à instabilidade governamental, levou à procura de nova fórmula para o equacionamento do sistema de governo. Surgiu assim um sistema que não põe de parte inteiramente o parlamentarismo, substituindo-o pelo presidencialismo, mas incorpora ao sistema governamental elementos deste último sistema.

A intenção era a de criar uma variante de parlamentarismo que desse maior estabilidade e eficiência à governança, sem que se resvalasse para o personalismo e o autoritarismo que se viam no presidencialismo. Quer dizer, desejava-se criar um semiparlamentarismo.

Entretanto, a prática levou à percepção de que em determinados quadros políticos o elemento presidencialista se tornava dominante, de modo que o sistema seria um semipresidencialismo, como se apontará mais adiante.

2. A INSPIRAÇÃO DO MODELO

Há muito corre a ideia de que um sistema que combinasse as virtudes do parlamentarismo com as do presidencialismo e, ao mesmo tempo, evitasse os defeitos de um e outro, seria o melhor sistema de governo. E várias tentativas foram até institucionalizadas.

Entretanto, a ideia ganhou força, logo ao final da Segunda Guerra, em razão de um discurso de figura destacada então à testa de um Estado que tinha de se reinstitucionalizar após o triunfo: a França. Esse personagem era o Gen. De Gaulle que, em discurso proferido em Bayeux em comemoração ao final da guerra, expôs o que concebia como linhas mestras dessa reinstitucionalização política.

De imediato, a sua proposta não teve êxito. A Constituição francesa de 1946 — a da chamada 4ª República — não incorporou suas ideias. Contudo, em 1958, gravíssima crise política e institucional, aguçada pela guerra de independência da Argélia — então província francesa —, ocasionou a falência da 4ª República. Ao poder foi chamado de novo o Gen. De Gaulle, não por uma revolução, mas por um chamado do Parlamento.

Na nova reinstitucionalização política que isso propiciou foi elaborada nova Constituição — a Constituição de 1958 ainda vigente — que seguiu o ideário exposto em 1946 pelo chefe do Governo.

O êxito desse sistema foi aos poucos sendo reconhecido e passou a ser ele apresentado como um modelo a ser seguido.

Isto ocorreu em Portugal, com a Constituição de 1976, que o adotou com resultado visto também como exitoso. No Brasil, ainda em 2017/2018 veio tal modelo a ser apresentado e discutido como solução para a governança do país.

3. O CERNE DO MODELO

Pode-se resumir o modelo na combinação de um Chefe de Estado, eleito diretamente pelo povo, com poderes efetivos, embora restritos — o aporte "presidencialista" — com a condução diuturna dos negócios públicos por um "gabinete" — a Constituição corretamente o denomina de "Governo", pois esta é a designação adequada para o papel que ele cumpre no Estado contemporâneo — responsável perante o Chefe de Estado e o Parlamento — o aporte "parlamentarista".

4. OS PODERES DO CHEFE DE ESTADO

De fato, no modelo analisado, o Presidente da República é Chefe de Estado, contudo não é Chefe de Governo. Tem ele, todavia, competências suficientes para que possa intervir na condução da governança, a começar quanto à seleção e investidura e permanência do Primeiro-ministro e respectivo corpo de ministros, afora poderes excepcionais de crise. A sua influência é politicamente reforçada pela sua eleição direta, para um período fixo, o que o faz, entre todos os representantes do povo, o único que pode invocar o apoio da maioria e não estar à mercê do Parlamento. Tal fato o colocaria acima dos partidos, ou seja, acima das quizílias da disputa partidária.

O seu papel se exerce no plano da "grande política" — a tomada de decisões de elevada importância e de alto peso para o Estado, mormente a longo prazo. É elucidativo o disposto no art. 5º da Lei Magna francesa: "O Presidente da República vela pelo respeito da Constituição. Assegura, por sua arbitragem, o funcionamento regular dos poderes públicos bem como a continuidade do Estado. É o fiador da independência nacional, da integridade da comunidade e do respeito aos tratados".

Duverger, ao analisar esse texto, afirma expressamente lembrar ele o papel de poder moderador que a Carta brasileira de 1824 atribuía ao Imperador.

Seus poderes compreendem o de participar da designação do Primeiro-ministro e dos ministros, bem como de eventualmente conduzir o seu afastamento das funções. Assim, o Governo tem de contar com a confiança do Chefe de Estado e do Parlamento. Sua responsabilidade política não fica restrita ao apoio parlamentar. Tem ademais o Presidente o poder de dissolução da Câmara baixa, convocando novas eleições.

Além disto, tem ele o poder de convocar a manifestação direta do povo por meio de *referendum* em relação a leis relativas à organização do poder, assim como relativamente à aprovação de tratados. Tal convocação deve contar com o apoio do Governo.

Igualmente possui o poder de veto suspensivo de leis aprovadas pelo Parlamento. Também, amplos poderes de emergência, conforme o art. 16 da Constituição.

Com tal esquema, procura-se evitar a paralisia da governança que as crises parlamentaristas muitas vezes ensejam, como ensejaram no passado.

5. OS PODERES DO GOVERNO

O Governo — o texto assim o designa — é o Gabinete, ou o Conselho de Ministros na linguagem do parlamentarismo.

No art. 20, é traçada a sua missão: "O Governo determina e conduz a política da Nação. Dispõe da administração e das Forças Armadas. É responsável perante o Parlamento, nas condições e de acordo com os procedimentos previstos nos artigos 49 e 50".

O Governo é o Executivo da separação dos poderes, porém, com tarefa e poderes ampliados. Sua tarefa primordial é a direção da atuação governamental no dia a dia. Ou seja, a ele cabe promover a adequada condução dos negócios públicos, a observância da lei, a manutenção da ordem pública etc. É ele — diga-se — o responsável direto e imediato pelo bem-estar dos governados.

Atua sob o duplo controle do Presidente e do Parlamento. Assim, se as coisas não correm bem, se uma política é insatisfatória, se é maculado por um desvio qualquer, pode ele ser afastado seja pelo Chefe de Estado, seja por deliberação do Parlamento. Isto visa a fazer com que ele seja sensível à evolução dos negócios públicos e à opinião pública. Seu afastamento, porém, não causa crises, como as que ocorrem em situações análogas, no presidencialismo. É a responsabilidade política do Governo.

6. O PAPEL DO PARLAMENTO

O modelo não amesquinha o papel do Parlamento.

Está no art. 24: "O Parlamento vota as leis. Fiscaliza a ação do governo. Avalia as políticas públicas".

Cabe-lhe, em razão disto, exercer o Poder Legislativo, realizar um controle rigoroso sobre a orientação e a condução dos negócios públicos que desempenha o Governo. Pode afastá-lo pelos instrumentos habituais do parlamentarismo — aprovação de moção de desconfiança, rejeição da questão de confiança.

Entretanto, pode haver a dissolução de sua Câmara baixa, trazendo para a decisão popular nas urnas eventual colisão entre a orientação governamental e o seu modo de entender.

Não lhe escapa das mãos, por outro lado, o poder de aprovar os indicados para altos cargos na administração civil, no corpo diplomático e nas Forças Armadas.

7. A FLEXIBILIDADE DO SISTEMA

A experiência de mais de meio século tem demonstrado a eficiência do sistema. Corrigiu ele vulnerabilidades do parlamentarismo "puro", sem cair nos males do presidencialismo. Evita a paralisia da governança que frequentemente ocorre quando um Governo é derrubado, ou a sua impotência quando seu apoio é pequeno ou frágil por parte da maioria parlamentar. Evita que, como ocorre no presidencialismo, não se possa afastar do poder uma governança ineficiente ou corrupta, se não recorrendo a *impeachment* que, por sua índole, acentua e perpetua crises políticas. Igualmente, impede o autoritarismo e a concentração de poderes que não é rara na experiência parlamentarista.

8. SEMIPARLAMENTARISMO OU SEMIPRESIDENCIALISMO?

Como já se apontou, o sistema foi ideado como um semiparlamentarismo. Entretanto, a sua prática mostrou que ele tanto pode ser um semiparlamentarismo como um semipresidencialismo.

Notou-se que, se o Presidente da República e a maioria parlamentar pertencem ao mesmo partido ou à mesma coalizão, o regime se aproxima de um presidencialismo. Com efeito, o Presidente, por sua eleição, é o chefe natural do partido ou da coalizão e tem papel determinante na escolha, e no eventual afastamento, do Primeiro-ministro ou de membros do Governo. Disto decorre poder ele descer até a "pequena" política.

Quando ocorre o contrário, ou seja, Presidente e maioria parlamentar não se integram num mesmo grupo, a governança funciona como a de um sistema parlamentar. Entretanto, os poderes do Presidente moderam a atuação partidária e têm de ser levados em conta nessa situação (que os franceses maliciosamente chamam de "*cohabitation*"). O regime nesse caso pode ser visto como um semiparlamentarismo.

SUGESTÃO DE LEITURA COMPLEMENTAR – Clássico: Maurice Duverger, *La Cinquième République*; **Nacional:** Obras do autor: *O parlamentarismo; A ressurreição da democracia*. Santo André: Dia a Dia Forense, 2020.

Capítulo 19
O SISTEMA DIRETORIAL

1. O EXEMPLO SUÍÇO

O sistema diretorial, conhecido também como convencional ou governo de assembleia, ocupa lugar de pequena importância na democracia ocidental, em que a Suíça fornece o único exemplo indiscutível de sua aplicação. Na antiga URSS era, porém, a forma juridicamente consagrada.

O surgimento do governo de assembleia está intimamente ligado na Suíça às peculiaridades de sua história. Como é sabido, a Suíça é o produto da confederação de cantões que foram pouco e pouco se reunindo até formar o atual Estado federativo. Durante vários séculos e até o século XIX, era a Suíça uma confederação de Estados, cujo órgão comum era uma Dieta onde se assentavam representantes dos vários cantões.

Estabelecido em 1848 o Estado federal, procurou-se manter na medida do possível as instituições e as formas confederadas para não se ferirem as suscetibilidades cantonais. Assim, foi erigida a Assembleia Federal em órgão supremo, sem que se limitassem suas competências em relação ao órgão executivo — o Conselho Federal —, embora se resguardasse a independência do Judiciário. Destarte, aparece a Assembleia como único poder habilitado a tomar decisões políticas iniciais, em termos estritamente jurídicos.

2. CARACTERÍSTICAS JURÍDICAS

No sistema convencional — nome preferido pelos franceses que o veem praticado na Convenção, fase da revolução eclodida em 1789 —, o primeiro característico jurídico é a distinção de funções, nos termos clássicos, sem a separação delas, salvo em relação ao Judiciário. Este, sem dúvida, é independente e especializado. Todavia, as decisões sobre a elaboração das leis — a legiferação — e as concernentes à sua aplicação — a "execução" — estão concentradas nas mãos do mesmo órgão, no caso, a Assembleia.

Há um órgão voltado para a administração, cujos membros chefiam os vários departamentos — os ministérios. Esse órgão, porém, é juridicamente despolitizado: não passa de um preposto da Assembleia. Não possui ele esfera reservada. Por outro lado, seus membros são eleitos para um mandato determinado, durante o qual não podem ser destituídos por motivos políticos.

Em suma, o poder político pertence à Câmara, que deixa a outro órgão a aplicação burocrática de suas decisões. A um dos membros desse órgão é atribuída a Presidência da República, cujo papel é meramente cerimonial.

3. TRAÇOS POLÍTICOS

Do esquema jurídico só se pode deduzir a preponderância política completa da Assembleia. Isso, porém, já foi verdadeiro. Hoje a realidade é a inversa, na Suíça, o único exemplo que temos.

De fato, os membros do órgão executivo, por serem normalmente as figuras políticas mais respeitáveis do país, por serem reelegíveis e habitualmente reeleitos, adquirem preponderância sobre a Assembleia, cujos trabalhos e decisões inspiram. Desse modo os modernos estudiosos da vida política suíça caracterizam o seu governo como um regime com centro único de poder, que é o Executivo colegiado.[7]

4. CONDIÇÕES DO SISTEMA DIRETORIAL

Não é duvidoso que o sistema convencional só pode funcionar convenientemente em circunstâncias e em países especialíssimos, como a Suíça. Esta apresenta características sociais, econômicas, históricas e até militares, sem símile. Seu povo é pequeno, rico e próspero, com longa tradição de independência e velha experiência de autogoverno. Sobre ele os extremismos não têm sedução. Sua defesa é providenciada em primeiro lugar pela natureza.

Destarte, dispensa a sua situação quer o *leadership* que o presidencialismo assegura, quer o controle que o parlamentarismo permite. Havendo acordo fundamental sobre o principal, problema algum paralisa a sua Assembleia, que se deixa conduzir por seus prepostos. Não seria ousado dizer que em tal país qualquer regime democrático daria bons frutos.

A transplantação desse sistema para outros países é por isso impensável.

Quem o imitou, durante alguns períodos, foi o Uruguai, outrora considerado a "Suíça latino-americana", com o regime colegiado. Na formulação platina, o Executivo era confiado a um diretório, mas, na verdade, o regime poderia ser definido como um presidencialismo com chefia de muitas cabeças, já que a forma de escolha do Executivo lhe dava preponderância jurídica e política sobre o Legislativo. Na verdade, o partido vencedor nas eleições, qualquer que houvesse sido a maioria obtida, recebia seis cadeiras, dentre as nove do Conselho, ficando as demais para a oposição. Desse modo, o Conselho era eleito pelo povo, no fundo, sem que o Legislativo tivesse influência em sua eleição.

SUGESTÃO DE LEITURA COMPLEMENTAR – Clássicos: W. E. Rappard, *La Constitution Fédérale Suisse de 1848 à 1948*; Paul Bastid, *Le gouvernement d'assemblée*.

---

[7] GARCÍA-PELAYO, Manuel Alonso. *Derecho constitucional comparado*. 2. ed. Madrid: Revista de Occidente, 1951. p. 558.

Seção 2ª
O PODER LEGISLATIVO

1. CONSIDERAÇÕES GERAIS

É com base na doutrina de Montesquieu, a "separação dos poderes", que se estrutura o poder nas democracias de tipo ocidental. Assim, esse nelas se exerce por meio de um Poder Legislativo, de um Poder Executivo e de um Poder Judiciário, que constituem os temas da segunda, terceira e quarta seções desta Parte.

Dos três poderes, o Legislativo é o principal dentro da sistemática da "separação de poderes". Tal decorre não só de ser ele o que de mais perto representaria o soberano, como também de ser quem estabelece a lei que a todos obriga.

O exame do Poder Legislativo envolve duas questões principais: a de suas *tarefas*, ou funções (que não se resumem na de fazer leis), a de sua *organização*, tanto externa, como poder constitucional, quanto interna, para garantir a sua independência funcional. Todavia, embora a função do Legislativo não se restrinja a fazer leis, a *elaboração da lei* merece estudo à parte, dada a sua importância para a democracia.

Consequentemente, esta seção abrangerá três capítulos. O cap. 20 cuidará do Poder Legislativo quanto às suas tarefas. O cap. 21, quanto à sua organização e garantias. Por fim, no cap. 22 se estudará a elaboração da lei.

Capítulo 20
O PODER LEGISLATIVO E SUAS TAREFAS

1. PODER LEGISLATIVO E FUNÇÃO LEGISLATIVA

Das três funções que atribui ao Estado, a doutrina de Montesquieu confere ao primeiro dos poderes a de estabelecer as regras de direito gerais e impessoais a que todos devem obediência. Ora, essas regras gerais e impessoais são as *leis*, daí o nome emprestado a esse poder.

Todavia, nem todas as regras gerais e impessoais que o Estado positiva são editadas por esse poder. De fato, outras há, como as constantes dos chamados regulamentos administrativos, que são obra do Poder Executivo. Daí resulta que, pela *matéria*, não se pode distinguir o ato legislativo dos demais.

Por isso, é fatal o recurso a um conceito *formal* de Poder Legislativo. Este conceito, porém, é tautológico, pois consiste em afirmar que o Poder Legislativo não passa do poder de editar regras jurídicas segundo um processo fixado na Constituição para a elaboração de *leis*. Donde decorre que toda regra adotada por meio desse processo é uma lei, embora não seja, às vezes, nem impessoal nem geral.

2. CRISE LEGISLATIVA E DELEGAÇÃO

Na verdade, é tendência geral a transferência da legiferação para outro poder que não o por essa função definido. É prática frequentíssima o exercício pelo governo (o Executivo) do Poder Legislativo que lhe vem ter às mãos por meio de delegação — às ocultas ou às escâncaras.

Essa delegação é repudiada pelo direito constitucional clássico. Este sempre considerou indelegáveis as funções recebidas pelos "poderes", já que essa indelegabilidade é corolário da própria "separação" de poderes. Por outra, já ensinava Locke[8] que nenhum poder tem o direito de delegar atribuições porque estas não lhe pertencem e sim lhe são delegadas pelo soberano: *delegata potestas delegari non potest*. Enfim, a própria teoria da Constituição rígida repelia essa delegação (a menos que autorizada pela Carta Magna, o que jamais sucedia), visto que ela configuraria uma alteração inconstitucional da distribuição de competências.

A indelegabilidade, porém, estava politicamente vinculada a uma concepção da missão do Estado e da lei, cuja modificação iria pô-la em xeque e mesmo destruí-la. De fato, inerente à indelegabilidade é a ideia de que a lei é declaração de regra

---

[8] LOCKE, John. *Segundo tratado sobre o governo civil*. Petrópolis: Vozes, 1994. cap. 2.

preexistente, decorrente da natureza das coisas, sem intuito renovador. Igualmente, subjacente a esse dogma está a doutrina do "*État-gendarme*", do Estado cuja missão básica é a manutenção da ordem pública, condição da livre ação das leis naturais que governam a sociedade.

A extensão do direito de voto às camadas mais numerosas e necessitadas da população, entre outros fatores, veio substituir a concepção liberal do Estado pela concepção providencialista: o *Estado-providência* substitui o *Estado-garantia*. Tendo o Estado uma missão positiva, intervindo na vida econômica e social para a todos assegurar um mínimo, mantido o princípio do Estado de Direito de que só a lei obriga, forçosamente haveria de ser mudado, como o foi, o caráter de governança. Ganhou, então, ela o caráter instrumental que tem hoje, passou a ser um meio de modificação da sociedade, um processo de realização de uma política, em vista do bem-estar de todo o povo.

Ora, os Parlamentos, em toda parte, se mostraram incapazes de atender, em matéria de legislação, às necessidades do *Estado-providência, como parece ainda ser hoje, em pleno Estado-social* (V., *supra*, cap. 6, n. 4 e ss.).

Como se costuma assinalar, muitos fatores contribuíram para isso: a tecnicidade das questões, mormente econômico-financeiras, que tem de enfrentar o Estado-providência; a premência do tempo em relação ao volume de regras a ser aprovado; a inconveniência do debate público relativamente a certas matérias (como defesa, câmbio etc.); a necessidade de uma adaptação flexível a circunstâncias locais ou transitórias; a frequência de medidas de urgência etc. Esses fatores, e outros, conduziram os Parlamentos a um dilema: ou causar a paralisia do governo ou delegar poderes que não conseguiam desempenhar.

A pressão da opinião pública levou o Parlamento a escolher a segunda saída. Assim, ao "Executivo", órgão capaz, por sua própria estrutura, de decisões mais prontas, cedeu ele, por diversos meios, a tarefa de estabelecer a legislação referente ao que mais de perto concerne ao *Welfare State*.

Em realidade, essa transferência não pode ser condenada em abstrato, em nome da democracia, como ainda vez por outra se faz. Ao tempo de Montesquieu, ao tempo em que o direito constitucional clássico era revolucionário, o Executivo era o monarca de direito divino, o Legislativo, as Câmaras de representação popular. Daí decorria que toda abdicação do Legislativo em favor do Executivo podia ser politicamente interpretada como uma regressão, como um passo de volta à autocracia. Hoje, porém, o Executivo não tem origem menos democrática do que o Legislativo. Ao contrário, não é raro o caso em que parece mais democrático, por sua eleição repousar num mecanismo mais simples e direto.

Mormente no caso do parlamentarismo, em que o Executivo, o gabinete, repousa sobre a maioria parlamentar, a mesma que bastaria para aprovar a lei, nada há de objetável contra a delegação, sob o aspecto político.

Cabe salientar que essas mesmas razões que estimularam a prática das delegações são responsáveis pelo fortalecimento do Poder Executivo em detrimento do Poder Legislativo. À medida que este abdicava de exercer na plenitude as suas funções, crescia aquele que, prazerosamente, as assumia. Hoje, em todo o mundo, mais "legisla" o Executivo do que o dito Legislativo. E dificilmente este poder recuperará o terreno perdido. Mesmo porque, com o desenvolvimento dos partidos, a cúpula destes ocupa o Executivo e destarte comanda o Legislativo, composto de membros desses partidos.

Este assunto é especialmente desenvolvido no estudo do processo legislativo. (*V.*, adiante, cap. 22.)

3. O PODER FINANCEIRO

Se bem que o Poder Legislativo se caracterize em função da elaboração de leis (formalmente atos adotados segundo um processo especial — o processo legislativo fixado na Constituição), seu papel nunca se resumiu nem se resume, nessa tarefa. Tradicionalmente, o Legislativo é o poder financeiro. De fato, às Câmaras, ditas legislativas, por tradição que data do medievo, compete autorizar a cobrança de tributos, consentir nos gastos públicos, tomar contas dos que usam do patrimônio geral.

Na verdade, o poder financeiro das Câmaras é historicamente anterior ao exercício, por elas, da função legislativa. De modo geral as Câmaras representativas, na Idade Média, destinavam-se precipuamente a consentir nos impostos, em razão do princípio largamente difundido de que sem o consentimento dos contribuintes ou de seus representantes não pode haver cobrança de tributos, princípio esse, por exemplo, consagrado na Magna Carta de 1215.

O poder de votar as regras jurídicas — as leis — foi, em realidade, conquistado por essas Câmaras, na Inglaterra, a "mãe dos Parlamentos", por meio de uma barganha: o consentimento em impostos em troca da extensão de sua influência na função legislativa.

Em razão desse poder financeiro, conta o Legislativo com um auxiliar, o Tribunal de Contas.

4. A RAZÃO DE SER DO TRIBUNAL DE CONTAS

A existência de um órgão especializado que fiscalize a realização do orçamento e a aplicação do dinheiro público pelas autoridades que o despendem, é necessidade de há muito sentida, no Brasil e fora dele. Entre nós, já no Império, tentou-se implantar um órgão com essas funções.

Todavia, foi o Governo Provisório que criou o Tribunal de Contas, pelo Decreto nº 966-A, de 7 de novembro de 1890. Tal decreto foi da lavra de Rui Barbosa, que também inspirou a inserção desse órgão de contas no texto constitucional (art. 89 da Lei Magna de 1891). E daí em diante o Tribunal de Contas está presente em todas as Constituições federais.

5. AS FUNÇÕES DO TRIBUNAL DE CONTAS

Sua função geral é a de auxiliar o Congresso Nacional no controle externo que lhe cabe exercer sobre a atividade financeira e orçamentária da União (art. 71). Para tanto, incumbe-lhe apreciar as contas do Presidente da República, desempenhar funções de auditoria financeira e orçamentária, bem como julgar as contas dos administradores e responsáveis por bens e valores públicos (art. 71).

No tocante às contas do Presidente da República, cabe-lhe dar parecer num prazo de sessenta dias sobre as que forem prestadas anualmente (art. 71, I).

6. *STATUS* DO TRIBUNAL DE CONTAS E DE SEUS MEMBROS

Embora vinculado ao Legislativo, o Tribunal de Contas é assimilado aos tribunais judiciários no tocante às garantias de sua independência. Em vista disso, aplica-se-lhe o disposto no art. 96, de modo que ele elege seu Presidente e membros de sua direção, organiza os seus serviços auxiliares, provendo-lhes os cargos, propõe diretamente ao Legislativo a criação ou extinção de cargos e a fixação dos respectivos vencimentos, elabora o seu regimento interno etc.

Por outro lado, os seus membros, designados por ministros, gozam das garantias da magistratura, das prerrogativas e vencimentos dos componentes do Superior Tribunal de Justiça, bem como sofrem os mesmos impedimentos que colhem a estes.

7. COMPOSIÇÃO

A Constituição fixou em nove o número de membros do Tribunal de Contas da União.

Estabeleceu, entretanto, que os membros desse Tribunal serão por um terço escolhidos pelo Presidente da República, depois de aprovada a indicação pelo Senado Federal, e por dois terços pelo Congresso Nacional.

Exige deles serem brasileiros, com mais de 35 e menos de 65 anos de idade, de idoneidade moral e notórios conhecimentos jurídicos, econômicos, financeiros, de administração pública, ou contábeis. Exige ainda experiência de dez anos na área dos conhecimentos requeridos (art. 73, § 1º, I a IV).

8. O PODER DE CONTROLE POLÍTICO

Votando as leis e os tributos, os Parlamentos estavam numa posição favorável para pretender, e exercer, uma supervisão sobre todo o governo. Assim, desenvolveram uma atitude de *controle* em relação a todos os órgãos desse, que iria resultar no princípio da responsabilidade política.

Tal *controle político* é talvez hoje a principal contribuição dos Parlamentos para o processo político. De fato, a prática das *delegações*, o *leadership* exercido pelo "Executivo", fenômenos que, mais ou menos pronunciados ou disfarçados, se observam em toda parte, vêm deixando as Câmaras como mero órgão de fiscalização em que se debatem, criticam e justificam as opções governamentais para edificação da opinião pública.

9. RELAÇÃO ENTRE CONTROLE POLÍTICO E SISTEMAS DE GOVERNO

Esse controle é pelas Câmaras mais eficazmente desempenhado nos regimes parlamentaristas, nos quais a sorte do gabinete está em mãos da maioria parlamentar. As Constituições que adotam esse regime costumam, seguindo os ditames da racionalização do poder, regular minuciosamente os instrumentos desse controle, prevendo "questões escritas", "questões orais", e, sobretudo, "moções de censura", e "moções de desconfiança", moções estas que, aprovadas, acarretam a demissão do ministro ou do gabinete.

No presidencialismo, essa fiscalização é mais grosseira e menos eficiente. Afora o seu desempenho por meio da atividade de qualquer parlamentar (em discurso e outras manifestações), ela é exercida principalmente pelas comissões de inquérito.

10. AS COMISSÕES PARLAMENTARES DE INQUÉRITO

As comissões de inquérito, que devem ser distinguidas das comissões permanentes, organizadas para apreciar os projetos e dar parecer sobre eles, de um ângulo determinado, são comissões especiais e temporárias criadas para a apuração de fato ou fatos determinados.

Não são típicas do presidencialismo. Ao contrário, mostra Souza Sampaio[9] que foram estabelecidas, pela primeira vez, na Câmara dos Comuns, de onde passaram para as assembleias das colônias britânicas da América do Norte e para as Constituições estaduais, sem que houvessem chegado à Constituição Federal americana. Sua importância, todavia, cresce no regime presidencialista, ao qual faltam, como já se disse, os principais meios de controle do governo.

Ao direito brasileiro, porém, as comissões de inquérito só efetivamente chegaram com a Constituição de 1934 e sobretudo por influência da Constituição de Weimar, embora fossem os Estados Unidos o grande exemplo de sua frequência e eficiência.

Sem dúvida, Pimenta Bueno já as sugerira para a fiscalização administrativa, mas sem êxito. Igualmente, no silêncio da Constituição de 1891, o regimento do Senado chegou a prevê-las. Entretanto, foram até 1930 esporádicas e infrutíferas as tentativas de pô-las em ação.

A Constituição de 1934 as instituiu, no art. 36, nas mesmas linhas que a de 1946 iria adotar, no seu art. 53, depois de serem elas esquecidas pela Carta de 1937. Tais linhas permanecem ainda hoje.

São elas: (1) devem visar à apuração de fato determinado; (2) funcionarão por prazo certo; (3) têm poderes de investigação análogos ao do juiz; (4) serão constituídas a requerimento de um terço dos membros da Casa; (5) deverão explicitar as suas conclusões, num documento final (art. 58, § 3º).

Observe-se que a finalidade das comissões de inquérito é obter elementos úteis à atividade parlamentar, não necessariamente vinculados a ilícitos penais. Todavia, se no curso de seus trabalhos forem identificados eventuais ilícitos, deverá esse fato ser comunicado ao Ministério Público para as providências cabíveis.

11. O *IMPEACHMENT*

Como expressão ainda da função de controle do Parlamento sobre o governo, deve, a nosso ver, ser encarado também o *impeachment*. Por *impeachment*, de modo lato, deve-se aqui entender o processo pelo qual o Legislativo sanciona a conduta de autoridade pública, destituindo-a do cargo e impondo-lhe pena de caráter político.

---

[9] SAMPAIO, Nelson de Souza. *Do inquérito parlamentar*. Rio de Janeiro: Fundação Getulio Vargas, 1964. p. 10 e ss.

A natureza do *impeachment* é de caracterização das mais difíceis, do que resulta profundo dissídio doutrinário. De fato, há motivos para que se hesite em considerá-lo processo penal, como há para que se duvide ser ele mero processo político.

12. ORIGEM DO *IMPEACHMENT*: GRÃ-BRETANHA

O *impeachment* é uma criação inglesa. Funda-se ele na ideia, hoje lugar-comum, de que o governante não é senhor do poder que exerce, mas apenas um delegado ou representante do povo ou da comunidade, aos quais tem contas a prestar.

Criação inglesa, desenvolveu-se especialmente do século XIII à primeira metade do século XVII depois do que se tornou menos frequentemente usado. Tinha caráter judicial (no sentido que usualmente se dá a essa palavra). Fundava-se em crime e seu objetivo era não só a destituição da autoridade acusada, mas também a aplicação a ela de uma pena corporal. Assegurando, todavia, defesa ao acusado, foi menos usado quando o Parlamento se tornou impaciente com as delongas e preferiu empregar em seu lugar a lei condenatória (*bill of attainder*). Saliente-se, contudo, que a Revolução de 1688 o tornou ainda mais grave para o acusado, pois vedou ao monarca que concedesse graça aos condenados, no processo de *impeachment*.

Veio o *impeachment* a perder importância no curso do século XVIII quando aos poucos se estruturou o parlamentarismo. Na verdade, foi ele a fonte da responsabilidade política do gabinete, visto que pairava sobre o ministro desapoiado pela maioria parlamentar ameaça de *impeachment*, dado que, não havendo rol preciso e claro dos crimes que o ensejavam, o ministro jamais estava seguro de que sua conduta, por desagradar ao Parlamento, não seria considerada criminosa.

O estabelecimento inconteste do princípio da responsabilidade política do gabinete, e de cada ministro individualmente considerado, trouxe em breve o desuso do *impeachment*. De fato, depois de 1806, ao que consta, não foi mais usado.

13. EVOLUÇÃO DO *IMPEACHMENT*: ESTADOS UNIDOS

O direito constitucional norte-americano é que salvou do esquecimento esse instituto. Constituições de Estados (p. ex., Virgínia, Massachusetts) e a própria Constituição Federal (art. 2º, seção 4ª) o consagraram.

Consagrando-o, todavia, não lhe imprimiram o caráter original. Se o processo continua a ter caráter contencioso, agindo o Congresso como o faria um Tribunal, não pode ele acarretar senão destituição do acusado que é, ao mesmo tempo, inabilitado para o exercício de funções públicas. Não culmina, pois, por aplicação de pena, estritamente falando.

Funda-se em crime — *misdemeanors* — mas nenhuma lei cataloga esses *misdemeanors*. Por isso, ensina Corwin,[10] deve-se entender que qualquer violação grave da lei do país o justifica.

Conforme o próprio Corwin sugere, o *impeachment* norte-americano tem caráter misto. Pressupõe crime, mas como tal se deve entender violação grave de lei, culmina

---

[10] CORWIN, Edward S. *The president*: office and powers. 4. ed. New York: New York University Press, 1957. p. 351-356.

com a aplicação de uma "pena" política — destituição — por órgão político — o Senado —, cuja apreciação é sempre política. Entretanto, não é mera *inquest of power*, processando-se contenciosamente, como um processo penal *sui generis*.

Ainda, contra o Pres. Nixon, tomaram-se as medidas preliminares de um processo de *impeachment*, em razão do chamado caso *Watergate*. Revelou-se aí a inviabilidade dessa instituição lenta e desatualizada para os dias que correm. Por muito tempo e com danosas consequências para os Estados Unidos, arrastar-se-ia o processo, se a pressão da opinião pública não tivesse levado Nixon à renúncia.

14. O *IMPEACHMENT* NO DIREITO BRASILEIRO

Entre nós, o *impeachment* já foi previsto pela Constituição de 1824 (arts. 133 e 134) para os ministros de Estado e não para autoridades públicas em geral, como é da tradição anglo-saxônica. Lei complementar, de 15 de outubro de 1827, regulou-o em termos penais. O desenvolvimento da responsabilidade política, entretanto, o conservou sem uso, fora casos esporádicos, em 1827, 1828, 1829, 1831, 1832 e 1834, os quais não chegaram à condenação.[11]

Todas as Constituições republicanas, sem exceção, o previram em termos próximos (1891, art. 53; 1934, art. 57; 1937, art. 85; 1946, art. 89; 1967 com a redação da EC nº 1/1969, art. 82; 1988, art. 85). Todavia, jamais esse processo chegou a termo e a condenação, não havendo sido jamais suspensa qualquer autoridade do exercício de suas funções em razão do *impeachment*, no plano federal, antes do caso do Pres. Collor.

15. NATUREZA DO INSTITUTO

A maioria da doutrina brasileira entende que o *impeachment* é um instituto de natureza política. Entre os adeptos desta tese arrolam-se Brossard — o melhor monografista da matéria —, Themístocles Cavalcanti, Epitácio, Maximiliano etc. Em igual posição coloca-se a jurisprudência, segundo relata Brossard.[12] A tese de que o *impeachment* possui natureza penal, entretanto, conta com defensores, entre os quais se salienta Pontes de Miranda.[13] Enfim, posição intermediária ocupa pelo menos um ilustre mestre, o Prof. José Frederico Marques,[14] que dá ao *impeachment* natureza mista.

Tal dissídio força o estudioso a uma análise detida do instituto antes de formar convicção.

Em primeiro lugar, impõe-se o exame do fundamento do *impeachment*. A consulta à Constituição de 1988, art. 85, revela ser ele uma *conduta contrária à Constituição*. A lei, todavia (Lei nº 1.079, de 10/04/1950), define as figuras que dão ensejo ao *impeachment*. Sem dúvida, a maior parte dessas figuras retrata comportamentos politicamente indesejáveis e não condutas antissociais. Essas figuras, pois, não são crimes, no sentido que a ciência penal dá a esse termo. Todavia, a ocorrência de fatos que se

---

[11] BROSSARD, Paulo. *O impeachment*. Porto Alegre: Globo, 1965. p. 41.
[12] BROSSARD, Paulo. *O impeachment*, cit., p. 82.
[13] PONTES DE MIRANDA, Francisco Cavalcanti. *Comentários à Constituição de 1967*. São Paulo: Revista dos Tribunais, 1967. v. 3, p. 138.
[14] MARQUES, José Frederico. *Da competência em matéria penal*. São Paulo: Saraiva, 1953. p. 154.

enquadrem exatamente na descrição da figura da Lei nº 1.079 é indispensável para que possa desencadear-se o *impeachment*. Assim, o fundamento deste em sua substância é político, mas em sua forma é um crime (em sentido formal).

Segundo ponto a considerar é o processo, em seu objetivo e sua forma. O objetivo do *impeachment* é principalmente político: a destituição da autoridade culpada (*v.* art. 52, parágrafo único). Todavia, acompanha essa destituição uma sanção punitiva, uma "pena", portanto "a inabilitação por oito anos, para o exercício de qualquer função pública" (art. 52, parágrafo único, *in fine*). A aplicação dessa "pena", contudo, não exclui a aplicação de outra pela justiça ordinária, se o ato configurar alguma das catalogadas no Código Penal, ou noutra lei penal ordinária. Ressalta daí o caráter *sui generis* da inabilitação como pena, já que do contrário haveria *bis in idem*. Por outro lado, a absolvição do acusado pelo Senado impede que seja ele processado pela justiça comum, o que revela não ser estritamente política a natureza da "pena".

Quanto à forma, o *impeachment* tem natureza judiciária na medida em que por isso se entende a observância de um rito e a concessão de amplas garantias à defesa (Lei nº 1.079, arts. 14 e ss.). Tanto assim que o Código de Processo Penal é legislação subsidiária (Lei nº 1.079, art. 38). No entanto, tradicionalmente, se sustenta que a Câmara dos Deputados, ao examinar a procedência da acusação, deve apreciá-la politicamente, enquanto o Senado deve agir como juiz, deve julgá-la. Essa interpretação é discutível. Sem dúvida, há larga margem para apreciação de caráter político, ao se encarar o que seja uma conduta contrária à Constituição. Entretanto, se essa conduta vem definida em lei como configurando "crime de responsabilidade", é difícil compreender de que maneira pode a Câmara, sem violar a lei, deixar de reconhecer como tal uma figura na lei descrita.

16. O PROCEDIMENTO

Na Constituição brasileira de 1988, o *impeachment* não pode ser movido senão contra o Presidente e o Vice-presidente da República (art. 85), contra os ministros de Estado e os Comandantes da Marinha, do Exército e da Aeronáutica (art. 52, I), contra os ministros do Supremo Tribunal Federal, contra o Procurador-geral da República e o Advogado-geral da União e os membros do Conselho Nacional de Justiça e do Conselho Nacional do Ministério Público (art. 52, II), no plano federal, e contra as autoridades equivalentes nos planos estadual e municipal. Na verdade, por sua forma, só mereceria o nome de *impeachment* o processo contra o Presidente e os ministros nos crimes com o daquele conexos. Todavia, o uso consagrou o emprego da expressão para designar todos os casos acima.

De acordo com a Constituição de 1988, o processo e o julgamento do Presidente nos crimes de responsabilidade cabem ao Senado Federal. Este será então presidido pelo Presidente do Supremo Tribunal Federal, e só poderá proferir sentença condenatória pelo voto de dois terços de seus membros.

Note-se que, instaurado o processo pelo Senado, ficará o Presidente suspenso de suas funções. Isto por um máximo de seis meses.

À Câmara dos Deputados compete tão somente dar, ou não, licença para que o Presidente seja processado. Essa licença exige o voto favorável de dois terços dos membros da Câmara.

Caso condenado no crime de responsabilidade, o Presidente da República perderá o cargo e sofrerá a pena acessória de inabilitação, por oito anos, para o exercício de qualquer função pública.

Se o crime, além de ser de responsabilidade, for também comum, o Presidente da República responderá por ele perante o Supremo Tribunal Federal, podendo então receber pena propriamente dita.

Quanto ao Ministro de Estado, no caso de crime de responsabilidade conexo com o do Presidente da República, será ele processado e julgado pelo Senado Federal. Entretanto, se o crime não for conexo com delito do Presidente, será ele processado e julgado pelo Supremo Tribunal Federal.

No caso de crimes de responsabilidade dos Comandantes da Marinha, do Exército e da Aeronáutica, não conexos com crime do Presidente da República, é do Supremo Tribunal Federal a competência para o processo e julgamento.

17. O PROCESSO DOS CRIMES COMUNS

Com relação a crimes comuns, o Presidente da República há de ser processado e julgado pelo Supremo Tribunal Federal. Entretanto, esse processo depende de licença por parte da Câmara dos Deputados, que exige o voto favorável de dois terços dos seus membros.

18. APRECIAÇÃO SOBRE O *IMPEACHMENT*

Não se pode concluir o exame do *impeachment* sem que se aprecie o seu valor. A este propósito, até o caso envolvendo o Pres. Collor, a doutrina era unânime: tratava-se de uma peça de museu.

Isto porque, por um lado, sua maquinaria é por demais complexa, consequentemente lenta e trabalhosa; por outro, a soma de poderes com que conta o Presidente dificulta sobremodo a sua efetivação.

Ainda é muito cedo para avaliar o caso Collor. De qualquer modo vale apontar que as exceções não infirmam a regra. Além disso, para que o processo fosse adiante, foi preciso que se aceitassem interpretações extremamente contestáveis do texto constitucional, como a da recepção parcial da Lei nº 1.079/1950. Com efeito, esta Lei era estabelecida de acordo com a Constituição de 1946, na qual a Câmara dos Deputados fazia o processo do *impeachment* e o Senado julgava o acusado. Ora, na Constituição vigente, o Senado processa e julga o acusado, limitando-se a Câmara dos Deputados a admitir a acusação.

Capítulo 21
ORGANIZAÇÃO E GARANTIAS DO LEGISLATIVO

1. A ORGANIZAÇÃO DO LEGISLATIVO

Na democracia representativa, tradicionalmente o Legislativo é confiado a órgãos coletivos que devem representar o povo e por ele decidir em questões capitais. Na lição de Montesquieu: "Como, num Estado livre, o homem, que se reputa ter uma alma livre, deve ser governado por si próprio, seria preciso que o povo tivesse o Poder Legislativo. Mas como isso é impossível nos grandes Estados, e sujeito a muitos inconvenientes nos pequenos, é preciso que o povo faça por seus representantes tudo o que não pode fazer por si próprio".[15]

Todavia, deve esse poder ser entregue ao corpo de representantes organizado numa Câmara, em duas, ou numa pluralidade delas? Todas essas fórmulas foram experimentadas.

Conhecido é o caso da Constituição francesa do ano VIII da Revolução, que confiava a elaboração dos projetos a uma Câmara — o Conselho de Estado; sua discussão, a outra — o Tribunato; sua votação, à terceira — o Corpo Legislativo; e, enfim, a verificação de sua constitucionalidade ao Senado.

As fórmulas comuns, entretanto, em direito comparado, são a da unicidade e a da dualidade de Câmaras Legislativas.

2. O UNICAMERALISMO

A unicidade da Câmara Legislativa é excepcional. É adotada em Portugal e em alguns Estados, de dimensão territorial e pessoal exíguas, como Luxemburgo.

3. O BICAMERALISMO

A regra comum é o bicameralismo, isto é, a existência de duas Câmaras que, em pé de igualdade ou não, participam do desempenho das tarefas ordinariamente confiadas ao Legislativo.

O bicameralismo, por sua vez, obedece a quatro tipos diversos, conforme a natureza da segunda Câmara. O primeiro deles é o tipo aristocrático, hoje em quase completa desaparição, frequente, todavia, no século XIX. Nele, a segunda Câmara destina-se a representar uma classe: a nobreza. Atualmente, é exemplo de Câmara assim destinada

---

[15] MONTESQUIEU, Charles de Secondat. *O espírito das leis*. 9. ed. São Paulo: Saraiva, 2008. liv. XI, cap. VI.

a dos Lordes, na Grã-Bretanha, cuja influência juridicamente é quase nula, mas que ainda é ponderável politicamente, dado o fato de compreender a elite intelectual e profissional enobrecida pela Coroa, em razão de seus serviços.

Outro tipo é o federal. Neste, a Câmara alta representa os Estados federados; a baixa, o povo. Na verdade, não há Estado federal que não seja bicameral, inclusive no campo marxista.

O terceiro é o bicameralismo sistemático; ou de moderação. Aqui, a existência da segunda Câmara deriva da consideração da necessidade de se refrearem os impulsos da representação, estabelecendo uma Câmara cuja composição faça agir como contrapeso. É esse o caso do Senado italiano e do Senado francês contemporâneos.

O quarto é o bicameralismo técnico, em que a segunda Câmara é especializada, tendo uma função de assessoria técnica. É o caso das Câmaras Corporativas, como a estabelecida na Áustria, em 1934. Com essas segundas Câmaras não devem ser confundidos, todavia, certos órgãos de caráter meramente consultivo, como o Conselho Econômico previsto na Constituição francesa de 1946.

4. O BICAMERALISMO NA HISTÓRIA CONSTITUCIONAL BRASILEIRA

A Constituição vigente estabelece que o Poder Legislativo é exercido pelo Congresso Nacional, que se compõe da Câmara dos Deputados e do Senado Federal (art. 44). Mantém, portanto, o bicameralismo, como é de nossa tradição constitucional. Com efeito, todas as Constituições brasileiras deram estrutura bicameral ao Legislativo. Variou, porém, o caráter desse bicameralismo.

A Carta de 25 de março de 1824 confiava o Poder Legislativo à Assembleia Geral (exigindo para seus atos a sanção imperial). Esta assembleia se compunha de uma Câmara de Deputados, representativa do povo, e de um Senado, de membros vitalícios, com função de contrapeso e moderação. Tal bem claramente deflui das condições da elegibilidade para aquele, especialmente quanto ao censo mais alto e à idade mais avançada. Adotava, pois, essa Constituição o bicameralismo sistemático.

A Constituição de 1891, como o faz a atual, conferia o Legislativo ao Congresso Nacional, composto de uma Câmara baixa, a dos Deputados, e de uma alta, o Senado, representativo dos Estados federados. Filiava-se, pois, ao bicameralismo federal, ainda que, na exigência de idade mais avançada para os membros do Senado, mostrasse laivos de inspiração moderadora.

A de 1934 também deve ser inscrita como partidária do bicameralismo federal, assim como a de 1937. Ambas, todavia, amesquinhavam o papel da Câmara alta (chamada na Carta do Estado Novo de Conselho Federal). De fato, a primeira a considerava mera colaboradora da outra e a inscrevia entre os órgãos de coordenação entre os poderes. A última nela inscrevia representantes escolhidos pelo Presidente, o que a desnaturava numa larga medida.

A Constituição de 1946 reatou com a tradição de 1891. Atribuiu as tarefas do Legislativo ao Congresso Nacional, composto da Câmara dos Deputados e do Senado Federal. O mesmo ocorreu com a Constituição de 1967.

Entretanto, se o bicameralismo brasileiro em tese é o federal, na prática, ele é, pelo caráter, um bicameralismo de moderação. Os senadores representam os Estados, mas principalmente atuam como representantes de correntes políticas.

5. AS SESSÕES CONJUNTAS DO CONGRESSO NACIONAL

A nova Constituição se manteve nas linhas mestras já em 1891 traçadas. Como a anterior, previu que certos atos só fossem praticados pelo Congresso em sessão conjunta. Destarte, é em sessão conjunta do Congresso que se há de: (1) inaugurar a sessão legislativa (em 2 de fevereiro de cada ano); (2) elaborar o regimento comum e regular a criação dos serviços comuns às duas Casas; (3) receber o compromisso do Presidente e do Vice-presidente da República; (4) conhecer do veto e sobre ele deliberar (art. 57, § 3º, I, II, III e IV); (5) discutir e votar o orçamento (art. 166) etc.

6. A ORGANIZAÇÃO DO LEGISLATIVO NO BRASIL: DIREÇÃO AUTÔNOMA

Para que seja assegurada a independência das Câmaras, é necessário que sejam elas dirigidas por membros seus, livremente eleitos. Essa é, aliás, a regra constitucional. Cada Câmara é dirigida por uma *mesa* (art. 57, § 4º), composta de um presidente e de quantos cargos entender ela conveniente, sendo que as sessões conjuntas serão presididas pelo presidente do Senado, devendo os demais cargos ser exercidos pelos ocupantes dos mesmos cargos na mesa da Câmara e do Senado, alternativamente (art. 57, § 5º).

Sob a Constituição de 18 de setembro de 1946 e até a promulgação da Emenda Constitucional nº 4, era o Vice-presidente da República presidente nato do Senado. Tal decorria de tradição consolidada na primeira República e nos Estados Unidos e se justificava como um expediente para que um dos Estados federados não se visse inferiorizado, já que ao presidente só cabe o voto de qualidade.

Na verdade, isso não tem razão de ser. O "prejuízo" do Estado é mais do que compensado pelo fato de ter ele um de seus representantes à testa de todo o Congresso.

A Constituição de 1967 deu ao Vice-presidente da República a presidência do Congresso (art. 79, § 2º). A Emenda nº 1, porém, retirou-lhe essa função. Cabe, assim, a presidência do Congresso ao presidente do Senado, disciplina mantida na Constituição de 1988 (art. 57, § 5º).

7. A AUTO-ORGANIZAÇÃO E SEUS LIMITES

Igualmente, como garantia do Poder Legislativo, estabelece a Constituição a auto-organização do Congresso e de cada uma das Câmaras. Impõe ela, todavia, certas regras gerais de funcionamento que devem ser respeitadas. Afora a regra quanto à abertura e ao término das sessões legislativas, que se estenderão de 2 de fevereiro a 17 de julho e de 1º de agosto a 22 de dezembro (art. 57), a Constituição determina que: (1) as deliberações só são possíveis presente a maioria dos membros da Câmara (art. 47); (2) as deliberações serão por maioria simples, "salvo disposição constitucional em contrário" (art. 47); (3) o voto será secreto, em determinadas votações que especifica (p. ex., art. 66, § 4º); (4) na constituição das comissões há de ser observada "tanto quanto possível, a representação proporcional dos partidos ou dos blocos parlamentares que participam da respectiva Casa" (art. 58, § 1º).

8. AS COMISSÕES

A nova Lei Fundamental valorizou as comissões parlamentares dedicando-lhes uma seção específica.

No seio da Câmara, para finalidades determinadas, organizam-se grupos, que são as comissões. Dessas comissões, umas são permanentes, destinando-se ao exame da matéria submetida à Câmara de um ponto de vista especializado. Há, assim, a Comissão de Justiça, a de Finanças etc. Outras são temporárias ou especiais e se constituem para cumprir uma finalidade qualquer, e, obtida esta, ou pelo decurso do prazo que lhe foi dado, automaticamente se dissolvem.

Dispôs o constituinte sobre os poderes das comissões, em razão da matéria de sua competência, alargando-lhes o âmbito de sua atuação (art. 58, § 2º), como, por exemplo, a apreciação "de programas de obras, planos nacionais, regionais e setoriais de desenvolvimento e sobre eles emitir parecer".

Muito importantes dentre elas são as comissões de inquérito, que se constituem para apurar fato determinado, conforme se viu no capítulo anterior. Terão elas poderes de investigação próprios das autoridades judiciais, que poderão ser acrescidos de outros poderes por força de disposição do Regimento Interno da Casa.

A todas as comissões, permanentes ou não, se aplica a exigência constitucional de proporcionalidade. A Constituição permite que seja delegada à comissão a deliberação sobre projeto de lei. É a chamada delegação *interna corporis* (art. 58, § 2º, I).

Cria a Lei Fundamental uma comissão representativa do Congresso Nacional que funcionará nos períodos de recesso e cujas atribuições deverão constar do Regimento do Congresso, exigida, no entanto, a proporcionalidade de representação partidária na sua composição (art. 58, § 4º).

9. CONDIÇÕES DE ELEGIBILIDADE

Para que alguém possa ser eleito para o Congresso, é necessário que preencha determinados requisitos, a saber:

1) seja brasileiro;

2) seja eleitor;

3) não seja inelegível;

4) tenha mais de vinte e um anos, para a Câmara dos Deputados; mais de trinta e cinco anos, para o Senado.

Inova o texto constitucional ao não mais reclamar a qualidade de brasileiro nato para os congressistas. Apenas os presidentes de cada uma das duas Casas é que deverão ser brasileiros natos.

Assim, em consequência, o brasileiro naturalizado, preenchidas as demais condições, pode ser eleito deputado ou senador, não podendo, contudo, tornar-se presidente da respectiva Casa.

10. O SENADO NA FEDERAÇÃO

O Senado brasileiro é, pois, uma Câmara componente do Congresso Nacional, de caráter federal, embora com laivos de inspiração moderadora.

Cumpre, estruturalmente, o papel de representar na gestão do interesse nacional os Estados-membros da Federação. Todavia, em razão da existência de partidos nacionais que dividem entre si as cadeiras nele existentes, na realidade dos fatos o Senado é bem menos uma Câmara de representação dos Estados do que uma outra assembleia popular, de espírito mais moderado.

11. FUNÇÕES DO SENADO

É o Senado, de pleno direito, integrante do Legislativo, não podendo aprovar-se lei sem que tenha oportunamente se manifestado sobre o projeto. Em decorrência, porém, do processo adotado pela Constituição para a feitura das leis, é normalmente uma Câmara de revisão.

Possui ele certo número de competências privativas, algumas são fruto da imitação de instituições alienígenas; outras, de seu caráter federal, terceiras, de sua inspiração moderadora.

Cabe-lhe, assim, uma intervenção no desempenho da função executiva que transparece no fato de ser exigida a sua ratificação para certas nomeações.

Nesse particular, a competência do Senado foi bastante alargada.

Cabe-lhe a aprovação da escolha de alguns magistrados; ministros do Tribunal de Contas indicados pelo Presidente da República; governador de Território; presidente e diretores do Banco Central; Procurador-geral da República e chefes de missão diplomática de caráter permanente, sempre por voto secreto e mediante arguição pública — salvo com relação aos chefes de missão diplomática, quando a arguição é também secreta (art. 52, III, *a* a *f*, e IV) —; afora outros que a lei determinar.

Incumbe-lhe, privativamente, também, a fiscalização dos Estados e dos Municípios no que tange aos empréstimos externos que esses desejem contrair (CF, art. 52, V), competência que deflui de ser a câmara de representação da Federação.

É outrossim exclusivamente ao Senado que cabe ainda julgar o Presidente e o Vice nos crimes de responsabilidade, e os ministros de Estado e Comandantes das Forças Armadas se conexos os crimes com o daquele (CF, art. 52, I), assim como processar e julgar os ministros do Supremo, o Procurador-geral da República e o Advogado-geral da União, bem como os membros do Conselho Nacional de Justiça e do Conselho Nacional do Ministério Público, nos mesmos crimes (art. 52, II).

É de sua competência privativa o suspender a execução de leis e decretos no todo ou em parte julgados inconstitucionais, por decisão definitiva do Supremo (art. 52, X). Essa competência lhe foi atribuída pela Constituição de 1934 (art. 91) e é sem símile. Por ela, o Senado tinha o caráter de órgão de coordenação entre Legislativo e Judiciário, dificilmente conciliável na Constituição atual com o seu caráter de integrante do Congresso. Exercendo essa função, cumpre o Senado relevante papel para o estabelecimento de segurança nas relações jurídicas.

Note-se que, no desempenho dessa função, o Senado não pode apreciar o mérito da decisão, ou, em outras palavras, se há ou não a inconstitucionalidade identificada. Só lhe cabe verificar se os requisitos formais da decisão foram observados.

12. COMPOSIÇÃO

Os senadores são eleitos por voto direto e secreto, pelo sistema majoritário em único turno.

O número de senadores é múltiplo do de Estados, pois adota o nosso ordenamento o princípio de igual representação dos Estados da Federação. Esse princípio de paridade é, aliás, tradicional no federalismo brasileiro, como o é no suíço e no norte-americano. A ele faz exceção, todavia, o federalismo germânico, no qual o número de senadores não é igual para cada Estado, obedecendo esse número à relação com a população da unidade federada.

Hoje, entre nós, cada Estado (e o Distrito Federal) tem três representantes, o que é inovação da Constituição de 1946, já que a tradição era ter dois. Essa representação era da tradição de nosso direito, prevista que foi em 1891, 1934 e 1946, sendo encontrada igualmente no México, na Venezuela e na Argentina. Inexiste, contudo, no modelo, a Constituição dos Estados Unidos da América.

A escolha dos senadores, para que realmente espelhasse o interesse dos Estados e não o das facções políticas por que se distribui o povo desses, deveria ser conferida aos órgãos das unidades federadas. Assim, o previa o direito norte-americano, por exemplo, como o prevê o direito da Alemanha (art. 60 da Lei Fundamental). Desde a Emenda nº 17, a eleição é direta nos Estados Unidos, e voltou a ser no Brasil, para todos os senadores, depois da Emenda nº 15 à Carta de 1967.

O mandato do senador é de oito anos. Todavia, esta Câmara se renova parcialmente a cada quatro anos, alternadamente por um terço e por dois terços.

13. A CÂMARA DOS DEPUTADOS: MISSÃO CONSTITUCIONAL

A Câmara dos Deputados destina-se a representar o povo. Seus membros gozam de mandato de quatro anos.

14. COMPOSIÇÃO

A Constituição em vigor adotou o critério do número de habitantes para a distribuição de cadeiras aos Estados e ao Distrito Federal. Atribui a estes um mínimo de oito e um máximo de setenta deputados, a serem repartidos de modo proporcional ao número de habitantes. Cada Território terá direito a quatro deputados (art. 45, §§ 1º e 2º).

15. CRÍTICA

Indiscutivelmente a repartição de cadeiras é injusta e ilógica. É ilógica porque — todos sendo iguais perante a lei — não há por que valorizar a representação de parcela do povo residente nos pequenos Estados em detrimento da que pertence aos Estados populosos. É injusta porque super-representa a população de certos Estados e sub--representa a de outros. Fácil verificá-lo: basta dividir o número de cadeiras atribuídas ao Estado mais populoso pelo número de seus eleitores e comparar o número de cadeiras dadas ao menos populoso, ou aos menos populosos, para ficar patente que o peso dos eleitores destes últimos é muito maior do que o dos eleitores do mais populoso. (Claro está que tal peso maior ocorre quanto à escolha dos membros do Legislativo, mas é politicamente compensado pelo peso do número de eleitores na eleição presidencial.)

16. O MODO DE ELEIÇÃO DOS DEPUTADOS

As eleições para a Câmara dos Deputados obedecem ao sistema de representação proporcional, adotando o Código Eleitoral a modalidade da maior média para a distribuição das sobras, do modo seguinte:

1) somam-se os votos atribuídos a partidos (votos só de legenda) e a candidatos (que também se contam para o respectivo partido — a legenda), obtendo-se o total de votos de legenda;

2) divide-se o total de votos de legenda pelo número de cadeiras a preencher, obtendo-se o *quociente eleitoral*, desprezando-se as frações;

3) divide-se o número de votos de cada partido pelo *quociente eleitoral*, obtendo-se o número de eleitos, desprezando-se sempre as frações;

4) havendo *sobras* (cadeiras não atribuídas), deve-se procurar a *maior média*. Assim, soma-se uma unidade ao número de eleitos pelo partido, conforme o n. 3, eliminando-se o que não houver obtido número de votos ao menos igual ao *quociente* (n. 2), e por esse número divide-se o total de votos do partido. Repete-se a operação para cada partido e depois se averigua qual o que tem maior média e a este se confere o lugar;

5) se necessário, repete-se a operação anterior até que se distribuam todas as sobras.

17. FUNÇÕES PRIVATIVAS DA CÂMARA DOS DEPUTADOS

São funções privativas da Câmara dos Deputados as enumeradas no art. 51 da Constituição, isto é, autorizar, por dois terços de seus membros, a instauração de processo contra o Presidente da República, o Vice-presidente e os Ministros de Estado. Tal autorização leva-os a julgamento perante o Supremo Tribunal Federal nos crimes comuns e perante o Senado nos de responsabilidade. Também é dessa competência privativa a iniciativa da tomada de contas do Presidente, se este não as prestar até sessenta dias após a abertura da sessão legislativa, bem como dispor sobre sua organização, funcionamento, polícia, criação, transformação ou extinção de cargos, empregos e funções de seus serviços, fixando-lhes por lei a respectiva remuneração, observadas as diretrizes orçamentárias.

Cabe-lhe, também, elaborar o respectivo regimento interno e ainda eleger dois membros do Conselho da República.

18. GARANTIAS DA INDEPENDÊNCIA DO LEGISLATIVO

A organização do Legislativo só se completa se forem estabelecidas garantias suficientes para o seu funcionamento independente. Dessas garantias, algumas dizem respeito ao poder como tal. Entre estas, devem-se mencionar a auto-organização das Câmaras, seu autogoverno, sua reunião independentemente de convocação, a proibição de sua dissolução, garantias essas que já foram acima estudadas por estruturarem o próprio Legislativo.

Outras dizem respeito aos membros do Parlamento e configuram o seu estatuto. Compreendem, portanto, as prerrogativas e vantagens dos parlamentares, assim como os impedimentos, as incompatibilidades e sua sanção, no exercício do mandato.

19. A REMUNERAÇÃO

Entre as vantagens a que fazem jus os parlamentares, merece particular menção a remuneração (art. 49, VII).

A remuneração é percebida pelo desempenho da função. Não falta quem se insurja contra essa remuneração, ou contra o seu montante reputado excessivo. Todavia, há que se sublinhar dois aspectos: um, o de que essa remuneração atende a um imperativo democrático, pois sem ela a representação ficaria nas mãos dos ricos; outro, o de que essa remuneração deve pôr quem a recebe fora do alcance das tentações. Os gratuitos, observava Talleyrand, muitas vezes custam caro...

Cabe ao Congresso Nacional fixar remuneração idêntica para deputados e senadores.

A remuneração dos parlamentares está, contudo, sujeita a tratamento comum quanto ao pagamento de tributos (art. 49, VII).

Como vantagem, ainda se pode incluir a regra do art. 38, IV, da Constituição, que beneficia os parlamentares que sejam funcionários públicos, mandando contar o tempo de exercício do mandato para todos os efeitos, exceto para promoção por merecimento.

20. AS IMUNIDADES

A necessidade de se assegurar ampla liberdade de ação ao parlamentar para o exercício do mandato inspira-lhe a outorga de certas prerrogativas. Estas são exceções ao regime comum, decorrentes não de seu interesse pessoal (pois se assim fosse seriam privilégios), mas do interesse público no bom exercício do mandato, do que resulta não serem renunciáveis por aqueles que são por elas escudados.

Tais imunidades têm o seu regime fixado pelo art. 53 da Constituição, com a redação estabelecida pela Emenda Constitucional nº 35/2001. São elas:

1) a *inviolabilidade penal* (art. 53, *caput*). Isto significa que é excluída a antijuridicidade, portanto a responsabilidade decorrente de opiniões, palavras e votos. Tal antijuridicidade deve-se entender no que concerne ao exercício do mandato, pois de outra forma haveria um privilégio (e não uma prerrogativa) em favor do parlamentar;

2) a *inviolabilidade civil*, também por opiniões, palavras e votos (art. 53, *caput*). Está nisto uma inovação da Emenda nº 35/2001, pois o direito anterior não a previa. Assim, o parlamentar não mais responde por dano moral, nem estará obrigado a indenizar o atingido eventualmente por suas palavras e opiniões. Claro, deve-se entender, desde que ligadas ao exercício do mandato;

3) o *foro privilegiado* (art. 53, § 1º). Desde a expedição do diploma que certifica a eleição para o Congresso Nacional, os deputados e senadores somente serão processados e julgados, criminalmente, pelo Supremo Tribunal Federal;

4) a *imunidade à prisão* (art. 53, § 2º). Desde a expedição do diploma, os deputados e senadores não poderão ser presos, exceto em flagrante de crime inafiançável. Nesse caso, ainda, o auto de prisão será, dentro de vinte e quatro horas, submetido ao

Plenário da Casa a que pertencer o parlamentar, que, pela maioria de seus membros (maioria absoluta), "resolverá" sobre a prisão: manterá essa prisão ou libertará o preso;

5) a *possibilidade de sustação de processo criminal decorrente de delito cometido após a diplomação* (art. 53, § 3º). Se o deputado ou senador cometer após a diplomação um crime — exceto aqueles casos que são cobertos pela inviolabilidade (art. 53, *caput*) —, poderá ser processado e julgado (pelo Supremo Tribunal Federal). Entretanto, a pedido de partido político representado na Casa a que pertencer, e pelo voto da maioria absoluta dos membros dessa, poderá ser sustado o andamento da ação penal, até o término do mandato.

Esse pedido de sustação deverá ser apreciado pela Casa no prazo de quarenta e cinco dias de seu recebimento (art. 53, § 4º). Nada é previsto para a hipótese de não ocorrer no prazo essa apreciação.

A sustação do processo suspende a prescrição, enquanto durar o mandato (art. 53, § 5º);

6) inovou o constituinte ao excluir o parlamentar da obrigatoriedade de testemunhar sobre informações que obtenha inerentes ao exercício da função, bem como de revelar sua fonte (art. 53, § 6º);

7) a imunidade à incorporação às Forças Armadas (art. 53, § 7º). Só mediante licença da Câmara, inclusive em tempo de guerra, pode o parlamentar ser incorporado às Forças Armadas. Essa imunidade acompanha o membro do Congresso durante todo o mandato. Sua inserção no texto constitucional visa a impedir a repetição do que fez o Mal. Floriano, qual seja convocar nas férias para serviço ativo parlamentar oposicionista, a fim de que este "aprendesse disciplina";

8) as imunidades dos parlamentares não poderão ser suspensas durante a vigência do estado de sítio, exceto por decisão de dois terços dos membros da respectiva Casa, restrita aos atos praticados fora do recinto do Congresso, quando incompatíveis com aquele estado (art. 53, § 8º).

21. PROIBIÇÕES

O parlamentar está sujeito a determinadas proibições que visam a evitar que ele se comprometa com interesses distintos daqueles que se associam a seu mandato, ou que ele obtenha favorecimentos especiais em razão desse mandato.

Algumas dessas proibições surgem desde a expedição do diploma, isto é, da certificação de sua eleição (Constituição, art. 54, I), outras desde a sua posse (Constituição, art. 54, II).

Costuma-se distribuir essas proibições por duas espécies: os impedimentos e as incompatibilidades. A linha de separação entre uma e outra espécie nem sempre é precisa.

22. IMPEDIMENTOS

Os chamados impedimentos destinam-se a obstar que os parlamentares gozem de vantagens indevidas, exatamente em razão de deterem o mandato.

Assim, fica o parlamentar impedido de firmar ou praticar determinados contratos, salvo se estes obedecerem a cláusulas uniformes (art. 54, I, *a*), com pessoa jurídica de direito público, autarquia, empresa pública, sociedade de economia mista ou concessionária de serviço público. Igualmente, de ocupar ou vir a ocupar ("aceitar") certas posições remuneradas (art. 54, I, *b*), e mesmo que sejam os chamados cargos de confiança (os de livre nomeação e livre exoneração — de demissibilidade *ad nutum*) (art. 54, II, *b*), nas entidades acima referidas.

23. INCOMPATIBILIDADES

Já as incompatibilidades têm em mira evitar que o parlamentar fique em situação de conflito de interesses. Assim, não pode ele ser titular de mais de um cargo ou mandato político. Realmente, detendo mais de um, poderia ficar na dificuldade de ter de escolher qual interesse mereceria sua atenção principal. Na Lei Magna em vigor, todavia, há exceções para essa incompatibilidade. São as enunciadas no art. 56, I, que permitem que o deputado ou senador possa, sem perder o mandato (mas afastando-se do exercício deste), ser investido no cargo de Ministro de Estado, Governador de Território, Secretário de Estado, do Distrito Federal, de Território, de Prefeitura de Capital, ou chefe de missão diplomática temporária.

24. ZONA CINZENTA

Existe, porém, uma zona cinzenta em que a proibição tanto concerne a impedir favorecimentos como a evitar conflitos de interesses. É o caso da proibição de advogar, desde a posse, em causas em que seja interessada entidade pública (art. 54, II, *c*). Também, desde a posse, a de ser proprietário, controlador, ou diretor de empresa que goze de favor decorrente de contrato com pessoa jurídica de direito público, ou nela exercer função remunerada (art. 54, II, *a*), nem ocupar cargo, de que seja demissível *ad nutum*, em pessoa jurídica de direito público, autarquia, empresa pública, sociedade de economia mista, ou concessionária de serviço público. Com efeito, nestas hipóteses, por um lado, busca-se obstar o favorecimento, por outro, o surgimento de conflitos de interesses.

25. PERDA DO MANDATO

A sanção da violação das proibições mencionadas — tanto impedimentos como incompatibilidades — é a perda do mandato (Constituição, art. 55, I). Ela colhe também o parlamentar como punição pelo procedimento incompatível com o decoro parlamentar (Constituição, art. 55, II). Igualmente, o parlamentar que faltar, sem licença da Casa ou missão por esta autorizada, à terça parte de suas sessões ordinárias (Constituição, art. 55, III). Enfim, o parlamentar que tiver suspensos, ou perder os direitos políticos (Constituição, art. 55, IV); ou quando o decretar a Justiça eleitoral (Constituição, art. 55, V), mormente no caso de impugnação de mandato eletivo (Constituição, art. 14, § 10); ou quando sofrer condenação criminal em sentença transitada em julgado (Constituição, art. 55, VI).

A punição — sempre a perda do mandato — é muito rígida, não permitindo uma graduação entre a gravidade da falta e a sanção dessa.

Em nenhuma das hipóteses apontadas, contudo, a perda é automática. É o que se depreende dos diversos procedimentos que estatuem os parágrafos do art. 55: em todos os casos cabe ampla defesa. Note-se que a previsão dessa deliberação, nas hipóteses dos incisos IV, V e VI contraria a lógica do sistema. Na do inciso IV, pois a perda ou a suspensão dos direitos políticos retira condição essencial para o exercício ativo da cidadania, que é exatamente o gozo dos direitos políticos. Na do inciso V, porque sujeita a decisão do Poder Judiciário a uma reapreciação pelo Poder Legislativo, o que contraria a soberania daquele. É também o que ocorre quanto ao inciso VI. A situação é um contrassenso, mas o texto é claro.

A deliberação era em votação secreta até a promulgação da Emenda Constitucional nº 76, de 28 de novembro de 1976, que a tornou pública. Isto, sem dúvida, dificulta a "solidariedade", ou, melhor dizendo, o compadrio, mas enseja também uma pressão sobre o parlamentar que põe à prova o seu caráter bem como o seu futuro eleitoral (e nem sempre essa pressão é legítima).

Nas hipóteses de ausência às sessões, de perda ou suspensão de direitos políticos, ou de decisão da Justiça eleitoral (Constituição, art. 55, III a V), a perda é decretada pela Mesa da Casa a que pertencer o parlamentar, de ofício ou por provocação de membro da referida Casa, ou de partido representado no Congresso Nacional. Pode-se interpretar que nesse caso a decretação da perda é um ato vinculado (Constituição, art. 55, § 3º).

Nas hipóteses de violação de impedimentos ou de incompatibilidades, de procedimento inconciliável com o decoro parlamentar, ou mesmo de condenação criminal, a perda é decidida — assim expressamente diz a Carta — por maioria absoluta dos membros da Casa interessada, em votação secreta, e isto se tiver havido provocação da respectiva Mesa ou de partido político representado no Congresso Nacional. Claro está que, nesse caso, a decretação da perda é ato discricionário da Casa (Constituição, art. 55, § 2º).

Note-se que, desencadeado procedimento parlamentar que vise ou possa levar à perda do mandato, a renúncia do membro do Congresso Nacional em causa não será levada em conta até que ocorra a deliberação final sobre tal questão, ou seja, sobre a perda do mandato. Com isto, busca-se evitar que o deputado ou senador fuja das consequências da decretação da perda do mandato, como inelegibilidades etc.

26. DECORO PARLAMENTAR

A imagem do Poder Legislativo depende da conduta e da postura dos seus integrantes. Ela é prejudicada, quando estes agem de modo antiético ou escandaloso. Por isso, numa autodefesa, as Casas do Congresso Nacional podem decretar a perda do mandato de seus membros cujo procedimento for incompatível com o decoro. É o que prevê o art. 55, II, da Constituição, observando-se na decisão as normas do art. 55, § 2º.

Entretanto, para evitar que o arbítrio, ou o interesse político, prevaleça nessa apreciação do decoro parlamentar, a Lei Magna exige que os casos de violação de tal decoro sejam tipificados no respectivo regimento interno. O texto constitucional, todavia, já configura como faltas o abuso de prerrogativas e a percepção de vantagens indevidas (art. 55, § 1º).

27. A PERDA DO MANDATO POR INFIDELIDADE PARTIDÁRIA

A Constituição de 1988 não prevê no seu texto a perda de mandato por infidelidade partidária.

Vale traçar um pequeno histórico.

A perda do mandato por infidelidade partidária era expressamente prevista na Constituição anterior (EC nº 1/1969, art. 152, parágrafo único) para membros do Legislativo federal, estadual e municipal. Foi ela extinta pela Emenda Constitucional nº 25/1985.

Ademais, ela nunca foi prevista para os que foram eleitos para a chefia do Executivo.

Acrescente-se que os debates da Constituinte e o noticiário da época revelaram fortíssima repulsa contra o que era visto como "entulho" autoritário. O não a incluir, portanto, na Constituição, tem por si o elemento histórico.

Entretanto, em 2007, a perda do mandato por deixar o partido pelo qual se tinha elegido foi admitida em resposta a consulta, pelo Tribunal Superior Eleitoral, e depois confirmada em decisões do Supremo Tribunal Federal, em julgamento de mandados de segurança, em outubro de 2007, quanto a deputados federais.

Dois argumentos principais pesaram nessa decisão. Um, o de que têm os partidos, no direito brasileiro, o monopólio da apresentação de candidaturas. Portanto, ninguém se elege senão por meio de partido. O segundo, que acentua este último ponto, é o de que, nas eleições para a Câmara dos Deputados, Assembleias Legislativas estaduais, Câmara Legislativa Distrital e Câmaras Municipais, o sistema eleitoral é o da representação proporcional e, segundo esta, repartição das cadeiras; portanto, a atribuição de mandato se faz proporcionalmente ao número de votos do partido. (*V.*, *supra*, n. 16.)

Ainda em 2007, entendeu o Tribunal Superior Eleitoral, ao responder a outra consulta em outubro de 2007, que a perda do mandato alcança também os eleitos em eleição majoritária (Presidente e Vice-presidente da República, Senadores, Governador e Vice-governador de Estado ou do Distrito Federal, Prefeito e Vice-prefeito). Isso decorreria da norma, já referida, segundo a qual, no direito brasileiro, o partido político tem o monopólio da apresentação de quaisquer candidaturas.

Isso levou a uma regulamentação da matéria pelo Tribunal Superior Eleitoral, "legislando" sobre a matéria, inclusive sobre o direito de o eleito deixar o partido para ser um dos fundadores de outro.

Mais recentemente, em resposta a tal fidelidade partidária reconhecida pelo Judiciário, o Congresso Nacional, pela Emenda Constitucional nº 91, de 18 de fevereiro de 2016, facultou ao "detentor de mandato eletivo desligar-se do partido pelo qual foi eleito nos trinta dias seguintes à promulgação desta Emenda Constitucional, sem prejuízo do mandato".

Claro está que essa Emenda importa na aceitação da perda do mandato em razão do desligamento do eleito do partido pelo qual se elegeu. Ela coonesta uma criação do ativismo judicial.

Ademais, já se apontou mais acima que a Emenda Constitucional nº 111/2021 admitiu, no § 6º que acrescentou ao art. 17, poder manter o deputado estadual, federal, e distrital o mandato com a anuência do partido pelo qual se elegera.

SUGESTÃO DE LEITURA COMPLEMENTAR – **Nacionais:** Pedro Aleixo, *Imunidades parlamentares*; Barbosa Lima Sobrinho, *Imunidades dos deputados estaduais*; Fernanda Dias Menezes de Almeida, *Imunidades parlamentares*.

Capítulo 22
A ELABORAÇÃO DA LEI

1. CONSIDERAÇÕES GERAIS

Já se salientou anteriormente a importância da lei para a democracia e os problemas resultantes da incapacidade demonstrada pelos Parlamentos para desempenhar sua missão principal (v. cap. 19, n. 2). Uma das causas dessa incapacidade é, sem dúvida, a inaptidão do processo legislativo clássico às exigências contemporâneas. De fato, esse processo, por ser a lei a manifestação do soberano, foi estruturado de modo tão solene, de forma tão generosa para os pronunciamentos individuais dos parlamentares, que abre campo para uma procrastinação cuja importância era pequena quando raras eram as leis, mas que hoje é de gravidade extrema.

Em razão disso, grande tem sido o esforço dos juristas à busca de métodos novos que atendam às necessidades contemporâneas sem sacrifício maior dos direitos das minorias. As novas técnicas, contudo, têm dado ao governo (o Executivo da doutrina clássica) uma influência cada vez maior. Na verdade, a sua interferência no processo legislativo longe está de limitar-se juridicamente à iniciativa e ao veto. As Constituições posteriores à Segunda Guerra Mundial, umas não hesitam a lhe dar possibilidade de intervir no próprio curso dos projetos, fixando a ordem do dia das Câmaras, determinando qual o texto que será votado; outras, a lhe habilitar a editar regras jurídicas somente subordinadas à Lei Fundamental, seja pela delegação, seja pela extensão do poder regulamentar etc.

2. EVOLUÇÃO DO DIREITO BRASILEIRO

O Brasil não havia de ficar à margem dessa tendência, pois os problemas que se lhe apresentam não diferem de natureza dos enfrentados por outros Estados. Todavia, a Constituição de 1946, rigidamente apegada à "separação" em seu molde tradicional, solenemente afirmando a indelegabilidade do Poder Legislativo, retardou a consagração das novas técnicas, embora à sua sombra órgãos governamentais "legislassem" até por circulares... Apenas com o parlamentarismo (Emenda nº 4) é que se admitiu entre nós a legislação delegada, e pelo tempo que esse regime subsistiu.

A Revolução de Março, porém, ao se institucionalizar pelo Ato Institucional de 9 de abril de 1964, procurou modernizar o processo legislativo entre nós, acelerando-o pela fixação de prazos para a manifestação do Congresso, ou de suas Casas. O Ato nº 2 veio permitir ao Presidente a edição de decretos-leis em matéria de segurança nacional e, logo depois de promulgada a Emenda Constitucional nº 17 — que consubstanciava a "reforma do legislativo" —, consagrou a adoção de prazos para a votação dos projetos nas Casas do Congresso, sob pena de sua aprovação tácita.

A Constituição de 1967, por sua vez, procurou dar grande flexibilidade à elaboração de normas jurídicas, adotando não só as inovações previstas nos textos acima citados, como também outras, inspiradas na prática estrangeira, sobretudo. Suas linhas gerais permanecem na Constituição vigente.

3. CONCEITUAÇÃO DE PROCESSO LEGISLATIVO

A Constituição de 5 de outubro contém uma seção, a VIII do Capítulo I (Tít. IV), intitulada "Do processo legislativo", em que regula a elaboração de "leis", *lato sensu*. Na verdade, o título e a matéria da seção não estão de pleno acordo, já que nessa seção está regida a elaboração de atos que não são nem material nem formalmente leis.

De fato, compreende-se aí a elaboração de emendas constitucionais que são leis materialmente, mas que formalmente destas devem ser distinguidas, por serem manifestação de um poder distinto, que é o de revisão. Arrola-se, aí, também, a elaboração de resoluções que, se por sua tramitação se assemelham a leis a ponto de se poder dizer que são leis, formalmente falando, não têm a matéria de lei, por não editarem regras de direito gerais e impessoais. E o que se disse das resoluções aplica-se, *mutatis mutandis*, aos decretos legislativos.

Na verdade, todas as exegeses propostas para a expressão "processo legislativo", no art. 59 da Constituição, não são plenamente satisfatórias. Faltou ao constituinte, segundo tudo indica, uma visão clara da sistemática dos atos normativos. Forçoso é reconhecer, porém, que essa sistematização não é simples.

Toda tentativa nesse sentido tem de partir da distinção entre atos normativos gerais e individuais. Se "norma é o sentido de um ato através do qual uma conduta é prescrita, permitida ou, especialmente, facultada, no sentido de adjudicada à competência", como ensina Kelsen, não é incorreto distinguir as normas gerais que prescrevem conduta a pessoas indiscriminadas — que podem estar numa mesma situação — e as normas individuais que prescrevem conduta a pessoa, ou pessoas discriminadas.

A expressão "ato normativo", assim, empregada com toda a sua extensão, tanto abrange a produção de normas gerais como de individuais. Entretanto, no seu uso mais comum, quando se fala em ato normativo só se tem em mente a produção de normas gerais. Por sua importância e porque de certo modo as normas individuais nelas se contêm, as normas gerais e as questões ligadas à sua produção ocupam o primeiro plano. Por isso, não é inexato tratar apenas da sistematização das normas gerais quando se procura a sistemática do ato normativo.

Ora, a mais vívida sistematização do ato normativo parece ser a que o toma nos vários momentos, ou degraus, de sua positivação, pois assim se pode medir concomitantemente a intensidade de poder em cada uma de suas modalidades infundida.

Essa sistemática há de, então, partir do ato normativo *inicial*, que, pondo-se de parte o "pressuposto lógico-transcendental", funda a ordem jurídica. Esse ato é a Constituição e por ele se marcam todos os canais pelos quais se desdobram as demais normas jurídicas.

Desse ato normativo inicial deriva toda a ordem jurídica. Todavia, de imediato decorrem dele atos que, embora em nível inferior quanto à origem, já que estabelecidos por poder por ele canalizado, têm eficácia igual em consequência de sua própria determinação.

Esses atos derivados são, pois, os que substituem as normas do ato inicial por outras, pelas formas e nos limites do ato inicial — atos de emenda —, assim como os que as complementam em matérias que o ato inicial se absteve de regulamentar, por deixá-las à decisão de outro agente constituinte, como é o caso do estabelecimento de Constituições estaduais, nos Estados federais. De fato, essas Constituições são um prolongamento da Constituição Federal, na medida em que a desenvolvem relativamente a matérias que o constituinte federal não quis decidir pessoalmente.

Do ato inicial, todavia, ainda derivam outros atos, que podem ser ditos "primários", porque são os que, em sua eficácia, aparecem como o primeiro nível dos atos derivados da Constituição. Caracterizam-se por serem atos só fundados na Constituição.

É preciso notar, contudo, que os atos primários podem ser gerais ou particulares (individuais, na terminologia de Kelsen). Os atos gerais são, evidentemente, os que põem normas gerais e a esses com mais propriedade é que se deve reservar a denominação "atos legislativos". Não se infira daí, porém, que só a lei ordinária é ato primário geral. Ao contrário, como se viu anteriormente, do estudo comparativo do processo de elaboração normativa contemporâneo depreende-se com clareza a tendência a criar, ao lado da lei, outros atos normativos primários gerais. É o que se dá na França, com os regulamentos autônomos permitidos pela Constituição de 1958; é o que deflui da atual Constituição brasileira se se considerar, por exemplo, a medida provisória. Afora o caso do costume.

Ao lado dos atos gerais, num mesmo nível, estão outros, porém, de caráter particular ou individual, desde que dispõem para caso ou situação determinada. Nesse rol, devem-se incluir os decretos legislativos e as resoluções previstos pelo art. 59 da Constituição de 1988.

Num segundo nível, estão os atos que não seria inexato designar por secundários. São aqueles que derivam imediatamente dos atos primários, estando sua validade condicionada ao respeito destes, tal como a destes está condicionada à observância das normas iniciais. Também nesse nível cabe a distinção entre atos gerais — dos quais os regulamentos são o melhor exemplo — e os particulares (individuais) — de que são exemplo típico os atos de aplicação das normas gerais, a determinados indivíduos, pessoalmente indicados. Aqui se inserem, destarte, os atos administrativos e os atos jurisdicionais, *stricto sensu*.

Ora, em face dessa análise, o valor do art. 59 da Constituição pode ser reerguido. Engloba ele todos os momentos de produção normativa no plano federal até o nível primário, inclusive. Apresenta assim uma visão integrada dos atos derivados de primeiro grau.

4. EMENDAS À CONSTITUIÇÃO

Esta questão logicamente deveria ser tratada na análise do poder constituinte (cap. 4). Entretanto, sua compreensão se facilita quando estudada com o processo legislativo em geral.

A Constituição vigente é rígida. Assim, não pode ser modificada senão por procedimento especial nela própria previsto.

A iniciativa quanto a Emendas Constitucionais compete ao Presidente da República, a um terço, no mínimo, dos membros da Câmara dos Deputados ou do Senado Federal. Igualmente, restabeleceu a Constituição a iniciativa das Assembleias estaduais que constava da redação primitiva da Constituição de 1967. Exige que a proposta seja apresentada por mais da metade das Assembleias dos Estados, com manifestação por maioria relativa dos membros de cada uma delas. Ou seja, um quórum de maioria qualificada quanto ao número de Assembleias Legislativas, porém, um quórum de maioria simples em cada Assembleia (art. 60, III).

Reclama o novo texto constitucional o quórum de três quintos dos votos dos membros de cada uma das Casas do Congresso, exigido em dois turnos, com apreciação em separado em cada Câmara, para aprovação de emenda constitucional (art. 60, § 2º). No direito anterior, a exigência era de dois terços dos votos dos membros de cada uma das Câmaras.

A proposta de emenda rejeitada ou tida por prejudicada não poderá ser reapresentada na mesma sessão legislativa (art. 60, § 5º).

Dispõe ainda a Lei Magna de 1988, repetindo a anterior, que a emenda aprovada será promulgada pelas mesas das Casas do Congresso e anexada, com seu número de ordem, ao texto promulgado a 5 de outubro.

5. AS LIMITAÇÕES AO PODER CONSTITUINTE DERIVADO

A Constituição de 1988 prevê duas espécies de limitações ao poder constituinte derivado: as circunstanciais e as materiais.

Com efeito, ela proíbe seja alterada a Constituição durante a vigência de estado de sítio, estado de defesa e intervenção federal (art. 60, § 1º). Esta última não existia no direito anterior; é uma inovação da atual Lei Magna.

Quanto a limitações materiais — que na linguagem corriqueira são chamadas de "cláusulas pétreas" — ela deixa de lado o padrão tradicional do constitucionalismo brasileiro.

Ela mantém — é certo — a proibição de abolir a Federação, que já vinha da Constituição de 1891 e fora mantida nas Constituições posteriores (exceto na de 1937), mas suprime a de abolir a República, que também fora estabelecida em 1891 e adotada pelas Cartas seguintes. Na verdade, a Lei Magna de 1988 previu, no art. 2º do Ato das Disposições Constitucionais Transitórias, um plebiscito entre Monarquia e República (como entre presidencialismo e parlamentarismo), plebiscito realizado em 1993, em que a maioria ficou com a República e com o sistema presidencialista.

Acrescentou três outras limitações ao poder constituinte derivado. A de abolir: (1) "o voto direto, secreto, universal e periódico" (ou seja, a democracia à moda moderna) (inc. II); (2) "a separação dos poderes" (o que é curioso, pois a Carta Magna prevê institutos incompatíveis com a fórmula clássica de separação dos poderes — lei delegada, medida provisória, p. ex.) (inc. III); bem como (3) "os direitos e garantias individuais" (inc. IV).

O texto suscita dificuldades de interpretação.

Uma concerne ao que seja "abolir". Há quem leia nisto a proibição de mudar o regime do instituto compreendido na matéria dos quatro incisos do art. 60, § 4º, em particular o regime dos direitos fundamentais. Essa posição é um exagero, já que, na língua portuguesa, abolir significa suprimir e não se suprime um instituto quando se lhe altera o regime. Lembre-se a lição de Alexy de que uma restrição só afeta o "conteúdo essencial" de um direito, portanto, o abole indiretamente, "quando não é adequada, não é necessária ou é desproporcionada em sentido estrito".[16]

Outra diz respeito ao alcance do art. 60, § 4º, que menciona "direitos e garantias individuais". Ora, essa expressão interpretada ao pé da letra compreenderia as liberdades, não os direitos sociais, por exemplo. Entretanto, a melhor interpretação é a que inclui entre os direitos protegidos pela "cláusula pétrea" também esses direitos sociais. Sim, porque, sendo as liberdades (como a de ir e vir) e os direitos sociais (como o direito à educação) direitos fundamentais, absurdo seria que as primeiras gozassem da proteção de não poderem ser abolidas, enquanto os segundos poderiam sê-lo. Certamente, na redação do art. 60, § 4º, IV, da Constituição, o constituinte disse menos do que queria.

Observe-se, enfim, que as limitações materiais se aplicam às duas modalidades de poder constituinte derivado: o poder de emendar a Constituição e o poder de institucionalizar os Estados-membros.

6. A LEI ORDINÁRIA

A lei ordinária é o ato legislativo típico. É um ato normativo primário. Em regra, edita normas gerais e abstratas, motivo por que, na lição usual, é conceituada em função da generalidade e da abstração. Não raro, porém, edita normas particulares, caso em que a doutrina tradicional a designa por lei formal, para sublinhar que lei propriamente dita é aquela, a que tem matéria de lei, por isso chamada de "lei material". Essa distinção, contudo, não traz vantagens, além de não ser, muitas vezes, fácil de marcar. De fato, quanto ao momento de instauração e, sobretudo, quanto à eficácia (que é o mais importante), a lei dita material e a lei dita formal estão num só e mesmo plano.

Deve-se insistir, por outro lado, que a lei é um ato normativo primário escrito, visto que o costume traduz uma normação primária não escrita. Na verdade, essa insistência na forma escrita, como critério distintivo entre a lei e o costume, não tem razão de ser. Traduz a consequência, não a fonte da distinção. A lei é, em última análise, o fruto da decisão de um órgão do Estado de instaurar direito novo, de um órgão, pois, a que a Constituição concede esse poder. Essa decisão, evidentemente, só pode manifestar-se à coletividade por meio de um instrumento escrito, suscetível de registro ou arquivamento que sirva para provar-lhe a existência. Já o costume é o direito novo estabelecido por uma decisão tácita da coletividade, de modo que dispensa a forma escrita para comunicação e prova, visto que é manifestação da própria consciência do grupo.

---

[16] ALEXY, Robert. *Teoría de los derechos fondamentales*. 2. reimpr. Madrid: Centro de Estudios Constitucionales, 2001. p. 125.

7. OBJETO DA LEI

É até redundante mencionar a importância da lei no Estado de Direito, dado que este se caracteriza fundamentalmente pela sujeição de tudo e todos à lei, conforme o princípio de que ninguém está obrigado a fazer ou a deixar de fazer alguma coisa senão em virtude de lei.

Claro está que a sujeição à lei acima referida é submissão à norma de direito, portanto, ao costume também. Mas, que tudo está sujeito à lei significa outrossim que em tudo pode imiscuir-se o ato normativo escrito, não existindo domínio que lhe seja interdito, por natureza. Assim, para a doutrina clássica, à lei — ato normativo escrito —, certas matérias eram reservadas, enquanto nenhuma lhe era excluída. Destarte, o objeto da lei seria indeterminado. Somente as circunstâncias e as avaliações políticas é que determinariam sua incidência.

No direito comparado contemporâneo, essa afirmativa não é correta. Já se sabe que, ao lado da lei, outros atos normativos primários são encontrados nos ordenamentos atuais. Em face da Constituição brasileira, o objeto da lei não é indeterminado, ou ilimitado.

A prova disso é fácil. A mera existência do art. 49 revela-o à saciedade. De fato, esse preceito exclui do campo da lei ordinária várias questões, atribuindo-as a outra espécie de ato normativo, o decreto legislativo.

Sem dúvida, essas matérias continuam à disposição do Legislativo, sendo este que elabora os decretos legislativos, mas não se pode confundir a lei com o ato do Poder Legislativo, já que nem todo ato do Poder Legislativo é lei, ou, sequer, tem força de lei.

Há, assim, no direito vigente, um domínio vedado à lei ordinária. Certamente a delimitação desse campo obedece à cogitação de que nele seria conveniente excluir a intromissão do Executivo por meio da sanção, e, portanto, do veto. Além das matérias enumeradas no art. 49, deve-se incluir nesse terreno, imune à intervenção da lei ordinária, o das competências privativas do Senado e da Câmara.

Por outro lado, há um domínio constitucionalmente reservado à lei. Esse domínio é claramente marcado pelos arts. 68, § 1º, I, II e III, e 62, § 1º (com a redação da Emenda Constitucional nº 32/2001). De fato, esses dispositivos registram matérias a respeito das quais não pode haver delegação do poder de legislar nem a edição de medida provisória, o que, evidentemente, as reserva de modo rigoroso à lei ordinária.

8. A LEI ORDINÁRIA COMO ATO COMPLEXO

Considerada em sua elaboração, a lei ordinária, no direito brasileiro, é um ato complexo. De fato, é ela estabelecida por um ato que se enquadra perfeitamente no conceito de ato complexo. Existe ato complexo sempre que "duas ou mais vontades homogêneas tendentes a um mesmo fim se fundem numa só vontade declarada, idônea a produzir determinados efeitos jurídicos que não poderiam de modo algum produzir-se, se faltasse tal concurso de vontades" (Roberto Lucifredi).

O acerto dessa afirmação resulta da análise do processo de formação da lei em nosso direito. Essa formação apresenta uma fase introdutória, a iniciativa, uma fase constitutiva — que compreende a deliberação e a sanção — e a fase complementar, na qual se inscreve a promulgação e também a publicação.

9. A INICIATIVA

A iniciativa não é propriamente uma fase do processo legislativo, mas sim o ato que o desencadeia. Em verdade, juridicamente, a iniciativa é o ato por que se propõe a adoção de direito novo. Tal ato é uma declaração de vontade, que deve ser formulada por escrito e articulada; ato que se manifesta pelo depósito do instrumento, do projeto, em mãos da autoridade competente.

É, em nosso direito, um ato simples, em regra geral. Como exceção, tem a estrutura de ato coletivo quando serve para apresentar projeto que reitera disposições constantes de outro que, na mesma sessão legislativa, ou foi rejeitado em deliberação, ou foi vetado (obviamente tendo sido mantido o veto). Nessa hipótese, exige o art. 67 da Constituição que a proposta seja subscrita pela maioria absoluta dos membros de qualquer das Câmaras. Dessa forma, a iniciativa resulta aí da soma, sem fusão, de vontades de conteúdo e finalidade iguais, que continuam autônomas, pertencentes a titulares de iniciativa individual.

10. INICIATIVA GERAL, RESERVADA E VINCULADA

Costuma-se distinguir a propósito da iniciativa a iniciativa *geral* e a iniciativa *reservada*, ou privativa. Esta última consiste na reserva a determinado titular do poder de apresentar projeto de lei sobre uma certa matéria. Tem assim esse titular a exclusividade quanto à proposição de normas sobre essa matéria.

Mas em relação a matérias não reservadas a um titular, a iniciativa é geral — melhor se diria *comum* — aos membros do Poder Legislativo, ou seja, aos parlamentares e comissões deste, bem como ao Presidente da República, e aos cidadãos (iniciativa popular).

Embora o texto do art. 61, *caput*, que rege a iniciativa, mencione também que o Supremo Tribunal Federal, os Tribunais Superiores e o Procurador-geral da República tenham iniciativa, a melhor interpretação é a de que eles somente a possuem nas matérias a eles reservadas por outros preceitos constitucionais.

Assim, o art. 61, § 1º, da Constituição reserva ao Presidente a iniciativa das leis que criem cargos, funções ou empregos públicos ou aumentem sua remuneração, fixem ou modifiquem os efetivos das Forças Armadas, disponham sobre organização administrativa e judiciária, matéria tributária e orçamentária, serviços públicos e pessoal da administração dos Territórios, organização do Ministério Público e da Defensoria Pública da União, e normas gerais para a organização do Ministério Público e da Defensoria Pública dos Estados, do Distrito Federal e dos Territórios, sobre servidores da União, regime jurídico, provimento de cargos públicos etc.

Por sua vez, ao Supremo Tribunal Federal é reservada a iniciativa de lei complementar que disporá sobre o Estatuto da Magistratura; também é dada iniciativa aos Tribunais Superiores e ao Ministério Público para criação e extinção de seus cargos e serviços auxiliares (arts. 93, 96, II, e 127, § 2º, respectivamente).

O aspecto fundamental da iniciativa reservada está em resguardar a seu titular a decisão de propor direito novo em matérias confiadas à sua especial atenção, ou de seu interesse preponderante. Cogitação oposta inspira a vinculação da iniciativa. A iniciativa é dita vinculada quando, longe de ter caráter facultativo, a apresentação do projeto de lei sobre dada questão é imposta pela Constituição.

Caso típico de iniciativa vinculada em nosso direito é o da apresentação do projeto de orçamento federal. Cabe ao Presidente, na forma do art. 84, XXIII, combinado com o art. 165 da Constituição, enviar ao Congresso Nacional o projeto de lei orçamentária anual. O descumprimento dessa obrigação é sancionado como crime de responsabilidade, conforme permite o art. 85, VI, da Constituição, segundo o art. 10 da Lei nº 1.079, de 1950, que o define.

A iniciativa de cada parlamentar é exercida perante sua Casa, pelo depósito do projeto junto à Mesa da Câmara a que pertence. A do Presidente da República, a do Supremo Tribunal Federal e a dos tribunais superiores, assim como a iniciativa popular por força do preceito expresso na Constituição, hão de se exercer perante a Câmara dos Deputados. Não é outra coisa o que impõem os arts. 64 e 61, § 2º, da Constituição.

11. INICIATIVA POPULAR

A Constituição de 5 de outubro confere iniciativa de leis complementares e leis ordinárias ao cidadão (art. 61).

A iniciativa popular em tema federal está condicionada à manifestação de pelo menos um por cento do eleitorado nacional, que deverá estar distribuído em no mínimo cinco Estados, exigida em cada um deles a manifestação de três décimos de seus eleitores (art. 61, § 2º).

O constituinte deixou à lei a disciplina da iniciativa popular nos Estados (art. 27, § 4º), prevendo, contudo, para os Municípios a competência de discipliná-la pela respectiva Lei Orgânica, observada, no entanto, a manifestação de no mínimo cinco por cento do eleitorado municipal (art. 29, XIII).

12. EMENDA A PROJETOS DE LEI

O exame da iniciativa traz naturalmente à baila a problemática da emenda. De fato, sendo a emenda a proposta de direito novo como modificação de direito novo já proposto, é ela uma iniciativa acessória ou secundária. Todavia, a relação entre emenda e iniciativa nem sempre tem sido bem apreciada.

Em primeiro lugar, cumpre observar que nem todo titular de iniciativa goza do poder de emendar. Salvo exceções, o poder de emendar é reservado aos parlamentares, ao passo que a iniciativa tem sido e é estendida ao Executivo ou mesmo aos tribunais. Essa reserva deflui do fato de que os parlamentares são membros do poder que, de acordo com a doutrina tradicional, constitui o direito novo, apresentando-se a emenda como reflexo desse poder de estabelecer novo direito.

Sem dúvida, aos titulares extraparlamentares da iniciativa se tem tolerado que, por meio de mensagens "aditivas", alterem o projeto que remeteram. Todavia, o próprio nome dado a essas mensagens já revela os seus limites naturais. Por elas, não pode o titular extraparlamentar da iniciativa suprimir ou substituir dispositivos; só pode acrescentar dispositivos na proposição original. E isso se justifica porque os novos dispositivos podem ser considerados não modificação do proposto, mas nova proposição. Assim, para realmente modificar o projeto, só há um caminho: retirá-lo e apresentá-lo de novo, reformulado.

A nova Constituição possibilita ao Presidente da República, nos projetos de lei relativos ao plano plurianual, às diretrizes orçamentárias, ao orçamento anual e aos créditos adicionais, enviar mensagem ao Congresso Nacional propondo sua modificação desde que não esteja iniciada a votação da parte a que se refere a alteração (art. 166, § 5º).

Por outro lado, todo e qualquer projeto de lei pode ser emendado?

A dúvida tem sua razão de ser, porque o titular do poder de emendar é o parlamentar, ao passo que em várias matérias o poder de iniciativa é reservado a titulares não parlamentares.

A admissibilidade de emendas em projetos oriundos de iniciativa reservada suscitou muita polêmica. Entendeu certa feita o Supremo Tribunal Federal que "o poder de emendar é corolário do poder de iniciativa", de modo que não poderia propor emenda quem não pudesse propor o principal. Disso decorre logicamente a inadmissibilidade de qualquer emenda a projeto decorrente de iniciativa reservada, seja do Executivo, seja do Judiciário.

Contra essa tese, mais de uma vez insurgiram-se os congressistas, desrespeitando-a e fazendo assim surgir litígios sobre o alcance do poder de emendar. O argumento central em favor da possibilidade de que, podendo o Congresso o mais, isto é, rejeitar o projeto, deveria poder o menos, ou seja, modificá-lo; é evidente sofisma, porque a essa alegação se pode opor com toda razão que, não podendo o Congresso o mais — a apresentação do projeto —, não poderia o menos — a modificação do projeto...

A Constituição, todavia, preferiu seguir uma trilha moderada e resolver conciliatoriamente a questão, proibindo tão somente emendas que aumentem a despesa prevista nos projetos decorrentes de iniciativa reservada. É o que deflui do disposto no art. 63, I e II.

A contrario sensu, pois, autorizou a apresentação de emendas a qualquer projeto de lei oriundo de iniciativa reservada, desde que não resultem em aumento da despesa prevista no projeto.

13. DELIBERAÇÃO

A fase da deliberação é propriamente constitutiva da lei, no sentido de que nela e por ela o Legislativo estabelece as regras jurídicas novas. É indubitavelmente a principal do processo legislativo.

No direito brasileiro, à semelhança do alienígena em geral, a deliberação apresenta a estrutura de ato complexo. De fato, a aprovação do Legislativo é o fruto da integração da aprovação de cada uma das Casas do Congresso *de per si*.

Observe-se que a deliberação pode ser delegada pela Casa a uma comissão, nos termos de seu regimento interno (Constituição, art. 58, § 2º, I). A decisão dessa comissão dispensará a manifestação do plenário, salvo se um décimo dos membros da Casa a isto se opuser, hipótese em que ocorrerá a deliberação em plenário.

14. A INSTRUÇÃO DO PROJETO

Implícita no processo previsto na Constituição brasileira para a deliberação, está uma fase, ou melhor, uma subfase instrutória.

Noutros direitos, como no italiano, essa fase tem autonomia, sendo condição de validade da fase deliberativa. De fato, o art. 72 da Constituição italiana estabelece expressamente que todo projeto de lei deve ser examinado por comissão parlamentar.

No nosso, não há disposição semelhante. A existência das comissões é prevista, mas em parte alguma se prescreve, na Constituição, o envio de qualquer projeto obrigatoriamente ao exame de comissão. Assim, esse exame não é imperativo constitucional, embora seja previsto pelos regimentos parlamentares.

O exame do projeto por comissão, ou comissões, a nosso ver, inscreve-se no processo de deliberação, sendo conveniente para preparar uma decisão esclarecida e consciente.

15. EXAME EM PROCEDIMENTO NORMAL

Instruído na forma regimental, o projeto passa, em cada Câmara, à discussão e votação. Prevê, todavia, a Constituição, para o desenrolar dessa apreciação, dois procedimentos diversos — o normal e o abreviado.

No procedimento normal, o projeto, depois de submetido ao exame de comissão ou comissões, na forma regimental, é posto em discussão e a seguir votado, sempre na forma regimental. É aprovado, conforme prescreve o art. 47 da Constituição, se obtiver maioria de votos, quando presente a maioria absoluta dos membros da Casa. Aprovado o projeto no que deve ser considerado um ato continuado, é ele enviado à outra para a revisão.

Nesta, após a tramitação regimental, uma de três hipóteses se há de configurar: o projeto ser aprovado tal como veio, ser aprovado com emendas, ou ser rejeitado. Na última hipótese, está morto, e o arquivamento o sepultará. Na primeira, sobe, sem mais, à apreciação do Executivo, para a sanção ou para o veto.

Na segunda hipótese, contudo, o projeto volta à Câmara inicial, para a apreciação das emendas exclusivamente. Se estas forem aceitas, com elas sobe o projeto à apreciação presidencial. Se rejeitadas, sem elas sobe o projeto para o mesmo fim.

Destarte, as Câmaras no processo legislativo brasileiro não estão em pé de igualdade. A vontade da que primeiro apreciou o projeto prevalece, na medida em que se impõe até contra as emendas feitas pela outra, a revisora. Ora, isso, na prática, repercute numa certa inferiorização do Senado, que é necessariamente a Câmara revisora em todos os projetos de iniciativa presidencial, hoje em maioria e os mais importantes.

16. EXAME EM PROCEDIMENTO ABREVIADO

O procedimento abreviado foi introduzido em nosso direito pelo Ato Institucional de 9 de abril de 1964. Sua chave era a fixação de prazos para a manifestação parlamentar, sob pena de aprovação tácita da proposta. Visando a acelerar o processo legislativo, impedindo o "engavetamento" dos projetos ou a sua obstrução em detrimento da atividade governamental, essa medida deu ensejo ao abuso oposto. Em verdade, o Executivo não hesitou em servir-se da fração parlamentar que o apoiava para impedir que o Legislativo deliberasse sobre seus projetos, seja rejeitando-os, seja modificando-os. A obstrução serviu assim para forçar a aprovação tácita de direito novo que seria recusado, ao menos em tais termos, pela maioria parlamentar.

O novo texto prevê o procedimento abreviado nos projetos de iniciativa do Presidente quando solicitada a urgência. Todavia, a aprovação tácita não foi mantida. Houve alteração profunda nesse particular; exige a Constituição a manifestação expressa do Congresso Nacional. Assim, se ambas as Casas não se manifestarem cada qual, sucessivamente, em até quarenta e cinco dias, o projeto deverá ser incluído na ordem do dia, e ficarão sobrestadas todas as demais deliberações legislativas, com exceção das que tenham prazo constitucional determinado, até sua votação final (art. 64, § 2º, com a redação da Emenda Constitucional nº 32/2001).

Para os projetos de Códigos a Constituição proíbe o procedimento abreviado, dispondo, outrossim, que os referidos prazos não correm nos períodos de recesso do Congresso Nacional (art. 64, § 4º).

17. SANÇÃO: MODALIDADES

Completa a fase constitutiva do processo legislativo a apreciação pelo Executivo do texto aprovado pelo Congresso, segundo o direito brasileiro.

De fato, este mantém a intervenção do Executivo no aperfeiçoamento da lei, o que foi abandonado por outras Constituições contemporâneas.

Essa apreciação pode resultar no assentimento — a sanção — ou na recusa — o veto.

A sanção é que transforma o projeto aprovado pelo Legislativo em lei. Por ela, fundem-se as duas vontades, a do Congresso e a do Presidente, de cuja conjunção o constituinte quis que resultasse a lei ordinária. Só pela sanção é que se aperfeiçoa o processo de elaboração desse tipo de ato normativo, em nosso direito. É operação integradora da feitura da lei, conforme unanimemente reconhece a doutrina. E isso se vê bem patente no art. 66, *caput*, da Constituição, no qual se dispõe que "a Casa na qual tenha sido concluída a votação enviará o *projeto de lei* ao Presidente da República, que, aquiescendo, o sancionará" (grifo nosso).

De dois modos se manifesta a sanção presidencial: expressa e tacitamente. É expressa sempre que o Presidente der sua aquiescência, formalizando-a, no prazo de quinze dias úteis contados do recebimento do projeto (art. 66). É tácita, quando o Presidente deixa escoar esse prazo sem manifestação de discordância (art. 66, § 3º). A ausência de sanção no prazo constitucional de modo algum faz caducar o projeto, mas o torna lei, perfeita e acabada, porque é forma silente de sanção.

A sanção tácita foi prevista em nosso direito para evitar o "engavetamento" de projetos pelo Presidente. Transformou-se, todavia, em instrumento de covardia política, em modo de "querer fingindo não querer". Serve para sancionar aquilo que não se quer vetar, mas que não se tem a coragem de aprovar publicamente, por temor à impopularidade.

18. SANÇÃO E DEFEITO DE INICIATIVA

Problema que mais de uma vez já foi suscitado perante os tribunais é o do alcance da sanção em relação a projetos viciados por usurpação de iniciativa reservada.

O caso da usurpação da iniciativa reservada aos tribunais não oferece dificuldade. Não tendo esses o poder de recusar sanção aos projetos aprovados pelo Legislativo, de modo algum se pode sustentar que a sanção, pelo Executivo, de projeto que lhes invada a esfera reservada à iniciativa, possa suprir esse defeito, convalidando o projeto.

O problema tem outra gravidade, porém, em relação aos projetos que traduzam usurpação da iniciativa presidencial reservada, mas que, aprovados, venham a ser expressa ou tacitamente sancionados pelo Presidente.

Essa matéria é muito controvertida. Prova disso é o fato de que o Supremo Tribunal Federal primeiro veio a entender que a sanção convalidava o defeito de iniciativa, como consta da Súmula nº 5. É a posição de Themístocles Cavalcanti, Seabra Fagundes, Pontes de Miranda e José Afonso da Silva.

Mais tarde, a partir da Representação nº 890-GB,[17] o Supremo Tribunal Federal adotou a tese oposta, ou seja, a da não convalidação. É a posição de Francisco Campos, Caio Tácito etc.

Esta última parece ser a correta, pois, sendo nulo o ato inconstitucional, não pode ele ser convalidado. De fato, a nulidade exclui, segundo a teoria geral do direito, a convalidação.

19. O VETO

Mantém a Constituição brasileira o instituto do veto. Ou seja, permite ela que o Presidente da República recuse sanção a projeto de lei já aprovado pelo Congresso, dessa forma impedindo sua transformação em lei (art. 66, § 1º).

Essa recusa, porém, há de ser fundamentada. Dois são os fundamentos aceitos para a recusa de sanção: a inconstitucionalidade e a inconveniência. O primeiro, um motivo estritamente jurídico — a incompatibilidade com lei mais alta. O último, um motivo estritamente político, envolvendo uma apreciação de vantagens e desvantagens.

Enquanto o veto por inconveniência apresenta o Presidente como defensor do interesse público, o veto por inconstitucionalidade o revela como guardião da ordem jurídica. Esse poder, na verdade, o coloca na posição de defensor da Constituição e numa posição privilegiada, visto que pode exercer um controle preventivo para defendê-la de qualquer arranhão resultante da entrada em vigor de lei inconstitucional.

Em nosso direito, duas são as modalidades de veto quanto a seu alcance. Pode ele ser *total*, atingindo todo o projeto, como o nome indica, ou *parcial*, afetando apenas parte dele.

O veto parcial, considerado em seus efeitos, é, aliás, uma originalidade de nosso direito. Foi adotado em nosso direito federal pela primeira vez na reforma constitucional levada a cabo em 1926, tendo, como precedentes, Constituições estaduais brasileiras e americanas, especialmente.

Sua criação visava a atender a uma necessidade universalmente sentida, qual seja a de dar meios ao Executivo de expungir, dos textos legislativos, excrescências, "pingentes" ou "caudas", como se usava chamá-los, acrescentados maliciosamente durante o debate parlamentar. Tais *riders*, pois é assim que os autores americanos os denominam, são disposições que, nada tendo que ver com a matéria regulada no projeto, são nele enxertadas para que o Presidente tenha de aceitá-las, se não quiser fulminar todo o projeto.

---

[17] *Revista Trimestral de Jurisprudência*, Brasília, v. 69, p. 626, set. 1974.

De fato, é ele posto no dilema de vetar todo o projeto que pode ser de alta relevância e urgência ou sancioná-lo, sancionando *ipso facto* disposições inconvenientes que, consubstanciadas num projeto isolado, seriam inexoravelmente fulminadas pelo veto.

Os *riders* constituem, pois, uma forma sutil de chantagem política, contra a qual, inexistindo o veto parcial, está desarmado o Presidente. O seu terreno preferido é o projeto de lei orçamentária, em que as adjunções estão quase certamente garantidas pela importância do principal.

Estabelecido para eliminar abuso por parte dos parlamentares, o veto parcial, todavia, passou a servir entre nós para abusos por parte do governo. Embora a doutrina unanimemente sustentasse que o veto parcial não poderia servir para desfigurar o projeto, na prática, o Executivo veio a colher pelo veto até palavras isoladas dentro do texto, mudando-lhe não raro radicalmente o sentido, ou o alcance. E essa prática, apesar da repulsa doutrinária, foi aprovada pelos tribunais.

A gravidade dessa prática era ainda realçada pelo fato de que dava ensejo a uma verdadeira legislação minoritária por parte do Executivo. De fato, sendo necessária maioria qualificada para rejeição do veto, o desnaturamento da lei era mantido, desde que uma minoria do Congresso, superior, todavia, a um terço, apoiasse o Presidente. O veto parcial servia, destarte, para fraudar a vontade do Congresso, manifestada na aprovação do projeto em termos muito diferentes daqueles em que este se tornava lei.

Reagindo contra essa prática abusiva, já a Emenda Constitucional nº 17 à Constituição de 1946 restringiu o veto parcial ao texto de "artigo, parágrafo, inciso, item, número ou alínea", o que foi repetido pela Constituição de 1967, na sua redação primitiva. Todavia, lamentavelmente, a Emenda nº 1 voltou à situação anterior.

Retoma hoje o constituinte a prática salutar de restrição do veto parcial, que somente pode abranger texto integral de artigo, de parágrafo, de inciso ou de alínea, conforme o art. 66, § 2º.

20. NATUREZA DO VETO

O veto, em nosso direito, é suspensivo ou superável. Não é ele um ato de deliberação negativa, do qual resulta a rejeição definitiva do projeto, consequência do chamado veto absoluto, mas é ato de recusa, do qual resulta o reexame do projeto pelo próprio Legislativo, que poderá superá-lo por maioria qualificada.

Seu efeito, pois, não é suspender a entrada em vigor da lei, já que não é lei o ato que sofre o veto, mas alongar o processo legislativo, impondo a reapreciação do projeto pelo Congresso, à luz das razões da discordância presidencial.

O veto total, por abranger todo o projeto, envolve o seu reexame total, como é óbvio. Mas o veto parcial — e nisso está uma particularidade do direito brasileiro — apenas obriga o reexame da parte vetada, enquanto o restante do projeto, que está sancionado, deve ser promulgado e entra em vigor após a publicação, mesmo antes da reapreciação da parte vetada.

O veto parcial previsto noutras legislações, como na Argentina, embora possa atingir apenas fração do projeto, todo este aguarda a reapreciação, somente depois dela podendo ser promulgado e publicado. Destarte, na forma do art. 72 da Constituição argentina, o veto, embora parcial, impede ainda que transitoriamente a transformação em lei, inclusive das disposições não vetadas.

A imediata entrada em vigor da parte não vetada, que é possível no direito brasileiro, apresenta vantagens, mas também desvantagens graves. Sem dúvida, é vantajoso que as disposições estabelecidas pelo Congresso e aprovadas pelo Presidente possam desde logo ser aplicadas. Todavia, se superado o veto, ocorrerá o inconveniente tantas vezes sentido entre nós de uma mesma lei ter vigorado com um texto (o da publicação sem a parte vetada, até a publicação do texto com a parte que fora vetada incluída) e passar a vigorar com outro texto. Esse inconveniente tem até provocado a prática esdrúxula de a parte vetada ser publicada com outro número como se fosse outra lei. Dessa situação (em vigor a parte não vetada, pendente a parte vetada) resulta sempre incerteza sobre o alcance e o verdadeiro sentido da lei, o que redunda necessariamente em insegurança jurídica.

Esse inconveniente era mais grave ao tempo em que se permitia o veto de palavras no texto do projeto de lei, pois disso poderia resultar que o texto assumisse uma significação completamente diversa da que resultaria da rejeição do veto. Pode-se relatar episódio em que o veto a uma expressão deu à lei condições para entrar em vigor de pronto, enquanto sem o veto só vigoraria noventa dias mais tarde. É fácil imaginar a situação em que ficaram os obrigados a cumprir essa lei, postos entre o cumprimento imediato decorrente da publicação do texto expungido da parte vetada, e a possibilidade de, rejeitado o veto, só ser exigível esse cumprimento muito mais tarde. Sem dúvida, juridicamente, tinham de cumprir a lei tal qual existia, mas a possibilidade de mudança de seu alcance, pela rejeição do veto, já de per si eliminava qualquer segurança para uma projeção para o futuro. Ora, essa segurança de projeção para o futuro é uma das vantagens primordiais da lei escrita.

21. FORMALIZAÇÃO DO VETO

O veto, seja total, seja parcial, deve ser manifestado pelo Presidente, de acordo com o art. 66, § 1º, da Constituição, no prazo de quinze dias úteis contados da data do recebimento do projeto. Esse prazo é fatal. Transcorrida a quinzena, dispõe o § 3º desse mesmo artigo: "o silêncio do Presidente da República importará sanção".

Os motivos da recusa de sanção devem ser trazidos a público. Se reunido o Congresso, tem o Presidente de comunicar essas razões, dentro das quarenta e oito horas subsequentes à quinzena, ao presidente do Senado. Se não, deverá publicar essas razões.

Note-se bem que a aposição do veto deve ser manifestada na quinzena. Somente a fundamentação do veto é que pode ser comunicada até quarenta e oito horas depois da quinzena. Do contrário, o prazo para o veto não seria de quinze dias, mas de dezessete, já que é possível conceber que o Presidente vete e comunique as razões do veto no mesmo dia. Na prática, todavia, é muito difícil verificar, antes da comunicação, se houve ou não veto.

Por outro lado, a publicação do veto, não estando reunido o Congresso, deve, a nosso ver, ocorrer no prazo de quarenta e oito horas subsequentes à quinzena. Não há razão para que o prazo da comunicação pela publicação seja mais longo do que o da comunicação ao presidente do Senado.

Enfim, o veto deve ser considerado ato composto. Compreende ele dois atos: a manifestação de vontade negativa — a discordância — e a comunicação fundamentada dessa discordância. Assim, a primeira, dentro da quinzena, impede a sanção tácita do projeto, mas, somente conjugada com a última, aperfeiçoa o veto, o que deve ocorrer nas quarenta e oito horas seguintes à quinzena. Desse modo, se não houver tempestivamente essa comunicação, o veto não se aperfeiçoou e sancionado estará o projeto.

22. APRECIAÇÃO DO VETO

O veto suscita a reapreciação do projeto, se total, ou das disposições por ele colhidas, se parcial.

O reexame do veto deve ser feito em sessão conjunta do Congresso Nacional, em votação pública. Era ela secreta até a Emenda Constitucional nº 76, de 28 de novembro de 2013. Esta mudança, ao invés da que tornou pública a deliberação sobre a perda de mandato parlamentar, não merece aplauso. Neste último caso, tornar pública a votação serve para combater o compadrio, mas no caso de veto legislativo, o segredo servia para dificultar a pressão do Executivo sobre o parlamentar. Assim, resguardava a liberdade de apreciação do Congresso.

O veto somente será rejeitado se contra ele se manifestar a maioria absoluta dos deputados e dos senadores. Quer dizer que estará superado o veto e aperfeiçoado o projeto, que aí se torna lei, se obtiver a aprovação da maioria absoluta dos membros de cada uma das Casas do Congresso Nacional (art. 66, § 4º).

Tal reexame deverá ser feito no prazo de trinta dias a contar de seu recebimento. Se isto não ocorrer, será o veto incluído na ordem do dia da sessão imediata, sobrestadas as demais proposições, até sua votação final.

Poderá, contudo, haver ratificação parcial do projeto? Ou, como se prefere dizer, rejeição parcial do veto?

Em relação ao veto parcial, ou a vetos parciais, não parece haver problemas. A apreciação das disposições vetadas há de ser fragmentária e nada obsta que o Congresso acolha as objeções contra frações do projeto e recuse outras.

O problema, na verdade, coloca-se em relação ao veto total. Vetado todo o projeto, pode o Congresso ratificar parte do projeto, apenas?

Essa questão já fora sugerida na República Velha em razão do veto que Epitácio Pessoa opôs ao orçamento. De fato, como expõe no seu livro *Pela verdade*, o ilustre jurista e político, certo de que não poderia sancionar o orçamento com as "caudas" que trazia, vetou-o, esperando que o Congresso rejeitasse parcialmente o veto. Com isso, conformava-se ele com a lição dos constitucionalistas pátrios como Barbalho e Aristides Milton, que, em face da Constituição de 1891, não admitiam o veto parcial, ao mesmo tempo que invertiam o problema, colocando a questão da rejeição parcial do veto total.

Depois deles, apenas Themístocles Cavalcanti aborda essa questão. E o faz para responder afirmativamente. "Parece-nos que sim, de momento que o veto total se possa apresentar como um conjunto de vetos parciais, tal a disparidade e diversidade das disposições que constituam o projeto", diz ele textualmente.

Na verdade, o sim é a melhor resposta. Havendo a possibilidade de veto parcial, o veto total equivale à recusa de cada disposição do projeto. Ora, nada obsta logicamente que o Congresso reaprecie cada disposição do projeto de per si, ratificando umas, rejeitando outras.

A ratificação do projeto tem por consequência dispensar a anuência presidencial. Como a sanção, torna-o lei perfeita e acabada. Daí se infere claramente que a concordância do Presidente é, em nosso direito, dispensável, embora sua manifestação não o seja, para a transformação de um projeto em lei.

23. PROMULGAÇÃO

Perfeito o ato normativo, qualquer que seja ele, antes que se torne eficaz há de ser promulgado e publicado. Promulgação e publicação constituem no direito brasileiro uma fase integratória da eficácia do ato normativo.

A promulgação, no direito pátrio, não foge às linhas clássicas, tais quais foram anteriormente apontadas. "Constitui", repita-se o ensinamento de Pontes de Miranda, "mera atestação da existência da lei e promulgação de sua executoriedade". Incide ela sobre ato já perfeito e acabado. Isso se depreende com facilidade do art. 66, § 7º, da Constituição, no qual já se menciona como lei o ato a ser promulgado. Com razão assinala José Afonso da Silva que da promulgação decorrem dois efeitos: um é "tornar conhecidos os fatos e atos geradores da lei"; "o segundo é indicar, até que os tribunais se pronunciem em contrário, que a lei é válida, executável e obrigatória — válida e eficaz, quer dizer: a comunicação administrativa por intermédio de uma autoridade, investida de altos poderes pela Constituição, carrega, a respeito do ato-lei — objeto da comunicação — uma presunção *juris tantum* de que a lei é apta a produzir todos os seus efeitos jurídicos próprios".

Cabe a promulgação, em princípio, ao Presidente da República, por ser ato que prepara a execução. É o que dispõe o art. 66, § 5º, da Constituição, que se aplica aos atos normativos em geral, salvo a emenda constitucional. A promulgação da emenda, que não nos interessa aqui, cabe às mesas da Câmara dos Deputados e do Senado (art. 60, § 3º). A da resolução, embora silente a Constituição, logicamente ao presidente do órgão que a edita — o do Congresso, se resolução do Congresso; o do Senado, se do Senado.

Por força do art. 66, § 7º, da Constituição, o Presidente deverá promulgar o ato, dentro do prazo de quarenta e oito horas decorridas da sanção, expressa ou tácita, ou da comunicação da rejeição do veto. Caso não o faça nesse prazo, a promulgação competirá, por força desse mesmo dispositivo constitucional, ao presidente do Senado Federal, que terá também quarenta e oito horas para fazê-lo, findas as quais deverá fazê-lo o vice-presidente do Senado.

24. PUBLICAÇÃO

À promulgação deve seguir-se, em nosso direito, a publicação. Esta, aliás, não é regida por norma constitucional alguma e sim pela Lei de Introdução às Normas do Direito Brasileiro, Decreto-lei nº 4.657, de 4 de setembro de 1942.

Consiste numa comunicação dirigida a todos os que devem cumprir o ato normativo, informando-os de sua existência e de seu conteúdo. Assim, é a promulgação e não propriamente o ato normativo que se publica.

A publicação é condição da eficácia do ato normativo. Ela "constitui simples condição para se efetivarem, no plano jurídico, as forças que a lei recebeu do legislador" (José Afonso da Silva). Verificada essa condição, fixa-se o termo em que se há de tornar efetiva a eficácia do ato normativo, conforme decorre do art. 1º da Lei de Introdução.

Compete a publicação à autoridade que promulga o ato. Embora não esteja isso expresso em parte alguma, tal deflui de ser a publicação a comunicação da promulgação de um ato normativo.

Em nosso direito, não há prazo para a publicação dos atos promulgados. Nem sequer o nosso direito se lembrou de determinar que a publicação venha logo após, *subito dopo*, a promulgação, como o faz o art. 73 da Constituição italiana. Existe assim uma brecha pela qual se pode protelar a entrada em vigor de um ato normativo, o que importa uma verdadeira fraude.

Há, porém, quem sustente o contrário. Segundo já afirmava Duguit, "a lei há de ser publicada dentro do prazo de promulgação", isto porque a "publicação integra a promulgação".

Não é aceitável, porém, essa lição. Promulgação e publicação são atos juridicamente distintos. Aquela atesta autêntica a existência de um ato normativo válido, executável e obrigatório. Esta "comunica" essa existência aos sujeitos a que tal ato normativo se dirige. Esta é notícia daquela. E a notícia de um fato não se confunde com o fato.

Mais ainda, a publicação pressupõe perfeita e acabada a promulgação, a que deve seguir-se. Daí decorre que, embora quem promulgue tenha o dever de publicar, o prazo de promulgação não pode compreender o da publicação, já que do contrário o prazo constitucional de promulgação seria logicamente reduzido pela necessidade de, durante ele, ocorrer a publicação que forçosamente lhe é posterior.

25. LEI DELEGADA

Outra espécie de ato normativo admitido pela Constituição em vigor é a chamada "lei delegada". Esta, na sistemática constitucional, é um ato normativo elaborado e editado pelo Presidente da República, em razão de autorização do Poder Legislativo, e nos limites postos por esse.

Assim, o Legislativo brasileiro está habilitado a delegar o poder de editar regras jurídicas novas ao Poder Executivo, pelo seu chefe — delegação propriamente dita (art. 68).

Em relação à delegação ao Executivo, cumpre salientar a audácia de sua adoção no regime presidencialista. Na verdade, a delegação do poder de editar regras jurídicas novas, do Parlamento para o governo, não mais surpreende nem escandaliza, no regime parlamentarista; entretanto, no presidencialismo, sua admissibilidade é discutível.

De fato, caracterizando-se o parlamentarismo fundamentalmente pela responsabilidade política do Gabinete, sendo este ao mesmo tempo a cúpula da maioria parlamentar e sua expressão, motivo por que a desagregação dessa maioria há de produzir a queda do Gabinete, a delegação do Poder Legislativo pode ser com facilidade justificada. Elaborada no Parlamento, aprovada pelo Parlamento, a lei exprime a vontade da maioria parlamentar, pois esta é quem decide sobre ela. Elaborada pelo Gabinete, aprovada por este, a lei exprime também a vontade da maioria parlamentar, embora indiretamente, já que o Gabinete é fruto daquela e está em sua dependência.

No presidencialismo, a situação é diversa. O Presidente não está na dependência do Congresso nem exprime, necessariamente, a sua maioria. Assim, a delegação em seu favor opera uma concentração de poderes em sua mão (ficando de fora só o Judiciário), que o fortalece sobremodo, sem que isso seja de alguma forma compensado pelo desenvolvimento de qualquer controle novo.

Todavia, é tendência observada nos próprios Estados Unidos o desenvolvimento de uma verdadeira "legislação pelo Executivo", que as necessidades do *Welfare State* parecem exigir.

Sob a Constituição de 1946, aliás, vozes respeitáveis já se haviam feito ouvir em favor da adoção da delegação legislativa, sem rejeição do presidencialismo, ou mesmo com a manutenção do presidencialismo. Reale, por exemplo, afirmou que "um dos grandes equívocos da Constituição brasileira de 1946 foi proibir a delegação legislativa, cuja necessidade se reconhece até mesmo nos países presidencialistas, como os Estados Unidos da América, por representar um imperativo da vida contemporânea".

Certamente o primeiro fator a impelir o constituinte a aceitar, no presidencialismo ou no parlamentarismo, a delegação do Poder Legislativo é o aceleramento da criação de regras jurídicas novas. Todavia, observa ainda o Prof. Reale, "a delegação legislativa não resulta apenas de motivos ligados à celeridade legislativa. Impõe-se, o mais das vezes, *ratione materiae*, para a particularização e especificação de dispositivos legais que devem ser enunciados de maneira genérica, ou para impedir, em determinados casos, que o período de debates no Parlamento propicie, aos mais astutos, manobras tendentes a anular de antemão os efeitos da lei projetada".

Destarte, há ponderáveis razões em favor da adoção da delegabilidade do Poder Legislativo, mesmo no regime presidencialista, como o fez a atual Constituição.

26. NATUREZA DA LEI DELEGADA

Problema sério levantado pela lei delegada é o de sua natureza. É ela ato normativo primário, ou ato secundário?

Numa certa medida ela parece ato secundário. De fato, conforme se verá adiante, no estudo do processo de sua edição, a lei delegada pressupõe, como condição de validade, um ato primário individual do Congresso, que é o ato que opera a delegação e lhe marca os limites. Destarte, de certo modo, a lei delegada desdobra um ato primário individual, de maneira a sugerir seu enquadramento entre os atos secundários, como os regulamentos.

Essa análise, porém, não parece a melhor. Se, em sua formalização, a lei delegada poderia ser situada entre os atos secundários, quanto a seu conteúdo e eficácia é ela um típico ato primário. De fato, as normas que estabelece estão no primeiro nível de eficácia, logo abaixo das constitucionais. Desse modo, a lei delegada é um ato primário, derivado de pronto da Constituição, embora condicionado.

27. MATÉRIA VEDADA À DELEGAÇÃO

Não tolera a Constituição vigente, indiscriminadamente, a delegação do poder de legislar ao Presidente. Conforme o art. 68, § 1º, I, II e III, a delegação não é lícita em relação a certas matérias que arrola, quais sejam os atos da competência exclusiva do

Congresso, da Câmara e do Senado, bem como a matéria reservada à lei complementar e a edição de normas relativas à organização do Poder Judiciário e do Ministério Público, à carreira e às garantias de seus membros; a nacionalidade, cidadania, direitos individuais, políticos e eleitorais; e ainda a legislação sobre planos plurianuais, diretrizes orçamentárias e orçamentos.

A indelegabilidade das competências privativas é obviamente justificada pelo seu caráter. Trata-se de disposições que, sobretudo, marcam os poderes de controle e fiscalização geral do Congresso, relativamente ao Poder Executivo, e, assim, não poderiam ser entregues de modo algum ao próprio fiscalizado.

Quanto à indelegabilidade da elaboração de normas sobre a matéria acima indicada, mencionada no § 1º e seus incisos do art. 68, justifica-se pela importância dessas matérias para o indivíduo, por lhe definirem direitos dos mais altos, e para o próprio regime, por lhe assegurar o funcionamento limpo e honesto.

É preciso não esquecer, porém, que outra matéria indelegável existe, ainda que omitida pelo art. 68, § 1º, I, II e III. Conforme o art. 150, I, só a lei pode exigir ou aumentar tributos.

O termo lei tem aí de ser entendido *stricto sensu*. Consubstancia esse dispositivo uma reivindicação e uma conquista que é mesmo anterior às democracias, pois, como justamente salienta Pontes de Miranda, "antes dela os povos a quiseram contra o Príncipe".

Ora, tendo essa reserva de lei o caráter de limitação ao Executivo, como sempre teve, é manifesto contrassenso admitir sua delegação exatamente ao Executivo.

28. MODO DE AUTORIZAÇÃO DA DELEGAÇÃO

A delegação do poder de legislar opera-se por meio de resolução. A Constituição só o diz expressamente a respeito da delegação ao Presidente, mas isso deflui da lógica do sistema. Ademais, onde a razão é a mesma, a mesma deve ser a regra.

A delegação ao Presidente se faz por resolução do Congresso Nacional. Todavia, não é de se exigir que essa resolução seja votada em sessão conjunta, em reunião das duas Casas do Congresso; é preciso que o Senado e a Câmara aprovem resolução, exatamente coincidente, sobre a delegação, não se aplicando a esse caso o preceito sobre a revisão (art. 65), que coloca a segunda Câmara em posição de inferioridade. Nada impede, porém, que essa resolução seja adotada em sessão conjunta, ou que o regimento do Congresso assim disponha.

29. DELEGAÇÃO AO PRESIDENTE DA REPÚBLICA

A delegação ao Presidente da República é regulada pelo art. 68 da Constituição. Dispõe esse artigo que a delegação será sempre limitada, no sentido de que o ato de delegação obrigatoriamente há de especificar o conteúdo da delegação e os termos para seu exercício. Ou seja, deverá ser indicada a matéria sobre a qual deverá versar a lei delegada e o prazo durante o qual será lícito ao Presidente editar normas sobre essa matéria.

A exigência de que conste do ato de delegação a matéria a ser regulada é, assim, da sua substância. Será inválido, será inconstitucional se não a mencionar. É necessário sublinhar que essa menção deverá ser precisa, sob pena de estar descumprido o preceito constitucional. Todavia, na prática, pode-se facilmente prever, será difícil marcar a fronteira entre o preciso e o impreciso. É razoável tomar nessa questão, por empréstimo, a lição norte-americana anteriormente exposta. Nos Estados Unidos, a delegação é considerada válida, pela doutrina e pela jurisprudência atuais, quando o ato de delegação fixar padrões, *standards*, nítidos, que guiem a ação do recipiente da delegação. Em vista disso, será inválida a delegação se os padrões forem vagos e imprecisos, já que isso importaria não uma verdadeira delegação, mas realmente uma abdicação.

Em consequência disso, será inválida, por excesso de poder, a lei delegada que for além da matéria objeto da habilitação.

A delegação, por outro lado, para que seja constitucional, deverá ser temporária. Assim, de modo algum será válida a delegação por toda a duração de uma legislatura, já que isso importaria uma abdicação, não uma delegação.

O caráter temporário da delegação suscita três indagações. A primeira concerne à possibilidade de, durante o prazo para seu exercício, editar o Presidente mais de uma lei sobre a mesma matéria. A segunda, sobre a possibilidade de o Legislativo, durante o prazo da delegação, editar lei ordinária, dispondo sobre essa matéria. A terceira, que está muito de perto ligada à segunda, é a de se saber se o Legislativo pode desfazer a delegação, retirando-a antes de terminado o prazo concedido para o seu exercício.

A resposta às três indagações deve ser afirmativa. Se a delegação é por prazo certo, obviamente persiste durante todo ele; desse modo, não há por que não possa o Presidente editar mais de uma lei, enquanto esse prazo estiver em curso.

Por outra, a delegação não priva o Legislativo de qualquer parcela de seu poder, nem lhe retira o exercício deste. É simplesmente uma habilitação. Destarte, o poder delegante não renuncia à faculdade de editar, ele próprio, leis sobre a matéria delegada. E, igualmente, nada impede que revogue essa delegação, se isso lhe parecer conveniente.

O referido art. 68 da Constituição prevê duas modalidades de lei delegada presidencial.

A primeira, esta sim, é a típica lei delegada presidencial. Traduz-se pelo estabelecimento de regras jurídicas, por meio de sua promulgação pelo Presidente. O ato promulgatório é, assim, o ato que ao mesmo tempo cria a norma e atesta a sua perfeição. É, nesse caso, a edição da lei delegada um ato simples condicionado por outro ato que é a delegação. Será, todavia, essa espécie de lei delegada um ato complexo?

Para a principal corrente da doutrina, um dos traços característicos do ato complexo é a identidade de conteúdo nas manifestações que se fundem, ou se integram, no ato complexo. Aceitando-se esse magistério, a qualidade de ato complexo tem de ser recusada à lei delegada. De fato, não há identidade de conteúdo entre o que opera a delegação, estabelecendo, embora, a matéria e os *standards* (o que nossa Constituição imprecisamente denomina de "conteúdo"...), e o ato presidencial que edita normas jurídicas, ainda que desdobradas desse *standard*.

Autores há, contudo, que não consideram a identidade de conteúdo elemento essencial do ato complexo. Para esses, os elementos essenciais são fim unitário, analogia de interesses, homogeneidade da atividade e exercício do mesmo poder. Assim, não lhes parece essencial a identidade de conteúdo da manifestação das vontades, bastando tenderem essas vontades a um fim unitário. Nestes termos, a lei delegada presidencial é um ato complexo, pois a vontade do Congresso e a do Presidente, embora não tenham conteúdo idêntico, visam a um mesmo fim. E todos os demais elementos característicos são facilmente identificados nessa espécie de ato normativo.

Na verdade, a opinião destes últimos merece acatamento. A integração, ou a fusão de vontades, se dá em razão de um fim comum. O conteúdo é simplesmente consequência dessa comunidade de fim. Este é que prevalece, mesmo sobre disparidades de conteúdo. Se assim não fosse, a desigualdade de peso das vontades, inerente ao ato complexo desigual, não permitiria a criação de ato complexo. O decreto legislativo que põe fim ao processo de elaboração de leis no seio do Congresso é sempre um ato complexo, ainda que a deliberação de uma das Câmaras rejeite — e desse modo elimine do texto final — as emendas aprovadas pela Casa revisora.

A segunda modalidade de lei delegada presidencial foge completamente dos padrões usuais de delegação de Poder Legislativo ao Executivo. Na verdade, é, antes, uma inversão do processo de elaboração de leis ordinárias.

De fato, no processo ordinário, o Congresso estabelece as regras e o Presidente as sanciona. No processo previsto para essa segunda modalidade de lei delegada presidencial, o Congresso delega, especificando conteúdo e termo, ao Presidente, o estabelecimento de regras jurídicas novas, contudo se reserva o direito de apreciar o projeto presidencial, como conclusão da elaboração do novo texto. Destarte, o Congresso é que "sanciona" o projeto elaborado pelo chefe do Executivo.

É isso o que decorre do art. 68, § 3º, no qual está disposto que a resolução que outorga a delegação poderá "determinar a apreciação do projeto pelo Congresso Nacional", caso em que esta apreciação se fará "em votação única, vedada qualquer emenda".

Esse procedimento, em realidade, é uma previsão inútil, ou quase, da Constituição. Para estabelecer o texto de um projeto, o Presidente não precisa de delegação, tem iniciativa ampla. Assim, nessa segunda forma de legislação delegada presidencial, a principal inovação é a proibição de emenda, "vantagem" largamente compensada pela ausência de prazo para a manifestação do Congresso e, sobretudo, pela necessidade de habilitação prévia...

Indubitavelmente, a segunda modalidade de lei delegada presidencial é um ato complexo. A seu respeito não há lugar para a dúvida que a primeira suscita. Com efeito, ela surge da vontade do Presidente conjugada com a do Congresso, tendo ambas conteúdo igual e apresentando todos os outros caracteres, já mencionados, dos que a doutrina empresta aos atos complexos.

30. MEDIDAS PROVISÓRIAS

A Constituição em vigor substituiu o decreto-lei do direito anterior pelas *medidas provisórias*. São estas atos normativos com força de lei editados pelo Presidente da República, em casos de relevância e urgência.

As medidas provisórias tiveram seu perfil alterado pela Emenda Constitucional nº 32/2001, que mudou profundamente o seu regime ao dar nova redação ao art. 62 da Constituição de 1988.

Em face do direito vigente, seus principais traços são:

1º) Quanto às *condições*

A medida provisória pressupõe "relevância e urgência". Literalmente, pois, reclama uma cumulação de condições — a de urgência e a de relevância. Em síntese, pode-se sustentar que a medida provisória foi prevista para o caso de uma urgência qualificada pela relevância. Ou seja, como instrumento de *legiferação de urgência*. Entretanto, o Supremo Tribunal Federal tem tolerado medidas provisórias que não apresentam o caráter de urgência.

2º) Quanto à *matéria*

A redação primitiva do art. 62 da Constituição não explicitava matérias vedadas às medidas provisórias.

A Emenda Constitucional nº 6/1995, que introduziu a proibição de regulamentar por intermédio de medida provisória emendas adotadas depois dela, foi alterada, agora, pela Emenda Constitucional nº 32/2001. Esta veio proibir sua incidência sobre: "nacionalidade, cidadania, direitos políticos, partidos políticos e direito eleitoral; direito penal, processual penal e processual civil; organização do Poder Judiciário e do Ministério Público, a carreira e a garantia de seus membros; planos plurianuais, diretrizes orçamentárias, orçamento e créditos adicionais e suplementares, ressalvado o previsto no art. 167, § 3º"; que editem ato "que vise a detenção ou sequestro de bens, de poupança popular ou qualquer outro ativo financeiro"; ou matéria "reservada a lei complementar"; ou "já disciplinada em projeto de lei aprovado pelo Congresso Nacional e pendente de sanção ou veto do Presidente da República".

O rol acima abrange as matérias proibidas à lei delegada, mas se estende mais longe, como se apreende do confronto com o disposto no art. 68, § 1º.

3º) Quanto ao *prazo*

A medida provisória, na redação primitiva, tinha o prazo de trinta dias para ser convertida em lei.

A nova redação dá, para a conversão, o prazo de sessenta dias. Autoriza, porém, a prorrogação automática desse prazo, por mais sessenta dias, nos termos do § 3º, mas a prorrogação somente é admitida por uma única vez (§ 7º).

4º) Quanto à *eficácia*

A medida provisória possui eficácia imediata, desde a sua publicação.

5º) Quanto ao valor dos *efeitos produzidos*

Embora o § 3º do art. 62, novo, continue a prever que as medidas provisórias não convertidas em lei perderão *ex tunc* a sua eficácia, ele ressalva as situações regidas pelos §§ 11 e 12.

Ora, o § 11 mantém regidas pela medida provisória não convertida as situações dela decorrentes. Entretanto, nos primeiros sessenta dias posteriores à perda de eficácia da medida, decreto legislativo poderá dispor sobre essas relações jurídicas, consoante prevê o § 3º, *in fine*.

Há nisto uma profunda modificação relativamente ao que resultava do texto primitivo. Neste, os efeitos da medida provisória não convertida se desconstituíam, salvo se decreto legislativo dispusesse em contrário. Ao invés, hoje eles perduram válidos, salvo se o decreto legislativo dispuser em contrário. E isto no prazo de sessenta dias mencionado.

6º) A *provisoriedade*

A medida provisória é, como o nome indica, uma legiferação provisória, com eficácia imediata. De fato, reclama uma "conversão em lei", ou seja, uma verdadeira legiferação pelo Congresso Nacional.

É certo que, sob a redação primitiva, a prática havia feito com que esse provisório se tornasse definitivo, dada a reedição de medidas provisórias não convertidas em lei.

7º) A *reedição*

O texto constitucional primitivo não abordava a renovação de medida provisória. Parece dele inferir-se, ao contrário, que ela não poderia ser renovada. Decorrido o prazo de trinta dias, ela caducaria, sendo desfeitos *ex tunc* os seus efeitos, salvo se o Congresso Nacional dispusesse em contrário quanto a esses.

Entretanto, o Supremo Tribunal Federal tolerou essa reedição, o que ensejou o abuso e, em última análise, a insegurança jurídica.

A nova redação proíbe, na mesma sessão legislativa, a reedição de medida provisória que tenha tido a sua conversão em lei rejeitada pelo Congresso Nacional, ou tenha perdido sua eficácia pelo decurso do prazo de sessenta dias sem tal conversão. Claramente, visa a coibir a prática mencionada.

8º) *Procedimento de conversão*

O texto primitivo não regulava o procedimento de conversão em lei da medida provisória. Ficou ela a cargo do regimento do Congresso Nacional. A nova redação estabelece normas a esse propósito.

Em primeiro lugar, dispõe que a medida provisória seja objeto de exame e parecer por Comissão mista de deputados e senadores (§ 9º).

Em seguida, deverá ser ela apreciada em separado pela Câmara dos Deputados e depois, se aprovada, pelo Senado Federal (§ 9º). Note-se que o § 5º reclama, em cada Casa, um "juízo prévio" sobre o atendimento de seus pressupostos constitucionais, ou seja, sobre urgência e relevância e sobre o seu cabimento (matéria não vedada).

Dispõe ademais o texto novo que, se decorridos quarenta e cinco dias da promulgação da medida, não houver sido ela apreciada pelas Casas do Congresso, entrará o projeto de conversão em regime de urgência, sobrestando-se, até que haja deliberação, todas as votações sobre matéria legislativa na Câmara onde estiver tramitando.

O texto, porém, não é explícito sobre o caso de, aprovando o Senado a medida provisória, mas com emendas relativamente ao que o foi pela Câmara, o projeto de lei de conversão voltar a esta, como se dá no procedimento legislativo comum (art. 65, parágrafo único). A lógica manda que sim.

9º) *Sanção presidencial*

Deixa claro o novo texto que o Presidente da República deverá sancionar — e evidentemente poderá vetar, de forma total ou parcial — o projeto de lei de conversão, se este alterar o que consta da medida provisória (§ 12). *A contrario sensu*, essa sanção é dispensada se a conversão nada modificar do texto da medida provisória.

Por sua vez, explicita o § 12 que, enquanto não decorrer o prazo de sanção ou veto, ou — depreende-se — até a eventual rejeição do veto, vigorará o texto da medida provisória.

Ocorre, portanto, uma presunção a favor da permanência do regime aplicado às relações jurídicas pela medida provisória.

31. LEI COMPLEMENTAR

Outra modalidade de ato normativo prevista pela Constituição é a "lei complementar", sobre a qual o texto constitucional é lacônico e obscuro, forçando o intérprete a apoiar-se quase que exclusivamente na opinião da doutrina em seu estudo.

A Lei Magna vigente, porém, não é o primeiro texto constitucional a prever, no Brasil, essa espécie de ato normativo. Nem deixa de ter símile estrangeiro.

Entre nós, a Emenda Constitucional nº 4 à Constituição de 1946, o chamado Ato Adicional, que estabeleceu o parlamentarismo, permitiu, em seu art. 22, que se complementasse o sistema parlamentar de governo mediante leis caracterizadas pela exigência da maioria absoluta, para sua aprovação, nas duas Casas do Congresso.

Numa análise percuciente, o Prof. Miguel Reale demonstrou serem essas leis um "*tertium genus* de leis, que não ostentam a rigidez dos preceitos constitucionais, nem tampouco devem comportar a *revogação* (perda da 'vigência') por força de qualquer lei ordinária superveniente", opinião essa partilhada por outros juristas, como Pontes de Miranda.

Revogada a Emenda nº 4, com ela desapareceu esse *tertium genus* de nosso direito positivo. Todavia, ao se cuidar da reforma do Poder Legislativo, lembrou-se o mestre paulista de recomendar seu restabelecimento, para dar maior estabilidade a regras que, sem dever gozar da "rigidez dos textos constitucionais", nem por isso podem ser deixadas expostas "a decisões ocasionais ou fortuitas que às vezes surpreendem o próprio Parlamento e a opinião pública".

Dispõe o art. 69 da Constituição do Brasil que: "As leis complementares serão aprovadas por maioria absoluta".

Continua válida a velha lição de Maximiliano, a de que se deve aplicar à norma atual "a interpretação aceita para a anterior". É de se sustentar, portanto, que a "lei complementar" é um *tertium genus* interposto, na hierarquia dos atos normativos, entre a lei ordinária (e os atos que têm a mesma força que esta — a lei delegada e, hoje, a medida provisória) e a Constituição (e suas emendas). Tal é o entendimento de Pontes de Miranda nos seus *Comentários à Constituição de 1967*.

Não é só, porém, o argumento de autoridade que apoia essa tese; a própria lógica jurídica o faz. A lei complementar só pode ser aprovada por maioria qualificada, a maioria absoluta, para que não seja, nunca, o fruto da vontade de uma minoria ocasionalmente em condições de fazer prevalecer sua voz. Essa maioria é assim um sinal certo da maior ponderação que o constituinte quis ver associada ao seu estabelecimento. Paralelamente, deve-se convir, não quis o constituinte deixar ao sabor de uma decisão ocasional a desconstituição daquilo para cujo estabelecimento exigiu ponderação especial. Aliás, é princípio geral de direito que, ordinariamente, um ato só possa ser desfeito por outro que tenha obedecido à mesma forma.

Da inserção da lei complementar entre a Constituição e a lei ordinária, decorrem consequências inexoráveis e óbvias.

Em primeiro lugar, a lei complementar não pode contradizer a Constituição. Não é outra forma de emenda constitucional, embora desta se aproxime pela matéria e pela exigência de maioria qualificada. Tanto não o é, que foi prevista à parte pelo constituinte... Tanto não o é, que seria um *bis in idem* se tivesse a força da emenda. Daí decorre que pode incidir em inconstitucionalidade e ser, por isso, inválida.

Em segundo lugar, a lei ordinária, a medida provisória e a lei delegada estão sujeitas à lei complementar. Em consequência disso, não prevalecem contra ela, sendo inválidas as normas que a contradisserem. Entretanto, deve-se reconhecer que, em muitos casos, a lei complementar não passa de instrumento para a edição de direito novo. Nesses, é ela exigida apenas para que o ato necessite da maioria absoluta para aprovação.

Problema que surge no estudo da lei complementar é o de se saber se tem, ou não, matéria própria.

Pode-se pretender que não. Que, sendo toda e qualquer lei uma complementação da Constituição, na medida em que dispõe onde e segundo esta consentiu, a complementaridade decorreria simplesmente de um elemento formal objetivo: a sua aprovação pelo rito previsto na Constituição para o *tertium genus*. Assim, em última análise, seria complementar e, portanto, superior à lei ordinária e à lei delegada toda e qualquer lei que houvesse sido proposta como tal e aprovada por maioria absoluta em ambas as Casas do Congresso Nacional.

Essa interpretação, porém, não parece ser a correta.

Rejeita-a o direito comparado. Analisando o art. 46 da Constituição francesa de 1958, afirma literalmente Vedel: "A definição das leis orgânicas é extremamente simples: são leis orgânicas as leis às quais a Constituição confere essa qualidade".

Reprova-a o bom senso. Criando um *tertium genus*, o constituinte o faz tendo um rumo preciso: resguardar certas matérias de caráter paraconstitucional contra mudanças constantes e apressadas, sem lhes imprimir rigidez que impedisse a modificação de seu tratamento, logo que necessário. Se assim agiu, não pretendeu deixar ao arbítrio do legislador o decidir sobre o que deve ou o que não deve contar com essa estabilidade particular.

A Constituição enuncia claramente em muitos de seus dispositivos a edição de lei que irá complementar suas normas relativamente a esta ou àquela matéria. Fê-lo por considerar a especial importância dessas matérias, frisando a necessidade de receberem um tratamento especial. Só nessas matérias, só em decorrência dessas indicações expressas, é que cabe a lei complementar.

Resta examinar a estrutura, como ato normativo, da lei complementar.

A Constituição anterior previa-lhe o rito de elaboração.

Com efeito, dispunha seu art. 50 que a lei complementar seria aprovada, com observância dos "demais termos da votação das leis ordinárias", pela maioria absoluta dos membros das duas Casas do Congresso.

A atual só diz que a lei complementar será aprovada por maioria absoluta. Quanto à sua elaboração — deve-se entender —, a lei complementar segue o previsto para a elaboração da lei ordinária, com uma única diferença: a exigência de maioria absoluta em cada uma das Casas do Congresso Nacional para sua aprovação.

Caberá, porém, a sanção, e consequentemente o veto, relativamente aos projetos de lei complementar? Sendo silente a Constituição sobre isso, havia quem o negasse.

Era essa a opinião de Pontes de Miranda. Este sustentava ao tempo do Ato Adicional, como o sustentava em face da Constituição de 1967, que a lei complementar se aperfeiçoava pela aprovação no Congresso. Disso resultaria não caber, relativamente a esse ato normativo, nem a sanção nem o veto.

A prática constitucional brasileira tem admitido a participação do Presidente na elaboração das leis complementares. Tem-lhe reconhecido poder de iniciativa nessa matéria, pondo-o aí em pé de igualdade com deputados e senadores. Tem-lhe exigido a sanção, e, portanto, admitido o seu veto, com relação aos projetos aprovados pelo Congresso. Assim, nessa prática, a lei complementar é elaborada como lei ordinária, em tudo observando o que essa dispõe, salvo no que concerne à maioria necessária para a sua aprovação, o que não é desarrazoado; mesmo porque os estudiosos da lei complementar insistem em marcar sua ligação com aquela, como o faz o próprio Pontes de Miranda.

Desse modo, como a lei ordinária, a lei complementar no direito pátrio é um ato complexo desigual. Só se aperfeiçoa quando à vontade do Congresso, manifestada, por sua vez, num ato complexo, soma-se a do Presidente, ou quando se supera a falta desse consentimento por meio de nova deliberação parlamentar.

Entretanto, a Constituição vigente toma às vezes a lei complementar como instrumento de formalização de deliberações, para as quais seria recomendável mais do que a maioria simples, necessária para lei ordinária. É o caso da lei complementar reclamada no art. 18 para a reordenação territorial da Federação brasileira. Isto foge à intenção que inspirou o estabelecimento de uma espécie de lei, a qual seria um *tertium genus*, de força menor que a da norma constitucional e superior à da lei ordinária.

Esse caráter intermediário, contudo, não desapareceu da Constituição; mantém-se no art. 148 que a prevê relativamente à matéria tributária. Neste caso, a lei ordinária tem de respeitá-la sob pena de invalidade.

32. DECRETO LEGISLATIVO

O art. 59 da Constituição inclui no "processo legislativo" a elaboração de decretos legislativos e de resoluções, atos a que falta o caráter de instauração de normas gerais e abstratas.

Ao tempo em que ainda vigorava a Constituição de 1946, ensinava José Afonso da Silva que a expressão "decreto legislativo" designava todo ato do Congresso adotado segundo o processo estabelecido para a tramitação dos projetos de lei pelo Legislativo. Assim, o projeto de lei, quando aprovado no Congresso, tornava-se decreto legislativo e como tal subia para a sanção, ou veto, na primeira hipótese e pela sanção transformando-se em lei. Em certas matérias, porém, da competência exclusiva do Congresso, excluída a sanção, e consequentemente o veto presidencial, o decreto legislativo era o próprio ato de disposição, perfeito e acabado, pelo qual o titular da competência a fazia valer.

A mesma lição parece valer para a atual Constituição. Nesta, a expressão "decreto legislativo" refere-se à segunda das acepções acima indicadas. É o que confirma a lição de Pontes de Miranda: "Decretos legislativos são as leis a que a Constituição não exige a remessa ao Presidente da República para a sanção (promulgação ou veto)".

Ora, sobre as matérias de competência exclusiva do Congresso arroladas na atual Constituição pelo art. 49, não cabe a normatividade abstrata característica da lei propriamente dita.

De fato, os itens do art. 49 atribuem ao Congresso o "resolver", o "autorizar" ou "permitir" ou "aprovar" ou "sustar", o "mudar", o "fixar", o "julgar", o "deliberar", e só a menção desses verbos já mostra que se está em face de questões sobre as quais o constituinte quis deixar a decisão última ao Congresso, especialmente como forma de fiscalização do Poder Executivo. Somente os incisos VII e VIII sobre a fixação da remuneração, respectivamente, de Deputados e Senadores e do Presidente e Vice-presidente da República é que dão azo à edição de normas gerais. As outras hipóteses, apenas à de normas individuais. Ora, a elaboração de normas individuais não é matéria considerada como pertencente ao "processo legislativo", nem ao "processo normativo" em sentido estrito.

33. RESOLUÇÃO

Se, com boa vontade, ainda se pode dizer que a inclusão do decreto legislativo no "processo normativo" apresenta um tênue fundamento, bem mais difícil é admiti-lo em relação às resoluções, também incluídas pelo art. 59 no "processo legislativo".

"Em direito constitucional", assinala Pontes de Miranda, "'resolução' é a deliberação que uma das Câmaras do Poder Legislativo, ou o próprio Congresso Nacional, toma, fora do processo de elaboração das leis e sem ser lei". Conhecida dos regimentos internos do Congresso e de suas Casas, a resolução que era prevista na Constituição anterior (1967) destinava-se a "regulamentar matéria de interesse interno (político ou administrativo) de ambas as Casas em conjunto ou de cada uma delas em particular".

A Constituição em vigor previu-a expressamente, e não apenas no art. 59. Menciona-a como competência do Senado para fixar alíquotas aplicáveis a alguns impostos estaduais (art. 155, § 2º, IV), e também estabeleceu o constituinte a resolução do Congresso Nacional como instrumento da delegação do Poder Legislativo ao Presidente da República (art. 68, § 2º).

A distinção de domínios entre a resolução e o decreto legislativo pelo critério formal é fácil. O decreto é elaborado pelo processo previsto para a elaboração de leis; a resolução, por processo diferente. Essa solução, contudo, só cabe *a posteriori*. Como discriminar *a priori* que deliberações do Congresso deverão seguir o caminho do decreto legislativo, quais o da resolução, é o problema que perdura. A nosso ver, a solução está em observar-se a tradição. Decreto legislativo e resolução essencialmente ditam normas individuais, no que se confundem; mas, no nosso direito anterior, enquanto a resolução não era constitucionalizada, sempre se entendeu que a disposição relativa às matérias de competência privativa do Congresso Nacional se manifestava pelo decreto legislativo. Não há razão para mudar, mesmo porque essas matérias são todas da mais alta relevância, o que justifica a adoção de um processo rígido para a sua apreciação. Destarte, o campo do decreto legislativo, na atual Constituição, é o das matérias mencionadas no art. 49, sem exceção. Fora daí, e fora do campo específico da lei, é que cabe a resolução.

Do que se expôs, claramente se infere que a resolução não tem por que ser incluída no processo normativo *stricto sensu*.

34. O PLEBISCITO NO PROCESSO LEGISLATIVO

A Lei nº 9.709/1998 interfere no processo legislativo. É esta incontestavelmente uma de suas intenções, como está claro no art. 2º. (V. *supra*, cap. 10, n. 10.)

Segundo ela, a convocação de plebiscito susta a tramitação de projeto legislativo (art. 9º), o que está na sua lógica, por visar a obter a opinião popular sobre o seu conteúdo normativo. Entretanto, juridicamente falando, a eventual manifestação negativa não importa em impedir a aprovação do projeto, que é da competência do legislador. Igualmente, ela não lhe impõe uma orientação, pois tem ele mandato livre. E, *a fortiori*, a manifestação positiva não importa na adoção do que teria sido aprovado na consulta.

35. O REFERENDO NO PROCESSO LEGISLATIVO

A lei anteriormente citada prevê seja "convocado" referendo acerca de ato legislativo até trinta dias de sua promulgação. Tal "convocação" é da competência exclusiva do Congresso Nacional (art. 49, XV) e, assim, só este pode autorizá-lo, de modo algum pode ser-lhe imposta a sua realização.

O objeto de tal referendo é obviamente a não ratificação do ato legislativo. Ora, ato legislativo é conceito correspondente a processo legislativo. Este tem sua abrangência fixada no art. 59 da Constituição, nela incluídas emendas à Constituição, leis complementares, leis ordinárias etc.

Para tal não ratificação, que corresponderia a uma ab-rogação, bastaria, segundo a referida lei, a maioria simples — a lei não diz se do eleitorado, se dos votantes (art. 10).

Disto decorreria uma situação absurda, ao menos com relação a leis complementares (aprovadas pela maioria absoluta nas Casas do Congresso) e, sobretudo, quanto a emendas constitucionais (aprovadas num procedimento complexo que envolve a aprovação do projeto nas duas Casas, por maioria de 3/5 do total de membros de cada uma delas em duas votações).

É despropositado que uma deliberação popular por maioria simples tenha mais força do que a maioria absoluta das Câmaras ou, pior, do que a maioria qualificada de 3/5 quanto a mudanças na Lei Magna.

Neste último caso, a ordem constitucional fica à mercê de uma maioria simples, o que obviamente contraria frontalmente, e de modo chocante, o espírito que inspira o constitucionalismo e a intenção que levou à edição da Constituição em vigor. Seria assim uma norma contrária implicitamente à Constituição; e a contrariedade à Constituição significa inconstitucionalidade.

É surpreendente que o Congresso Nacional haja aprovado uma norma teratológica que não serviria para atender à democracia, mas para destruí-la, quando utilizada por uma minoria ativa que pretenda o poder absoluto. Talvez haja sido aprovada para facilitar esse desiderato, talvez o tenha sido para fingir atender a uma hiperdemocracia, mas com o subentendido de não haver riscos, porque o próprio Legislativo é que terá de autorizar o referendo. Entretanto, se o Legislativo é capaz de aprovar as referidas normas, pode-se supor ser ele capaz de tudo...

O direito constitucional italiano — aponte-se — admite o referendo ab-rogativo (art. 75 da Constituição em vigor), mas o faz impondo condições formais para sua convocação e somente quanto a leis ordinárias, ainda excluindo as que dispõem sobre determinadas matérias. Assim mesmo, quanto àquelas, só o admite quando elas não têm "*contenuto costituzionalmente vincolato*" — como apontam mestres como Crusafulli e Paladin. Obviamente, porque, neste último caso, estariam a mudar indiretamente a Constituição.

> **SUGESTÃO DE LEITURA COMPLEMENTAR – Nacionais:** OBRAS DO AUTOR: *Do processo legislativo; Aspectos do direito constitucional contemporâneo.*

Seção 3ª
O PODER EXECUTIVO

1. CONSIDERAÇÕES GERAIS

Dos três poderes que na doutrina clássica dividem entre si as funções do Estado, sem dúvida, é o Executivo o que mais diversamente é hoje encarado.

O exame do conceito e do caráter do Poder Executivo bem como da evolução das concepções sobre ele é assim indispensável para que se possam compreender as modificações políticas e constitucionais que sofreu e sofre o Estado moderno, seja no concernente às relações entre o Executivo e os demais poderes — particularmente o Legislativo — seja no referente à estrutura desse próprio poder. Importa por isso não só estudar essa evolução como também a organização do Executivo contemporâneo.

Essa análise fundamental será o objeto do cap. 23 desta Seção, enquanto a organização do Executivo contemporâneo merecerá a atenção do cap. 24.

Por outro lado, o Executivo está à testa do mecanismo burocrático e das Forças Armadas, sendo esse o ensejo de se estudar o estatuto e a missão constitucional do serviço civil e do braço militar. Igualmente, giram em torno da cúpula do Executivo inúmeros órgãos auxiliares fruto da complexidade das questões que deve enfrentar, cujo estudo não pode ser evitado, visto que a Constituição lhes consagrou as missões.

Consequentemente, o cap. 25 e o cap. 26 tratarão, respectivamente, da Administração Civil e das Forças Armadas.

SUGESTÃO DE LEITURA COMPLEMENTAR – Clássicos: Unesco, *Le rôle de l'exécutif dans l'État Moderne*, Bulletin; G. Burdeau, *O Poder Executivo na França*, Revista Brasileira de Estudos Políticos; Alfred Sauvy, *La bureaucratie*; **Nacionais:** João Camilo de Oliveira Tôrres, *As Forças Armadas como força política*, Revista Brasileira de Estudos Políticos; José Britto da Silveira et al., *Elementos militares do poder nacional*, Revista Brasileira de Estudos Políticos.

Capítulo 23
O PODER EXECUTIVO E SUA MISSÃO

1. O EXECUTIVO NA "SEPARAÇÃO DOS PODERES"

Entre os pais da *separação dos poderes* a ideia de força era inseparável da concepção que faziam do Poder Executivo. Locke, por exemplo, o mostra bem quando declara impossível a separação do Executivo do Federativo, "ambos exigindo a força da sociedade para seu exercício".[18] E basta ver quais tarefas lhe atribui Montesquieu para que se demonstre não ser diferente o pensar deste.

Assim, aparece o Executivo como o "gládio a serviço da lei", o fiscal de sua execução e seu executor mesmo em certos campos. Seu papel é, pois, nitidamente subordinado. A orientação, o rumo é o Legislativo, é a lei quem traça. Fielmente cabe ao Executivo zelar para que as resoluções do legislador sejam acatadas e cumpridas se preciso for pela coação.

Esse papel secundário do Executivo, que era naquele tempo o rei, tinha claro sentido político, qual seja o de exaltar a representação popular. Coincidia também com as ideias do *laissez-faire*, na medida em que excluía do campo econômico e social o único dos poderes em condições de nele intervir.

2. A DUPLA MISSÃO DO EXECUTIVO NA DOUTRINA CLÁSSICA

"Gládio a serviço da lei", cabia ao Executivo uma dupla missão: a defesa externa e a manutenção da ordem interna. Para a doutrina clássica não é outra a sua razão de ser. Todavia, essas tarefas principais pressupõem outras menores, sem as quais elas não podem ser desempenhadas. Assim, compete ao Executivo encabeçar a administração e assegurar, preferivelmente de modo indireto, o funcionamento dos serviços públicos indispensáveis.

Para a doutrina do século XIX, portanto, o Executivo era a gestão das relações exteriores, a burocracia, as Forças Armadas, a polícia e o funcionamento dos grandes serviços públicos. Sempre *sub lege*, se lei houvesse.

3. O NOVO CARÁTER DO EXECUTIVO E SUAS CAUSAS

A transformação do *Estado-garantia* no *Estado-providência* veio modificar profundamente o caráter do Executivo. Não é preciso repisar o estudo das causas dessa transformação; basta aqui analisar as suas consequências.

---

[18] LOCKE, John. *Segundo tratado sobre o governo civil*, cit., n. 148.

A mais flagrante das consequências dessa mudança de filosofia do Estado foi a extensão das tarefas de que foi este investido, ao mesmo tempo que se alargava o campo de outras, que já eram suas. Ora, essa extensão foi principalmente uma ampliação das tarefas assumidas pelo Executivo. A este é que coube criar e gerir os serviços assistenciais, tomar o leme da vida econômica e financeira, impulsionar e mesmo dirigir os serviços públicos essenciais espaldando ou substituindo a iniciativa privada, fraca ou inexistente. Tudo isso recaiu sobre seus ombros porque sua estrutura concentrada lhe permitia as decisões prontas que nesses campos são necessárias.

Paralelamente, a aceleração do intercâmbio internacional, dos meios de comunicação, o surgimento de um sistema universal de relações internacionais, estendeu sobremaneira o terreno que já era seu da política estrangeira. Além disso, acentuou a importância desta para a sobrevivência e o desenvolvimento nacionais.

Essa extensão de tarefas trouxe aumento de prestígio, especialmente porque nas repúblicas o Executivo se tornou desde cedo a cúpula do partido ou da coligação majoritária. Daí resultou que, embora a estrutura constitucional não se modificasse, ainda que o Legislativo conservasse uma preeminência aparente, o centro real do poder político se deslocou para o Executivo. De fato, este se tornou o motor da vida política, a mola do governo, o que, em última análise, veio repercutir no próprio campo legislativo, com a legislação delegada etc.

Mais ainda, tendo em mãos a vida econômica, pelo controle de câmbio, dos meios de pagamento, do fisco, veio o Executivo a transformar-se no árbitro da vida social, cujas opções governam a tudo e todos.

4. O PODER GOVERNAMENTAL

Essa mudança na missão do poder, no seu caráter fundamental, tornou imprópria a designação Executivo. Como chamar de Executivo o poder que verdadeiramente governa?

Reconhecendo a necessidade de alterar o nome, várias Constituições recentes substituíram a designação tradicional pela de *governo*, tornando-se comum na doutrina a referência a um *poder governamental*. É o caso, ao menos da Constituição italiana em vigor (Título III, 2ª Parte), da Lei Fundamental de Bonn (art. 62), da Constituição francesa de 1958, cujo art. 20 reza: "O governo determina e conduz a política da Nação. Dispõe da administração e da força armada [...]".

5. A REPRESENTAÇÃO DO ESTADO

Resta salientar que, por tradição derivada dos tempos monárquicos, é no supremo órgão do Executivo que se encontra o representante do Estado em sua inteireza. A chefia do Estado e a sua representação nas relações internacionais, nele é que têm sua sede, ainda que o órgão disso incumbido não seja muitas vezes o que governa. Assim, nem sempre o chefe de Estado é o chefe do governo, conforme se mostrará nos capítulos seguintes.

> SUGESTÃO DE LEITURA COMPLEMENTAR – Clássicos: UNESCO, *Le rôle de l'exécutif dans l'État Moderne, Bulletin*; G. BURDEAU, *O Poder Executivo na França, Revista Brasileira de Estudos Políticos*.

Capítulo 24
A ESTRUTURAÇÃO DO GOVERNO

1. O EXECUTIVO: GOVERNO MAIS ADMINISTRAÇÃO

O Poder Executivo, na separação dos poderes, compreende o governo, que é sua cabeça, e a administração, que consiste em seu tronco e membros. O primeiro é o órgão ou conjunto de órgãos, a que pertence a representação do todo e a tomada das decisões fundamentais, no que é de sua competência. A segunda é o conjunto de órgãos que propriamente acompanham a execução das leis e decisões em geral, ou que a preparam. Ou, ainda, que as executam por si. Compreende tanto o serviço civil, ou burocracia, como as Forças Armadas, o seu braço militarizado.

Deve-se, todavia, apontar que hoje o dito Executivo é propriamente visto como um Executivo-governo, ou, até, como o Governo, dado haver avultado o seu papel na governança, especialmente no Estado social, como se apontou no capítulo anterior.

2. AS FIGURAS BÁSICAS DO GOVERNO

O governo apresenta certas figuras básicas, cuja combinação, ou mesmo fusão às vezes, estrutura suas formas. Essas figuras são: o chefe de Estado, o chefe do governo e os ministros. Os dois primeiros são os atores principais, os últimos são os coadjuvantes sempre presentes no drama político-administrativo.

3. A CHEFIA DO ESTADO

Por chefia de Estado entende-se, em última análise, a representação tanto externa quanto interna da unidade do Estado. O titular dessa chefia é quem simboliza, aos olhos do estrangeiro, o Estado; aos olhos do cidadão, a unidade nacional, o passado, o presente e o futuro comuns. Personalizando a permanência e a integridade do Estado, é o guardião dos interesses perenes, dos valores tradicionais.

A ele cabe uma função moderadora, destinada a arbitrar eventuais conflitos entre poderes. É uma tarefa de primordial importância que lhe atribuía a Constituição brasileira de 1824, como lhe atribuem a Constituição francesa de 1958 e a Constituição espanhola de 1978.

De seu caráter decorrem as tarefas que o direito comparado mostra lhe serem normalmente conferidas: a presidência das cerimônias cívicas, a representação nos atos solenes internacionais, como a recepção formal de embaixadores, o grão-mestrado das ordens honoríficas, a nomeação para certos cargos ou funções não políticas, o conselho nas crises e nos problemas e, mesmo, a arbitragem nos conflitos políticos.

O caráter da função recomenda que na chefia do Estado somente seja investida pessoa cuja prudência e equilíbrio estejam fora de dúvida. Por isso, pondo-se de parte o caso das monarquias, nos Estados em que essa função não é fundida com outra, a escolha de seu titular costuma fazer-se por via indireta (*v.g.*, Alemanha), já que os dotes necessários para bem exercê-la não são os que conquistam votos nos comícios populares.

4. A CHEFIA DO GOVERNO

Por chefia do governo entende-se a liderança na política nacional, pela orientação das decisões gerais e pela direção da máquina administrativa. É o chefe do governo o guia da nação em busca de um alto destino, como cabeça de sua estrutura política. É a mola de sua marcha para a conquista dos objetivos de cada dia, sem os quais não se vive. A ele compete a primeira palavra na determinação e na condução da política nacional.

Claramente, pois, se desenham os principais aspectos de sua tarefa. Desses, o primeiro é elaborar uma política, um *indirizzo generale* para a ação governamental. É sua missão propriamente política, na medida em que ela é escolha de fins e de meios adaptados a alcançá-los.

Outro é levar o mecanismo administrativo em direção de tais fins, fiscalizando-o.

Como, todavia, no mundo contemporâneo, os fins políticos não se conseguem, normalmente, sem o apoio popular, deve-se insistir nisto que o chefe do governo tem de marcar sempre a sua liderança sobre a nação.

A escolha do chefe do governo costuma ser deferida ao povo, ou ao colégio de seus representantes. Tal deflui de, na democracia, dever ele exprimir a vontade política do soberano, o povo. Essa escolha pode ser direta, pelo voto popular, como é comum no presidencialismo, ou indireta, como no parlamentarismo, quando é o Parlamento que, em última análise, o investe do poder. (V., *infra*, caps. 16 a 19.)

5. OS MINISTROS

Os ministros são os vogais de todo governo. Sua tarefa específica é chefiar departamentos básicos da administração pública, conduzir os trabalhos das grandes seções especializadas da máquina estatal — os ministérios.

Seu papel político é, em geral, o de auxiliares graduados do chefe do governo, a quem devem assessorar e aconselhar. Podem ser, todavia, cotitulares do poder governamental, o que sucede quando este cabe a um órgão coletivo, caso em que não há chefe do governo, mas apenas um primeiro-ministro, porta-voz do órgão coletivo.

Na verdade, essa cotitularidade está em franca regressão, já que é tendência universal assegurar-se um *leadership* no seio do governo. É o que demonstram as Constituições da França, da Itália, da Alemanha etc.

Auxiliares, a escolha dos ministros compete a quem ajudam. Essa escolha, porém, pode ser sujeita a ratificação por outro órgão, por todo o Parlamento, no parlamentarismo; pelo Senado, no presidencialismo americano.

6. AS FORMAS TÍPICAS DE GOVERNO

Três são os tipos de estruturação do Executivo mais comuns: o *monocrático*, o *dualista* e o *coletivo*, ou *colegiado*.

7. A FORMA MONOCRÁTICA

A forma mais simples é a *monocrática*. Seu característico fundamental é a fusão da chefia do Estado com a chefia do governo. Característica secundária é serem os ministros simples auxiliares do "chefe de Estado chefe do governo", a quem servem enquanto a este bem parecer.

É essa forma que historicamente exemplificam as monarquias limitadas do século XIX, e as repúblicas presidencialistas, como os Estados Unidos e o Brasil.

8. A FORMA DUALISTA

Forma mais complexa é a *dualista*, em que a chefia do Estado é separada do governo, propriamente dito. Isto é evidente no parlamentarismo, no qual a chefia de Estado compete ao Presidente da República, ou ao monarca, e a do governo a um gabinete, liderado por um Presidente do Conselho. Este último caso é o do parlamentarismo. (V., *supra*, cap. 17.)

Atualmente, a governança no parlamentarismo aparece frequentemente comandada por uma autoridade, como o chanceler na Alemanha, ou o Presidente do Conselho na França, enquanto no passado o era por um Primeiro-ministro, mais porta-voz do que chefe do gabinete.

9. A FORMA COLEGIADA

Enfim, a última forma se caracteriza por concentrar as funções de chefia do Estado e as governamentais num único órgão coletivo, cabendo a personificação da chefia rotativamente a seus membros.

É o caso do antigo *executivo colegiado* uruguaio e do *executivo diretorial* suíço.

Distinguem-se esses formalmente, porém. No primeiro, as decisões governamentais cabem de direito ao órgão coletivo, enquanto no último o órgão coletivo deve simplesmente executar as decisões do Parlamento, mas de fato as orienta.

10. A ESTRUTURA DO EXECUTIVO NO BRASIL

No Brasil, poder-se-ia dizer sem forçar a verdade que, de 1822 até hoje, sempre se teve Executivo monocrático.

De fato, a Carta de 1824 conferia a chefia do Executivo ao chefe de Estado, que era o imperador (art. 102). E este sempre a exerceu. Claramente, de 1822 a 1831. *De jure*, durante a regência, de 1831 a 1841. Intermitentemente de 1841 a 1889, pois a permanência dos gabinetes sempre dependeu da boa vontade do imperador. Todavia, em 1847 foi criada a presidência do Conselho, ganhando aparência dualista o nosso Executivo.

De 1889 a 1961, não há dúvida ter sido monocrático o Executivo, sob as Constituições de 1891, 1934, 1937 e 1946. A Emenda nº 4 a esta última, contudo, estabeleceu o regime parlamentarista com Executivo dualista. Durante sua vigência, que não foi longa — de 2 de setembro de 1961 a 23 de janeiro de 1963, quando se promulgou a Emenda nº 6 que o revogou —, no fundo o Executivo permaneceu monocrático, já que a preponderância do Presidente da República em todos os negócios públicos era insofismável.

De janeiro de 1963 em diante desapareceu qualquer dúvida.

11. OS PODERES DO PRESIDENTE DA REPÚBLICA

No direito vigente, art. 84 da Constituição, é o Presidente da República o chefe do governo e o chefe de Estado.

Como chefe de Estado, cabem-lhe tarefas de:

1) representação do Estado nas relações internacionais (p. ex., art. 84, VII, VIII etc.);

2) constituinte de outros poderes do Estado (v.g., art. 84, XIV e XVI etc.).

Como chefe do governo, incumbem-lhe tarefas de:

1) orientação política global (v.g., art. 84, I, IV, V etc.);
2) chefia da administração, em geral (p. ex., art. 84, II, XXV etc.);
3) guardião da segurança nacional (v.g., art. 84, IX, X, XIII, XIX etc.);
4) defensor do interesse público, em geral (p. ex., art. 84, III, XI etc.).

Claro está que a distribuição acima não é uma separação, ou classificação rigorosa, já que em mais de uma tarefa se devem combinar as cogitações a longo prazo do chefe de Estado com as de dirigente do governo.

12. A ELEIÇÃO DO PRESIDENTE DA REPÚBLICA

As Constituições de 1891, 1934 e 1946 previram a eleição do Presidente pelo sufrágio popular, direto, majoritário, num só turno. Apenas, por exceção, é que, em 1891 e em 1934, foram eleitos os Presidentes pelo Congresso, bem como em 1964, após a deposição de João Goulart.

Depois da Revolução de 1964, todas as eleições presidenciais até 1990 se fizeram de modo indireto. É verdade que a Emenda nº 9 à Constituição de 1946 chegou a prever eleição direta, reclamando a maioria absoluta para a vitória num primeiro turno de votação. Caso contrário, novo turno se realizaria, ao qual somente poderiam concorrer os dois candidatos mais votados no primeiro. Essas disposições não foram jamais aplicadas, porém, em razão do Ato Institucional nº 2, que previu a eleição presidencial pelo Congresso Nacional.

A Constituição de 1967 atribuía a eleição do Presidente a um Colégio Eleitoral, em sessão pública e por votação nominal (art. 74), até a Emenda nº 25/1985.

Esta Emenda estabeleceu a eleição direta, "por sufrágio universal e voto direto e secreto".

É a solução da atual Constituição. Esta exige a maioria absoluta para tal eleição. Caso ela não ocorra numa primeira votação, haverá outra a que só poderão concorrer os dois candidatos mais votados. Nesse caso, bastará para a eleição a maioria simples, não computados os votos em branco e os nulos.

13. REELEIÇÃO DO PRESIDENTE DA REPÚBLICA

A Emenda Constitucional nº 16, de 4 de junho de 1997, rompeu com a tradição republicana brasileira e admitiu a reeleição dos chefes do Executivo, portanto, do Presidente da República, para um "único período subsequente". Assim, o Presidente da República há de exercer o mandato por oito anos contínuos, caso tenha êxito na eleição que ocorrerá ao final do seu primeiro período de mandato. É a solução do direito norte-americano desde a Emenda nº 22.

14. O MANDATO PRESIDENCIAL

A duração do mandato presidencial tem variado na história brasileira. Sob a Constituição de 1891, era de quatro anos, assim como sob a de 1934. Passou a seis sob a de 1937. A Constituição de 1946 a fixou em cinco anos. A Lei Magna de 1967, na sua redação primitiva, estabeleceu essa duração em quatro anos. A Emenda nº 1/1969 estabeleceu o período de cinco anos. Por sua vez, a Emenda nº 8/1977 voltou a fixá-lo em seis.

A Constituição atual fixava em cinco anos a duração do mandato presidencial. A Emenda de revisão nº 5/1994 a reduziu para quatro anos. Hoje está admitida a reeleição por força da Emenda Constitucional nº 16/1997.

15. REQUISITOS PARA A PRESIDÊNCIA

Para que alguém possa ser eleito para a Presidência, mister se faz que preencha os seguintes requisitos:

1º) ser brasileiro nato;
2º) estar no gozo dos direitos políticos;
3º) ter mais de trinta e cinco anos;
4º) não ser inelegível.

16. VACÂNCIA DA PRESIDÊNCIA

Torna-se vaga a Presidência:

1º) por morte;
2º) por incapacidade absoluta (jurídica) do seu titular;
3º) pela perda de qualquer dos requisitos acima ou pela verificação da inexistência desses à época da eleição;
4º) pela decisão que condenar o Presidente nos processos por crime comum ou de responsabilidade;
5º) pela ausência do País por mais de quinze dias, sem permissão do Congresso;
6º) por não haver, salvo força maior, dentro de dez dias da data fixada para a posse, assumido o cargo;
7º) por renúncia.

Aplicam-se à vice-presidência os mesmos casos de vacância.

Observe-se que a verificação dessa vacância compete ao Congresso, salvo, evidentemente, no caso de condenação em processo. Essa verificação, todavia, não é um ato puramente político. É suscetível, pois, de controle judiciário, na medida em que ferir direitos individuais.

17. IMPEDIMENTOS DO PRESIDENTE

Sem ter perdido o cargo, sem que este, pois, esteja vago, pode o Presidente estar afastado, ou como diz a Constituição "impedido" de exercer a presidência. Esse afastamento ocorre quando o Presidente se licencia — caso em que é voluntário — ou quando involuntariamente não pode exercê-lo, por doença grave, por aprisionamento pelo inimigo, por sequestro etc., e, sobretudo, quando é suspenso de suas funções em razão de processo contra ele movido.

18. A SUCESSÃO E A SUBSTITUIÇÃO DO PRESIDENTE

Em caso de vacância da presidência, sucede ao Presidente definitivamente o Vice-presidente. No caso de impedimentos, também é o vice quem substitui o Presidente. Não havendo vice, não querendo este ou não podendo assumir o cargo, nele será investido o presidente da Câmara e, no impedimento deste, o presidente do Senado, que se estiver impedido será substituído pelo presidente do Supremo Tribunal Federal.

Note-se, porém, que o exercício da presidência por essas três últimas autoridades é sempre provisório e até eleição de novos Presidente e Vice, se vagos. É substituição, não sucessão.

Se ocorrer a vacância da presidência, nos últimos dois anos do mandato, haverá eleição indireta pelo Congresso para Presidente e Vice (art. 81, § 1º). De qualquer modo os eleitos completarão, apenas, o mandato dos antecessores.

19. A VICE-PRESIDÊNCIA

O que se disse do modo de eleição, da duração do mandato e dos requisitos de elegibilidade para a presidência aplica-se à vice-presidência. Aliás, não há, propriamente falando, eleição para Vice-presidente, uma vez que a escolha deste depende exclusivamente da eleição do Presidente de que foi inscrito candidato a suplente.

Na tradição do direito brasileiro, o Vice era o presidente do Senado. Depois do parlamentarismo de 1961/1963, deixou de o ser. A Constituição de 1967, porém, atribuiu-lhe a presidência do Congresso, na sua redação inicialmente vigente. A Emenda nº 1 retirou-lhe essa presidência. Em contrapartida, veio permitir que lei complementar lhe desse atribuições e que o Presidente da República o incumbisse de missões especiais, como está na atual (art. 79, parágrafo único).

A existência de um Vice-presidente da República costuma ser criticada por autores que o consideram figura dispensável quando não perigosa para a paz e a ordem pública. De fato, não faltam exemplos de Vice-presidentes que se deixaram enredar em manobras contra o Presidente. Por outro lado, a substituição provisória do Presidente poderia ser feita, sem maiores dificuldades, pelo presidente da Câmara, do Senado ou do Supremo Tribunal, como sucede, estando vaga a vice-presidência.

20. OS REQUISITOS PARA O MINISTÉRIO

Os ministros são em nosso regime meros auxiliares do Presidente, que os pode livremente nomear ou demitir.

A nomeação, porém, só pode recair em pessoas que preencham os seguintes requisitos:

1º) ser brasileiro;
2º) estar no gozo dos direitos políticos;
3º) ter mais de vinte e um anos.

21. FUNÇÕES DO MINISTRO

Cabem aos ministros, de acordo com o art. 87 da Constituição, entre outras, as seguintes tarefas: referendar os atos presidenciais, expedir instruções para a boa execução das leis, decretos e regulamentos etc. Incumbe-lhes também, sob pena de crime de responsabilidade, a obrigação de comparecer ao Congresso sempre que para tanto convocados (embora possam lá comparecer espontaneamente também). Devem, outrossim, apresentar ao Presidente relatório anual dos trabalhos realizados em seu ministério.

A principal das funções do ministro, contudo, é a de dirigir a seção do mecanismo administrativo que lhe houver sido confiada, ou seja, como se lê no art. 87, parágrafo único, I, da Constituição, "exercer a orientação, coordenação e supervisão dos órgãos e entidades da administração federal na área de sua competência". Cada ministro, portanto, é a cabeça de um dos grandes blocos em que se divide a administração pública.

22. ÓRGÃOS DE APOIO AO PRESIDENTE DA REPÚBLICA

Conta hoje o Presidente da República com dois órgãos superiores de consulta. O Conselho da República e o Conselho de Defesa Nacional, ambos com composição e competência definidas na Lei Maior, e cuja organização e funcionamento foram deixados para ser regulados pela lei ordinária.

23. CONSELHO DA REPÚBLICA

Compete ao Conselho da República pronunciar-se sobre: (I) intervenção federal, estado de defesa, estado de sítio; e (II) questões relevantes para a estabilidade das instituições democráticas. Essa atribuição é definida de forma vaga e abrangente, de modo a possibilitar o pronunciamento do Conselho sobre qualquer assunto que se queira ligado ao tema descrito.

A composição do Conselho da República abriga autoridades públicas, membros do Congresso e representantes da sociedade em sua totalidade. Com efeito, integram--no o Vice-presidente da República, o Presidente e líderes da maioria e da minoria da Câmara, bem como os do Senado Federal, o Ministro da Justiça e seis cidadãos. Estes, escolhidos pelo Presidente da República (dois), eleitos pela Câmara (dois) e pelo Senado (dois), deverão ser brasileiros natos e ter mais de trinta e cinco anos de idade. Cumprirão mandato único de três anos.

A critério do Presidente da República outros ministros poderão ser convidados a participar de reuniões do Conselho, se a matéria a ser ventilada for pertinente aos respectivos ministérios.

24. CONSELHO DE DEFESA NACIONAL

A Constituição anterior previa o Conselho de Segurança Nacional, órgão destinado a assessorar o Presidente da República nas questões relativas à segurança nacional.

A nova Constituição criou, em seu lugar, o Conselho de Defesa Nacional, mudando a tônica da preocupação do direito anterior, que era a "segurança" — nos moldes da doutrina criada pela Escola Superior de Guerra —, para "defesa" — preocupação do direito atual.

Suas atribuições definidas no § 1º do art. 91 são as de opinar em matérias ligadas à defesa do território nacional, tais como: declaração de guerra, celebração da paz, decretação de estado de sítio, de defesa e intervenção federal, uso efetivo de áreas indispensáveis à segurança do território nacional, especialmente na faixa de fronteira e nas relacionadas com a preservação e a exploração dos recursos naturais de qualquer tipo etc.

Compõem o Conselho de Defesa Nacional o Vice-presidente da República, os presidentes da Câmara dos Deputados e do Senado Federal e os Ministros da Justiça, da Defesa, das Relações Exteriores e do Planejamento, bem como os Comandantes da Marinha, do Exército e da Aeronáutica.

> **SUGESTÃO DE LEITURA COMPLEMENTAR – Clássicos:** UNESCO, *Le rôle de l'exécutif dans l'État Moderne, Bulletin*; G. BURDEAU, *O Poder Executivo na França, Revista Brasileira de Estudos Políticos*; EDWARD S. CORWIN, *The president: office and powers*.

Capítulo 25
A ADMINISTRAÇÃO CIVIL

1. CONCEITO

A administração civil — como se viu há pouco (n. 1 do cap. 24) é aquela seção do Executivo, de caráter subordinado, hierarquizado e não militarizado, que prepara, acompanha a execução ou executa por si leis e outras resoluções políticas, que não toma.

O seu caráter subordinado a distingue do governo propriamente dito. Este é que decide politicamente, escolhendo fins e meios. Estes fins e meios são os dados de onde parte o trabalho da administração. Sem dúvida, esta, por seus serviços técnicos, colabora no preparo e formulação das diretrizes políticas. Essas diretrizes são obrigatórias, não porque as assessorias assim entenderam, mas porque um órgão com poder decisório o quis e destarte as encampou.

Toda administração é hierarquizada, na medida em que se estrutura em quadros, com esferas de competência subordinada a chefias em pirâmide, que culminam na autoridade política do ministro, esta mesma subordinada, via de regra, à do chefe do governo.

Essa hierarquia não é militarizada. É, contudo, submetida a uma disciplina rigorosa, embora menos do que a militar. De fato, o funcionário, o servidor da administração, tem deveres especiais de sigilo, de imparcialidade política, que lhe restringiam, até a Constituição anterior, a liberdade de opinião e lhe recusavam direitos como o de greve e o de sindicalização.

2. CARREIRA OU DERRUBADA?

Hoje em dia a administração civil é estruturada como uma carreira, o que traz para seus membros as vantagens de promoções garantidas, com melhoria de remuneração, a par de estabilidade. Nem sempre foi assim. Mesmo pondo-se de parte o feudalismo, durante séculos a entrada e as promoções no corpo de funcionários dependeram exclusivamente da boa ou má vontade dos governantes, sem que houvesse qualquer segurança para os servidores caídos em desgraça.

A democracia, com eleições periódicas e substituições frequentes dos governantes, numa primeira fase, até piorou a situação, dando ensejo ao triunfo do *spoil's system* (sistema dos despojos). Cada mudança de governo, particularmente quando este passava para o partido adversário, acarretava a "derrubada" dos servidores nomeados pelo anterior e a distribuição dos lugares entre os apaniguados do novo, como pagamento pelos serviços eleitorais prestados (distribuição de lugares que seriam os "despojos" apropriados pelo vencedor).

Tal sistema gerava inconvenientes graves, quais a instabilidade administrativa, as interrupções no serviço, a descontinuidade nas tarefas, e não podia ser mantido no *Welfare State*, cujo funcionamento implica a existência de um corpo administrativo capaz, especializado e treinado, à altura de suas múltiplas tarefas. Se de modo geral foi abandonado, não mais se demitindo os admitidos pelo governo anterior, continua a praxe de premiar os correligionários à custa da administração pública.

3. BUROCRACIA

A posição peculiar da administração na vida nacional faz dela derivarem dois perigos: a burocracia e a tecnocracia.

Por burocracia designa-se aqui não a própria administração como se faz às vezes, mas aquele vício do servidor público que se manifesta no seu exagerado formalismo, na recusa de assumir responsabilidade, no maquinal e rotineiro desempenho de suas tarefas, na lentidão em cumpri-las. Daí resulta o emperramento do serviço com prejuízo e irritação do público, a que responde o desprezo mal-humorado do funcionário. E desse emperramento resulta a multiplicação do número de servidores para descongestioná-lo, com o que sofrem os cofres públicos e, portanto, o contribuinte, o povo.

Os males da burocracia são universais e até hoje não se encontrou fórmula eficaz para curá-los. Faltando à administração o acicate do lucro e a ameaça da falência que obrigam o particular a reagir contra o esclerosamento, garantido o funcionário pela estabilidade e pela promoção por antiguidade, nem há mesmo muita procura de solução, solução que deve vir ou da própria administração ou do político que, chegando ao governo, muda de ótica, frequentemente.

4. TECNOCRACIA

Se se pode dizer que a burocracia seja um mal por levar a administração a fazer menos do que deve, a tecnocracia é um mal por exagero.

É tarefa da administração, que a exerce por meio de órgãos especializados, o preparo das decisões políticas, seja das que vai o governo tomar, seja das que há de propor ao Legislativo. Essa tarefa, na medida em que o Estado se intromete em questões econômicas, sociais e militares delicadas, é de crucial importância. Por outro lado, o caráter técnico das discussões que envolve o seu desempenho coloca o governante, em geral despreparado, à mercê do especialista. Quando este impõe sua vontade, instala-se a tecnocracia. Ou seja, o deslocamento das decisões políticas para as mãos de técnicos politicamente irresponsáveis.

Ninguém de bom senso vai desmerecer a contribuição que os técnicos e planejadores podem dar para a satisfação do interesse público. É preciso notar, porém, que a eles faltam muitas vezes o sentido do conjunto e o calor humano para a apreciação do custo social das medidas que propõem. Ademais, sendo funcionários, não respondem perante o povo por seus enganos, pelo que tendem a desprezar os seus reclamos. Sem dúvida, o bem do povo, sobretudo a longo termo, não se confunde em geral com os seus anseios presentes; o governo democrático, todavia, não se pode fazer contra o povo.

5. O ESTATUTO DO SERVIDOR PÚBLICO

A Constituição vigente fixa as regras fundamentais do estatuto do servidor público nas seções I e II do capítulo dedicado à Administração Pública. Fiel à tendência de despolitizar a administração, estrutura-o numa carreira.

6. A CARREIRA

O sistema de carreira tem dois pontos básicos: o do ingresso e o das promoções.

O problema do ingresso é de difícil solução na medida em que perdura a praxe referida no n. 2 deste capítulo.

Nenhum governo renuncia a nomear seus protegidos, não hesitando em contornar não raro a lei, se lei exista que o vede ou dificulte, para fazê-lo. Ora, a seleção por méritos eleitorais não é critério para admissão num serviço cada vez mais especializado.

Assim, embora perdure a livre escolha e, portanto, a livre nomeação para certos postos na administração, cada vez mais se estende a prática dos "concursos" para a entrada para o serviço público, particularmente os de títulos e provas. Esta é a regra geral no direito vigente.

Para a promoção, também a luta é contra o filhotismo. O mérito devia ser o único critério para as promoções, idealmente falando. Todavia, não há critério para aferi-lo que não possa ser desvirtuado pelos chefes e pelos políticos no governo. Em vista disso, usa-se também o critério da antiguidade, cujos defeitos são óbvios. Na combinação dos dois é que normalmente está o mal menor.

Consagra de pronto a Lei Magna o princípio do igual acesso aos cargos públicos, para todos os brasileiros, respeitadas, evidentemente, as restrições quanto à habilitação e sexo, sempre que indispensáveis. Tal acesso é hoje aberto aos estrangeiros, mas na forma de lei.

Fixa também o princípio segundo o qual o ingresso no serviço público só se fará mediante concurso de provas, ou de provas e títulos. A Constituição vigente faz exceção para os cargos em comissão que podem ser livremente preenchidos, mas cujos titulares podem perdê-los *ad nutum*. Ou seja, podem igualmente ser exonerados.

7. ESTABILIDADE E VITALICIEDADE

Deteve-se particularmente a Constituição em vigor, como a anterior, no que se refere à estabilidade do funcionário. Na verdade, prevê ela duas formas de garantia do cargo para o funcionário: uma, que chama de "estabilidade"; outra, que batiza solenemente de "vitaliciedade".

O servidor estável, ao contrário do vitalício, pode perder o cargo em processo administrativo, desde que tenha tido possibilidade de ampla defesa. Claro está poder perdê-lo, também, em virtude de sentença judicial transitada em julgado (CF, art. 41, § 1º, I e II). Se o cargo foi extinto, permanecerá ele em disponibilidade remunerada até seu aproveitamento em cargo compatível com o que ocupava, quanto a funções e remuneração.

A Emenda nº 19/1998 permite, todavia, que os servidores estáveis sejam dispensados se o seu desempenho, em avaliação periódica, for insuficiente (Constituição, art. 41, § 1º, III). No procedimento de avaliação, entretanto, gozarão os servidores de ampla defesa, devendo ser estabelecidas garantias especiais em favor dos que exerçam "atividades exclusivas de Estado", como diplomacia, justiça etc.

A aquisição da estabilidade se dá ao completar o funcionário admitido por concurso três anos de serviço.

A vitaliciedade, garantia concedida pela Constituição anterior apenas aos membros dos Tribunais de Contas e aos magistrados em geral, foi estendida aos membros do Ministério Público. A vitaliciedade é a garantia de não poder perder o cargo, a não ser por sentença judiciária. No caso de servidor estável a perda do cargo pode ser, já se disse, decidida pela própria Administração, enquanto no caso de vitalício só pode ocorrer ao final de processo judicial. Claro está que o servidor estável que houver sido demitido em processo administrativo poderá discutir judicialmente essa punição, com base no art. 5º, XXXV, da Constituição. Mas o fará como demitido e depois de demitido, situação em que não mais auferirá remuneração.

8. A APOSENTADORIA

Vale assinalar que a Constituição dispõe sobre o regime da aposentadoria do servidor público de modo complexo e detalhista. Ademais, desde a promulgação da Lei Magna em vigor, já sofreu esse regime profundas modificações. Assim ocorreu pelas Emendas Constitucionais nº 41/2003, 47/2005; profundamente pela Emenda nº 20/1988 e modificada ainda mais profundamente pela Emenda Constitucional nº 103/2019, em vigor. Isso mostra bem a delicadeza da matéria, cujo peso sobre as finanças públicas é alto.

Cabe, porém, neste passo, apontar suas linhas gerais.

A aposentadoria consiste no direito de perceber uma remuneração – os chamados "proventos" – depois de o servidor deixar de prestar trabalho para ente público.

De três espécies são os fundamentos da aposentadoria.

Uma é não poder o servidor exercer mais a atividade por invalidez permanente, derivada de doença ou acidente. Tem a aposentadoria nesse caso um caráter declaratório, pois presume uma situação de fato que impede o trabalho.

Outra, por se considerar que, atingida determinada idade (setenta anos ou setenta e cinco anos, na forma que estabelecer lei complementar), não deve mais fazê-lo. Nesta hipótese, é ela dita compulsória, porque afasta o servidor da atividade, independentemente de sua vontade.

A terceira é o reconhecimento de já haver o servidor contribuído com tempo suficiente de trabalho para o ente público. Essa somente ocorre a pedido do interessado; é, pois, voluntária. Ela pressupõe o preenchimento de vários requisitos, que afetam também a remuneração a ser percebida pelo aposentado.

O direito em vigor dispõe sobre um tratamento diferenciado para os exercentes de diferentes atividades, como professores, ou em diferentes situações, como invalidez. Igualmente para os servidores que, na data da promulgação da referida Emenda, estivessem próximos a alcançar a aposentadoria. Ela prevê que lei complementar desdobre muitos de seus preceitos.

9. A RESPONSABILIDADE POR DANOS

Preocupou-se ainda a Constituição vigente com o problema da responsabilidade do funcionário pelos danos que cause a terceiro no exercício de suas tarefas. Adotou a esse propósito o princípio da responsabilidade objetiva do Estado e das pessoas jurídicas de direito Privado prestadoras de serviço público, atribuindo-lhes a obrigação de ressarcir os danos sem indagar da culpa ou dolo do agente. Todavia, o Estado e as demais pessoas mencionadas recuperarão o que pagarem se o funcionário se houve com dolo ou culpa.

10. PRINCÍPIOS ADMINISTRATIVOS

Exige a Lei Magna que a Administração Pública direta, indireta e fundacional paute sua atividade com obediência, dentre outros, dos princípios de legalidade, impessoalidade, moralidade e publicidade. A estes a Emenda Constitucional nº 19/1998 acrescentou mais um: o de eficiência.

A doutrina de direito administrativo tem sido unânime na afirmação de que tais princípios são inerentes à atividade administrativa, vedando aos agentes do poder público qualquer atuação deles divorciada.

Não é, portanto, novidade que se exija da administração pública o respeito aos princípios considerados fundamentais. Todavia, ganharam, agora, dignidade constitucional.

Note-se, porém, que os princípios acima apontados são imperativos para o administrador público. Poderá este sofrer sanções se não os cumprir, bem como ver anulados os seus atos que não obedecerem a eles.

Ora, isto alarga o controle do Judiciário sobre a administração, o que é positivo. Gera, entretanto, certa insegurança, porque, sendo os princípios normas generalíssimas, é no fundo o juiz quem determina, no caso concreto, o seu alcance. Ou seja, é ele quem vai especificar, no caso concreto, o seu conteúdo. Assim, já não basta ao administrador cumprir formalmente a lei.

Capítulo 26
AS FORÇAS ARMADAS

1. CONCEITUAÇÃO

As Forças Armadas são um corpo especial da administração, oposto ao setor civil por sua militarização, isto é, pelo enquadramento hierarquizado de seus membros em unidades armadas e preparadas para combate. Embora um setor da administração civil — a polícia — partilhe com essas o uso de armas, com elas não se confunde em virtude da sua complexa estrutura de unidades, do caráter de sua hierarquia e de sua disciplina.

A elas se assemelham as forças policiais de estrutura militarizada — as polícias militares, das quais diferem essencialmente pela finalidade. As Forças Armadas têm a função precípua de garantir a segurança nacional (embora não se excluam outras), as polícias, a ordem interna, ou seja, a tranquilidade pública e o cumprimento da lei pelo povo.

As Forças Armadas são elemento imprescindível para o Estado, pois nelas se deposita a coação irresistível com que deve contar o Estado para manter a sua soberania. Em razão das modernas técnicas e do estágio atual das invenções bélicas, distribuem-se elas em Exército — as forças de terra — Marinha — as do mar — e Aeronáutica — as do ar.

2. A FINALIDADE CONSTITUCIONAL DAS FORÇAS ARMADAS

Destinam-se as Forças Armadas em primeiro lugar — e essencialmente como se apontou acima — a garantir a segurança externa do Estado. Essa é a sua finalidade precípua, a razão por que em suas mãos se concentram armas e artifícios cujo emprego só se justifica contra quem possa contar com semelhantes — de ordinário, Forças Armadas estrangeiras.

A defesa externa, porém, não é a única finalidade sua. Secundariamente, visam elas a assegurar a ordem interna. Secundariamente porque essa tarefa cabe em primeiro lugar às polícias, seja a civil, sejam as militares, se existirem. Se, porém, como sucede na guerra civil, os meios dessas não bastarem para restabelecer-se a ordem, cabe às Forças Armadas impô-la.

É essa lição que exprime solenemente a Constituição: "As Forças Armadas, [...] destinam-se à defesa da Pátria, à garantia dos poderes constitucionais e, por iniciativa de qualquer destes, da lei e da ordem" (art. 142).

3. A POSIÇÃO CONSTITUCIONAL DAS FORÇAS ARMADAS

Na ordem constitucional, a subordinação das Forças Armadas ao poder político não faz dúvida. Na Constituição vigente está claramente disposto que cabe ao Presidente da República "a autoridade suprema" sobre as Forças Armadas (art. 142), "exercer o comando supremo das Forças Armadas" e como tal "nomear os Comandantes da Marinha, do Exército e da Aeronáutica" (art. 84, XIII).

Essa é, na verdade, importantíssima função atribuída ao Presidente da República, que é o chefe do Estado e o chefe de Governo, como é próprio do presidencialismo. (V., *supra*, cap. 16.)

Com efeito, a universalização das relações internacionais com a integração de todos os Estados do globo num sistema interdependente, de onde decorre a possibilidade de guerras verdadeiramente mundiais, e o grau de desenvolvimento bélico que permite a destruição universal, o princípio da nação em armas, tudo isso faz da segurança e da defesa de cada Estado matéria de gravidade ímpar. A cada passo arrisca-se tudo. Daí decorre a influência crescente e poderosa dos comandos militares na formulação da política nacional.

Essa influência não passaria de outra pressão tecnocrática, se os militares não contassem com meios especiais de coação. E de coação normalmente irresistível. Ademais, em assuntos delicados como este, a discordância pode parecer traição.

4. A TENTAÇÃO MILITAR

Afora essa primeira que é universal, de outra tentação sofrem as Forças Armadas nos países em crise econômico-político-social. E, nestes, a situação é mais grave porque em geral neles falta ao poder civil tradição e prestígio que o imponham contra movimentos militares.

Essa tentação é servir-se da força para pôr termo a tal situação de crise. Esse emprego da força, como é óbvio, pode ter dois sentidos, e opostos: pode ter cunho conservador e, mantendo a ordem, resguardar o *status quo*; pode ter cunho revolucionário e substituir a ordem abalada por uma nova ordem de caráter progressista. Os exemplos de intervenção militar com este ou aquele sentido são muitos e patentes; ambos envolvem a politização das Forças Armadas.

Ora, a politização das Forças Armadas é sempre perigosa porque os militares são homens e, portanto, sofrem dos defeitos humanos. Transformadas em partido, evidentemente as Forças Armadas falseiam o jogo democrático porque não podem perder, ou melhor, não perdem nunca. Divididas em facções, a desordem que geram é a pior possível, uma vez que não há bombeiros para apagar o fogo que bombeiros atearam e atiçam...

Por outro lado, casos há em que as Forças Armadas não podem, nem devem assistir, impassíveis, à luta política. Se pertencem a um Estado democrático, não podem tolerar que um grupo ou um partido antidemocrático use do poder para destruir a democracia. Nem podem aceitar que, falhando ou corrompendo-se a liderança civil — como às vezes sucede — seja o país atirado ao caos ou à decadência. Claro está que essa intervenção não é sem riscos. Sempre há, por exemplo, o perigo de que a ambição de chefes veja necessidade onde não existe.

5. HIERARQUIA MILITAR

Hierarquizadas, as Forças Armadas formam uma pirâmide quanto ao comando, regendo cada escalão superior todos os inferiores, como é necessário para as manobras e operações bélicas. Acima, porém, do supremo comandante militar está sempre o chefe do poder do Estado em que as forças se integram, isto é, o Executivo.

O chefe do governo é assim o chefe das Forças Armadas, um dos setores da administração, em sentido geral. Como, porém, as Forças Armadas são a garantia da unidade e da independência nacionais, onde a chefia do Estado é distinta da do governo, àquela sempre se dá, além de sua chefia honorária, influência na sua disposição e afetação.

Mais forte é a interferência do chefe de Estado sobre as Forças Armadas nos países onde perdura a lembrança do rei-guerreiro, a conduzir as tropas a vitórias e conquistas.

No Brasil, porém, a Carta de 1824 já colocava em mãos do chefe do governo e não do Estado o comando das forças de terra e mar (art. 102). Sob a República, evidentemente às ordens do Presidente é que foram e são colocadas as Forças Armadas (art. 142).

6. O PRINCÍPIO DA NAÇÃO EM ARMAS

Praticamente em todos os países do globo é hoje adotado o princípio da nação em armas, pelo qual todo nacional pode ser chamado a integrar as fileiras das Forças Armadas, em tempo de paz, para receber a instrução militar básica, depois do que passa para a reserva, em tempo de guerra, para cumprir as missões necessárias. Assim, nas Forças Armadas contemporâneas, há um núcleo profissional: os oficiais superiores, e na paz, a maioria dos oficiais inferiores e suboficiais, que enquadra e conduz os nacionais em armas.

Entre nós, a Constituição adota o serviço militar obrigatório (art. 143), exceto para as mulheres e os eclesiásticos, que poderão ser submetidos a encargos especiais (art. 143, § 2º). Admite a chamada "escusa de consciência", a recusa de servir às Forças Armadas comprovadamente em virtude de convicção filosófica ou religiosa, determinando obrigação alternativa atribuída pelas Forças Armadas (art. 143, § 1º).

7. GARANTIAS DO MILITAR

Dedicando sua vida ao serviço do Estado, o militar profissional não pode deixar de ter certas garantias, como as outorgadas ao funcionalismo civil. Goza de aposentadoria; e os oficiais, no Brasil, da estabilidade em termos de verdadeira vitaliciedade. De fato, o oficial só perde o posto e a patente em virtude de decisão do Tribunal Militar que o considere indigno do oficialato ou com ele incompatível.

8. O MILITAR EM CARGOS CIVIS

Admite a Constituição brasileira que o militar exerça cargo público temporário, não eletivo, sem passar para a reserva (art. 142, § 3º, III). Se o cargo for permanente (art. 142, § 3º, II), passará para a reserva. Aliás, para dificultar a contaminação dos quartéis pela política partidária, também determina a Constituição a passagem para a reserva do militar candidato que contar menos de dez anos de serviço ativo, pois, se contar com mais, a passagem será temporária. Se eleito, porém, será também transferido para a inatividade (art. 14, § 8º, I e II).

9. AS FORÇAS POLICIAIS ESTADUAIS E DISTRITAIS

A Constituição veda que os Estados da federação possuam Exército, Marinha e Aeronáutica — o que traria graves riscos para a segurança nacional — ao sublinhar o caráter nacional das Forças Armadas (art. 142). Todavia, admite que os Estados constituam polícias militarizadas para sua segurança interna e manutenção de ordem em seu território (art. 144, § 5º). Essas polícias, contudo, são reserva das Forças Armadas, podendo ser mobilizadas, como mais de uma vez o foram no passado, para servir à União, em tempo de guerra externa ou civil. A Emenda Constitucional nº 104/2019 veio a permitir que o Distrito Federal criasse força policial equivalente.

> **SUGESTÃO DE LEITURA COMPLEMENTAR** – Nacionais: João Camilo de Oliveira Tôrres, *As Forças Armadas como força política*, Revista Brasileira de Estudos Políticos; José Britto da Silveira et al., *Elementos militares do poder nacional*, Revista Brasileira de Estudos Políticos.

SEÇÃO 4ª
O PODER JUDICIÁRIO

1. CONSIDERAÇÕES GERAIS

Terceiro dos poderes do Estado na lição clássica, o Judiciário costuma ser considerado o menos importante deles. Ele o é, sem dúvida, se o encararmos do ponto de vista político, se o estudarmos em relação à orientação global da atividade do Estado. Sua importância, entretanto, avulta, se o olharmos sob o prisma das liberdades e direitos individuais, de que é a primeira e principal garantia.

Nesta Seção, no cap. 27 serão estudadas a missão, a natureza e as garantias do Judiciário, para no cap. 28 examinar-se a sua organização no Brasil, no cap. 29, estudar-se a cúpula do Poder Judiciário de acordo com a Emenda nº 45/2004, completando-se o estudo do Judiciário no cap. 30, com a análise das funções essenciais à justiça, desempenhadas por instituições que não integram o Judiciário, mas são imprescindíveis à realização da justiça. V. o cap. 44.

SUGESTÃO DE LEITURA COMPLEMENTAR – Nacionais: Pedro Lessa, *Do Poder Judiciário*; Artigo do autor: *O Poder Judiciário na Constituição de 1988 — judicialização da política e politização da justiça*, Revista de Direito Administrativo; Obras do autor: *Aspectos do direito constitucional contemporâneo*; *Lições de direito constitucional*; *Princípios fundamentais do direito constitucional*; *A ressurreição da democracia*. Santo André: Dia a Dia Forense, 2020; *A nova Constituição de 1988?*, cuja coordenação foi partilhada com Roger Stiefelmann Leal. Santo André: Dia a Dia Forense, 2021.

Capítulo 27
O PODER JUDICIÁRIO: SUA FUNÇÃO E GARANTIAS

1. A NATUREZA DA "FUNÇÃO JURISDICIONAL"

O Estado contemporâneo ocidental juridicamente se estrutura em obediência ao princípio da separação, ou divisão de poderes, conforme a sua versão clássica, dada por Montesquieu em *O espírito das leis*. Distinguem-se nele, pois, três poderes, ou seja, três grupos de órgãos independentes, cada qual exercendo, com relativa exclusividade, uma função distinta por sua natureza das demais.

O último desses três poderes seria o Judiciário, incumbido da função jurisdicional. Ou seja, da função de fazer justiça.

No Estado moderno, porém, fazer justiça se confunde com aplicar a lei, daí a conceituação tradicional segundo a qual o Judiciário "tem por missão aplicar contenciosamente a lei a casos particulares" (Pedro Lessa). Esse conceito já sugere quão problemática é a colocação do Judiciário como executante de uma função, por sua natureza distinta, do Estado. De fato, em sua substância essa função é *executar* ou *aplicar* a lei a casos particulares. Ora, executar a lei é objeto de outra função, a *executiva*, ou *administrativa*. Destarte, limitando-se a pôr em prática, em casos concretos, decisões anteriores de caráter geral, o Judiciário exerceria uma função por sua natureza igual à desempenhada pela administração. É essa a lição de inúmeros autores modernos, como Burdeau, Wade etc., que podem abonar-se em Locke, o qual não a considerava função à parte, mas sim enquadrava o Judiciário no Poder Executivo.

Na verdade, é difícil compreender como se pode sustentar que, em sua substância, seja a "função jurisdicional" distinta da "função executiva". O único ponto por que uma pode ser distinguida da outra é o *modo* de execução da lei a que obedece o Judiciário.

De fato, este aplica a lei *contenciosamente*, isto é, com a possibilidade rigorosamente garantida de debate entre as partes interessadas no litígio. Abre-se perante ele sempre a possibilidade do contraditório, permitindo-se a todos os que serão afetados pela decisão fazerem ouvir suas razões, seus argumentos. E em razão dessa garantia que faz presumir o acerto da decisão, ela goza de uma forma de imutabilidade — a coisa julgada.

O *modo*, porém, não muda a *natureza* da função. Embora o faça contenciosamente, o juiz sempre está executando, dando aplicação à lei.

É verdade que a moderna doutrina processual caracteriza a função jurisdicional como uma "atividade de substituição", estando aí o ponto de distinção entre jurisdição e administração. Mas por conta própria ou por conta de outrem, o poder público sempre estará executando, dando cumprimento à lei.

Note-se que a função jurisdicional pode ser atribuída, como o é na Constituição brasileira, a outro poder que não o Judiciário, eventualmente. (O mesmo se dá com a função legislativa que não é toda entregue ao Legislativo, como com a função executiva que não fica inteira em mãos do Executivo.) Assim, o Legislativo também a exerce: ele julga no *impeachment*; e o Executivo pode criar tribunais administrativos que aplicam a lei a particulares, inclusive por meio de um procedimento contencioso: são os *contenciosos administrativos*, como os tribunais de impostos e taxas (embora em nosso direito não possam jamais decidir em última instância, ficando sempre sujeitos ao crivo do Judiciário). A função jurisdicional, porém, é típica do Judiciário, de modo que, na sua forma típica, pode ser chamada de *função judiciária*. Esta — a *jurisdição judicial* — é que decide com força definitiva, fazendo coisa julgada.

2. AMPLIAÇÃO DO CONTROLE JUDICIAL

A Constituição vigente ampliou, todavia, o controle que o Judiciário pode exercer sobre as referidas "questões políticas". Não limita esse controle ao aspecto formal, mas admite que ele se estenda à observância de princípios, como os registrados no art. 37 — impessoalidade, moralidade, publicidade e eficiência. Isto, combinado com o fato de que essa Constituição, em muitos pontos, preorienta a disciplina de determinadas matérias, alargou o controle judicial que, destarte, em relação a tais questões não fica restrito à apreciação de legalidade.

Entretanto, é preciso ter presente que tal ampliação não pode chegar à usurpação pelo juiz da competência de outro poder, na apreciação da conveniência e oportunidade. Ou seja, substituir-se ele ao poder que tem a competência discricionária, determinando o que deve ser feito e quando o deve ser.

Na prática, é delicada e sutil a delimitação entre a correção legítima e a usurpação. Esta última, em nome de princípios, é frequente por parte de ativistas do Judiciário.

Com efeito, é preciso ter presente que todo princípio admite muitas concretizações. Assim, uma norma ou ato somente fere um princípio quando não se enquadra numa dessas muitas concretizações, objetivamente falando, mesmo que essa não seja a melhor segundo o critério subjetivo do magistrado.

3. A INDEPENDÊNCIA DO JUDICIÁRIO

Rejeitar-se a afirmação de que o Judiciário desempenha uma função de natureza distinta das demais do Estado, ou reconhecer que ela, por sua natureza, confunde-se com a administrativa, não significa que se recomende sua fusão com o Executivo nem que não se enxerguem as vantagens de sua separação desse poder e do Legislativo.

A independência do Judiciário é uma necessidade da liberdade individual. Que existam no Estado órgãos independentes que possam aplicar a lei, inclusive contra o governo e contra a administração, é condição indispensável para a liberdade e a proteção dos direitos humanos. E não foi outra a razão que levou a doutrina clássica a erigir o Judiciário em poder do Estado, com função própria. De fato, que argumento melhor havia para retirar das mãos do governo a administração da justiça do que afirmá-la, por natureza distinta daquela a ele confiada?

Cientificamente falando, não existe uma função jurisdicional diversa da administrativa. Politicamente falando, para a salvaguarda da liberdade individual, a aplicação da lei em casos concretos deve ser sempre confiada em última análise a órgãos independentes e imparciais, não subordinados ao governo, mas somente ao direito impessoal.

4. AS CONDIÇÕES E OS EFEITOS DA DECISÃO JUDICIAL

A manifestação do Judiciário pressupõe litígio que lhe seja trazido à apreciação, litígio esse que resolverá depois de tomar a manifestação de todos os interessados e cuja solução não alcançará mais do que os interessados que foram ouvidos no pleito. Quer dizer: (1) a manifestação do Judiciário só se dá se ele for chamado a fazê-lo por quem tenha nisso interesse. Não se pronunciará ele, jamais, *ex officio*; (2) esse pronunciamento ocorrerá depois de um processo contraditório em que cada interessado apresentará as suas razões (o aspecto contencioso estritamente falando); (3) os efeitos da decisão final serão *inter partes*, não irão além do caso que tiver sido julgado.

Hoje, é certo, para prevenir a multiplicação de questões que girem em torno de um mesmo ponto de direito, admite-se que o Judiciário fixe de antemão entendimento a respeito desse. Igualmente se aceita que algumas decisões tenham efeitos *erga omnes, que* sejam estendidos a todos os casos legais. Isto é excepcional, todavia. No Brasil, está presente no controle de constitucionalidade e transparece da súmula vinculante.

5. A MATÉRIA SUJEITA AO JUDICIÁRIO

É, por outro lado, princípio tradicionalmente firmado, ao menos no direito brasileiro, que não há matéria, por sua natureza, vedada ao Judiciário. Em outras palavras, sempre que houver lesão a direitos particulares cabe recurso ao Judiciário: "a lei não excluirá da apreciação do Poder Judiciário lesão ou ameaça a direito", dispõe o art. 5º, XXXV, da Constituição.

E as "questões políticas"?

Chamam-se questões políticas aquelas que a Constituição confere à apreciação discricionária do Executivo ou do Legislativo. São questões de apreciação de conveniência, das quais a lei só marca o contorno, deixando em sua substância a decisão ao órgão político, que se guiará por "considerações de *interesse* comum, de *utilidade* pública, de *necessidade* ou *vantagem* nacional requerendo uma autoridade mais ou menos arbitrária, subordinada à competência dos que a exercem aos freios da opinião popular e da moral social, mas autônoma numa vasta órbita de ação, dentro na qual a discrição do legislador e do administrador se move livremente".[19]

Com referência às "questões políticas", enquanto a questão se limitar à ponderação de conveniência ou utilidade, estão elas fora do campo do Judiciário. Desde que, porém, haja lesão de direito subjetivo, pode delas conhecer o Judiciário.

Assim, para a doutrina clássica, o cerne das "questões políticas", ou seja, a apreciação de oportunidade ou conveniência, ficaria fora do alcance do Judiciário. Entretanto, hoje se admite — repita-se — que a justiça possa ir além da apreciação de legalidade para corrigir a violação de princípios, como os que estão consagrados no art. 37 da

---

[19] Rui Barbosa, *apud* PONTES DE MIRANDA, Francisco Cavalcanti. *Comentários*, cit., v. 4, p. 222.

Constituição, como moralidade, eficiência etc. Violação só existe — insista-se — caso o ato não possa ser enquadrado objetivamente numa das múltiplas concretizações que o princípio comporta. (V., *supra*, n. 2 deste mesmo capítulo.)

6. AS GARANTIAS DO JUDICIÁRIO

A necessidade de salvaguardar, para a defesa da liberdade individual, a independência e a imparcialidade dos juízes é que, segundo se demonstrou (tópico 3 deste capítulo), inspira a distinção entre o Judiciário e o Executivo. Avulta, por isso, no estudo daquele poder, tudo o que versa a propósito das garantias dessa imparcialidade e dessa independência, que são condições do bom desempenho de suas tarefas.

Dessas garantias, entretanto, algumas concernem ao poder como um todo, resguardando-o de interferência de outros poderes; outras dizem respeito aos órgãos desse poder, particularmente aos juízes.

As garantias referentes ao Judiciário como um poder visam essencialmente a estabelecer sua independência, quer em relação ao Executivo, quer em relação ao Legislativo. Se essa independência relativamente ao desempenho de sua missão específica é absoluta, ela não o é quanto à sua composição e à sua organização, as quais sempre dependem do Legislativo ou do Executivo, ou de ambos.

Em todo Judiciário, há um órgão mais alto, um tribunal supremo. Cabe a este, em última instância, dizer o que é o direito, suprimindo eventuais discrepâncias entre seus órgãos inferiores, corrigindo erros e reparando injustiças. É característico desse poder, todavia, que esse órgão supremo propriamente não comande os inferiores, cuja independência é, aliás, garantida também contra ele.

7. A INDEPENDÊNCIA DOS TRIBUNAIS

O direito brasileiro reconhece a todos os tribunais, como garantia de sua independência, o poder de eleger seus presidentes e demais titulares de sua direção (CF, art. 96, I, *a*), organizar seus serviços auxiliares, provendo-lhes os cargos (art. 96, I, *b* e *c*), conceder licença e férias a seus membros, aos juízes e serventuários (art. 96, I, *f*). Dá-lhes também a iniciativa dos projetos concernentes à criação ou à extinção de cargos e à fixação dos respectivos vencimentos (art. 96, II). Por fim, aos tribunais a Constituição reconhece ainda a independência de estruturação interna. Podem eles elaborar seus regimentos internos e nestes estabelecer a competência de suas câmaras ou turmas isoladas, grupos, seções ou outros órgãos, com funções jurisdicionais ou administrativas (art. 96, I, *a*).

8. O ESTATUTO DOS MAGISTRADOS — INGRESSO E PROMOÇÃO NA CARREIRA

O art. 93 da Constituição prevê uma lei complementar que há de editar o Estatuto da Magistratura, lei esta de iniciativa do Supremo Tribunal Federal.

O conteúdo desse Estatuto é, todavia, preordenado nesse mesmo art. 93, que sofreu alterações em razão da Emenda Constitucional nº 45/2004, particularmente quanto ao ingresso e à promoção na carreira, normas que são gerais, aplicando-se, salvo regra diferencial expressa, a todos os ramos do Judiciário e tanto à justiça federal como à estadual.

Para o ingresso (art. 93, I) são requisitos: (1) ser bacharel em direito; e (2) ter, ao menos, três anos de atividade jurídica.

A seleção dos ingressantes será feita num concurso público de provas e títulos; concurso este realizado perante Comissão Examinadora, com a participação, em todas as fases, da Ordem dos Advogados do Brasil.

Os aprovados nesse concurso, na estrita ordem de sua classificação, é que podem ingressar na carreira, pela nomeação para o cargo de juiz substituto.

A promoção será feita de entrância para entrância, alternadamente por antiguidade e por merecimento (art. 93, II).

Na promoção por antiguidade, poderá o tribunal recusar a do mais antigo, mas pelo voto, fundamentado, de dois terços de seus membros, assegurada ampla defesa àquele que vier a ser recusado, nos termos de procedimento que o regimento do tribunal fixará (art. 93, II, d, na redação da Emenda Constitucional nº 45/2004). Vê-se da nova redação a intenção clara de eliminar a discrição do tribunal quanto à recusa e torná-la uma espécie de sanção punitiva. Certamente é por isso que a alínea e, acrescentada ao mesmo dispositivo constitucional, proíbe a promoção de juiz que, "injustificadamente, retiver autos em seu poder além do prazo legal, não podendo devolvê-los ao cartório sem o devido despacho ou decisão".

A promoção por merecimento pressupõe dois anos de exercício na entrância, bem como integrar a primeira quinta parte da lista de antiguidade, se não houver quem, tendo os requisitos, aceite o lugar vago (art. 93, II, b). Tal merecimento será aferido pelo "desempenho", pela "produtividade e presteza no exercício da jurisdição" e também pela "frequência e aproveitamento" em cursos de aperfeiçoamento.

9. GARANTIAS DOS MAGISTRADOS: AS DA SUA INDEPENDÊNCIA

As garantias do todo, o Judiciário, completam-se pelas garantias asseguradas a seus membros, os magistrados.

Essas, em geral, distribuem-se em dois grupos: o das que se destinam a resguardar a sua independência, contra pressões, inclusive de outros órgãos judiciários; e o das que visam a dar-lhes condições de imparcialidade, protegendo-os contra si próprios.

No direito brasileiro, esses dois grupos de garantias estão presentes e bem ele as estruturou, pelo que pode ser dado de exemplo.

As garantias constitucionais da independência dos magistrados são a vitaliciedade, a inamovibilidade e a irredutibilidade de vencimentos (art. 95).

A vitaliciedade consiste em não poder perder o magistrado o cargo senão por força de decisão judiciária (art. 95, I). Essa não impede que o juiz possa ser posto em disponibilidade pelo voto da maioria absoluta dos membros efetivos do tribunal, ocorrendo interesse público (art. 93, VIII).

A inamovibilidade consiste em não poder o magistrado ser removido de sua sede de atividades para outra sem o seu prévio consentimento (art. 95, II). Em caso de interesse público, reconhecido pelo voto da maioria absoluta dos membros efetivos do tribunal, dispensa-se, todavia, essa anuência (art. 93, VIII).

Enfim, a irredutibilidade de subsídios, que repercute na isenção de todos os impostos, salvo os gerais e os extraordinários (art. 95, III). Impostos gerais, ensina Maximiliano, são os que "abrangem todas as classes sem distinguir senão entre os proventos".[20] Para não haver dúvida sobre o alcance da disposição, a Emenda nº 9 à Constituição de 1946 tinha acrescentado ao art. 95, II, remissão ao art. 15, IV, que conferia à União os impostos sobre "renda e proventos de qualquer natureza". Essa remissão fora, no texto de 1967, suprimida. A Emenda nº 1, de 1969, a restaurou, para não haver qualquer hesitação. A Constituição de 1988 foi além, obrigando ao pagamento do imposto de renda sobre a totalidade do subsídio.

10. AS DA SUA IMPARCIALIDADE

As garantias constitucionais da imparcialidade dos magistrados são as que os proíbem de dedicar-se a certas atividades, porque os comprometeriam com determinados interesses.

Na Constituição atual, o art. 95, parágrafo único, veda a todo membro do Judiciário, sob pena de perda de cargo: (1) exercer, ainda que em disponibilidade, qualquer outra função pública, salvo uma de magistério; (2) receber, sob qualquer pretexto, percentagens ou custas nas causas sujeitas a seu despacho e julgamento; (3) "exercer atividade político-partidária".

Esta última proibição importa em restringir, a liberdade de expressão do magistrado, mesmo fora do exercício de suas funções. Trata-se de um ônus imposto pela necessidade de sua imparcialidade que ficará comprometida evidentemente se de suas manifestações se depreender sentido político-partidário.

A Emenda nº 45/2004 acrescentou uma outra proibição, qual seja, a de receber auxílios ou contribuições de pessoas físicas, entidades públicas ou privadas (art. 95, parágrafo único, IV).

A violação de qualquer dessas proibições enseja a perda do cargo após processo perante o Tribunal a que estiver vinculado o magistrado.

Registre-se que a Emenda nº 45/2004 criou um impedimento para o ex-juiz, visto que este não poderá exercer a advocacia no juízo ou tribunal a que pertenceu pelo prazo de três anos de sua aposentadoria ou exoneração (art. 95, parágrafo único, V).

11. ALGUMAS NORMAS DA EMENDA Nº 45/2004

Cumpre assinalar que essa Emenda, a chamada Reforma do Judiciário, edita algumas prescrições que merecem ser salientadas.

Assim, previu um direito fundamental à "razoável duração do processo" bem como aos meios que garantam a "celeridade de sua tramitação" (art. 5º, LXXVIII). Isto repercute em normas sobre justiça itinerante (art. 125, § 7º), proibição de férias coletivas, previsão de juízes em plantão (art. 93, XII) etc.

---

[20] MAXIMILIANO, Carlos. *Comentários à Constituição brasileira de 1891*. Brasília: Senado Federal, 2005. n. 167.

Reforçou o princípio da publicidade dos julgamentos e da motivação das decisões (art. 93, IX), bem como o estendeu às decisões administrativas, inclusive disciplinares, dos tribunais (art. 93, X).

Ao manter a possibilidade de instituição de órgão especial que faça as vezes de tribunal pleno no exercício das atribuições jurisdicionais e administrativas desse, quando tal tribunal tiver mais de vinte e cinco membros, inovou quanto à sua composição. Em lugar de fazê-lo composto exclusivamente por antiguidade, estabeleceu que a metade de seus membros viria da antiguidade, mas a outra metade por eleição, pelo tribunal pleno (art. 93, XI).

Capítulo 28
A ORGANIZAÇÃO DA JUSTIÇA BRASILEIRA

1. A COMPLEXIDADE DA ORGANIZAÇÃO JUDICIÁRIA BRASILEIRA

Nos Estados federais a organização da justiça costuma obedecer a uma duplicação, coexistindo órgãos federais, cuja competência se limita aos litígios concernentes ao direito da União, e órgãos estaduais, voltados para a aplicação das leis dos Estados federados, sempre sob a égide de um órgão supremo, necessariamente federal. Acentuando a complexidade dessa organização, contemporaneamente se usa prever organismos destinados a aplicar a legislação sobre matéria determinada.

Por ambas as razões expostas, a organização da justiça brasileira é complexa, o que dificulta a exposição. De fato, essa organização só pode ser exposta se encarada, sucessiva e completamente, de dois pontos de partida diversos: o do caráter federal ou estadual de seus órgãos e o da competência constitucionalmente reservada.

Observe-se, todavia, que toda organização judiciária brasileira tem em sua cúpula o Supremo Tribunal Federal, cuja importância faz com que se lhe abra um capítulo à parte (o 29).

2. A JUSTIÇA FEDERAL E A JUSTIÇA ESTADUAL

Ao estruturar o Judiciário, prevê o direito brasileiro, lado a lado, uma justiça federal e justiças estaduais. Ou, em outras palavras, órgãos judiciários integrados no ordenamento federal e órgãos judiciários integrados no ordenamento dos Estados federados. Todos esses órgãos, e seus ocupantes, gozam, porém, das mesmas garantias.

3. A JUSTIÇA COMUM E A JUSTIÇA ESPECIALIZADA

Quanto à competência, o direito pátrio prevê justiças especializadas e justiça comum. Por justiças especializadas devem-se entender aquelas cuja competência não compreende mais que matéria determinada, com exclusividade. A justiça comum, por seu turno, compreende tudo aquilo que não houver sido expressamente reservado a outra organização.

A Constituição de 1946 identificava justiça comum com justiça estadual e justiça especializada com justiça federal. De fato, esta só compreendia a aplicação da lei em questões de natureza especificada, abrindo, contudo, uma exceção, pois admitia se organizasse justiça militar estadual (art. 124, XII).

O Ato Institucional nº 2 e a Emenda nº 16 à Constituição de 1946, porém, criaram uma organização judiciária federal de competência não especificada por natureza, embora especializada, o que foi conservado pela nova Constituição. Desde então, há no Brasil uma justiça federal comum, no sentido de que sua competência não é especificada por natureza, mas é especializada por se limitar às matérias enumeradas na lei, taxativamente.

Note-se, por outro lado, que, se a justiça federal somente aplica o direito por sua origem federal, a justiça estadual tanto aplica a lei federal quanto a estadual. Aliás, mais frequentemente aquela do que esta.

4. JUSTIÇA ESPECIAL E JUSTIÇA DE EXCEÇÃO

Não se deve, todavia, confundir justiça especial, que a Constituição prevê, com justiça de exceção (tribunais de exceção ou foros privilegiados).

Como ensina José Frederico Marques, a primeira se distingue da segunda porque é permanente e orgânica, enquanto a outra é transitória e arbitrária, porque a primeira aplica a lei a todos os casos de determinada matéria enquanto a segunda é *ad hoc*, isto é, para cada caso concreto.[21]

Assim, a justiça especial é o conjunto dos ramos do Judiciário habilitados a aplicar contenciosamente a lei a casos de determinada matéria.

5. DIVISÃO DA JUSTIÇA FEDERAL

A justiça federal divide-se em:
1) justiça federal comum;
2) justiça militar federal;
3) justiça eleitoral;
4) justiça do trabalho.

6. JUSTIÇA FEDERAL COMUM: COMPETÊNCIA

A justiça federal comum, como se assinalou acima, foi estabelecida pelo Ato nº 2 e complementada a sua estruturação pela Emenda nº 16 à Constituição de 1946. Na verdade, em vez de criada foi ela restabelecida por esses textos. De fato, existira ela de 1891 a 1937, quando a Constituição do Estado Novo a suprimiu.

A supressão buscava simplificar a máquina judiciária, eliminando-se o inconveniente da multiplicidade de órgãos judiciários. A experiência, porém, não deu bons resultados, ressentindo-se com isso a administração da justiça e os cofres estaduais. Viram-se os Estados forçados a manter juízes e cartórios, em número sempre crescente, para atender a casos de interesse exclusivo da União, como as questões referentes a seus tributos, o que pesava bastante. Por outro lado, a importância e o valor de inúmeras questões de interesse federal não encontravam juízes à altura em certas justiças estaduais, ou, ao menos, não recebiam o tratamento merecido em algumas regiões do País.

---

[21] MARQUES, José Frederico. *Da competência em matéria penal*, cit., p. 133.

A competência da justiça federal vem discriminada no art. 109 da nova Constituição. Está, em primeiro lugar, fixada *ratione personae*: cabem à justiça federal as causas em que a União, entidade autárquica ou empresa pública federal forem interessadas na condição de autoras, rés, assistentes ou oponentes, exceto as de falência, as de acidentes de trabalho e as sujeitas à justiça eleitoral e à justiça do trabalho; as causas entre Estado estrangeiro ou organismo internacional e Município ou pessoa domiciliada ou residente no País; os mandados de segurança e *habeas data* contra autoridade federal, salvo os de competência dos tribunais federais; os crimes políticos e as infrações penais praticadas em detrimento de bens, serviços ou interesse da União ou de suas entidades autárquicas ou empresas públicas, ressalvada a competência das justiças militar e eleitoral; os *habeas corpus*, quando o constrangimento provier de autoridade cujos atos não estejam diretamente sujeitos a outra jurisdição etc.

Ratione materiae, discriminam-se a favor da justiça federal: os crimes internacionais; os crimes contra a organização do trabalho; os crimes cometidos a bordo de navios ou aeronaves, ressalvada a competência da justiça militar etc.

A Emenda Constitucional nº 45/2004 acrescentou ao art. 109 da Lei Magna, que enumera as causas de sua competência, um inciso V-A. Deste, combinado com o § 5º também por ela acrescentado, resulta que violações graves de direitos humanos podem passar para a competência da justiça federal de primeira instância. São condições dessa passagem: (1) ser grave a violação de direito fundamental; (2) tal direito decorrer de tratado (de direitos humanos) de que seja parte o Brasil; (3) seja essa passagem requerida pelo Procurador-geral da República ao Superior Tribunal de Justiça; e (4) seja deferida por este, que apreciará, como é evidente, a gravidade da violação nessa ocasião.

7. JUSTIÇA FEDERAL: ÓRGÃOS

São órgãos da justiça federal comum, juízes singulares e os Tribunais Regionais Federais. Foi suprimido o Tribunal Federal de Recursos, passando parte de sua competência aos Tribunais Regionais Federais e parte ao Superior Tribunal de Justiça. De modo geral, pertencem aos juízes singulares a decisão em primeira instância das causas de competência dessa justiça, aos Tribunais Regionais Federais o julgamento dos recursos. Possuem estes, porém, uma competência originária, prevista no art. 108 da Constituição de 1988, especialmente: (1) os mandados de segurança e os *habeas data* contra *ato* do próprio Tribunal ou de juiz federal; (2) os *habeas corpus*, quando a autoridade coatora for juiz federal; (3) os conflitos de jurisdição entre juízes federais vinculados ao Tribunal; (4) as revisões criminais e as ações rescisórias de julgados seus ou dos juízes federais da região.

8. JUSTIÇA FEDERAL: OS JUÍZOS SINGULARES

Aplicam-se aos juízes federais para ingresso na carreira e promoções as normas constantes do art. 93 da Constituição (com a redação da EC nº 45/2004), afora outras que poderão ser editadas pelo Estatuto da Magistratura.

9. JUSTIÇA FEDERAL: OS TRIBUNAIS REGIONAIS FEDERAIS

Os Tribunais Regionais Federais compõem-se de, no mínimo, sete juízes, recrutados, quando possível, na respectiva região e nomeados pelo Presidente da República dentre brasileiros, com mais de trinta e menos de sessenta e cinco anos, sendo um quinto dentre advogados com mais de dez anos de efetiva atividade profissional e membros do Ministério Público Federal com mais de dez anos de carreira; os demais, mediante promoção de juízes federais com mais de cinco anos de exercício, metade por antiguidade e metade por merecimento. No caso do quinto constitucional, a nomeação será precedida de elaboração de lista tríplice pelo Tribunal, na forma da lei, após o recebimento de lista sêxtupla dos órgãos de representação das respectivas classes (art. 94).

Com a promulgação da Emenda Constitucional nº 73/2013 existem nove tribunais regionais. Já em funcionamento cinco, cujas sedes são Brasília, Rio de Janeiro, São Paulo, Porto Alegre e Recife. Recentemente, com a intenção de desafogar o TRF-1, foi criado o TRF da 6ª Região, por meio da Lei nº 14.226/2021, com jurisdição em Minas Gerais e sede em Belo Horizonte. A estes se acrescentam, por força dessa Emenda, outros, com sede no Paraná, em Salvador e em Manaus.

10. JUSTIÇA MILITAR: COMPETÊNCIA

A justiça militar é o primeiro dos ramos especializados da justiça federal. Sua existência é uma imposição da natureza peculiar da disciplina e da vida militares, que não permitem sejam os militares julgados pelos tribunais comuns, segundo a lei comum. De fato, deles se exige mais que ao homem comum; a eles, em operação, se deve permitir o que não se concederia a nenhum civil.

Sua competência natural concerne aos crimes militares. A caracterização do crime militar é controvertida. Dois são os elementos básicos para tanto: o "pessoal" e o "material", isto é, a qualidade militar do autor do crime e o fato de o ato ou a omissão incriminados estarem capitulados na lei penal militar. A esses critérios objetivos ordinariamente se acrescenta um elemento subjetivo, o "intuito", ou seja, haver sido o ato, ou a omissão, motivado por razão de serviço, de disciplina ou por interesse de classe. Assim, para haver crime militar haveria necessidade de se conjugarem todos esses elementos, ou, em certos casos, um objetivo e um subjetivo.

11. JUSTIÇA MILITAR: ÓRGÃOS

São órgãos da justiça militar: o Superior Tribunal Militar, outros tribunais e juízes que a lei criar.

O Superior Tribunal Militar compõe-se de quinze juízes vitalícios, denominados ministros, de nomeação do Presidente da República, embora a escolha deva ser aprovada pelo Senado. Desses quinze, quatro deverão ser escolhidos entre os generais da ativa do Exército, três entre os oficiais-generais da ativa da Marinha, três entre os oficiais-generais da ativa da Aeronáutica e cinco entre civis maiores de trinta e cinco anos. Destes cinco, três serão escolhidos entre advogados de notório saber jurídico e reputação ilibada, com mais de dez anos de prática forense, e dois o serão entre os auditores e membros do Ministério Público da justiça militar.

12. AS GARANTIAS DOS JUÍZES MILITARES

Gozam os juízes pertencentes ao ramo militar da justiça federal das garantias que a Constituição concede a todo julgador. Todavia, quanto à inamovibilidade, deve-se fazer uma ressalva: esta não os exime de acompanhar as forças em operação junto às quais tenham de servir. Essa ressalva é, aliás, perfeitamente razoável, dado o caráter da justiça militar.

13. A JUSTIÇA ELEITORAL: ORIGEM

A justiça eleitoral é outro dos ramos da justiça federal. Não a criou entre nós a Constituição de 1946, mas esta apenas a restaurou, criada que fora pelo Código Eleitoral de 1932 e consagrada pela Lei Fundamental de 1934.

Seu estabelecimento, pelo qual lutaram muitos, dentre os quais sobressai Assis Brasil, se inspirou no Tribunal Eleitoral tcheco de 1920, no qual aponta o gênio de Kelsen. Marca a sua criação a instauração da honestidade eleitoral, ainda que incompleta, entre nós.

De fato, veio a justiça eleitoral realizar, em bases imparciais e honestas, seja o alistamento dos eleitores, seja a apuração das eleições e a diplomação dos eleitos. Não se pode dizer que sua simples criação "fez vestal da Messalina", mas indiscutivelmente deu seriedade aos pleitos. Não acabou com a fraude, mas a reprimiu, reduzindo-a bastante.

14. COMPETÊNCIA

A competência da justiça eleitoral gira, como é óbvio, em torno das eleições, que prepara, realiza e apura. O art. 121 da Constituição expressa que lei complementar disporá sobre a organização e competência dos tribunais, dos juízes de direito e das juntas eleitorais. Embora a competência da justiça eleitoral deva ser fixada pela referida lei complementar, a Constituição já antecipa algumas. Assim, no art. 17, § 2º, o registro do estatuto do partido político é atribuído ao Tribunal Superior Eleitoral; nesse mesmo artigo, é dada à justiça eleitoral a tomada de contas dos partidos etc. Ademais, obviamente lhe compete a gestão do processo eleitoral, desde o alistamento dos eleitores ao registro dos candidatos, a tomada e apuração dos votos, com a diplomação dos eleitos etc., bem como todo o contencioso que decorra dessas funções.

15. ÓRGÃOS EM GERAL

São órgãos da justiça eleitoral: juízes de direito, juntas eleitorais, os Tribunais Regionais Eleitorais e o Tribunal Superior Eleitoral.

16. JUÍZES ELEITORAIS

Embora o art. 121 deixe para a lei complementar dispor, as funções de juízes eleitorais são exercidas pelos juízes da justiça estadual comum atualmente.

17. JUNTAS ELEITORAIS

As Juntas Eleitorais, sobre cuja organização e funcionamento disporá lei complementar, hoje cuidam essencialmente da apuração das eleições. São presididas por um juiz de direito.

18. TRIBUNAIS REGIONAIS: COMPOSIÇÃO

Os Tribunais Regionais são previstos, de acordo com o art. 120 da Constituição, em todos os Estados e no Distrito Federal, e funcionarão nas capitais.

Compor-se-ão esses tribunais de sete juízes, sendo dois escolhidos pelo Tribunal de Justiça dentre os seus membros (desembargadores), dois escolhidos pelo Tribunal de Justiça dentre os juízes de direito, um juiz escolhido pelo Tribunal Regional Federal e, enfim, dois nomeados pelo Presidente da República dentre seis advogados de notável saber jurídico e reputação ilibada, indicados pelo Tribunal de Justiça.

Os membros dos Tribunais Regionais são nomeados para um período de dois anos, não podendo, consecutivamente, ser reconduzidos senão para um novo período de dois anos.

Os Tribunais Regionais serão sempre presididos por um dos desembargadores, eleito pelo próprio Tribunal Regional, cabendo ao outro a vice-presidência.

19. COMPETÊNCIA DOS TRIBUNAIS REGIONAIS

A competência dos Tribunais Regionais é fixada por lei complementar.

De modo geral, cabe-lhes apreciar os recursos contra decisões dos juízes singulares e das juntas. De suas decisões não cabem recursos, exceto se: (1) forem proferidas contra expressa disposição da Constituição; (2) ocorrer divergência na interpretação de lei entre dois ou mais tribunais eleitorais; (3) versarem sobre inelegibilidade ou expedição de diploma nas eleições federais ou estaduais; (4) denegarem *habeas corpus* ou mandado de segurança, *habeas data* ou mandado de injunção; (5) anularem diplomas ou decretarem a perda de mandatos eletivos federais ou estaduais.

20. TRIBUNAL SUPERIOR ELEITORAL: COMPETÊNCIA

O Tribunal Superior é a cúpula da justiça eleitoral. Por isso, em princípio, suas decisões são irrecorríveis, salvo as que forem contrárias à Constituição, as que denegarem *habeas corpus* ou mandado de segurança, contra as quais caberá recurso para o Supremo. Saliente-se, de passagem, que sua competência é fixada pela lei complementar.

21. COMPOSIÇÃO DO TRIBUNAL SUPERIOR ELEITORAL

Compõe-se o Tribunal Superior Eleitoral de sete membros, sendo três ministros do Supremo escolhidos por este, dois pelo Superior Tribunal de Justiça, dentre os que o compõem, e dois nomeados pelo Presidente da República dentre seis advogados de notável saber jurídico e ilibada reputação, indicados pelo Supremo Tribunal Federal.

Será ele presidido por um dos ministros do Supremo, que eleger, cabendo a outro a vice-presidência. O corregedor eleitoral será eleito pelo Superior Tribunal Eleitoral, dentre os ministros do Superior Tribunal de Justiça.

22. JUSTIÇA DO TRABALHO: OBSERVAÇÕES GERAIS

A justiça do trabalho é, como a eleitoral, uma criação da Segunda República. Todavia, somente a Constituição de 1946 a libertou do Poder Executivo que, de início, designava os elementos que iriam presidir seus núcleos de base.

Sua criação atende à necessidade de se prever em bases flexíveis e menos formais uma justiça voltada para as relações do trabalho, ao mesmo tempo que à de organizá-la, levando--se em conta os conhecimentos especializados indispensáveis para a sua administração.

Adotou-se nessa justiça, ao ser instituída, o princípio da representação, em base paritária de empregados e empregadores em todos os seus juízos e tribunais. Isto se manteve na redação primitiva da Constituição de 1988. Entretanto, a Emenda nº 24/1999 suprimiu essa representação de empregados e empregadores.

Caracteriza-se ainda essa justiça pela ênfase na conciliação, considerada mais favorável à paz social, do que a rígida decisão das lides nos termos de procedência ou improcedência dos pedidos.

23. COMPETÊNCIA DA JUSTIÇA DO TRABALHO

A Emenda Constitucional nº 45/2004 revisou em profundidade a competência da justiça do trabalho. Basicamente — é certo — continua esta voltada para as controvérsias decorrentes de relações do trabalho, tanto individuais quanto coletivas.

Entretanto, ela estendeu, no tocante às primeiras — os litígios individuais —, a competência da justiça do trabalho a campos que lhe eram vedados. Hoje, a justiça do trabalho processa e julga não só as ações oriundas de litígios decorrentes de relações de trabalho, nisto incluídas as que tenham como parte os entes de direito público externo e da administração pública direta e indireta da União, dos Estados, do Distrito Federal e dos Municípios (art. 114, I), mas outras como as ações de indenização por dano moral ou patrimonial, decorrentes de relações do trabalho, ações relativas ao direito de greve etc., como resulta de outros incisos do art. 114.

Quanto a dissídios coletivos, continuam estes na competência da justiça do trabalho. Sendo eles, entretanto, de natureza econômica, deverá ser dada preferência à negociação coletiva e, frustrada esta, à arbitragem. É o que se infere dos §§ 1º e 2º do art. 114. Deste ainda resulta que apenas de comum acordo ou recusada por uma das partes a negociação coletiva e a arbitragem é que poderão eles ser objeto de dissídio coletivo. Esta necessidade de anuência mútua foi confirmada quando o Supremo Tribunal Federal reconheceu a constitucionalidade do § 2º do art. 114 no âmbito do julgamento da ADI nº 3.423, em 2020.

No concernente, todavia, ao exercício do direito de greve, em atividade essencial, com possibilidade de lesão ao interesse público, poderá o Ministério Público do Trabalho promover dissídio coletivo , como diz o art. 114, § 3º, que também teve constitucionalidade reconhecida no julgamento da ADI nº 3.423.

Note-se que a nova redação do art. 114, § 2º, não menciona caber à justiça do trabalho estabelecer, como dizia o texto revogado, "normas e condições" de trabalho. Assim, o poder normativo da justiça do trabalho perde a sua base explícita e fica à mercê da legislação ordinária.

24. ÓRGÃOS DA JUSTIÇA DO TRABALHO

A justiça do trabalho é encimada pelo Tribunal Superior do Trabalho, compreendendo como órgãos de segunda instância os Tribunais Regionais do Trabalho e, de primeira instância, os juízes do trabalho (art. 111). Relembre-se que, desde a Emenda nº

24/1999, foi suprimido o chamado vocalato, quer dizer, a inclusão nos órgãos da justiça do trabalho de juízes "classistas", representando em paridade empregadores e empregados.

O Tribunal Superior do Trabalho tem a sua composição fixada pelo (novo) art. 111-A. Integram-no vinte e sete ministros, nomeados pelo Presidente da República, após aprovação pela maioria absoluta do Senado Federal, todos brasileiros com mais de trinta e cinco e menos de sessenta e cinco anos de idade.

Desses ministros, um quinto será escolhido dentre advogados, com mais de dez anos de atividade profissional, e membros do Ministério Público do Trabalho, com mais de dez anos de efetivo exercício (art. 111-A), escolhidos em listas tríplices formadas pelo próprio Tribunal, com base nas indicações recebidas, como deflui do art. 94 da Constituição. Quanto aos demais, serão todos oriundos dos Tribunais Regionais do Trabalho, indicados, porém, pelo próprio Tribunal Superior do Trabalho.

Os Tribunais Regionais do Trabalho serão compostos, nos termos da nova redação do art. 115 da Constituição, por sete juízes no mínimo (portanto, é a lei que lhes fixará o número). Tais juízes serão nomeados pelo Presidente da República, todos brasileiros com mais de trinta e menos de sessenta e cinco anos de idade.

Deles, um quinto será de advogados e membros do Ministério Público do Trabalho e os demais mediante promoção de juízes de primeira instância, alternadamente por antiguidade e merecimento, nos termos do art. 94 da Constituição. A Emenda nº 92/2016 fez questão de especificar que os escolhidos deverão ter "notável saber jurídico e reputação ilibada".

25. JUSTIÇA ESTADUAL

À justiça estadual cabe processar e julgar todos os litígios que não forem atribuídos pela Constituição à justiça federal, nos seus diversos ramos. É por isso que se costuma designá-la por justiça comum, pois ordinariamente é ela a competente para dirimir as questões litigiosas.

A justiça estadual é organizada, como é da lógica, pelo direito estadual. Entretanto, a Constituição Federal preordena pontos fundamentais de sua organização no art. 125. Igualmente a ela se aplicam, no que couber, as normas editadas nos arts. 93 a 99 da Lei Magna brasileira.

Disso decorre que o Estatuto da Magistratura estadual é o fixado pela lei complementar prevista no art. 93 da Constituição, o que significa observância das regras sobre ingresso e promoção na carreira; das normas sobre garantias (art. 95); sobre composição e organização dos tribunais (arts. 94 e 95) etc.

A Constituição Federal, ademais, permite seja instituída no plano estadual uma justiça militar (art. 125, § 3º), encimada por um Tribunal de Justiça Militar. Quanto a tribunais de alçada, todavia, vale apontar que a Emenda nº 45/2004 os extinguiu (art. 4º).

Manda ademais a Carta Magna instalem os Estados justiça itinerante (art. 125, § 7º, com a redação dada pela Emenda nº 45/2004), bem como prevejam varas especializadas em questões agrárias (art. 126, com a redação dada pela Emenda nº 45/2004).

Admite a Constituição Federal que a Lei Magna estadual institua representação de inconstitucionalidade de leis ou atos normativos estaduais ou municipais em face da Constituição Estadual (art. 125, § 2º).

Capítulo 29
A CÚPULA DO PODER JUDICIÁRIO

1. A CÚPULA DO PODER JUDICIÁRIO

O Poder Judiciário, ao contrário do Poder Executivo, cujo chefe é o Presidente da República (art. 76), e do Poder Legislativo, cuja cabeça é a Mesa do Congresso Nacional, presidida pelo Presidente do Senado Federal (art. 57, § 5º), não tem um chefe, nem jamais teve, propriamente, um órgão dirigente.

É certo que, na República, sempre se considerou o Supremo Tribunal Federal como o órgão de cúpula do Judiciário brasileiro. Isto se reflete no fato de o seu Presidente estar incluído entre os substitutos do Presidente da República (art. 80). Mais ainda, por ser ele encarregado, o garante da Constituição, e lhe incumbir a decisão em questões da mais elevada importância.

Observe-se, porém, que a instituição do Superior Tribunal de Justiça pela Constituição de 1988 lhe retirou a última palavra quanto à aplicação do direito federal (salvo em matéria de constitucionalidade).

Agora, a Emenda nº 45/2004 instituiu um Conselho Nacional de Justiça, significativamente prevendo-o no inciso I-A do art. 92 (o inc. I menciona exatamente o Supremo Tribunal Federal). Esse Conselho assume a função de órgão de controle do Poder Judiciário que até agora inexistia.

Pode-se dizer, em vista disso, que o Supremo Tribunal Federal tem a preeminência no Poder Judiciário, cabendo-lhe a mais alta das missões jurídicas, isto é, a "guarda da Constituição", expressão de que usa o art. 102, *caput*, da Lei Magna. Mas não se pode negar que à cúpula do Poder Judiciário pertençam o Conselho Nacional de Justiça, fiscal do Poder Judiciário, e o Superior Tribunal de Justiça, guardião do direito (infraconstitucional) federal.

2. O SUPREMO TRIBUNAL FEDERAL

2.1. Composição

Compõe-se hoje o Supremo Tribunal Federal de onze ministros.

Esse número tem variado na história. Era de quinze, na Constituição de 1891. A Lei Magna de 1934 o reduziu para onze, no que foi seguida pela de 1946. Na vigência desta, porém, o Ato Institucional nº 2, de 27 de outubro de 1965, o elevou para dezesseis, o que foi adotado pela Constituição de 1967. O Ato Institucional nº 6, de 1º de fevereiro de 1969, o reduziu de novo para onze, número que conservou a Emenda nº 1/1969, e, agora, a Lei Fundamental em vigor.

São requisitos para integrar o Supremo Tribunal Federal: (1) ser brasileiro nato (art. 12, § 3º, IV); (2) ter mais de trinta e cinco e menos de sessenta e cinco anos; (3) ter "notável saber jurídico"; e (4) gozar de ilibada reputação; afora, bem entendido, estar no pleno gozo dos direitos políticos.

Os Ministros do Supremo Tribunal Federal são nomeados pelo Presidente da República, depois de aprovada a sua indicação pela maioria absoluta do Senado Federal.

São eles, nos crimes de responsabilidade, processados e julgados pelo Senado Federal (art. 52, II); nos crimes comuns, pelo próprio Supremo Tribunal Federal (art. 102, I, *b*).

2.2. *Função essencial*

Como indica o *caput* do art. 102, a função precípua do Supremo Tribunal Federal é a de guarda da Constituição. Isto inspira a sua competência.

Com efeito, é ele quem exerce o controle concentrado de constitucionalidade, pois lhe cabe processar e julgar originariamente as ações diretas de inconstitucionalidade, declaratórias de constitucionalidade, bem como a ação de inconstitucionalidade por omissão (art. 102, I).

Por outro lado, a ele é dado julgar, em sede de recurso extraordinário, as decisões que contrariarem dispositivo da Constituição, houverem declarado a inconstitucionalidade de tratado ou lei federal, ou a constitucionalidade, em face da Lei Magna federal, de lei local (estadual) (art. 102, III). Assim, é ele quem diz a última palavra no controle incidental de constitucionalidade.

Note-se que, quanto ao recurso extraordinário, a Emenda nº 45/2004 introduziu uma novidade. Esse recurso poderá ser recusado pela manifestação de dois terços dos membros do Supremo Tribunal Federal. Trata-se, pois, não de uma arguição de relevância, como houve no passado, mas de uma arguição de irrelevância. Destarte, é presumida — mas a presunção é relativa, *juris tantum* — a relevância da questão suscitada no recurso.

2.3. *O efeito vinculante*

Assinale-se que a Emenda nº 45/2004 deu eficácia contra todos e efeito vinculante às decisões declaratórias de constitucionalidade ou inconstitucionalidade no controle concentrado (art. 102, § 2º).

O texto anterior dava esse efeito apenas às decisões nas ações declaratórias de constitucionalidade, embora a legislação infraconstitucional (Leis nº 9.868/1999, art. 28, parágrafo único, e nº 9.882/1999, art. 10, § 3º) estendesse o efeito vinculante também às declarações de inconstitucionalidade ou constitucionalidade, nas ações diretas de inconstitucionalidade e nas arguições de descumprimento de preceito fundamental. Isto provocou a contestação da legitimidade dessa legislação ordinária, questão que desaparece em face do novo art. 102, § 2º.

2.4. As súmulas

A Emenda nº 45/2004 deu às súmulas de jurisprudência do Supremo Tribunal Federal *status* de instituto constitucional, por meio do art. 103-A, que foi incluído no texto da Lei Magna.

As súmulas somente caberão em matéria constitucional e não poderão ser adotadas, senão após reiteradas decisões e pelo voto de dois terços dos membros da Casa (art. 103-A, *caput*).

A revisão, ou cancelamento, dessas súmulas poderá ser feita na forma da lei, bem como por meio de ação proposta por aqueles que têm legitimidade ativa na ação direta de inconstitucionalidade (art. 103-A, § 2º).

O objetivo de tais súmulas será "a validade, a interpretação e a eficácia de normas determinadas", a respeito das quais haja, em juízo ou na administração, controvérsia geradora de "grave insegurança jurídica e relevante multiplicação de processos sobre questão idêntica" (art. 103-A, § 1º). Terão elas efeito vinculante em relação aos demais órgãos do Judiciário e órgãos da administração direta e indireta, quer federal, quer estadual, quer municipal (ainda art. 103-A, *caput*). O seu descumprimento ensejará reclamação ao Supremo Tribunal Federal, que, se julgá-la procedente, anulará o ato administrativo ou cassará a decisão judicial reclamada, determinando que outra seja editada, com ou sem aplicação da súmula, conforme o caso (art. 103-A, § 3º).

Na verdade, as súmulas, em decorrência da Emenda nº 45/2004, assumem a força de verdadeiras leis de interpretação, correspondendo a atribuição ao Supremo Tribunal Federal de uma função materialmente legislativa.

2.5. Restrição dos efeitos da declaração de inconstitucionalidade

Observe-se, todavia, que a Emenda nº 45/2004 não menciona a questão da restrição dos efeitos da declaração de inconstitucionalidade, prevista no art. 27 da Lei nº 9.868/1999 e no art. 11 da Lei nº 9.882/1999. Esses dispositivos legais permitem, como se sabe, que o Supremo Tribunal Federal, por dois terços de seus membros, por razões de segurança jurídica ou de excepcional interesse social, restrinja os efeitos da declaração de inconstitucionalidade, quer material, quer temporalmente, neste caso fixando o momento a partir do qual tal declaração produzirá efeitos.

Essa previsão legal, cuja constitucionalidade é discutida, não assumiu *status* constitucional, continuando a ser de fundamento meramente legal. É verdade, porém, que a jurisprudência do Supremo Tribunal Federal corrobora a sua compatibilidade com a Constituição.

2.6. Outras competências

De grande importância são outras ações da competência do Supremo Tribunal Federal. A atribuição delas a esse Tribunal é exatamente reflexo dessa importância.

Assim, cabe a ele processar e julgar, originariamente, a arguição de descumprimento de preceito fundamental decorrente da Constituição (art. 102, § 1º). Também o mandado de injunção, quando a norma a regulamentar for de atribuição do Presidente da República, do Congresso Nacional, da Câmara dos Deputados, do Senado Federal, das Mesas de quaisquer dessas duas Casas, dos Tribunais Superiores ou do próprio Supremo Tribunal Federal, bem como do Tribunal de Contas da União (art. 102, I, q). Igualmente, processar e julgar nos crimes comuns o Presidente e o Vice-presidente da República, os membros do Congresso Nacional, os seus próprios membros, o Procurador-geral da República (art. 102, I, b); processar e julgar nos crimes comuns e de responsabilidade os Ministros de Estado, os Comandantes da Marinha, do Exército e da Aeronáutica (ressalvada a hipótese do art. 52, I — crimes conexos com os do Presidente da República), os membros dos Tribunais Superiores, do Tribunal de Contas da União e os chefes de missão diplomática de caráter permanente (art. 102, I, c). Os *habeas corpus* quando forem pacientes as autoridades acima mencionadas (art. 102, I, d). Outrossim, as ações contra o Conselho Nacional de Justiça e o Conselho Nacional do Ministério Público (art. 102, I, r) etc.

Em grau de recurso, o Supremo Tribunal Federal aprecia as decisões denegatórias de *habeas corpus*, *habeas data*, mandado de segurança e mandado de injunção decididas em única instância pelos Tribunais Superiores, bem como as decisões em matéria de crime político (art. 102, II, a e b).

2.7. O novo papel político do Supremo Tribunal Federal

É preciso apontar que o Supremo Tribunal Federal, particularmente nos últimos vinte anos, vem assumindo um papel político que não decorre estritamente do texto constitucional. Isto se manifesta, ora ao assumir o papel de legislador, substituindo-se ao Congresso Nacional, ora ao desempenhar o papel de poder constituinte derivado, estabelecendo normas constitucionais que não estavam inscritas na letra da Carta.

Na verdade, esse fato insinua uma importante transformação no sistema constitucional brasileiro. Traz, com efeito, um grave risco de politização que fere a imparcialidade sempre necessária à justiça. Denota um ativismo que contamina todo o Judiciário. (V., *infra*, o cap. 43.)

Tal papel é grave, porque, não raro, o Tribunal ou algum de seus Ministros, em liminar unipessoal, determina qual é sua competência e faz o que lhe parece justo, de modo que a norma assim criada permaneça no bloco de constitucionalidade, ou seja, valha como se fosse obra do poder constituinte, que cabe ao povo.

3. O CONSELHO NACIONAL DE JUSTIÇA

3.1. Nota histórica

Inovação controvertida da Emenda nº 45/2004 é a criação de um Conselho Nacional de Justiça. Tal instituição é o fruto de uma luta de alguns anos, promovida pela Ordem dos Advogados do Brasil e por alguns grupos políticos, para o estabelecimento de um controle "externo" do Poder Judiciário.

Este — argumentava-se — não prestava contas a qualquer outro poder, nem ao povo, enquanto o Executivo as presta ao Legislativo pelo controle político que este exerce sobre ele, e o Legislativo, ao povo, nas eleições periódicas. Contra isso se levantava a tese de que a instituição de tal controle violaria a separação dos poderes. Esse argumento implicava a possibilidade de decretação da inconstitucionalidade do ente controlador do Judiciário pelo próprio Judiciário, no desempenho de sua função de guarda da Constituição. De fato, a violação da separação dos poderes seria um atentado contra a "cláusula pétrea" enunciada no art. 60, § 4º, III, da Constituição.

Afinal, os defensores das teses acima contrapostas chegaram a um acordo. Este, muito trabalhoso, se fez em torno da criação de um ente de controle "externo" composto em sua maioria por magistrados.

3.2. Composição

O Conselho Nacional de Justiça, conforme o art. 103-B, introduzido na Constituição pela Emenda nº 45/2004, possui quinze integrantes, dos quais nove pertencem aos quadros da Magistratura. Integram-no: (1) o Presidente do Supremo Tribunal Federal (EC nº 61/2009); (2) um Ministro do Superior Tribunal de Justiça, indicado pelo respectivo tribunal; (3) um Ministro do Tribunal Superior do Trabalho, indicado pelo respectivo tribunal; (4) um desembargador de Tribunal de Justiça, indicado pelo Supremo Tribunal Federal; (5) um juiz estadual, indicado pelo Supremo Tribunal Federal; (6) um juiz de Tribunal Regional Federal, indicado pelo Superior Tribunal de Justiça; (7) um juiz federal, indicado pelo Superior Tribunal de Justiça; (8) um juiz de Tribunal Regional do Trabalho, indicado pelo Tribunal Superior do Trabalho; (9) um juiz do trabalho, indicado pelo Tribunal Superior do Trabalho; (10) um membro do Ministério Público da União, indicado pelo Procurador-geral da República; (11) um membro do Ministério Público estadual, escolhido pelo Procurador-geral da República dentre os nomes indicados pelo órgão competente de cada instituição estadual; (12 e 13) dois advogados, indicados pelo Conselho Federal da Ordem dos Advogados do Brasil; (14 e 15) dois cidadãos, de notável saber jurídico e reputação ilibada, indicados um pela Câmara dos Deputados e outro pelo Senado Federal (art. 103-B, *caput*).

Serão eles nomeados pelo Presidente da República, depois de aprovada a escolha pela maioria absoluta do Senado Federal (art. 103-B, § 2º).

Terão mandato de dois anos, permitida uma recondução (art. 103-B, *caput*).

Será ele presidido pelo Presidente do Supremo Tribunal Federal (conforme a redação dada pela EC nº 61/2009), e na sua ausência e impedimento, pelo Vice-Presidente deste Tribunal (art. 103-B, § 1º).

3.3. Função essencial

Segundo o art. 103-B, § 4º, o Conselho se destina ao controle da atuação administrativa e financeira do Poder Judiciário, bem como do cumprimento dos deveres funcionais dos juízes.

Disto resultam determinadas competências que a Constituição já explicita nos incisos do referido parágrafo, afora as que lhe atribuir o Estatuto da Magistratura.

Dentre as competências já conferidas, destaquem-se: (1) a de rever ou desconstituir ou fixar prazo para tanto, quando em causa a legalidade dos atos administrativos praticados por membros ou órgãos do Poder Judiciário (inc. II); (2) receber e conhecer de reclamações contra membros ou órgãos do Poder Judiciário, inclusive relativas a seus órgãos auxiliares podendo aplicar sanções disciplinares, podendo avocar processos em curso, aplicando penalidades administrativas, assegurada ampla defesa (inc. III); e (3) representar ao Ministério Público na eventualidade de crime contra a administração pública ou de abuso de autoridade (inc. IV) etc.

Fica bem claro do art. 103-B da Constituição que o Conselho Nacional de Justiça não pode examinar senão atos administrativos, jamais decisões jurisdicionais, e não pode impor senão sanções administrativas, jamais sanções penais.

Ademais, decorre do art. 102, I, *r*, também trazido pela Emenda nº 45/2004, poderem ser propostas contra o Conselho Nacional de Justiça ações que são da competência originária do Supremo Tribunal Federal. Pode-se, disso, depreender que as decisões do Conselho Nacional de Justiça poderão ser objeto de ações que visem à sua anulação pela Suprema Corte brasileira.

4. SUPERIOR TRIBUNAL DE JUSTIÇA

4.1. Nota histórica

O Superior Tribunal de Justiça é criação da Constituição de 1988. Inspirou a intenção de, por um lado, aliviar o Supremo Tribunal Federal de parte de seus encargos, sobretudo os concernentes à guarda do direito federal infraconstitucional; por outro, substituir o Tribunal Federal de Recursos, ao qual convergiam os recursos contra decisões dos Tribunais Regionais Federais.

4.2. Composição

Compõe-se o Superior Tribunal de Justiça de trinta e três membros no mínimo.

Todos serão nomeados pelo Presidente da República, após a aprovação da escolha pela maioria absoluta do Senado Federal. São requisitos para tal nomeação ser brasileiro, com mais de trinta e cinco e menos de sessenta e cinco anos, de notável saber jurídico e reputação ilibada.

Deles, no entanto, um terço será selecionado dentre juízes dos Tribunais Regionais Federais e um terço dentre desembargadores dos Tribunais de Justiça, indicados em lista tríplice elaborada pelo próprio Tribunal; e outro terço, em partes iguais, dentre advogados e membros do Ministério Público Federal, Estadual, do Distrito Federal e Territórios, alternadamente, indicados pelos respectivos órgãos de classe, em listas sêxtuplas (art. 94 da Constituição).

4.3. Competências

Sendo função essencial desse Tribunal a guarda da lei federal, sua competência mais importante é a de julgar, em recurso especial, as causas decididas em única ou última instância, pelos Tribunais Regionais Federais ou pelos tribunais dos Estados, do Distrito Federal e Territórios, quando a decisão recorrida contrariar tratado ou lei federal, negando-lhes vigência; julgar válido ato de governo local contestado em face de lei federal; der à lei federal interpretação divergente da que lhe haja atribuído outro tribunal (art. 105, III).

A essa, acrescentam-se outras tendo em vista subtraí-las dos juízos de primeira instância e mesmo dos tribunais regionais ou estaduais. Assim, por exemplo, a de processar e julgar, nos crimes comuns, os Governadores dos Estados e do Distrito Federal, e, nesses e nos de responsabilidade, os desembargadores dos Tribunais de Justiça dos Estados e do Distrito Federal, os dos Tribunais Regionais Federais, dos Tribunais Regionais Eleitorais e do Trabalho, os membros dos Conselhos ou Tribunais de Contas dos Municípios e os do Ministério Público da União que oficiem perante tribunais; os mandados de segurança e os *habeas data* contra ato de Ministro de Estado ou do próprio Tribunal; os *habeas corpus*, quando o coator ou o paciente for qualquer das pessoas mencionadas na alínea *a*, ou quando o coator for Ministro de Estado, ressalvada a competência da justiça eleitoral (art. 105, I) etc.

Também a de julgar, em recurso ordinário, os *habeas corpus* decididos em única ou última instância pelos Tribunais Regionais Federais ou pelos tribunais dos Estados, do Distrito Federal e Territórios, quando a decisão for denegatória; os mandados de segurança decididos em única instância pelos Tribunais Regionais Federais ou pelos tribunais dos Estados, do Distrito Federal e Territórios, quando denegatória a decisão; e as causas em que forem partes Estado estrangeiro ou organismo internacional, de um lado, e, do outro, Município ou pessoa residente ou domiciliada no País.

Capítulo 30
FUNÇÕES ESSENCIAIS À JUSTIÇA

1. CONSIDERAÇÕES GERAIS

A Constituição vigente passou a considerar como "funções essenciais à justiça" as exercidas pelo Ministério Público, pelos advogados e pela Defensoria Pública, disciplinando as respectivas atividades em seções próprias integradas no Capítulo IV do Título IV (arts. 127 a 135).

Reconheceu, assim, o legislador constituinte a grande importância para a administração da justiça da atividade não só do Ministério Público, como também a exercida pelos advogados.

2. O MINISTÉRIO PÚBLICO: NATUREZA

A caracterização da natureza do Ministério Público é controvertida. Afora os que o integram no Executivo, há os que o veem melhor como auxiliar do Judiciário e não faltam os que o consideram um quarto poder...

Que é, porém, o Ministério Público?

O conceito clássico ensina ser ele "órgão incumbido da defesa do interesse geral em que sejam cumpridas as leis".

Ora, se essa conceituação é correta, como parece ser, ressalta à vista que sua função se insere entre as do Poder Executivo. De fato, a este compete acompanhar a execução da lei e ao Ministério Público zelar pelo cumprimento da lei, reclamando-o ao Judiciário.

Preferiu, no entanto, o constituinte de 1988 caracterizá-lo como exercente de "função essencial à justiça", acentuando-lhe a importância, incumbindo-o da "defesa da ordem jurídica, do regime democrático e dos interesses sociais e individuais indisponíveis".

Em consonância com o que já se observou a propósito da nova feição que na Constituição vigente assume o Judiciário, deve-se apontar que ela redunda na atribuição ao Ministério Público de um papel que vai além do mero controle de legalidade. Torna-o um defensor da legitimidade, entendendo-se por isto ter-se tornado ele, também, um fiscal do cumprimento de certos princípios relacionados ao próprio cerne da ideia de justiça: impessoalidade, moralidade, publicidade etc. Por isso dotou-o a Lei Magna de instrumentos de ação como o inquérito civil e a ação civil pública.

3. A DEFESA DA LEI

Sem dúvida, deve-se reconhecê-lo, foi intenção do constituinte fazer o Ministério Público representar a lei antes de servir aos governantes. Por isso condicionou a entrada para a carreira ao concurso, conferindo-lhe as mesmas garantias atribuídas aos membros do Poder Judiciário: vitaliciedade, inamovibilidade e irredutibilidade de vencimentos, nas mesmas condições (art. 128, § 5º, I, *a, b, c*).

Ganhou, portanto, o Ministério Público um estatuto praticamente idêntico ao do Judiciário. As vedações que lhe foram impostas coincidem com as aplicadas aos membros do Poder Judiciário, apenas, mais explicitadas. A proibição de exercício de advocacia e de participação em sociedade comercial também atinge ao Judiciário, embora não expressamente prevista na Constituição, além das vedações comuns de participação em porcentagens ou custas processuais; exercício de outro cargo ou função pública, salvo uma de magistério; exercício de atividade político-partidária; recebimento de auxílios e contribuições de pessoas físicas, entidades públicas ou privadas, ressalvadas as exceções legais e, finalmente, exercício de advocacia, no juízo ou tribunal em que desenvolviam suas atividades, pelo período de três anos a contar de seu afastamento do cargo, por aposentadoria ou exoneração.

3.1. O Conselho Nacional do Ministério Público

A Emenda nº 45/2004 criou um Conselho Nacional do Ministério Público. Trata-se de uma instituição equivalente à do Conselho Nacional de Justiça, cujas estruturação, função e competência acompanham de muito perto.

Compõe-se esse Conselho, conforme o art. 130-A da Constituição, de quatorze membros, dos quais oito pertencem aos quadros do próprio Ministério Público. Integram-no: (1) o Procurador-geral da República; (2) quatro membros do Ministério Público da União, assegurada a representação de cada uma de suas carreiras; (3) três membros do Ministério Público dos Estados; (4) dois juízes, indicados um pelo Supremo Tribunal Federal e outro pelo Superior Tribunal de Justiça; (5) dois advogados, indicados pelo Conselho Federal da Ordem dos Advogados do Brasil; (6) dois cidadãos de notável saber jurídico e reputação ilibada, indicados um pela Câmara dos Deputados e outro pelo Senado Federal.

Serão eles nomeados pelo Presidente da República, depois de aprovada a escolha pela maioria absoluta do Senado Federal. Terão mandato de dois anos, permitida uma recondução (art. 130-A, *caput*).

Será ele presidido pelo Procurador-geral da República (art. 130-A, I).

Segundo o art. 130-A, § 2º, o Conselho se destina ao controle da atuação administrativa e financeira do Ministério Público, bem como do cumprimento dos deveres funcionais dos seus membros.

Disto resultam determinadas competências que a Constituição já explicita nos incisos do referido parágrafo. Dentre tais competências, destacam-se: (1) a de rever ou desconstituir ou fixar prazo para tanto quando em causa a legalidade de atos administrativos praticados por membros ou órgãos do Poder Judiciário (inc. II); (2) conhecer de reclamações contra membros do Ministério Público, podendo aplicar-lhes sanções — remoção, disponibilidade, aposentadoria e outras — bem como avocar processos disciplinares contra eles instaurados (inc. III).

Lembre-se decorrer do art. 102, I, *r*, da Lei Magna, também trazido pela Emenda nº 45/2004, poderem ser propostas contra o Conselho Nacional do Ministério Público ações que são da competência originária do Supremo Tribunal Federal. Pode-se, disso, depreender que as decisões do Conselho Nacional do Ministério Público poderão ser objeto de ações que visem à sua anulação pela Suprema Corte brasileira.

4. MINISTÉRIO PÚBLICO DA UNIÃO

A Constituição em vigor prevê um Ministério Público da União que compreende o Ministério Público Federal, o do Trabalho, o Militar, o do Distrito Federal e Territórios, cuja organização, atribuições e estatuto dependerão de lei complementar de iniciativa do Procurador-geral, respeitadas as garantias e vedações constitucionais (art. 128, § 5º).

A chefia do Ministério Público da União cabe ao Procurador-geral da República, que deverá ser necessariamente membro da carreira, com idade superior a trinta e cinco anos, cuja nomeação, pelo Presidente da República, dependerá de autorização do Senado, pelo voto da maioria absoluta. Dispõe ele de mandato de dois anos, podendo ser reconduzido (art. 128 e § 1º). Sua exoneração *ex officio* antes do término do mandato também dependerá de aprovação pelo Senado (arts. 128, § 2º, e 52, XI).

A fixação de mandato para o Procurador-geral da República descaracteriza a vinculação com o governo, que era própria do sistema jurídico anterior, em face da livre nomeação e exoneração, o que fortalece a Instituição.

5. MINISTÉRIO PÚBLICO DOS ESTADOS

Cada Estado poderá organizar seu respectivo Ministério Público, mediante lei complementar de iniciativa dos Procuradores-gerais da Justiça, observadas as garantias e vedações constitucionais (art. 128, § 5º).

Sua autonomia foi bastante dilatada; além da funcional e administrativa que lhe eram peculiares, obteve na nova Lei Magna a autonomia de auto-organização, que se pode afirmar integral. Apenas as garantias, vedações e forma de ingresso na carreira é que estão predeterminadas na Constituição.

A chefia do Ministério Público Estadual também cabe a integrante da carreira escolhido pelo governador em lista tríplice formada pelos integrantes da Instituição. Seu mandato é de dois anos e a exoneração, antes de seu término, depende de manifestação, por maioria absoluta, da Assembleia Legislativa.

A Emenda nº 45/2004 determina que, no plano dos Estados, sejam instituídas ouvidorias do Ministério Público, destinadas a receber reclamações e denúncias de quaisquer interessados, que as enviarão diretamente ao Conselho Nacional do Ministério Público (art. 130-A, § 5º).

6. ADVOCACIA-GERAL DA UNIÃO

A representação judicial e extrajudicial da União compete à Advocacia-geral da União, instituição criada pela Constituição. Cabem-lhe também as atividades de consultoria e assessoramento jurídico do Poder Executivo.

Sua organização e funcionamento foram deferidos à lei complementar, prevendo, contudo, a Constituição que o ingresso na carreira há de se fazer mediante concurso público de provas e títulos. A chefia será de livre provimento pelo Presidente da República, exigida a idade mínima de trinta e cinco anos, notável saber jurídico e reputação ilibada para o Advogado-geral da União.

Os Estados e o Distrito Federal terão sua representação exercida pelos respectivos procuradores. Sistema que não difere do anterior, apenas ganhou foros de Constituição Federal.

7. A ADVOCACIA

O legislador constituinte alçou à dignidade constitucional a atividade dos advogados. Como porta-voz da sociedade perante a justiça, uma vez que é por intermédio do advogado que se pode postular em juízo, é louvável o prestígio que a Constituição lhe deferiu.

A Lei Magna encara o advogado como "indispensável à administração da justiça", conferindo-lhe inviolabilidade por "seus atos e manifestações no exercício da profissão" (art. 133).

8. DEFENSORIA PÚBLICA

O dever do Estado de prover a assistência judiciária aos necessitados encontrava grandes dificuldades de realização, uma vez que constituía tarefa das Procuradorias cumulativamente com as atribuições de representação judicial e extrajudicial do Estado. Com a criação da Defensoria Pública, o Estado estará mais bem aparelhado para cumprir esse dever específico.

A Defensoria Pública está caracterizada como "instituição essencial à função jurisdicional". Cabem-lhe a orientação jurídica e a defesa, em todos os graus, de todas as pessoas que comprovarem insuficiência de recursos (art. 134). A Emenda Constitucional nº 80, de 4 de junho de 2014, conferiu destaque maior à Defensoria Pública, dando-lhe tratamento à parte da Advocacia, dedicando a ela uma Seção especial — a IV — no capítulo sobre as funções essenciais à justiça.

A atual redação do art. 134 não apenas a consagra como "instituição permanente, essencial à função jurisdicional do Estado", voltada para a "orientação jurídica" e a "defesa dos direitos dos necessitados", mas timbra em definir o espectro de sua ação. Não somente a apresenta como "expressão e instrumento o regime democrático" e, para dirimir dúvidas quanto à sua competência, mas esclarece caber-lhe "a promoção dos direitos humanos" e também a promoção de "direitos coletivos" (afora os individuais).

Com efeito, a defesa de direitos representa um dos esteios do regime democrático que constitui um dos princípios constitucionais fundamentais. Todavia, pode ser frustrado por falta de recursos necessários ao seu exercício. Assim, reconhecendo ser, ao lado de um direito do indivíduo, um dever do Estado (art. 5º, LXXIV), tratou o constituinte de criar órgão próprio para cumpri-lo.

A organização da Defensoria Pública foi deferida à lei complementar, dispondo, contudo, a Constituição, que o acesso a seus cargos deverá ser feito mediante concurso público de provas e títulos.

Os defensores públicos estarão impedidos do exercício da advocacia particular, obviamente, para terem maior disponibilidade para o exercício de tão elevada função.

Recebem da Constituição a garantia da inamovibilidade, para preservar sua independência funcional.

Paralelamente à Defensoria Pública da União, os Estados organizarão, observadas as normas gerais previstas em lei complementar, suas respectivas Defensorias.

As Defensorias Públicas gozam de autonomia funcional e administrativa, bem como do poder de iniciativa quanto a seu orçamento. Isto, que fora reconhecido às Defensorias estaduais pela Emenda Constitucional nº 45/2004, agora o foi em relação à Defensoria Pública da União e à do Distrito Federal pela Emenda Constitucional nº 74/2013.

PARTE V
A LIMITAÇÃO DO PODER

1. A LIMITAÇÃO DO PODER

O constitucionalismo triunfante a partir do final do século XVIII tinha em mira — ninguém o negará — a limitação do poder para propiciar a liberdade humana. Para tanto, pretendeu estabelecer um "governo de leis, não de homens", no fundo um governo do direito, de um direito justo expresso pelo reconhecimento da comunidade.

Isto claramente se apercebe no encaminhamento que subentendem as revoluções do século XVIII que foram as primeiras a obedecer à sua inspiração.

Com efeito, a primeira limitação pelo direito no que o movimento se exprime é a afirmação da existência de direitos de que o ser humano é titular em razão de sua natureza. Tais direitos são inalienáveis e imprescritíveis, bem como superiores a qualquer governo. Essa limitação é a que se manifesta nas declarações de direitos — a que está na Declaração de Independência das colônias inglesas da América do Norte — e, sobretudo, na Declaração dos Direitos do Homem e do Cidadão, editada na França em 1789.

A segunda vem da Constituição que há de ser estabelecida para institucionalizar o poder. Essa é um ato de direito que estabelece as normas positivas de organização, composição e competências dos órgãos do poder — significativamente designados por poderes (o que consagra implicitamente a receita política da necessária divisão do poder para prevenir o abuso). E essas normas constitucionais têm tal força que nulificam toda ação que as contrariar.

A terceira, que já se inscreve na Constituição, ordena o exercício da governança segundo o direito que aquela consagra. Impõe que a lei, expressão do direito reconhecida pela comunidade, seja o ponto de partida da governança, portanto, que esta não se faça senão de acordo com ela. E não é elemento senão o princípio da legalidade. Tal lei, porém, há se ser igual para todos — a isonomia, o que reflete a igualdade da natureza de todos os seres humanos. E, aporte da experiência, para manter o poder nos seus limites, bem como garantir os direitos fundamentais, é imprescindível que haja meio de assegurá-la de modo pacífico, portanto, meio de proteção e controle, seguro e imparcial, que imponha a observância de todo o direito. Este leva naturalmente a um terceiro princípio — o da judicialidade. Este reclama um poder distinto do que edita a lei e do que executa a lei. Costuma-se designar serem esses três princípios os princípios (fundamentais) do Estado de Direito, do Estado que atua pelo direito e no respeito ao direito.

2. PLANO DESTA PARTE

O desdobramento tradicional do estudo do direito constitucional, tal qual se vê dos programas universitários, não segue o caminhamento acima. Didaticamente, trata dos temas na ordem em que, também tradicionalmente os enfrenta a Constituição, e no Brasil até a Constituição anterior. Ou seja, parte da teoria da Constituição prossegue pela institucionalização do poder e, depois, trata da limitação do poder. É a linha que segue este Curso, fiel a suas origens.

Assim, nos capítulos seguintes se partirá do exame dos princípios instrumentais do Estado de Direito, para, em seguida, tratar dos direitos fundamentais, desdobrando o estudo, primeiro na exposição da doutrina que os afirma; depois assinalando o tratamento que a eles dá a Constituição brasileira e, logo adiante, os instrumentos para a defesa dos que nela estão mencionados; e as restrições que, quanto a seu exercício, ela admite em situações de emergência.

> **SUGESTÃO DE LEITURA COMPLEMENTAR – Nacionais:** Obras do autor: *Estado de Direito e Constituição*; *Princípios fundamentais do direito constitucional*.

Capítulo 31
OS PRINCÍPIOS DO ESTADO DE DIREITO

1. CONSIDERAÇÕES GERAIS

Os princípios do Estado de Direito têm uma significação extremamente rica. Podem ser vistos como princípios de limitação do poder, como princípios de ordenação da atuação do poder, e, como expressão dos valores fundamentais da democracia.

Os dois primeiros aspectos já foram indicados logo acima. Eles vedam a que o poder atue sem fronteiras, bem como impõem que esse aja segundo um padrão definido, para o que estabelecem um controle. Pondo no inverso, eles impedem que o poder se exerça sobre todo e qualquer campo da vida humana, impõem que ele não aja arbitrária nem discriminatoriamente, e preveem sejam eles mantidos em respeito a esses dois ditames.

Ademais, baseando-se a democracia em dois valores principais — a liberdade e a igualdade — aqueles os servem, por eles pautando a conduta do poder.

2. O PRINCÍPIO DE LEGALIDADE

Este princípio está enunciado no art. 5º da Declaração de 1789: "Tudo o que não é proibido pela lei não pode ser impedido e ninguém pode ser constrangido a fazer o que esta não ordena". Atende ele à lição de *O espírito das leis*, várias vezes reiterada.

O art. 6º da referida Declaração o justifica, ao afirmar ser a lei a "expressão da vontade geral". Nesta fórmula — devida a Rousseau — está um evidente vínculo com a democracia, como hoje se reconhece. Observe-se que tal artigo admite expressamente que essa vontade seja emitida pelos representantes do povo.

3. A LEGALIDADE NAS CONSTITUIÇÕES BRASILEIRAS

O princípio da legalidade foi consagrado por todas as Constituições brasileiras com uma única exceção — a Carta de 1937. A Constituição atual o anuncia logo no art. 5º, II. Entre a Carta de 1824 e a Constituição de 1988, que, aliás, repete a redação das de 1891, 1934, 1946 e 1967, só há uma diferença. A primeira afirmava que "nenhum cidadão" podia ser obrigado a fazer ou deixar de fazer algo senão em virtude da lei, ao passo que as demais se referem a "ninguém", estendendo, pois, ao estrangeiro o direito à legalidade.

4. O PRINCÍPIO DA LIBERDADE

O princípio de legalidade é o princípio de liberdade. Com efeito, ele significa que o ser humano pode assumir a conduta que quiser, bem como não estar obrigado a nada, salvo determinação legítima do poder político, expressa pelo instrumento que é a lei.

5. OS ATOS COM FORÇA DE LEI

O direito comparado aponta que, ao lado da lei propriamente dita, se está generalizando nas Constituições recentes a previsão de atos com força de lei. Ou seja, atos não adotados pelo processo previsto para a lei no sentido estrito, mas com eficácia igual à delas. Já se viu isso ao estudar o processo legislativo.

Ocorre isto na Constituição de 1988. O art. 62 prevê medidas provisórias com força de lei.

Evidentemente, tais atos com força de lei equiparam-se à lei para a observância do princípio de legalidade.

6. A HIERARQUIA DOS ATOS NORMATIVOS

Decorrência do princípio da legalidade é a supremacia da lei na hierarquia dos atos normativos. Os órgãos governamentais podem ter competência para editar atos normativos, entretanto, estes não podem senão explicitar o que a lei determina, não criando obrigações novas, nem estabelecendo proibições que já não estejam previstas na lei. Assim, o regulamento há de estar *sub lege* e dispor *secundum legem*, jamais *contra legem* ou *praeter legem*.

Entretanto, muito se discutiu se no caso de não haver lei, poderia o Executivo, com base no poder regulamentar, suprir a falta de lei, o que chegou a contar com o beneplácito da doutrina e da jurisprudência. Hoje, isto está superado em razão da previsão constitucional das medidas provisórias, do mandado de injunção e da ação de inconstitucionalidade por omissão.

Ainda se discute, porém, se em casos omissos poderá o regulamento suprir a falta, o que seria editar norma *praeter legem*.

7. O PRINCÍPIO DA IGUALDADE

A igualdade, desde a Antiguidade, é indissoluvelmente associada à democracia. No célebre discurso de Péricles em honra aos mortos no primeiro ano da guerra do Peloponeso, a "isonomia", isto é, a igualdade perante a lei, é apontada como uma das características fundamentais da democracia ateniense.

Da mesma forma, não se pode modernamente caracterizar a democracia sem que se abra lugar para a igualdade, embora esse lugar não seja sempre o mesmo.

8. IGUALDADE DE DIREITO E IGUALDADE DE FATO

É necessário desde logo distinguir a igualdade de direito e a igualdade de fato. Esta é uma igualdade de condição de vida, que pode ser um ideal, como está sugerido na *República* de Platão, mas nunca se realizou na realidade. Na verdade, tal igualdade parece impossível, em face da diversidade de aptidões, de inteligência, de capacidade etc., que há entre os seres humanos.

A igualdade de direito — a *isonomia* — consiste no reconhecimento a todos os seres humanos de um mesmo *status* jurídico. Nela, a lei é igual para todos. Todos gozam dos mesmos direitos e das mesmas obrigações. A essa é que aludia o pronunciamento de Péricles (que fechava os olhos para a escravidão que então existia).

Essa igualdade de direito foi uma das reivindicações do constitucionalismo moderno. Está clara a sua afirmação na Declaração de Direitos de 1789. Suprimiu esta os privilégios do clero e da nobreza.

A plena concretização dessa igualdade, todavia, somente se completou quando foi suprimida a escravidão pelo mundo afora.

Sem dúvida, a igualdade de direito pode ser — e é — afetada pela desigualdade excessiva das condições de fato. Essa precisa ser combatida e o é nas democracias, hoje até pelas políticas de cotas. Passo significativo para tanto é dar a todos a igualdade de oportunidades — pela instrução, sobretudo — para que todos possam desenvolver as suas aptidões. Com efeito, a meritocracia é uma forma de igualdade.

9. A ADMISSÃO DAS DESIGUALAÇÕES

Por paradoxal que pareça à primeira vista, o princípio da igualdade admite desigualações, mas para atender à igualdade. Com efeito, como aponta lição célebre de Rui Barbosa, na *Oração aos Moços*: "A regra da igualdade não consiste senão em quinhoar desigualmente aos desiguais, na medida em que se desigualam". E acrescenta: "Nesta desigualdade social, proporcionada à desigualdade natural é que se acha a verdadeira lei da igualdade".

Em consequência, o princípio da igualdade não proíbe de modo absoluto as diferenciações de tratamento. Veda apenas aquelas *diferenciações arbitrárias*, as *discriminações*, destituídas de fundamento objetivo, racionalmente justificável.

Assim, o princípio da igualdade no fundo comanda que só se façam distinções com critérios objetivos e racionais adequados ao fim visado pela diferenciação e proporcionais à correção da desigualdade. Ou seja, a desigualação deve obedecer a dois princípios: o da adequação ao fim; e o da proporcionalidade, como reconhece a doutrina.

10. IGUALDADE COMO LIMITAÇÃO AO LEGISLADOR E COMO REGRA DE INTERPRETAÇÃO

Na verdade, o princípio de igualdade é uma limitação ao legislador e uma regra de interpretação.

Como limitação ao legislador, proíbe-o de editar regras que estabeleçam privilégios, especialmente em razão da classe ou posição social, da raça, da religião, da fortuna ou do sexo do indivíduo. Inserido o princípio na Constituição, a lei que o violar será inconstitucional.

É também um princípio de interpretação. O juiz deverá dar sempre à lei o entendimento que não crie privilégios de espécie alguma. E, como o juiz, assim deverá proceder todo aquele que tiver de aplicar uma lei.

11. A IGUALDADE NAS CONSTITUIÇÕES BRASILEIRAS

Todas as Constituições brasileiras consagraram a isonomia, mesmo a Carta Imperial de 1824 (embora fechasse os olhos para a escravidão). Nesta, o princípio está no art. 184, 13: "A lei será igual para todos, quer proteja, quer castigue, e recompensará em proporção dos merecimentos de cada um".

Na Constituição em vigor, na Declaração dos direitos fundamentais, ela o faz duas vezes, como se uma não bastasse. "Todos são iguais perante a lei, sem distinção de qualquer natureza", como está no *caput* do art. 5º; "Homens e mulheres são iguais em direitos e obrigações", diz o seu inciso I. Isto demonstra a importância dada à isonomia pelo constituinte e a preocupação de igualizar a condição jurídica do homem e da mulher.

A igualdade, inclusive, é expressamente reconhecida aos estrangeiros, embora não seja absoluta.

Também, segundo lição pacífica da doutrina, o mesmo referido princípio alcança as pessoas morais, brasileiras ou estrangeiras.

12. O RETROCESSO DA IGUALDADE

Deve-se assinalar que atualmente o princípio de igualdade parece em regressão. Decorre isto paradoxalmente de pretender-se tratar desigualmente os desiguais, o que enseja a contínua descoberta de desigualdades a serem corrigidas...

Tal desigualação, por isso, redunda na criação de privilégios em favor de corporações poderosas — com seus grupos de pressão — ou de setores sociais com força e peso políticos.

13. O PRINCÍPIO DA JUDICIALIDADE

Embora os princípios de legalidade e de igualdade não teriam eficácia se não contassem com uma garantia, poucos estudiosos se têm apercebido de que o Estado de Direito inclui um terceiro princípio. É o que garante o império dos dois outros. Pode-se até pretender que esse princípio está implícito na própria "separação dos poderes".

Trata-se do princípio de judicialidade. Ou seja, a possibilidade de se invocar a proteção contra a violação da legalidade e da isonomia. No constitucionalismo, isso está implícito na previsão de um Poder Judiciário, pois este, ao atuar forçosamente, terá de enfrentar a questão da legalidade e da isonomia. Por isso, há quem o chame de princípio de judiciariedade, mas como a correção de tais violações seja uma forma de fazer justiça, parece preferível designá-lo por princípio de judicialidade. De fato, a sua expressão é o acesso à justiça, seja a justiça judiciária, seja a justiça do contencioso administrativo que, em Estados como a França, conhece dos litígios entre o indivíduo e o Estado.

No direito brasileiro, visando a assegurar o acesso ao Judiciário, na Constituição de 1946 se inscreveu norma que a atual exprime no art. 5º, XXXV: "A lei não excluirá da apreciação do Poder Judiciário lesão ou ameaça a direito". Com justiça, disse Pontes de Miranda que sua enunciação expressa "foi a mais típica e a mais prestante criação de 1946".[1]

Observe-se que esse princípio aparece como direito não só na Constituição brasileira, mas em documentos internacionais como a Declaração Universal dos Direitos do Homem e a Convenção de São José da Costa Rica.

---

[1] PONTES DE MIRANDA, Francisco Cavalcanti. *Comentários à Constituição de 1967*, cit., v. 4, p. 412.

14. DEVIDO PROCESSO LEGAL

O princípio da judicialidade tem grande importância no direito anglo-saxão. Este o exprime pela cláusula do *due process of law*.

Tem ela sua primeira expressão concreta na Magna Carta, art. 39, no qual promete o rei que "nenhum homem livre será preso ou privado de sua propriedade ou de sua liberdade, declarado fora da lei ou exilado ou de qualquer maneira destruído, nem o castigaremos ou mandaremos força contra ele salvo julgamento legal feito por seus pares ou pela lei do país". Cláusula semelhante, empregando já a expressão *due process of law*, foi jurada por Eduardo III, e da tradição do direito inglês passou para o das colônias da América do Norte, chegando à Constituição americana, 5ª Emenda.

Impede essa cláusula toda restrição à liberdade ou aos direitos de qualquer homem, que exclua a intervenção do Judiciário, claro, se o interessado a reclamar. Dentro do espírito do direito anglo-americano, essa cláusula implica o controle pelos órgãos judiciários e pelos processos previstos pela *common law*. Com isso, o princípio se torna mais sólido, já que impede que uma proposital alteração de estrutura do Judiciário esvazie essa garantia.

A Constituição em vigor expressamente incorporou ao direito brasileiro essa cláusula, no art. 5º, LIV, ao estabelecer que "ninguém será privado da liberdade ou de seus bens sem o devido processo legal". Entretanto, o cerne do que o direito anglo-saxão identifica no devido processo legal já estava no direito constitucional anterior e está expresso no art. 5º. Com efeito, no inciso LIII está o princípio do juiz natural — a autoridade competente — e o inciso LV, que assevera que "aos litigantes, em processo judicial ou administrativo, e aos acusados em geral, são assegurados o contraditório e ampla defesa, com os meios e recursos a ela inerentes".

SUGESTÃO DE LEITURA COMPLEMENTAR – Nacionais: OBRAS DO AUTOR: *Estado de Direito e Constituição*; *Princípios fundamentais do direito constitucional*.

Capítulo 32
A DOUTRINA DOS DIREITOS FUNDAMENTAIS E SUA EVOLUÇÃO

> **OBSERVAÇÃO PRELIMINAR.** Sendo este Curso destinado ao estudo do direito constitucional e o estudo deste estar hoje separado do estudo dos direitos humanos fundamentais — como se usa dizer — talvez descoubesse tratar nele desses direitos. Entretanto, na minha concepção, a ideia de direitos fundamentais é inseparável da de direito constitucional; persisto em aflorar a matéria. Noutro livro, embora também didático, e em vários artigos tenho procurado aprofundar o exame desses direitos que são o primeiro passo do constitucionalismo.

1. CONSIDERAÇÕES GERAIS

Desde a Revolução de 1789, o regime constitucional é associado à garantia dos direitos fundamentais. Não é ocioso recordar que a Declaração dos Direitos do Homem e do Cidadão (art. 16) condicionou à proteção dos direitos individuais a própria existência da Constituição.

Tal exagero tinha uma significação profunda. Indicava em alto e bom som o objetivo do governo em prol da Constituição escrita, qual seja, o estabelecimento em favor do indivíduo de uma esfera autônoma de ação, delimitando assim o campo de interferência legítima do Estado com qualquer um.

Com o passar dos tempos, operou-se mudança no modo de encarar as relações entre o indivíduo e o Estado, vindo novos direitos a ser reconhecidos em prol do indivíduo, direitos esses com um conteúdo positivo que o Estado estaria jungido a prestar. Por outro lado, com o desprestígio do individualismo, foram também aos grupos reconhecidos direitos fundamentais, com o mesmo caráter de inalienabilidade, imprescritibilidade e irrenunciabilidade que aos indivíduos. Sempre, porém, o reconhecimento desses direitos permaneceu inabalado como uma das metas do constitucionalismo. Tanto assim é que, fosse qual fosse a sua inspiração, editavam, como editam ainda, as Constituições, declarações de direitos e, às vezes, de garantias.

2. TRAÇOS GERAIS DAS PRIMEIRAS DECLARAÇÕES DE DIREITOS

As declarações de direitos são um dos traços mais característicos do constitucionalismo, bem como um dos documentos mais significativos para a compreensão dos movimentos que o geraram. Sem dúvida, a ideia de se estabelecer por escrito um rol de direitos em favor de indivíduos, de direitos que seriam superiores ao próprio poder que os concedeu ou reconheceu, não é nova. Os forais, as cartas de franquia, continham enumeração de direitos com esse caráter já na Idade Média. Entre as declarações, de um lado, e os forais, ou cartas, de outro, a diferença fundamental estava em que as primeiras se destinavam ao homem, ao cidadão, em abstrato, enquanto as últimas se voltavam para determinadas categorias ou grupos particularizados de homens. Naquelas se reconheciam certos direitos a todos os homens por serem homens, em razão de sua natureza; nestas, a alguns homens por serem de tal corporação ou pertencerem a tal valorosa cidade.

Por outro lado, as declarações dos séculos XVIII e XIX apresentam uma indisfarçável hostilidade contra o poder, considerado o inimigo por excelência da liberdade. Em todas elas avulta a mesma preocupação: armar os indivíduos de meios de resistência contra o Estado. Seja por meio delas estabelecendo zona interdita à sua ingerência — *liberdades-limites* — seja por meio delas armando o indivíduo contra o poder no próprio domínio daquele — *liberdades-oposição*.

De fato, observa Duverger,[2] o pai das designações acima, bem nítidos aparecem nessas declarações dois grupos de direitos — o das liberdades-limites, por exemplo, liberdade pessoal, direito de propriedade, liberdade de comércio, de indústria, de religião etc., que impedem a ingerência do Estado numa esfera íntima da vida humana — e o das liberdades-oposição, por exemplo, liberdade de imprensa, de reunião, de manifestação etc., que servem de meio de oposição política.

3. CAUSAS: OS ABUSOS DO ABSOLUTISMO

A opressão absolutista foi a causa próxima do surgimento das Declarações. Destas, a primeira foi a do Estado da Virgínia, votada em junho de 1776, que serviu de modelo para as demais na América do Norte, embora a mais conhecida e influente seja a dos "Direitos do Homem e do Cidadão", editada em 1789 pela Revolução Francesa.

Em todas essas declarações, cujo caráter abstrato é tantas vezes criticado, há a resposta, artigo por artigo, a um abuso do absolutismo. Os americanos, na verdade, nessas declarações buscavam enumerar simplesmente os direitos imemoriais que, como cidadãos ingleses, julgavam gozar e que haviam sido postergados pelo monarca. Os franceses também procuravam impedir os abusos mais frequentes. Apenas o seu pendor racionalista — metafísico, diria um inglês — os levou a proclamar princípios eternos e universais.

4. CAUSAS: A BASE FILOSÓFICO-RELIGIOSA

A causa profunda do reconhecimento de direitos naturais e intangíveis em prol do indivíduo, decorrentes imediatamente da natureza humana, é de ordem filosófico-religiosa.

De ordem religiosa porque decorre, sem saltos, dos dogmas cristãos. A igualdade fundamental de natureza entre todos os homens, criados à imagem e semelhança de Deus, e a liberdade fundamental de fazer o bem, ou de não o fazer, decorrem dos mais remotos ensinamentos bíblicos. Dessa inspiração religiosa, ainda que por outras influenciada, é que deflui a lição de Sto. Tomás de Aquino sobre o direito natural. Seria este aquela participação na lei eterna que o homem alcança, considerando o seu íntimo: a vontade de Deus, o criador, desvendada pela razão da criatura, por sua inclinação própria, e identificada na própria criação.

---

[2] DUVERGER, Maurice. *Les partis politiques*, cit., p. 201 e ss.

Essa base religiosa do direito natural foi substituída sem modificação profunda do edifício em sua exterioridade pela obra dos racionalistas do século XVII, Grócio e outros. Para estes, o fundamento do direito natural não seria a vontade de Deus, mas a razão, medida última do certo e do errado, do bom e do mau, do verdadeiro e do falso. Essa versão racionalista do direito natural, inserida no Iluminismo, é que inspira as primeiras declarações.

5. CAUSAS: O CONTEXTO ECONÔMICO

A afirmação do indivíduo, inerente às primeiras declarações, encontrava eco no contexto econômico da época.

As invenções, em particular da máquina a vapor, haviam estimulado o crescimento econômico apesar das resistências a ele opostas pelo conformismo das corporações esclerosadas e pela ingerência estatal. O progresso se fazia pelo esforço dos indivíduos, apesar dos grupos e do Estado.

Esse fato, que se reflete nas doutrinas econômicas do tempo — como a de Adam Smith —, sugere por que os meios capitalistas ou burgueses, em geral, formavam a vanguarda revolucionária. A revolução individualista era imprescindível para a consolidação e para o aceleramento do progresso econômico.

6. O INDIVIDUALISMO E SUA EVOLUÇÃO

O caráter individualista é o traço fundamental das declarações dos séculos XVIII e XIX e das editadas até a Primeira Guerra Mundial. Marca-as a preocupação de defender o indivíduo contra o Estado, este considerado um mal, embora necessário.

Esse aspecto individualista, essa preocupação com os direitos do indivíduo contra o Estado, perdura na maioria das Constituições do século XX. Nestas, porém, reponta outra inspiração, que é a de assegurar aos indivíduos certos direitos por meio do Estado, direitos em geral de proteção econômica e social.

7. OS DIREITOS ECONÔMICOS E SOCIAIS

O aparecimento dos "direitos econômicos e sociais" ao lado das "liberdades" nas declarações é o fruto de uma evolução cujo ponto de partida se encontra bem cedo no século passado.

8. CAUSAS DE EVOLUÇÃO: A CRÍTICA ÀS DECLARAÇÕES INDIVIDUALISTAS

Essa evolução se inicia com a crítica logo feita pelos socializantes ou socialistas ao caráter "formal" das liberdades consagradas nos documentos individualistas. Essas liberdades seriam iguais para todos, é certo; para a maioria, porém, seriam sem sentido porque a ela faltariam os meios de exercê-las. De que adianta a liberdade de imprensa para todos aqueles que não têm os meios para fundar, imprimir e distribuir um jornal? — perguntavam esses críticos. Assim, esses direitos seriam negados pela organização social ao mesmo tempo que, *pro forma*, seriam consagrados nas declarações.

Destarte, a atribuição em realidade para todos do direito de exercer esses direitos fundamentais implicaria uma reforma econômico-social, ou, ao menos, uma intervenção do Estado para que o mínimo fosse assegurado à maioria.

9. CAUSAS DE EVOLUÇÃO: A "QUESTÃO SOCIAL"

Essa crítica repercutiu intensamente em vista das consequências trágicas do desenvolvimento capitalista, apoiado na igualdade de todos perante a lei e na liberdade de contratar.

Ao mesmo tempo que a produção crescia velozmente, beneficiando os capitalistas, a miséria e a exploração colhiam os que, juridicamente livres e iguais em direitos aos donos das máquinas, deviam alugar-se aos mesmos para ter o pão de que viver. As máquinas, por fazerem o serviço anterior de muitas pessoas, aumentavam os braços disponíveis para um mercado de trabalho que crescia menos rapidamente que o das disponibilidades. A concorrência pelo emprego forçava o desempregado a aceitar salários ínfimos para tempo de serviço longo. Forçava a dissolução da família, obrigando a esposa a empregar-se, bem como os filhos, embora crianças, para que houvesse alimento para todos. Assim, o enriquecimento global redundava na prosperidade acrescida, e muito, de alguns, e na miséria também acrescida, e muito, da maioria.

A necessidade de proteção do economicamente fraco, por intermédio do Estado, foi, assim, ganhando a opinião pública. Ainda na primeira metade do século XIX a Revolução Francesa de 1848 e sua Constituição reconheceram efetivamente o primeiro dos "direitos econômicos e sociais": o direito ao trabalho, impondo ao Estado a obrigação de dar meios ao desempregado de ganhar o seu pão. A afirmação *in abstracto* desse direito, porém, já se encontrava na Declaração jacobina de 1793.

10. CAUSAS DE EVOLUÇÃO: A EXTENSÃO DO SUFRÁGIO

Por outro lado, a própria dinâmica do movimento liberal europeu impunha a extensão do sufrágio, cuja universalidade foi alcançada, na França, já em 1848. Ora, o sufrágio universal forçou os políticos e estadistas a sopesar a influência das massas e a dar atenção aos seus reclamos.

Esses reclamos bem diversos eram daqueles que se manifestavam nos meios burgueses. Nestes, o que se pedia era liberdade de ação contra o Estado, ou apesar do Estado; nos meios proletários, o que se almejava era proteção e amparo por parte do Estado. Enquanto para a mentalidade predominante nas classes ricas o Estado era o inimigo, embora um inimigo às vezes útil, para o proletariado era ele talvez a última esperança.

Esse fator propriamente político muito influenciou a transformação do Estado-polícia em Estado-providência, como, de outro lado, impôs o reconhecimento pelo constituinte dos vários "direitos econômicos e sociais".

11. A SUBSTÂNCIA DOS DIREITOS ECONÔMICOS E SOCIAIS

A evolução, cujos traços gerais foram acima descritos, caracterizou-se em suma pela consagração, ao lado dos direitos-resistência ou direitos-limites, de direitos "econômicos e sociais". Ou seja, ao lado de direitos que impunham ao Estado limitações, que lhe determinavam abstenção — *não fazer* —, foram reconhecidos direitos a prestações positivas do Estado, que se vê obrigado, não raro, a criar serviços públicos para atendê-los (p. ex., previdência social).

Ao mesmo tempo, contra o individualista extremado, se foram reconhecendo direitos em favor dos grupos sociais, o que não se fazia nas primeiras declarações. Paralelamente, se reconheceu ao indivíduo o direito de associação, inclusive como garantia da liberdade individual conforme o ensinamento de Tocqueville (*De la démocratie en Amérique*) e de Stuart Mill (*Do governo representativo da liberdade*).

12. AS MANIFESTAÇÕES DA NOVA CONCEPÇÃO

Essa nova concepção dos direitos fundamentais encontrou expressão solene principalmente nas primeiras Constituições republicanas alemã e espanhola — a de Weimar de 1919, a espanhola de 1931. Com menor repercussão que elas e caracterizada por um nacionalismo exacerbado está a Constituição mexicana de 1917, talvez a primeira a incorporar essas novas ideias.

Por outro lado, a Declaração russa de 1918 e as subsequentes Constituições soviéticas apresentam declarações de caracteres bem marcados e de inspiração oposta à das declarações não marxistas. Bem clara se vê nelas a ideia segundo a qual, pertencendo o poder ao povo que se confunde com o proletariado representado por sua vanguarda — o partido comunista — mister não há de se reconhecerem direitos contra o Estado que traduzem limites ao seu poder.

13. A NOVA CONCEPÇÃO NAS CONSTITUIÇÕES BRASILEIRAS

A imitação, de um lado, as novas concepções, de outro, imprimiram às Constituições subsequentes esse novo molde. Em muitas, porém, o reconhecimento desses direitos novos ficou no papel ou nas manifestações de princípios, eloquentes e inócuas.

No Brasil, a primeira Constituição a adotar, em seu texto, essa nova inspiração foi a de 1934, no que foi seguida pelas posteriores. As anteriores — 1824 e 1891 — como era de se esperar, manifestavam em seu texto o apego à concepção individualista dos direitos fundamentais.

De 1934 até 1988, em nosso direito constitucional, o reconhecimento dos direitos "econômicos e sociais" vinha sendo feito sob a forma de princípios, catalogados em capítulo sobre a "Ordem econômica e social". A atual Constituição inseriu no Capítulo II do Título II — Dos direitos e garantias fundamentais — o capítulo sobre os direitos sociais. E não se olvide que se trata de direitos ditos de terceira geração, como o direito ao meio ambiente sadio, a propósito da ordem social (Título VIII).

14. DECLARAÇÕES DE DIREITOS E DECLARAÇÕES DE DIREITOS E GARANTIAS

Dentre as declarações, há que distinguir, por outro lado, as que se contentam com enumerar os direitos reconhecidos como anteriores ao Estado e superiores a ele — direitos de certo modo naturais — e as que se preocupam em acrescentar ao rol dos direitos o das garantias, em sentido estrito.

Que são essas garantias?

É mister antes de mais nada não as confundir com os remédios, isto é, com medidas ou processos especiais, previstos na Constituição, para a defesa de direitos violados. As garantias, ao contrário dos remédios, buscam prevenir, não corrigir.

As garantias consistem nas prescrições que vedam determinadas ações do poder público que violariam direito reconhecido. São barreiras erigidas para a proteção dos direitos consagrados.

Assim, por exemplo, o art. 5º, IX, da Constituição brasileira consagra de início a liberdade de expressão — "É livre a expressão da atividade intelectual, artística, científica e de comunicação", — e garante o direito reconhecido pela proibição da censura — "independentemente de censura ou licença".

A expressão "garantias constitucionais" é, todavia, também tomada no sentido de "remédios constitucionais" (v., adiante, o cap. 34). Há neste caso uma figura de linguagem, pois, rigorosamente falando, esses remédios são a garantia das garantias, são a via judicial destinada à proteção das regras que protegem os direitos fundamentais.

15. A TERCEIRA GERAÇÃO DOS DIREITOS

Hoje se registra uma terceira geração dos direitos do homem. Seriam *direitos de solidariedade*, na medida em que têm em mira, mais que os indivíduos, a própria comunidade humana. Por isso seriam direitos difusos compartilhados por todos em favor de todos.

Deles, o mais reconhecido é o direito ao meio ambiente (v., *infra*, cap. 37, n. 11) que exprime o interesse de todos os seres humanos em um meio sadio para o presente e o futuro.

Outros são aspirações também difusas, visando ao bem da humanidade, mas não têm a exigibilidade necessária para que sejam verdadeiramente direitos. São antes metas que o direito pode indicar, mas que não pode concretizar. Em geral, provêm do plano internacional, como o direito à paz, ao desenvolvimento, ao respeito ao patrimônio comum da humanidade.

A nova Constituição brasileira deu guarida a essa tendência, dispondo, por exemplo, sobre o direito ao meio ambiente (art. 225) (v. *infra*).

SUGESTÃO DE LEITURA COMPLEMENTAR – Nacionais: Obras do autor: *Direitos humanos fundamentais*; *Aspectos do direito constitucional contemporâneo*; *Lições de direito constitucional*; *Princípios fundamentais do direito constitucional*.

Capítulo 33
OS DIREITOS FUNDAMENTAIS NA CONSTITUIÇÃO BRASILEIRA

1. OBSERVAÇÕES GERAIS

Nas democracias de opção liberal pouco variam entre si as declarações de direitos. Daí resulta que estudar uma delas é examinar, por assim dizer, as outras todas.

A declaração contida na Constituição brasileira de 1988 é a mais abrangente e extensa de todas as anteriores. Ela não somente consagra os direitos-limites, mas também incorpora os direitos sociais — ou melhor, os direitos econômicos, sociais e culturais — e inclui direitos de solidariedade.

Os primeiros estão enunciados no *Título II — Dos direitos e garantias fundamentais*. Os últimos, de modo especial no *Título VIII — Da Ordem social*.

Seu estudo é evidentemente muito importante e dele trata este capítulo, depois de se assentarem pontos básicos que caracterizam a matéria no plano geral do direito.

2. DIREITOS EXPLÍCITOS E IMPLÍCITOS

A atual Constituição brasileira, no que segue as anteriores, não pretende ser exaustiva na enumeração dos direitos fundamentais. Admite haver outros direitos fundamentais além dos enumerados, direitos esses implícitos. Disto decorre que, para ela, há direitos fundamentais que estão explicitados na declaração que contém, e outros que não estão enunciados — estão implícitos —, contudo têm a mesma natureza dos explícitos. Ora, o reconhecimento de que os direitos fundamentais têm uma natureza própria — são direitos materialmente fundamentais — leva à percepção de que a declaração pode ter revelado direitos fundamentais que não tenham substantivamente esse caráter — seriam direitos apenas formalmente constitucionais (por exemplo, na Declaração de 1988, o direito a certidões...).

Tais direitos implícitos, como deflui do § 2º do art. 5º, seriam "decorrentes do regime e dos princípios" (dentre estes especialmente o da dignidade humana) que a Constituição adota. Existe, pois, no sistema constitucional brasileiro, um critério material, substancial, indispensável, para que um direito seja "verdadeiramente" um direito fundamental. Do contrário, seria impossível identificar um direito fundamental implícito.

A identificação do elemento substancial que faz um direito ser fundamental e, portanto, ser direito mesmo que não expresso no corpo da declaração, é uma questão espinhosa e delicada. A ela evitam os juristas e filósofos. Ou invocam a "dignidade da pessoa humana", conceito que varia de povo para povo, de crença religiosa para crença religiosa. Por exemplo, para o muçulmano a mulher não tem os mesmos direitos fundamentais que o homem, o não crente não tem os mesmos que tem o crente.

Robert Alexy[3] a enfrenta e oferece critérios para tal identificação. Vale mencioná-los.

O primeiro dentre eles é ser um *direito universal*. Isto significa *ab initio* que o direito deve concernir a todo e qualquer ser humano.

O segundo é ser um *direito moral*. Ou seja, que à sua base esteja uma norma que "valha moralmente".[4]

Outro consiste em fazer jus à sua "proteção pelo direito positivo estatal" — ser, na sua terminologia, um *direito preferencial*.[5]

Igualmente, o direito deve ser *fundamental*.[6] Quer dizer, que preencha duas condições: a primeira é que "deve tratar [...] de interesses e carências que, em geral, podem e devem ser protegidos e fomentados pelo direito";[7] e a segunda "é que o interesse ou carência seja tão fundamental que a necessidade de seu respeito, sua proteção ou seu fomento se deixe fundamentar pelo direito", vale dizer, "quando sua violação ou não satisfação significa ou a morte ou sofrimento grave ou toca no núcleo essencial da autonomia".[8]

Alude ainda Alexy a um quinto traço característico dos direitos do homem: ser o direito *abstrato*, sendo, por isto, suscetível de restrição.[9]

Na verdade, a Constituição em vigor é minuciosa ao enunciar direitos fundamentais. Assim, difícil é apontar exemplo de direito fundamental implícito. Talvez se possa afirmar um direito ao sigilo, que está subjacente ao art. 5º, X (proteção à intimidade) e XII (comunicações telegráficas etc.). Entretanto, todos os dias decisões judiciais "inventam" direitos fundamentais baseadas na "dignidade da pessoa humana", tal qual o prolator iluminadamente a entende.

Não se olvide que, em razão do art. 5º, § 2º, da Constituição, não cabe "refugar-se, a respeito de direitos e garantias, o princípio de interpretação de leis: *inclusio unius alterius est exclusio*".[10]

3. DIREITOS ADVENIENTES DE TRATADOS

Ao admitir os direitos implícitos, a Constituição faz referência — ainda no art. 5º, § 2º, parte final — a direitos fundamentais enunciados em tratados de que o Brasil seja parte ou que desses decorreriam.

---

[3] ALEXY, Robert. *Teoría de los derechos fondamentales*. 2. reimpr. Madrid: Centro de Estudios Constitucionales, 2001.
[4] Id., p. 60.
[5] Id., ibid.
[6] Id., ibid., p. 61.
[7] A este respeito, ele exemplifica com a inexistência de "um direito do homem ao amor, porque amor não se deixa forçar pelo direito".
[8] Id., ibid., p. 61.
[9] Id., ibid., p. 61.
[10] PONTES DE MIRANDA, Francisco Cavalcanti. *Comentários à Constituição de 1967*, cit., art. 144.

Esta última cláusula parece inútil. De fato, se o direito inscrito no tratado é substancialmente um direito fundamental, ele já estaria entre os direitos fundamentais implícitos. Essa qualidade viria de sua natureza e não por constar do texto de um tratado que apenas o explicitaria.

Quanto a este último ponto — a incorporação de normas de tratados à Constituição brasileira — a Emenda Constitucional nº 45/2004 tornou claro que apenas se formalizam como normas constitucionais as regras de tratados ou convenções sobre direitos humanos, aprovadas na forma do § 3º que acrescentou ao art. 5º da Lei Magna. (V., *supra*, cap. 4, n. 18.) Ou seja, aprovadas pelas duas Casas do Congresso Nacional, em dois turnos, pela maioria de três quintos dos membros de cada uma dessas Casas.

Assim sendo, o tratado não aprovado por essa forma — que equivale à prevista para a aprovação de Emenda Constitucional — tem, como de há muito se entende, a posição hierárquica de lei ordinária. Consequência disto é poderem as disposições que edita ser revogadas ou derrogadas por lei ordinária, enquanto obviamente as normas de tratado incorporado na forma do art. 5º, § 3º, só podem ser revogadas ou derrogadas por Emenda Constitucional.

Na verdade, o que o tratado incorporado pode fazer é gerar um direito fundamental formal, pois, o direito materialmente fundamental já o seria no direito brasileiro, que admite direitos implícitos, como se apontou.

A maior contribuição que a incorporação de tratado traz é quanto ao regime de um direito fundamental — o modo e os limites de seu exercício. Resulta do exposto haver diferença entre o regime provindo de um tratado aprovado conforme prevê a Constituição no art. 5º, § 3º, e o estabelecido por tratado não aprovado com as exigências deste. No caso daqueles, o regime será formalmente constitucional e assim apenas poderá ser modificado por uma Emenda, no destes, tem caráter infraconstitucional e poderá ser mudado por lei ordinária.

Já vigoram no Brasil dois tratados internacionais aprovados pela forma prevista no § 3º do art. 5º da Constituição. Ambos tratam de direitos de portadores de deficiência.

4. "INABOLIBILIDADE" DOS DIREITOS FUNDAMENTAIS

O art. 60, § 4º, da Constituição de 1988 dispõe que "não será objeto de deliberação a proposta de emenda tendente a abolir: [...] IV — os direitos e garantias individuais".

A sua interpretação envolve três pontos principais.

O primeiro consiste em determinar o que significa "abolir" um direito fundamental. Sobre isto já se falou mais acima (no item 15 do cap. 4 — "O poder constituinte"). Ou seja, abolir é eliminar alguma coisa — no caso um direito — e isto somente ocorre quando a norma o suprime ou vem a ferir o seu núcleo essencial. É a lição clara de Alexy.

Tal inabolibilidade, na verdade, não alcança senão os direitos materialmente fundamentais — os verdadeiros direitos fundamentais que têm raiz na natureza humana. É isto o que os faz imprescritíveis, irrenunciáveis e inabolíveis. E, num certo sentido, absolutistas. Esta inabolibilidade, porém, não alcança o regime do direito fundamental.

Entretanto, cabe distinguir o cerne e o regime de um direito. O regime é o modo e condições do direito fundamental, portanto, o modo e condições do exercício daquele núcleo essencial. A necessidade do regime é facilmente compreensível. Todo ser humano tem os mesmos direitos fundamentais, o que faz com que todos tenham o mesmo direito de exercê-los, e do que resulta que o direito de um não pode excluir o direito de outro. O direito de um vai até o direito de outro. Deste ângulo, o direito fundamental não é absoluto.

Ora, pode haver, quanto ao exercício, o conflito entre o direito fundamental de um e o direito fundamental de outro. Para evitá-lo, preveni-lo, é preciso que sofra o exercício condicionamentos e limites, sob pena de o direito fundamental de um prevalecer sobre direito fundamental de outra pessoa. Esta evidentemente seria despojada de um de seus direitos fundamentais. A fixação desse regime normalmente cabe à lei, como já previa a Declaração francesa de 1789.

Assim, a inabolibilidade não impede seja alterado o regime do direito, ou seja, suas condições ou modo de exercício. Ela é função de circunstâncias que variam com o tempo, a ocasião, o lugar e por isso não pode ser intocável, imutável, inabolível.

No item acima citado, é até mencionada lição extraída de decisão do Supremo Tribunal Federal. (V., *supra*, cap. 4, n. 15.)

5. OS DIREITOS-LIMITES

Estes direitos que correspondem à primeira geração dos direitos fundamentais têm especial significação para o constitucionalismo moderno. Este os viu como próprios e imprescindíveis para cada ser humano. De certo modo, sua efetivação foi a motivação do constitucionalismo e muito serviram para que se alcançasse a democracia. Na verdade, são vistos como essenciais à democracia moderna, que é uma democracia liberal. (V., *infra*, cap. 34, n. 5.)

Tais direitos estão explicitamente consagrados na Constituição brasileira no art. 5º. Podem eles ser agrupados em três categorias, conforme seu objeto imediato, pois o mediato se pode dizer que é sempre a liberdade.

I — Direitos cujo objeto imediato é também a "liberdade":

1) de locomoção — art. 5º, XV e LXVIII;

2) de pensamento — art. 5º, IV, VI, VII, VIII, IX;

3) de reunião — art. 5º, XVI;

4) de associação — art. 5º, XVII a XXI;

5) de profissão — art. 5º, XIII;

6) de ação — art. 5º, II;

7) liberdade sindical — art. 8º;

8) direito de greve — art. 9º.

II — Direitos cujo objeto imediato é a "segurança":

1) dos direitos subjetivos em geral — art. 5º, XXXVI;

2) em matéria penal — art. 5º, XXXVII a LXVII;

3) do domicílio — art. 5º, XI.

III — Direitos cujo objeto imediato é a "propriedade":

1) em geral — art. 5º, XXII;

2) artística, literária e científica — art. 5º, XXVII a XXIX;

3) hereditária — art. 5º, XXX e XXXI.

6. A LIBERDADE DE LOCOMOÇÃO

A liberdade de locomoção, assim impropriamente chamada, pois é o direito de ir, vir e também de ficar — *jus manendi, ambulandi, eundi ultro citroque* — é a primeira de todas as liberdades, sendo condição de quase todas as demais. Consiste em poder o indivíduo deslocar-se de um lugar para outro, ou permanecer cá ou lá, segundo lhe convenha ou bem lhe pareça. Claro, essa liberdade de ir ou ficar termina onde atenta contra o bem geral.

Sendo aquela cuja perda mais ostensiva aparece, foi talvez de todas as liberdades a mais cedo defendida. É ela protegida em particular pelo *habeas corpus*, que se examinará adiante, sendo mencionada no art. 5º, XV e LXVIII, a propósito desse, aliás.

7. A LIBERDADE DE PENSAMENTO: A LIBERDADE DE CONSCIÊNCIA

A propósito da liberdade de pensamento, deve-se, de pronto, distinguir duas facetas: a liberdade de consciência e a liberdade de expressão ou manifestação do pensamento.

A primeira é a liberdade do foro íntimo. Enquanto não manifesta, é condicionável por meios variados, mas é livre sempre, já que ninguém pode ser obrigado a pensar deste ou daquele modo. Essa liberdade de consciência e de crença a Constituição (art. 5º, VI) declara inviolável.

A liberdade de consciência e de crença, porém, se extroverte e se manifesta na medida em que os indivíduos, segundo suas crenças, agem deste ou daquele modo, na medida em que, por uma inclinação natural, tendem a expor seu pensamento aos outros e, mais, a ganhá-los para suas ideias. As manifestações, estas sim, pelo seu caráter social valioso, é que devem ser protegidas, ao mesmo tempo que impedidas de destruir ou prejudicar a sociedade.

A manifestação do pensamento ou crença transparece de vários modos que a Constituição considera. A crença pode manifestar-se pela conduta individual, notada pelos que com o indivíduo convivem, sem que a pessoa pretenda com isso proselitismo. Essa liberdade de agir segundo sua consciência e crença também é reconhecida pela Constituição. Esta, porém, se crença ou convicção for alegada para exonerar o indivíduo de obrigação, encargo, ou serviço imposto pela lei aos brasileiros em geral, o priva dos direitos apenas se houver recusa de cumprimento de obrigação alternativa determinada em lei (art. 5º, VIII).

Consagra outrossim a Constituição a liberdade de culto, forma outra pela qual se extravasam as crenças íntimas (art. 5º, VI). A liberdade do culto religioso é garantida, bem como os locais de seu exercício e as liturgias, na forma determinada pela lei. Assim, a lei definirá o modo de proteção dos locais consagrados aos cultos e às cerimônias. No direito anterior, a liberdade religiosa estava submetida ao respeito à ordem pública e aos bons costumes (EC nº 1/1969, art. 153, § 5º).

A omissão no Texto Maior das expressões "que não contrariem a ordem pública e os bons costumes" não é de molde a sugerir que os cultos religiosos estejam autorizados a desrespeitar a ordem pública, pois sua manutenção deriva do próprio sistema jurídico como subjacente a ele.

8. A LIBERDADE DE EXPRESSÃO OU MANIFESTAÇÃO DO PENSAMENTO

A manifestação do pensamento pode, porém, dirigir-se a outrem e não apenas exprimir as convicções do indivíduo, sem preocupação deste que outros a percebam, ou não. Essa liberdade, expressão fundamental da personalidade, também é consagrada, mas sob regimes diversos, conforme sua importância social.

Essa manifestação pode dirigir-se de uma pessoa para outra ou outras não presentes de forma sigilosa, por carta, telegrama, telefone ou rádio. Essa manifestação, se de pessoa a pessoa e com caráter sigiloso, é a correspondência, cuja liberdade é reconhecida pelo art. 5º, XII. Na verdade, a expressão "correspondência" é muitas vezes considerada sinônimo de carta. Todavia, a técnica deu ao homem outros meios de corresponder-se com os demais, que se devem enquadrar no mesmo regime. A comunicação por meio dessas novas técnicas, dado o caráter destas, dificulta o sigilo, que, todavia, deve ser mantido. É inviolável, proclama o mencionado dispositivo constitucional.

Abre, todavia, exceção quanto às comunicações telefônicas. Estas podem sofrer restrição em sua inviolabilidade com objetivos de investigação criminal ou instrução processual penal.

A restrição tem sido defendida pela doutrina e adotada em alguns sistemas jurídicos em face dos crimes de sequestro e de narcotráfico, em especial, cuja investigação não pode desprezar a escuta telefônica, muitas vezes único meio para a solução de tais crimes.

Ainda assim a escuta somente poderá realizar-se por ordem judicial, nas hipóteses e na forma previstas em lei.

A regra, portanto, continua sendo a inviolabilidade das comunicações por quaisquer meios. Isto se reforça pela disposição constitucional que proíbe apresentação de "provas obtidas por meios ilícitos" (art. 5º, LVI).

A manifestação mais comum do pensamento é a palavra falada, pela qual alguém se dirige a pessoa ou pessoas presentes para expor o que pensa. Essa liberdade é consagrada pelo art. 5º, IV e V. Na verdade, é ela uma das principais de todas as liberdades humanas, por ser a palavra uma das características fundamentais do homem, o meio pelo qual este transmite e recebe as lições da civilização. A liberdade de palavra, todavia, não exclui a responsabilidade pelos abusos sob sua capa cometidos.

Outra forma de manifestação do pensamento é a pela palavra escrita, destinada a pessoas indeterminadas, divulgada por meio de livros, jornais e revistas. Durante longos séculos, todas as publicações dependeram de autorização governamental, cientes os poderosos do tempo da força da palavra escrita, o meio de comunicação de massa ao tempo existente. Essa autorização só era dada após a censura da obra, que, conforme o tempo, fazia-se com rigor maior ou menor.

Por atingir talvez bem de perto os enciclopedistas e iluministas que inspiraram a Revolução de 1789, esta se preocupou em proscrever a censura. A Constituição brasileira (art. 5º, IX) veda a censura da palavra escrita. Declara independente de censura ou licença do poder público a "expressão da atividade intelectual, artística, científica e de comunicação". Proíbe, todavia, o anonimato (não o pseudônimo).

A garantia vem reforçada no Capítulo "Da comunicação social", dispondo o art. 220 que "A manifestação do pensamento, a criação, a expressão e a informação, sob qualquer forma, processo ou veículo, não sofrerão qualquer restrição, observado o disposto nesta Constituição".

Com relação à imprensa, deve-se assinalar que o art. 222 da Constituição veda ao estrangeiro ser dono, orientador ou responsável de empresa jornalística ou de radiodifusão. Na verdade, só aos brasileiros natos ou naturalizados há mais de dez anos é que pode caber a orientação ou responsabilidade de tais empresas.

9. A LIBERDADE DOS ESPETÁCULOS E DIVERSÕES

A liberdade de pensamento implica também a liberdade dos espetáculos e diversões públicas. A propósito de espetáculos e diversões públicas — assinala mui justamente Claude Colliard[11] —, três liberdades de caráter diferente podem estar em jogo: a liberdade de expressão do pensamento (do autor), a liberdade de empresa (do empresário) e a liberdade de trabalho (do ator). Evidentemente só a primeira é que cabe aqui discutir.

Os espetáculos e diversões, aqui incluídos rádio, televisão e cinema, são meios de transmissão de ideias que atingem de pronto, e eficazmente, numeroso grupo de indivíduos, podendo-lhes inspirar, antes que a prevenção seja possível, comportamento antissocial, ou contrário à paz e ordem públicas. Qualquer observador pode notar a diferente influência, a curto prazo, entre a propaganda, congelada no papel, e a propaganda viva e quente que entra pelos ouvidos — no caso do rádio — e pelos olhos e ouvidos — no caso do teatro, do cinema, da televisão.

Essa diferença de repercussão imediata é que tem justificado a diferença de tratamento, fazendo depender de censura os espetáculos e diversões públicas.

A Constituição em vigor baniu a censura. Efetivamente no § 2º do art. 220 dispõe: "É vedada toda e qualquer censura de natureza política, ideológica e artística".

Contudo, deferiu à lei ordinária regular as diversões e espetáculos públicos. Ao poder público incumbe informar sobre a natureza das diversões e espetáculos classificando-os por faixas etárias a que não se recomendem, bem como definir locais e horários que lhes sejam inadequados. Caberá também à lei estabelecer meios de defesa das pessoas e das famílias quanto a programas de rádio e de televisão que descumpram os princípios determinados no art. 221, I a IV, como, por exemplo, "respeito aos valores éticos e sociais da pessoa e da família" (arts. 220, § 3º, e 221).

Não será, contudo, fácil a determinação dos "valores éticos e sociais" que deverão ser respeitados nos programas de rádio e televisão. É extremamente difícil, por exemplo, estabelecer a diferença entre arte e pornografia, tema que tem ensejado polêmica e pleitos célebres. A esse respeito é interessante examinar os critérios usados pela Suprema Corte americana.

10. A LIBERDADE DE ENSINO

Ainda entre várias formas de liberdade de expressão do pensamento está a liberdade de ensino, isto é, poder o mestre ensinar aos seus discípulos o que pensa, não

---

[11] COLLIARD, Claude-Albert. *Libertés publiques*. Paris: Dalloz, 1968. n. 354.

podendo ser coagido a ensinar o que os outros pensam ser correto. A Constituição reconhece expressamente a liberdade de comunicação de conhecimento no exercício do magistério (art. 206, II).

11. A LIBERDADE DE REUNIÃO

Próxima ainda da liberdade de expressão do pensamento, mas algo distinta, está a liberdade de reunião, consagrada no art. 5°, XVI.

Reunião, no texto constitucional, significa um agrupamento de pessoas, organizado mas descontínuo, para intercâmbio de ideias ou tomada da posição comum. O agrupamento, para ser reunião, deve ser organizado, ou seja, ter uma direção e englobar pessoas unidas por uma intenção comum. Não é, pois, reunião, um grupo formado por circunstâncias fortuitas ou pela contiguidade no espaço, como, por exemplo, os curiosos que se agrupam num caso de acidente na rua, ou os que se veem no mesmo lugar, à mesma hora, à espera da mesma condução, porque em ambos os casos não há a intenção, nem pálida, de estarem uns com os outros para com outros trocar ideias ou firmar posição comum. Contudo, só é reunião o agrupamento descontínuo, ou seja, passageiro. Se o agrupamento adota laços duradouros passa da reunião para o campo da associação.

No direito brasileiro a reunião é livre, desde que seus participantes estejam desarmados, e se faça em locais abertos ao público independentemente de autorização. A restrição que se impõe concerne ao respeito a outra reunião que se dê no mesmo local. A autoridade competente deverá ser comunicada do local, data e horário da reunião.

Da proibição, é claro, cabe controle judiciário. No caso de locais particulares, a proibição só pode ser excepcional, por motivo grave e imperioso. Se a intenção policial for a de frustrar a reunião, seu comportamento é até criminoso, como o é a reunião em lugar vedado. Essa realização constitui, em face do direito vigente, crime de responsabilidade.

12. A LIBERDADE DE ASSOCIAÇÃO

A liberdade de associação, a que tanto se apegam os liberais contemporâneos, não se encontra reconhecida nas primeiras declarações. Essa omissão se explica em virtude da influência de Rousseau, como é sabido, contrária a todo agrupamento que se imiscuísse entre o indivíduo e o Estado. Por outro lado, a legislação ordinária era mesmo hostil às associações, pondo sua existência à mercê do governo.

No decurso do século XIX, porém, essa posição foi revista, por influência especialmente de Stuart Mill e do Conde de Tocqueville. Este, na verdade, soube convencer os constituintes de que a formação de associação para a defesa de interesses coletivos era a melhor maneira de se impedirem os males do governo das massas.

O direito brasileiro mostra reflexos dessa evolução. A Carta de 1824 não reconhecia entre os direitos e garantias fundamentais o de associação, o que só foi feito pela Constituição de 1891, quando a revisão do pensamento liberal a esse respeito já se firmara.

A Constituição em vigor (art. 5°, XVII a XXI) a reconhece como era de esperar: "É plena a liberdade de associação para fins lícitos, vedada a de caráter paramilitar".

Nenhuma associação poderá ser dissolvida, senão em virtude de decisão judicial, com trânsito em julgado.

Destarte, é direito individual o de coligar-se com outras pessoas, para fim lícito, estabelecendo organização estável com direção unificante e dando origem a nova pessoa jurídica.

O direito de associação para objetivos não proscritos pela lei penal é, como se depreende do texto acima, indiretamente garantido. De fato, a garantia não existe propriamente para o direito individual a associar-se, mas para a existência da associação criada.

A Constituição confere legitimação ativa às associações, quando autorizadas, para representação de seus filiados quer judicial quer extrajudicialmente.

13. A LIBERDADE DE PROFISSÃO E DE TRABALHO

Outra liberdade reconhecida é a de profissão, que compreende, na sistemática da Constituição vigente (art. 5º, XIII), a de trabalho ou de ofício.

Como expressão lídima da liberdade individual, cada um tem o direito de trabalhar no ofício que lhe agradar, para o qual tiver aptidão. Rejeita-se assim o privilégio de profissão, anteriormente consagrado em prol das corporações de ofício.

Apenas admite a Constituição as restrições a essa liberdade indispensáveis para a salvaguarda do interesse público. De fato, consente que a lei ordinária imponha "qualificações profissionais".

A liberdade de trabalho, por outro lado, recebe certas limitações, destinadas a proteger o próprio trabalhador e a sociedade contra abusos. São limitações concernentes às condições do trabalho, previstas no art. 7º da Constituição.

14. A LIBERDADE DE AÇÃO

Pode-se ainda mencionar entre as liberdades a de ação, em geral. Esta, de certo modo, já foi examinada a propósito do princípio de legalidade. Essa liberdade é a de fazer ou não fazer tudo aquilo que a lei não proíbe. Deflui inexoravelmente do art. 5º, II: "Ninguém será obrigado a fazer ou deixar de fazer alguma coisa senão em virtude de lei".

15. A LIBERDADE SINDICAL

Paralelamente à liberdade de associação deve ser tratada a liberdade sindical, ou seja, a liberdade de aderir a um sindicato, ou não. Essa liberdade é expressamente reconhecida pela Constituição no art. 8º, não sendo, pois, lícito restringir a liberdade do trabalhador por ser este sindicalizado, ou por não ser. Tal preceito veda, portanto, o estabelecimento, embora disfarçado, do corporativismo entre nós.

16. O DIREITO DE GREVE

Reconhece também a Constituição (art. 9º) o direito de greve.

O direito de greve, enquanto direito de não trabalhar, decorreria do art. 5º, II — a liberdade de ação. A greve, isto é, a inação, poderia ter consequências contrárias ao trabalhador que recorre a ela como último recurso, permitindo sua dispensa etc. O reconhecimento do direito de greve lícita implica, portanto, exonerar o trabalhador dos prejuízos que advenham de sua inação.

A greve, na verdade, é um recurso à coação que logicamente não deveria encontrar lugar num Estado de Direito, mormente se nele existe uma justiça do trabalho. Historicamente, porém, tem sido um dos meios mais eficazes para a melhoria das condições de vida do trabalhador, que tem ao direito de greve um apego quase mítico.

Esse recurso, todavia, é perigoso e prejudicial, sob certo prisma, à coletividade. Perigoso porque põe em risco a ordem pública, sendo os grevistas facilmente levados, como as massas em geral, a distúrbios. Prejudicial porque fere a economia nacional, podendo causar até prejuízos irreparáveis para ela. É normal, portanto, que a lei procure restringir e regulamentar o recurso à greve, proibindo-a mesmo nos serviços públicos e nas atividades que a lei considerar essenciais, como o previa a Constituição anterior, no art. 162.

A atual não o faz, porém. Estabelece apenas que a lei, no tocante a certos serviços ou atividades essenciais, disporá sobre o atendimento das necessidades inadiáveis da comunidade.

O direito de greve, a paralisação coletiva do trabalho, não restringe o direito de trabalhar de ninguém. Quem não quiser aderir à greve tem o direito de trabalhar, direito que a lei e o Estado devem garantir.

17. OS DIREITOS RELATIVOS À SEGURANÇA: O RESPEITO AOS DIREITOS ADQUIRIDOS

Dos direitos relativos à segurança do indivíduo, uns concernem aos seus direitos subjetivos em geral, outros apenas à sua segurança pessoal.

Dentre os que interessam aos direitos subjetivos em geral, o primeiro é o direito à legalidade, consubstanciado no art. 5º, II, e já examinado (*supra*, cap. 31, n. 2). Outro é o que a tradição de nosso direito chama de "direito adquirido", formulado no art. 5º, XXXVI.

Esse dispositivo estipula que: "A lei não prejudicará o direito adquirido, o ato jurídico perfeito e a coisa julgada".

De acordo com a redação atual da Lei de Introdução às Normas do Direito Brasileiro, ato jurídico perfeito é o "já consumado segundo a lei vigente ao tempo em que se efetuou" (art. 6º, § 1º). Coisa julgada, "a decisão judicial de que já não caiba recurso" (art. 6º, § 3º). Direito adquirido, aquele cujo "titular, ou alguém por ele, possa exercer", assim como aquele "cujo começo de exercício tenha termo prefixo, ou condição preestabelecida, inalterável, a arbítrio de outrem" (art. 6º, § 2º).

Destarte, o ato jurídico perfeito e a coisa julgada são respeitados como fontes de direitos subjetivos adquiridos. O fundamental, pois, é a proteção destes para a segurança das relações jurídicas.

Note-se, todavia, que o respeito aos direitos adquiridos não veda a sua restrição, nem mesmo sua eliminação por lei posterior à sua aquisição. Apenas significa que essa restrição ou supressão só tem efeitos para o futuro. Do contrário, o legislador seria praticamente impotente, já que toda alteração de leis, ou edição de novas, atinge, do instante da publicação em diante, direitos adquiridos. Destarte, não há direito adquirido à permanência de um estatuto legal.

18. O RESPEITO À LIBERDADE PESSOAL

Dos direitos relativos à segurança pessoal, o mais importante é o que enumera o art. 5º, LXI. Nele firmemente se resguarda a liberdade pessoal ao se proibirem as prisões, a não ser "em flagrante delito ou por ordem escrita e fundamentada de autoridade judiciária competente [...]". Impede-se assim o arbítrio a sacrificar imotivadamente a liberdade individual. Esta matéria se relaciona diretamente com o *habeas corpus*.

A Constituição, no entanto, excepciona os casos de transgressão militar ou de crime propriamente militar, em que a prisão poderá dar-se por ordem de autoridade administrativa competente.

19. A INVIOLABILIDADE DA INTIMIDADE

A Constituição vigente inova ao tornar explícitos os chamados "direitos à integridade moral", como se usa designar.

"São invioláveis a intimidade, a vida privada, a honra e a imagem das pessoas, assegurado o direito a indenização pelo dano material ou moral decorrente de sua violação".

Assim, embora já reconhecidamente consagrados no direito pátrio, tais direitos explicitados no texto constitucional atual não mais padecerão de quaisquer dúvidas, reforçados ainda pela garantia de indenização.

20. A INVIOLABILIDADE DO DOMICÍLIO

Dentre outros direitos relativos à segurança pessoal, o primeiro é a inviolabilidade do domicílio, isto é, da residência do indivíduo. Essa inviolabilidade, que a Constituição consagra no art. 5º, XI, consiste em ser vedada a entrada a quem quer que seja sem o consentimento do morador, salvo em caso de flagrante delito ou desastre, e para prestar socorro, ou, durante o dia, por determinação judicial.

As hipóteses, portanto, em que o domicílio pode ser invadido sem o consentimento do morador, durante a noite, foram taxativamente enumeradas pelo constituinte, enquanto, durante o dia, a questão é deixada ao critério do juiz.

21. A SEGURANÇA EM MATÉRIA PENAL

A Constituição brasileira preocupou-se profundamente em assegurar os direitos do indivíduo em matéria penal. Tanto assim que abundam no art. 5º regras que ficariam melhor no Código de Processo ou no Código Penal. E de roldão com regras importantes foram constitucionalizados dispositivos de importância menor.

Amontoam-se nos vários itens do art. 5º regras de processo penal, de importância variável. Nesse rol se inclui o princípio da comunicação de toda prisão ao juiz competente (inc. LXII), o da responsabilização das autoridades coatoras (inc. LXXV), o da plena defesa (inc. LV), a proibição dos juízes e tribunais de exceção (inc. XXXVII), a instituição do júri (inc. XXXVIII). E, ao lado desses, outros de direito substantivo de interesse dessemelhante: o da anterioridade da lei penal (inc. XXXIX), da individualização da pena (inc. XLVI), da proibição de penas que ultrapassem a pessoa dos delinquentes (inc. XLV), da proibição das penas de banimento, de prisão perpétua, de trabalhos forçados, de morte, exceto quanto a esta última os casos previstos, na legislação penal, para a guerra externa (inc. XLVII), a proibição da prisão civil, salvo como sanção para o inadimplemento de obrigação alimentar e para a infidelidade de depositário (inc. LXVII).

Deve-se, ainda, destacar entre os princípios relativos à segurança em matéria penal o da não extradição de estrangeiro em razão de crime político, ou de opinião, e em caso algum de brasileiro nato (incs. LI e LII). De importância também seria o da assistência judiciária pelo Estado aos necessitados, se o inc. LXXIV não o encarasse como mera concessão do poder público.

No afã de tentar coibir determinados crimes, como a prática de racismo, e a ação de grupos civis ou militares contra a ordem constitucional e o Estado democrático, a Constituição tornou-os crimes inafiançáveis e imprescritíveis (art. 5º, XLII e XLIV).

Ora, a imprescritibilidade criminal repugna à sensibilidade da comunidade jurídica. Um sistema jurídico equilibrado não deveria consagrar uma situação de incerteza indeterminada. Configura um contrassenso ao lado da disposição que prescreve a inexistência de penas de caráter perpétuo (art. 5º, XLVII, b). Se a pena deverá ter duração determinada, a possibilidade de efetivação da punição penal não deveria ser perpétua.

22. OS DIREITOS CONCERNENTES À PROPRIEDADE: CONSIDERAÇÕES GERAIS

Os direitos fundamentais referentes à propriedade estão num plano intermediário entre os que concernem à liberdade e os que dizem respeito à segurança, já que ela ao mesmo tempo toca a uma e outra. De fato, ela é instrumento da liberdade e garantia de segurança, na medida em que torna possível ao indivíduo realizar o que quer, e o resguarda contra a necessidade e a incerteza do amanhã.

A crítica socializante vê na propriedade a fonte da escravização do homem pelo homem e pretende que sua abolição libertaria todos os indivíduos de seus grilhões. Essa posição, que tem contra si a experiência dos séculos, tem contra si também o exemplo atual dos países dominados pelos partidos comunistas onde o preço pela libertação dos grilhões da propriedade foi a completa prisão aos grilhões do partido.

Sem dúvida, a propriedade não é sagrada, como afirmava a Declaração de 1789. É um direito fundamental que não está nem acima nem abaixo dos demais. Deve, como os demais, sujeitar-se às limitações exigidas pelo bem comum. Pode ser pedida em favor do Estado quando o interesse público o reclamar, como a vida tem de ser sacrificada quando a salvação da pátria o impõe. Pode ser recusada quanto a certos bens cujo uso deva ser deixado a todos, quando a exploração deles não convém que se faça conforme a vontade de um ou de alguns cidadãos. Tem de ser respeitada, porém, até que se prove existir liberdade sem ela como instrumento, segurança sem ela como garantia.

23. O DIREITO DE PROPRIEDADE

A Constituição brasileira, art. 5º, XXII, XXIII e XXIV, reconhece o direito de propriedade, cujo uso deverá ser condicionado ao bem-estar social. Esse direito é garantido pela exigência de que toda expropriação se faça mediante prévia e justa indenização, que em princípio deve ser paga em dinheiro.

Que significa, porém, propriedade, objeto desse direito fundamental, no art. 5º, XXII, da Constituição?

É esse o primeiro problema com que o exegeta se tem de defrontar. A primeira tentação é a de dar ao termo o sentido com que o toma o direito civil — direito de usar, gozar e dispor de uma coisa. Se essa fosse a interpretação verdadeira, os demais direitos patrimoniais — os créditos, por exemplo — não seriam constitucionalmente garantidos, podendo ser expropriados sem indenização. Ora, isso seria absurdo na medida em que a propriedade imóvel não é mais a única fonte de riqueza almejada e em que créditos constituem a fortuna de muitos ricos, o pecúlio de alguns pobres. Daí ser lição corrente na doutrina que, referindo-se à propriedade, quis o constituinte dizer direito de conteúdo econômico, direito patrimonial. Assim, a Constituição, no art. 5º, XXIV, consagra o direito fundamental de não ser alguém despojado de direitos de seu patrimônio, sem justa indenização. Esse entendimento é também o da jurisprudência.

24. A DESAPROPRIAÇÃO E A INDENIZAÇÃO

Dos direitos fundamentais, talvez seja a propriedade o que mais deva ao Estado. De fato, o senhorio do homem sobre as coisas, numa larga medida, é uma benesse do Estado que o protege contra a cobiça dos outros homens. Sem polícia, sem justiça, de que valeria a propriedade?

Isso justifica que a propriedade particular seja transferida, por ato de vontade do Estado, ou para ele próprio, ou para entidade de interesse público, sempre que tal seja imperativo de necessidade ou interesses públicos, ou do interesse social. Essa transferência, porém, há de ser indenizada e pelo justo valor, para que um indivíduo só não arque com o preço do que vai beneficiar a todos. À desapropriação, ou expropriação — ato por que o Estado toma para si, ou transfere a outra pessoa, bens de particular, ainda que contra a vontade deste —, é inseparável a indenização, ou seja, a reparação, a retribuição, pela diminuição do patrimônio individual. A indenização, na verdade, é que distingue a desapropriação do confisco, ato por que o Estado toma bens alheios para si, sem retribuição.

A Constituição e o bom senso mandam que a indenização seja justa. Daí decorre que ao patrimônio do expropriado deve voltar o valor do bem desapropriado. Nota-se que esse valor para haver reparação justa deve ser, normalmente, o preço que o bem alcançaria, se vendido no mercado livremente. Pode ser, contudo, menor, na medida em que se possa medir o proveito que para o expropriado advenha da passagem desse bem para a propriedade pública. Destarte, não é absurdo pretender que, por exemplo, seja deduzido do preço a ser pago por terras desapropriadas para abertura de estrada a valorização trazida às terras remanescentes, por essa nova rodovia.

Ser justa a indenização é o que importa. A exigência de ser ela "em dinheiro" é secundária. Sem dúvida é uma garantia que o constituinte procurou estabelecer contra a má-fé de governantes que esvaziassem a justiça da indenização, pagando-a em títulos de prazo longo e juros irrisórios, cuja substância se perdesse pela inflação. A correção monetária, em bases reais, elimina o principal desses inconvenientes. O pagamento da indenização em títulos somente é admitido em duas hipóteses — quando o bem desapropriado é destinado à reforma agrária (art. 184), ou quando ocorrer o descumprimento da função social pelo imóvel urbano (art. 182, § 4º, III). Nesse caso, como uma etapa de um procedimento complexo. Por força da Lei nº 13.867/2019, a estipulação da indenização pode ser fixada por meio de mediação ou por via arbitral, mas apenas nas desapropriações por utilidade pública.

25. CONFISCO PUNITIVO

A Emenda Constitucional nº 81, de 5 de junho de 2014, deu nova redação ao art. 243 da Constituição. No *caput*, exclui a indenização em relação a "propriedades rurais e urbanas", nas quais "forem localizadas culturas ilegais de plantas psicotrópicas ou a exploração de trabalho escravo". Trata-se, ao contrário do que diz o texto, de hipótese de confisco e não de expropriação. Tecnicamente, expropriação, sinônimo de desapropriação na linguagem jurídica, importa necessariamente em indenização; confisco é a designação da perda de propriedade sem indenização.

Observe-se, por outro lado, que, extinta a escravidão no Brasil desde 13 de maio de 1888, o "trabalho escravo" mencionado no texto é o trabalho em condições análogas à do escravo. Essas condições têm de ser previamente definidas em lei, o que reclama o texto ao referir-se a trabalho escravo "na forma da lei".

Os bens confiscados, se imóveis, serão obrigatoriamente destinados à reforma agrária ou a programas de habitação popular.

A mesma Emenda deu também nova redação ao parágrafo único desse artigo para estender o confisco a bens móveis de valor econômico apreendidos em decorrência de "exploração do trabalho escravo", pois, na redação primitiva, apenas estavam sujeitos a esse confisco os apreendidos em decorrência do tráfico de entorpecentes.

O produto desse confisco reverterá a fundo especial com destinação específica. No texto anterior, havia destinação específica para o produto do confisco do tráfico de entorpecentes; no atual essa vinculação não existe, ficando ao critério do legislador a sua destinação, bem como do produto do confisco de bens em decorrência do trabalho escravo.

26. OS FUNDAMENTOS DA DESAPROPRIAÇÃO

A desapropriação, como se assinalou, há de fundar-se em "necessidade pública", "utilidade pública" ou "interesse social".

Há necessidade pública sempre que a expropriação de determinado bem é indispensável para atividade essencial do Estado. É o que sucede, por exemplo, quando o Estado precisa de determinada área de terra para a construção de bases militares em ponto estratégico.

Há utilidade pública quando determinado bem, ainda que não seja imprescindível ou insubstituível, é conveniente para o desempenho da atividade estatal. É o que acontece, *verbi gratia*, quando o Estado, entre vários imóveis aptos a abrigar um serviço qualquer, escolhe um deles e o desapropria por sua utilidade.

Entende-se existir interesse social toda vez que a expropriação de um bem qualquer for conveniente para a paz, para o progresso social ou para o desenvolvimento da sociedade. Para a paz, a fim de estancar uma fonte de atritos sociais, por exemplo, indústria gerida sem respeito pelos direitos do trabalhador. Para o progresso social, *verbi gratia*, para a difusão da propriedade. Para o desenvolvimento, por exemplo, para permitir exploração mais racional de bem valioso para toda a comunidade.

O interesse social só recentemente foi admitido como fundamento de desapropriação. Na verdade, no direito constitucional brasileiro, foi a Constituição de 1946 a primeira a reconhecê-lo como fundamento de expropriação. Outras, porém, o admitem também (*v.* Guatemala, art. 92 etc.).

A distinção entre esses três fundamentos é de alcance meramente teórico? Há quem o sustente, já que a apreciação da existência de necessidade, de utilidade pública ou de interesse social é um ato discricionário do poder público não suscetível de controle intrínseco pelo Judiciário. Destarte, o que importa é a manifestação da vontade do Estado de retirar determinado bem do patrimônio de um particular para somá-lo ao seu ou ao da empresa de interesse público.

Contra essa opinião, está a de Pontes de Miranda[12] e de outros, segundo os quais o controle do fundamento da desapropriação não refoge ao campo do Judiciário, ao menos no Brasil, por força do art. 5º, XXXV.

A jurisprudência e a maioria dos autores, ao menos no Brasil, sempre apoiaram a primeira tese. De fato, seria erigir o Judiciário em supergoverno admitir que ele possa negar necessidade pública etc. onde o governo a reconheceu.

Hoje, porém, a questão se apresenta com gravidade aumentada. O fundamento da desapropriação influi sobre a forma de indenização. Por exemplo, baseá-la na utilidade pública, na necessidade pública ou mesmo em interesse social outro que a disseminação da propriedade rural tem por consequência indenização em dinheiro; baseá-la no interesse social de difundir a propriedade rural tem por consequência indenização em títulos. Impedir que o Judiciário conheça do fundamento da expropriação seria permitir eventualmente abuso do governo e fraude à Constituição com prejuízo do expropriado.

Como já se viu, o pagamento da indenização deve ser feito em dinheiro, salvo no caso de reforma agrária ou de descumprimento de função social por imóvel urbano.

Uma solução intermediária se impõe. O Judiciário não pode discutir se há, no caso, necessidade, utilidade pública ou interesse social. Essa é uma apreciação política que deve caber aos órgãos propriamente políticos: o governo e o Legislativo. Pode ele, todavia, examinar em qual dos fundamentos constitucionais se enquadra o motivo alegado para a expropriação, visto que aí não mais se trata de apreciação de conveniência, mas de verificação da adequação de fato à norma, o que é do próprio objeto da função jurisdicional.

27. AS EXCEÇÕES À INDENIZAÇÃO PRÉVIA: A REQUISIÇÃO

A indenização, qualquer que seja o fundamento da expropriação, deve ser prévia. Com isso, o constituinte busca impedir que o patrimônio particular fique sequer por um instante diminuído por força da expropriação. Tal não impede, todavia, que lei ordinária fixe critério justo e objetivo para a estipulação da quantia a ser depositada previamente, sempre que a urgência da imissão na posse do poder público no bem expropriado for tal que não possa esperar a avaliação judicial.

Pode suceder, porém, que o retardamento seja tão pernicioso para o interesse geral, que se imponha o uso pelo poder público do bem particular antes do depósito de qual-

---

[12] PONTES DE MIRANDA, Francisco Cavalcanti. *Comentários*, cit., art. 141, § 16.

quer indenização. Nesse caso, não há propriamente desapropriação: existe requisição (art. 5º, XXV). Esta é um ato por que o poder público determina a retirada de um bem do patrimônio particular, para dele usar como entender, mediante indenização justa e posterior. Difere do confisco por prever indenização, e da desapropriação comum, principalmente, por ser posterior à indenização.

A Constituição de 1988 não enumera taxativamente as hipóteses em que cabe a requisição. Subordina-a a perigo público iminente. A Constituição de 1946 exemplifica o que entendia por perigo de gravidade extrema: guerra e comoção intestina. A atual não o faz. Deve-se, porém, entender que não só ações humanas, como guerra, ou revolução, justificam as requisições. Fatos da natureza também: inundações, epidemias, catástrofes etc.

A requisição nem sempre transfere o bem requisitado para o patrimônio público. Pode transferir apenas o seu uso temporário. Na eventualidade de uma inundação, por exemplo, pode o poder público requisitar imóveis para abrigar as vítimas das águas temporariamente, e, finda a necessidade, devolvê-los a seu dono. Em tal caso, deve indenizar pelo uso — como pagar aluguel e indenizar deteriorações.

Claro está que, sendo impossível ou inviável a devolução do bem requisitado a seu dono, a requisição importa na perda da propriedade; portanto, equivale a uma desapropriação.

28. OS DIREITOS DO INVENTOR

A Constituição vigente cuidou de resguardar os direitos do inventor assegurando-lhe o privilégio temporário de explorar o invento (art. 5º, XXIX). Assim, busca recompensar o esforço do inventor, impedindo que outros dele usem, beneficiando-se gratuitamente com o trabalho alheio. Em face do art. 5º, XXIX, durante prazo que a lei ordinária haverá de fixar, o emprego de uma invenção só se fará com autorização do inventor, que poderá exigir remuneração por esse uso, ou mesmo ceder o direito de usar dela mediante certo preço.

Manteve a nova Carta Magna a supressão da menção à possibilidade de o invento ser vulgarizado, abrindo-se a sua utilização a qualquer um, mediante concessão pelo poder público de "justo prêmio" ao inventor. Deve-se, portanto, entender que a vulgarização dos inventos é ainda hoje possível, mas por meio de desapropriação por interesse social, com pagamento de prévia e justa indenização em dinheiro.

Esta solução é a preferível, mesmo porque a respeito do que se devia entender por "justo prêmio" duas correntes se digladiavam: uma sustentando que o "justo prêmio" era de fato um prêmio simbólico; outra, que era a indenização do que deixaria de lucrar em virtude da vulgarização.

29. A PROPRIEDADE DAS MARCAS DE INDÚSTRIA E COMÉRCIO

O art. 5º, XXIX, consagra também como direito fundamental a propriedade das marcas de indústria e comércio e a exclusividade do uso de nome comercial. Sem dúvida, essas formas de propriedade, esses direitos aí reconhecidos, são importantes para a estrutura econômica sobre a qual se ergue nossa Constituição. É indiscutível exagero, porém, incluí-los no rol dos direitos fundamentais. Por outro lado, a Constituição não lhes atribui garantia especial, de modo que sua enunciação no art. 5º não impede que a lei ordinária fixe o seu conteúdo.

30. OS DIREITOS DE AUTOR

Enfim, a Constituição consagra o direito do autor de obras literárias, artísticas ou científicas, sobre a própria obra, de onde lhe decorre a exclusividade de reprodução e de alteração.

Enquanto direito de não ser alterada a própria obra sem sua autorização, o direito de autor se prende à liberdade de manifestação do pensamento. É a proibição de que a expressão de seu pensamento criador e artístico seja deturpada.

Quanto ao direito de reprodução (art. 5º, XXVII), que tem conteúdo econômico e, portanto, incorpora-se ao patrimônio do autor, tem ele duração limitada no tempo. Sobrevive ao autor, mas em favor dos herdeiros deste persiste apenas durante certo lapso de tempo. A razão dessa restrição é o relevante interesse da comunidade na difusão das obras máximas de cultura. Antes de transcorrido esse prazo, porém, como "propriedade", o direito de reprodução pode ser vendido, cedido, desapropriado (mediante prévia e justa indenização em dinheiro) etc.

31. DIREITO À HERANÇA

A Constituição, no inc. XXX do art. 5º, garante o direito à herança que, antes apenas disciplinado na lei civil, se eleva agora à dignidade constitucional.

32. APLICABILIDADE IMEDIATA DAS NORMAS DEFINIDORAS DE DIREITOS

Vislumbrou o legislador constituinte uma possibilidade de tornar efetivos os direitos consagrados na Constituição de 1988. Para tanto dispôs que "as normas definidoras dos direitos e garantias fundamentais têm aplicação imediata".

Louve-se a intenção dos constituintes, qual seja a de tentar impedir que os direitos não permaneçam como letra morta na Constituição, mas ganhem efetividade.

Contudo, o caminho escolhido não é suficiente em si para atender o objetivo colimado.

É lição da doutrina clássica que nem toda norma constitucional é suscetível de aplicação imediata. (V., adiante, no cap. 40, uma discussão aprofundada do assunto.)

Donde se pode perfeitamente inferir que uma norma constitucional, mesmo definidora de direitos ou garantias fundamentais, somente pode ser aplicada se for completa.

Segundo a lição de Rui Barbosa — adiante-se desde logo —, seriam imediatamente "as determinações para executar, as quais não haja mister de constituir ou designar uma autoridade, nem criar ou indicar um processo especial, e aquelas onde o direito instituído se ache armado por si mesmo, pela própria natureza, dos seus meios de execução e preservação".[13] Ou seja, as normas autoexecutáveis.

Não o seriam, então, aquelas que "não se revestem de meios de ação essenciais ao seu exercício os direitos que outorgam, ou os encargos que impõem: estabelecem

---

[13] BARBOSA, Rui. *Comentários à Constituição Federal*. São Paulo: Saraiva, 1934. v. II, p. 488.

competência, atribuições, poderes, cujo uso tem de aguardar que a legislatura, segundo o seu critério, os habilite a se exercerem".[14]

A leitura dos vários incisos do art. 5º facilmente demonstra a existência de normas definidoras de direitos "bastantes em si", ao lado de muitas outras normas "não bastantes em si".

A aplicação imediata das normas definidoras de direitos e garantias fundamentais tem por limite a natureza das coisas. Isto é, não pode ter aplicação imediata, diga o que disser a Constituição, uma norma incompleta. E a melhor prova disto é que a Constituição, que no art. 5º, § 2º, afirma solenemente a aplicação imediata das normas definidoras de direitos e garantias fundamentais, prevê no mesmo art. 5º, LXXI, um mandado de injunção para o caso em que direitos, liberdades e prerrogativas fundamentais inerentes à nacionalidade, à soberania e à cidadania não podem ser exercidos por falta de norma regulamentadora...

Em conclusão, somente podem ter aplicação imediata normas completas, suficientemente precisas na sua hipótese e no seu dispositivo, para que possam ter a plenitude da eficácia.

Na verdade, a discussão é meramente acadêmica, pois, de uma forma ou de outra os tribunais sempre encontram um modo — mesmo artificial — de dar aplicabilidade a todos os direitos fundamentais.

33. DIREITOS SOCIAIS

Como é da tradição de nosso direito desde 1934, a Constituição consagra direitos sociais. São estes direitos a prestações positivas por parte do Estado, vistos como necessários para o estabelecimento de condições mínimas de vida digna para todos os seres humanos. Costumam ser apontados como a segunda geração dos direitos fundamentais.

São eles enunciados no art. 6º.

Entre os direitos sociais explícitos, já estavam na redação primitiva da Constituição o direito à educação, à saúde, ao trabalho, ao lazer, à segurança e à previdência social, à proteção à maternidade e à infância, à assistência aos desamparados.

A eles a Emenda nº 26/2000 acrescentou o direito à moradia, a Emenda Constitucional nº 64/2010 o direito à alimentação. E a de nº 90/2015, o direito ao transporte. Como estes direitos se incluem na ordem social desenhada pela Constituição, são eles tratados adiante. (V., *infra*, cap. 37.)

Os direitos sociais são de grande relevância no Estado Social de Direito que consagra a atual Constituição ao falar imprecisamente em Estado Democrático de Direito. Como ensina Jorge Miranda, esta última expressão, obscura e ambígua, deve ser entendida como sinônimo daquela, mais clara e mais usada no direito comparado.

A implementação de grande parte desses direitos, porém, oferece, não raramente, dificuldades, eis que ela depende da disponibilidade de meios suficientes, com que nem sempre conta o poder público. Por isto, são eles condicionados pela cláusula, ou como hoje se diz, pela "reserva do possível". Esta traduz a verdade já afirmada pelos romanos — *impossibilia nemo tenetur* —, ou seja, ninguém está obrigado a fazer coisas impossíveis.

---

[14] Id., ibid., p. 489.

34. DIREITOS DO TRABALHADOR

A Constituição, depois de enunciar os direitos sociais, especificou os direitos do trabalhador no art. 7º. Deles, os principais: (1) emprego protegido contra despedida arbitrária ou sem justa causa, com indenização compensatória; (2) salário mínimo, capaz de atender às suas necessidades vitais básicas e às de sua família; (3) irredutibilidade do salário; (4) participação nos lucros, ou resultados, conforme definido em lei; (5) duração do trabalho normal não superior a quarenta e quatro horas; (6) gozo de férias anuais remuneradas, com, pelo menos, um terço a mais do que o salário normal; (7) aviso prévio proporcional ao tempo de serviço; (8) adicional de remuneração para atividades penosas, insalubres ou perigosas; (9) aposentadoria; (10) seguro contra acidentes do trabalho etc.

Esta constitucionalização visa a dar maior proteção ao trabalhador. Entretanto, ela se estabeleceu no contexto da economia industrial, baseada na máquina e na condição do operário. Hoje, entretanto, a evolução das tecnologias — como a internet — gerou uma economia pós-industrial em que a condição e a situação do trabalhador são muito diferentes da do operário industrial. De fato, ela enseja, por exemplo, o trabalho à distância em contraste com o trabalho em fábricas, um trabalho presencial utilizando máquinas.

Por isso, essa constitucionalização dificulta a modernização do sistema de direitos de proteção ao trabalhador e prejudica o próprio desenvolvimento da economia contemporânea.

Decorre disso, na atualidade, uma "fuga" ao regime legal, seja pelos ônus desnecessários que eventualmente acarreta, seja pela conveniência dos próprios trabalhadores, cuja atividade não é favorecida pelas normas que protegiam o operário fabril, ou o caixeiro de loja.

Observe-se, enfim, que esses direitos do trabalhador a Emenda Constitucional nº 72/2013 estendeu aos empregados domésticos. Também um tipo de trabalho bem diferente daquele que desenvolveu a revolução industrial.

35. DIREITOS DE SOLIDARIEDADE

A Constituição enuncia também alguns direitos de solidariedade. Estes são projeções recentemente identificadas dos direitos fundamentais. Deles estão na Lei Magna o direito ao meio ambiente (art. 225) e o direito da comunicação social (art. 220). Esses direitos são difusos, na medida em que não têm como titular pessoa singularizada, mas "todos" indivisamente. São direitos pertencentes a uma coletividade enquanto tal.

Constituem, como já se viu, a chamada "terceira geração" dos direitos fundamentais. Vieram a ser consagrados no plano internacional, antes de virem a sê-lo no plano constitucional.

SUGESTÃO DE LEITURA COMPLEMENTAR – **Clássico:** ROBERT ALEXY, *Teoria de los derechos fundamentales*; **Nacionais:** OBRAS DO AUTOR: *Direitos humanos fundamentais*; *Princípios fundamentais do direito constitucional*; *Aspectos do direito constitucional contemporâneo*; *Lições de direito constitucional*; *A ressurreição da democracia*. Santo André: Dia a Dia Forense, 2020.

Capítulo 34
OS REMÉDIOS DE DIREITO CONSTITUCIONAL

1. CONSIDERAÇÕES GERAIS

A expressão "remédio de direito constitucional" parece não ser das mais felizes, por ser risível a metáfora que encerra. Entretanto, é ela consagrada, para designar "uma espécie de ação judiciária que visa a proteger categoria especial de direitos públicos subjetivos" (Alfredo Buzaid), as chamadas "liberdades públicas", ou direitos fundamentais do homem. Em lugar dela, muitos preferem usar a expressão "garantias de direito constitucional". O emprego desta expressão não é errôneo. O *habeas corpus*, o mandado de segurança etc. garantem direitos fundamentais. É bem de ver, porém, que, rigorosamente falando, as garantias dos direitos fundamentais são as limitações, as vedações, impostas pelo constituinte ao poder público. O *habeas corpus*, o mandado de segurança etc. são meios de reclamar o restabelecimento de direitos fundamentais violados: remédios para os males da prepotência.

O *habeas corpus* e o mandado de segurança são, contudo, instrumentos de defesa de direitos fundamentais, mas remédios que atendem ao interesse pessoal de quem teve violados esses direitos, ou esteja em perigo iminente de sofrer essa violação. Só secundariamente é que tutelam o interesse da coletividade no respeito da ordem jurídica. O direito de petição ou representação e a ação popular, no entanto, tutelam primeiramente o interesse coletivo e secundariamente o individual. Numa certa medida, são direitos de cunho político. Manifestam o interesse de cada um em ver o interesse geral bem administrado.

2. O *HABEAS CORPUS* NO DIREITO INGLÊS

O *habeas corpus*, apesar do nome latino, é originário da Inglaterra. Sua fonte pode ser identificada no n. 29 da Magna Carta de 1215, que tornava injusta qualquer prisão não estabelecida pela lei ou decretada sem julgamento. Só mais tarde, porém, é que se desenvolveu como um entre remédios contra as prisões injustas o *writ*, ou mandado, que se tornaria conhecido pelas duas primeiras palavras de sua fórmula em latim: *habeas corpus* ("tomes o corpo"). "Tomes o corpo do detido e venhas submeter ao Tribunal o homem e o caso", dizia a fórmula do *writ*, que era concedido a princípio apenas pela *Court of King's bench*.

No direito inglês, o *habeas corpus* só protegia a liberdade pessoal, o *jus manendi, ambulandi, eundi ultro citroque*, a liberdade de ir e vir. Somente no século XVII, porém, logrou firmar-se. A "Petição de Direitos" (1628) reclamava o seu restabelecimento irrecusável, mas, apesar de anuência do monarca à petição, apoiadas em precedentes, as cortes persistiam em denegar o *habeas corpus* em casos de prisão ilegal, especialmente se esta fosse determinada *per speciale mandatum regis*. Somente a Lei do *Habeas Corpus* (1679) é que veio consolidar essa medida, estipulando pesadas sanções contra quem o descumprisse, se expedido o mandado, ou se recusasse a expedi-lo, havendo justo motivo. Daí em diante não mais se recusou que pudesse a ordem ser expedida inclusive em favor dos presos por mandado do rei. Todavia só atendia às pessoas privadas da liberdade se acusadas de crime. Apenas a Lei de 1816 é que estendeu o *habeas corpus* a todos os casos de constrangimento ilegal.

Do direito inglês, o *habeas corpus* passou para o direito das colônias da América do Norte, que não o abandonaram proclamada a independência. Na verdade, a Constituição Federal (art. 1º, Seção 9ª) o reconheceu como pertencente ao ordenamento jurídico nacional. Nos Estados Unidos, porém, assinala entre outros Cooley, tem sido ele encarado com amplitude maior, considerando-se com latitude o que se deve entender por liberdade pessoal, direito que tutela.

3. NA HISTÓRIA CONSTITUCIONAL BRASILEIRA

No direito brasileiro, o *habeas corpus* foi acolhido ainda no primeiro Império. De fato, o Código Criminal de 1830 o esboçou, embora propriamente só o Código de Processo Criminal, de 1832, art. 340, o criasse. Dirigia-se contra prisão ou constrangimento ilegal e somente podia beneficiar brasileiros. Em 1871, todavia, a Lei nº 2.033 o estendeu aos estrangeiros.

Direito constitucional, porém, apenas a Constituição de 1891 o tornou. Fê-lo no art. 72, § 22, em termos mais amplos que os da legislação anterior: "Dar-se-á o *habeas corpus*, sempre que o indivíduo sofrer ou se achar em iminente perigo de sofrer violência ou coação por ilegalidade ou abuso de poder".

Em virtude disso, pretenderam muitos, com Rui Barbosa à frente, que o *habeas corpus* brasileiro era uma medida de extensão maior que o *habeas corpus* inglês, protetor exclusivamente da liberdade pessoal. Essa extensão era necessária, uma vez que só ela atenderia ao princípio *ubi jus ibi remedium*, pois, do contrário, a quase totalidade dos direitos fundamentais não teria proteção eficaz.

Essa orientação foi, numa certa medida, acolhida pelo Supremo Tribunal Federal. Este, por volta de 1909, firmou jurisprudência no sentido de que deveria conceder-se *habeas corpus* para o restabelecimento de qualquer direito que tivesse como pressuposto a liberdade de locomoção. Ou seja, caberia para garantir a liberdade física e para garantir a liberdade de movimentos necessária ao exercício de qualquer direito, desde que certo e incontestável.

A reforma constitucional de 1926 procurou restringir o *habeas corpus* à liberdade de locomoção, acrescentando essa expressão ao texto primitivo do art. 72, § 22. Essa restrição, porém, só se efetivou com a criação, em 1934, do mandado de segurança.

4. NA CONSTITUIÇÃO DE 1988

Hoje, pois, o *habeas corpus* protege apenas a liberdade de locomoção.

Cabe o *habeas corpus*, que pode ser impetrado por qualquer um e em favor de qualquer um, nacional ou estrangeiro, sempre que alguém esteja privado de sua liberdade de locomoção, ou esteja ameaçado de ver-se privado dela, por violência ou coação fruto de ilegalidade ou abuso de poder. Pode, portanto, ser preventivo o *habeas corpus*. Em qualquer caso, porém, é a ilegalidade, *lato sensu*, da privação ou de sua ameaça que funda o pedido de *habeas corpus*. De fato, o abuso de poder, isto é, o uso abusivo de um poder legítimo, no fundo, é uma ilegalidade.

Em si o *habeas corpus* é uma ordem judicial, ordem para que se deixe de cercear, para que não se ameace cercear a liberdade de ir e vir de determinado indivíduo. Ordem que pode ser dirigida a quem quer que restrinja ilegalmente a locomoção alheia. Em geral, dirige-se ela contra o poder público, mas pode, segundo a jurisprudência, dirigir-se contra particular (p. ex., hospital que não permita que pessoa dele se retire sem saldar a conta).

Que o Judiciário possa ordenar, ao próprio Executivo — outro dos "poderes" do Estado, independentes e autônomos, segundo a doutrina de Montesquieu —, não deve causar espécie. Não há nisso propriamente violação do princípio da "separação". No exercício de sua função de aplicar contenciosamente a lei, o Judiciário a aplica, mandando, como manda a lei, que ninguém tenha cerceada a sua liberdade indevidamente. É a lei, pois, quem ordena. O Judiciário apenas cumpre a lei que houvera sido pelo coator desacatada.

5. EXCLUSÃO DO *HABEAS CORPUS* NO TOCANTE A TRANSGRESSÕES DISCIPLINARES

O *habeas corpus* não cabe nas transgressões disciplinares militares. Se o cerceamento da liberdade de locomoção decorre da aplicação de poder disciplinar, previsto na legislação militar, está fora da alçada do Judiciário o seu exame (art. 142, § 2º).

Como assinala Pontes de Miranda,[15] a transgressão disciplinar tem quatro pressupostos: (1º) "hierarquia": o transgressor deve estar subordinado a quem o pune; (2º) "poder disciplinar": a lei deve atribuir poder de punir a esse superior; (3º) "ato ligado à função": o fundamento da punição tem de ligar-se à função do punido; (4º) "pena", ou seja, sanção prevista na lei. Se faltar qualquer desses pressupostos, não houve, na verdade, transgressão disciplinar. Daí decorre que o cerceamento da liberdade de locomoção é ilegal, donde deve ser concedida a ordem judicial.

6. O MANDADO DE SEGURANÇA: ORIGEM

O mandado de segurança é uma criação brasileira. Foi ele criado pela Constituição de 1934, art. 113, ignorado pela Carta de 1937, mas restaurado à dignidade constitucional pela Lei Fundamental de 1946 e nela mantido pela de 1967 e de 1988. Ele é hoje regulamentado pela Lei nº 12.016/2009.

Entre suas fontes incluem-se os vários *writs* do direito anglo-americano e o *amparo* mexicano. Todavia, sua principal fonte foi a doutrina brasileira do *habeas corpus*.

Como se viu atrás (v. n. 3 deste capítulo), de 1891 a 1926 se procurou estender o *habeas corpus* à proteção de direitos outros que não o de locomoção, o que foi alcançado, dentro de certos limites. O Supremo Tribunal Federal firmou jurisprudência no

---

[15] PONTES DE MIRANDA, Francisco Cavalcanti. *Comentários*, cit., art. 141, § 23.

sentido de conceder *habeas corpus* em favor de qualquer direito lesado, que tivesse como pressuposto a liberdade de locomoção. Isto se o Tribunal entendesse ser "incontestável" o direito, ou seja, não pairar sobre ele dúvida razoável.

A reforma constitucional de 1926 restringiu o *habeas corpus* à liberdade de locomoção, deixando sem proteção especial os demais direitos fundamentais. Para suprimir tal lacuna, muitos projetos foram desde logo apresentados ao Congresso, propondo a criação de remédio para os direitos outros que o de ir e vir. Assim, em 1926, foi apresentado projeto por Gudesteu Pires, objeto em 1927 de substitutivo de Afrânio de Mello Franco, e a este se seguiram muitos outros, como os de autoria de Matos Peixoto, Odilon Braga etc.

Ao mesmo tempo, a doutrina procurava firmar a tese da posse dos direitos pessoais, para que estes fizessem jus aos interditos. Desenvolveu-se acesa polêmica, entre os favoráveis a essa tese, apoiados, sobretudo, no direito canônico — Lino Leme, Vicente Ráo etc. — e os contrários, armados com o direito romano, Clóvis, Azevedo Marques, Jorge Americano etc.

O problema, porém, só se resolveu com a promulgação da Constituição de 1934, que cria o mandado de segurança, adotando proposta de João Mangabeira. Daí em diante, mesmo de 1937 a 1946, perdura essa medida em nosso direito. De 1937 a 1946, todavia, sem o caráter constitucional.

7. OBJETO E FUNDAMENTO

O mandado de segurança é remédio específico contra a violação pelo poder público de direito, líquido e certo, outro que o de locomoção ou o acesso a informações pessoais. O seu campo de ação é definido por exclusão: onde não cabe *habeas corpus* ou *habeas data*, cabe mandado de segurança.

Segundo a melhor doutrina, somente contra o poder público pode ser reclamado o mandado. Tal decorre de a Constituição pressupor, no art. 5º, LXIX, uma autoridade como coatora.

No conceito de autoridade coatora sempre se entendeu o agente no exercício específico de serviços públicos. Hoje isso está expresso no texto constitucional, que prevê o cabimento do mandado de segurança não só contra autoridade pública como também contra "agente de pessoa jurídica no exercício de atribuições do poder público".

O fundamento do mandado de segurança é, como no caso do *habeas corpus*, a ilegalidade *lato sensu*, que compreende o abuso de poder.

Pressupõe o mandado de segurança ser líquido e certo o direito violado. "Direito certo e líquido", ensina Pontes de Miranda, "é aquele que [...] não precisa ser aclarado com o exame de provas em dilações, que é, de si mesmo, concludente e inconcusso".[16]

De modo menos rigoroso se pode dizer que direito líquido e certo é aquele que, à vista dos documentos produzidos, existe e em favor de quem reclama o mandado, sem dúvida razoável. Claro, a dúvida é subjetiva. Não se pode esperar que não exista no espírito de qualquer um. Para que a medida seja deferida, mister se torna que não haja dúvida, no espírito do juiz.

---

[16] PONTES DE MIRANDA, Francisco Cavalcanti. *Comentários*, cit., art. 141, § 24.

Observe-se que o mandado de segurança ampara todos os direitos líquidos e certos e não apenas os direitos constitucionais, com as exceções acima mencionadas.

8. MANDADO DE SEGURANÇA COLETIVO

A atual Lei Magna criou a figura do mandado de segurança coletivo dando legitimação ativa para impetrá-lo aos partidos políticos, aos sindicatos, às entidades de classe e às associações.

Somente estarão aptos a utilizar essa faculdade os partidos políticos que contarem com representação no Congresso Nacional.

Quanto às demais instituições, deverão estar, como é óbvio, legalmente constituídas e em funcionamento há mais de um ano.

A lei de regulamentação (Lei nº 12.016/2009) tornou expresso o que já derivava da jurisprudência do Supremo Tribunal Federal. Ou seja, que o mandado coletivo está sujeito a uma condição de pertinência de interesses. Isso significa que a entidade impetrante deve visar no mandado a garantir um interesse inerente à sua finalidade, ou de seus membros (no todo ou em parte), jamais um interesse que não tenha conexão com eles.

Torna também expresso que o mandado coletivo pode servir à proteção de direitos coletivos e individuais homogêneos.

Enfim, estabelece que a decisão, nesses mandados, somente fará coisa julgada em favor dos membros do grupo ou categoria substituídos pelo impetrante.

9. O DIREITO DE PETIÇÃO

O direito de petição, ou de representação, que a Constituição acolhe no art. 5º, XXXIV, tem uma importância apenas psicológica. Serve apenas para permitir que o indivíduo sinta participar da gestão do interesse público, insurgindo-se contra os abusos de quaisquer autoridades e reclamando seu castigo. No fundo, as petições não têm valor prático.

No direito brasileiro, qualquer um, nacional ou estrangeiro, pode representar a quem de direito, ou seja, o superior ou, não havendo, ao Parlamento, apontando abuso de autoridade e pedindo sua punição. Esse abuso, de que fala a Constituição, deve ser entendido em sentido amplo: é qualquer ato, ou omissão, anormal, praticado ou tolerado por autoridade pública. Por outro lado, não é necessário que o signatário da representação tenha interesse pessoal na repressão do abuso. Mesmo que o abuso não fira interesse outro que o que tem o bom cidadão em ver corretamente administrada sua terra, tem ele o direito de representar. Enfim, a representação deve ser escrita. É isso que mostra o uso da expressão "petição", no texto constitucional.

10. MANDADO DE INJUNÇÃO

A experiência tem demonstrado, ao longo do tempo, que alguns dos direitos e liberdades conferidos pela Constituição deixam de efetivar-se em razão da falta de norma regulamentadora que os implemente.

Atento a essa circunstância, o legislador constituinte cunhou medida inovadora para viabilizar o exercício de direitos e liberdades constitucionais, entretanto, de alcance bastante limitado.

Trata-se do mandado de injunção previsto no art. 5º, LXXI, hoje regulamentado pela Lei nº 13.300/2016.

O mandado de injunção consiste numa ação para tornar viável "o exercício dos direitos e liberdades constitucionais e das prerrogativas inerentes à nacionalidade, à soberania e à cidadania", isto por "falta de norma regulamentadora" (art. 2º da Lei nº 13.300/2016).

Cabe assim o mandado de injunção para ensejar a aplicação dos direitos, liberdades e prerrogativas vinculados ao *status* de brasileiro (de "nacional"), como dos direitos fundamentais a ele reconhecidos (v. art. 5º, *caput*), de integrante do povo soberano (v. art. 1º, parágrafo único) e de cidadão (nacional politicamente ativo), especialmente direito de votar e elegibilidade (v. art. 14).

11. A POLÊMICA SOBRE O SEU ALCANCE

A instituição do mandado de injunção deu lugar a grande polêmica quanto ao seu alcance a que veio pôr fim a lei regulamentadora em 2016, quase vinte anos depois da promulgação da Constituição.

Tal polêmica decorreu, sem dúvida, da redação defeituosa do art. 5º, LXXI, da Constituição, que enuncia a hipótese de seu cabimento — "a falta de norma regulamentadora (que) torne inviável o exercício dos direitos e liberdades constitucionais e das prerrogativas inerentes à nacionalidade, à soberania e à cidadania" — mas não esclarece o que resulta de seu deferimento. Ou seja, a redação contém a hipótese, contudo não enuncia o mandamento.

Do texto, sem dúvida, depreende-se ser um remédio destinado a suprir omissão, o que sugeriria dever sua interpretação ajustar-se a outro remédio com a mesma finalidade — a ação de inconstitucionalidade por omissão. (V. cap. 5, item 23.) A diferença estaria em que o escopo do mandado de injunção é mais restrito, pois apenas alcançaria as omissões que afetassem "o exercício dos direitos fundamentais e das prerrogativas inerentes à nacionalidade, à soberania e à cidadania".

A polêmica quanto ao alcance manifestou-se na própria jurisprudência do Supremo Tribunal Federal.

Este, de início, tratou o mandado de injunção como instrumento análogo à ação de inconstitucionalidade por omissão. Assim, entendeu que seu deferimento levaria simplesmente, se a omissão fosse legislativa, a dar ciência dessa omissão ao poder competente, mas deveria, se a omissão fosse administrativa, fixar prazo de trinta dias para o suprimento da lacuna. (V. Constituição, art. 103, § 2º.)

Mais tarde, veio tal Corte a fixar prazo para que o legislador suprisse a omissão, sob pena de, vencido esse prazo, o requerente poder usar do direito, como se completo fosse.

Mais recentemente (2007), o Supremo Tribunal Federal veio a admitir que, por meio de mandado de injunção, se apliquem por extensão as normas estabelecidas para regular uma determinada matéria a outra, análoga, até que o legislador supra a sua omissão. Foi o que fez ao mandar aplicar à greve dos servidores públicos, na medida do possível, as normas aplicáveis à greve no setor privado. O art. 37, VII, da Constituição prevê "lei específica" para regular a greve do setor público, mas, ainda hoje, depois de trinta anos da vigência da Lei Magna, ela não foi editada.

12. A SOLUÇÃO DA LEI REGULAMENTADORA

A lei regulamentadora definiu que a decisão que reconheça a "falta", pode, segundo o art. 8º da lei regulamentadora: (1) determinar prazo razoável para a edição da norma faltante; (2) "estabelecer as condições em que se dará o exercício dos direitos", caso não seja suprida a referida falta no prazo determinado.

Tornou claro também que a decisão tem, em princípio, apenas efeito *inter partes*, embora possa tal efeito ser estendido *ultra partes* ou *erga omnes*, neste caso somente até o "advento", isto é, a vigência de norma regulamentadora do direito que se quer exercer (art. 9º, § 1º).

13. COMPETÊNCIA PROCESSUAL

A competência para processar e julgar o mandado de injunção é regulada pela Constituição nos arts. 102, I, *q*, e 105, I, *h*.

É atribuída ao Supremo Tribunal Federal ou ao Superior Tribunal de Justiça, conforme a autoridade ou o órgão que se tenha omitido na elaboração da norma regulamentadora do direito em causa.

14. A AÇÃO POPULAR: OBJETO

A ação popular é um remédio constitucional nascido da necessidade de se melhorar a defesa do interesse público e da moral administrativa. Inspira-se na intenção de fazer de todo cidadão um fiscal do bem comum.

Consiste ela no poder de reclamar o cidadão um provimento judiciário — uma sentença — que declare nulos ou torne nulos atos do poder público lesivos ao patrimônio público, seja do patrimônio das entidades estatais, seja das entidades autárquicas ou sociedades de economia mista.

15. FONTES

Pode-se identificar no direito romano a fonte de ação popular. Bielsa[17] ensina terem existido em Roma ações populares, que podiam ser propostas por qualquer um que possuísse interesse pela coisa pública — e tal se considerava quem estivesse ligado à *gens* —, cujo objetivo era a defesa da legalidade em geral, da segurança pública, da moralidade administrativa, do patrimônio do Estado, do de ausentes e menores etc.

Dessas ações, porém, o direito nas nações europeias não guardou senão reminiscências. O direito português, que veio com o colonizador para o Brasil, não as ignorava de todo. Lobão e Corrêa Telles, por exemplo, as admitiam para a defesa dos lugares públicos, das coisas de domínio e uso comum do povo.

---

[17] BIELSA, Rafael. A ação popular e o poder discricionário da administração. *Revista de Direito Administrativo*, v. 38, 1954.

As necessidades do século XX, porém, ressuscitaram essas ações populares, dando-lhes contornos definidos. A Constituição espanhola de 1931, art. 123, n. 4, consagrou-as, sobretudo em matéria criminal. Todavia, podem-se apontar medidas semelhantes no direito da Prússia, de Hamburgo, de Bremen, no período nazista, da Baviera pós-nazista, da Itália antes do fascismo etc. Na França, um autor como Vedel[18] assinala pontos de contato entre o recurso por excesso de poder e as ações populares romanas.

Entre nós, foi a Constituição de 1934 (art. 113, § 38) que estabeleceu a ação popular. Visando a regulamentar o texto constitucional, foi apresentado projeto pelo então Dep. Teotônio Monteiro de Barros, que não teve êxito. Olvidada pela Carta de 1937, a Constituição de 1946 (art. 141, § 38) a restabeleceu, sendo seu texto regulamentado pela Lei nº 4.717, de 29 de junho de 1965. A Constituição de 24 de janeiro a manteve de pé (art. 150, § 31). A Constituição em vigor estende sua abrangência.

16. A INTERPRETAÇÃO DO ART. 5º, LXXIII

Não há dúvida de que o sujeito ativo desse direito é apenas o cidadão, ou seja, o nacional no gozo dos direitos políticos. Essa restrição se funda, aliás, na tradição romana, como se viu acima. Esse entender é o de Paulo Barbosa,[19] Frederico Marques[20] etc., bem como do Supremo Tribunal Federal (*v.* Súmula 365). Age o cidadão como substituto processual — em nome próprio, mas por interesse alheio (o da comunidade).

Contra quem se exerce esse direito é questão que, à luz da Lei nº 4.717/1965, não faz dúvida. Manda o seu art. 6º que a ação seja proposta contra a entidade lesada, contra os que, em seu nome, praticaram o ato impugnado, e contra os beneficiários. Essa solução, aliás, já era pregada pela doutrina que via a entidade e, especialmente, dirigentes e beneficiários, ligados por inequívoca comunhão de interesses. De fato, anulado o ato, ou declarada sua nulidade, disso decorrem consequências para os beneficiários (que perdem os benefícios), para os dirigentes (que deverão ser responsabilizados) e, obviamente, para a própria entidade.

17. A EXTENSÃO DA AÇÃO POPULAR

Problema grave que suscita a ação popular é o de sua extensão.

Pretende Seabra Fagundes[21] que somente atos administrativos podem ser atacados pela ação popular. Contra, Paulo Barbosa sustenta que mesmo atos legislativos e até judiciários podem ser atacados por ela,[22] já que esses atos podem ser lesivos ao patrimônio público, e a lei não distingue entre atos que podem ser objeto de ação popular.

---

[18] VEDEL, Georges. *Droit administratif*. Paris: Presses Universitaires de France, 1961. p. 403.
[19] CAMPOS FILHO, Paulo Barbosa de. A ação popular constitucional. *Revista de Direito Administrativo*, v. 38, 1954.
[20] MARQUES, José Frederico. As ações populares no direito brasileiro. *Revista de Direito Administrativo*, v. 52, 1958.
[21] FAGUNDES, M. Seabra. Conceito de mérito no direito administrativo. *Revista de Direito Administrativo*, v. 23, 1951.
[22] CAMPOS FILHO, Paulo Barbosa de. A ação popular constitucional, cit.

Examine-se em primeiro lugar o caso do ato legislativo e, especialmente, o da lei. Em tese, não deve caber ação popular contra atos legislativos. Se o ato legislativo, e mormente a lei, é expressão da vontade geral, com nenhum fundamento teórico se pode pretender que o Judiciário, mero executor da lei, possa anulá-lo, por ser a seu critério lesivo ao interesse público. Fiel a esse entender, ainda que por argumentos variados, julgados há que rejeitam ação popular contra lei em tese.[23]

Todavia, na prática, os representantes do povo às vezes praticam atos escandalosamente lesivos ao patrimônio público que não podem passar em brancas nuvens. Por isso, os tribunais, em muitos julgados, têm ignorado a doutrina e admitido ações populares contra leis em tese.[24]

Quanto a essa questão, de nada ajuda a Lei nº 4.717. Tem por isso o intérprete de escolher entre a pureza teórica e a moralidade pública.

Quanto aos atos judiciais, a discussão é acadêmica, pois não consta haver tribunal algum acolhido ação popular contra decisão judiciária. É bem de ver que essa ação não poderia ser movida senão depois de haver coisa julgada. Ora, havendo caso julgado, admitir contra ele ação popular de caráter rescisório seria preferir a moralidade pública à segurança das decisões judiciárias. Ademais, que valor prático teria ação popular contra ato do próprio poder que a deve julgar?

A ação popular não cabe apenas para defesa do patrimônio público, histórico e cultural. Serve, agora, também para anular atos lesivos ao meio ambiente e atos lesivos à moralidade administrativa.

É certo que a expressão "moralidade administrativa" não é de compreensão instantânea e rigorosa, embora tenha sido erigida em princípio constitucional a ser atendido pela administração pública (art. 37). Ela abrange o sentido ético da conduta do administrador, visando a fazer coincidir o *licitum* com o *honestum*. Quer dizer: em face da moralidade administrativa, o que não é honesto é ilícito, mesmo que formalmente se atenha às normas vigentes. A moralidade repudia frontalmente o brocardo *non omne quod licet honestum est*.

18. A *CAUSA PETENDI*

Outro problema importantíssimo é o de saber se, na ação popular, a *causa petendi* é a nulidade (ou anulabilidade) do ato "mais" sua lesividade ou se basta a lesividade do ato para viciá-lo. Em outras palavras, o cidadão sem interesse pessoal direto pode pedir anulação (ou a declaração de nulidade) de todo ato lesivo (ainda que perfeito formalmente) ou só pode pedi-la se, além de lesivo, o ato é também viciado?

Antes da Lei nº 4.717, juristas ilustres, como José Frederico Marques[25] e numerosa jurisprudência,[26] inclusive do Supremo Tribunal Federal,[27] entendiam que a lesividade

---

[23] V., por exemplo, *Revista dos Tribunais*, v. 310, p. 509.
[24] V. por exemplo, *Revista dos Tribunais*, v. 313, p. 178.
[25] MARQUES, José Frederico. As ações populares no direito brasileiro, cit.
[26] V. *Revista dos Tribunais*, v. 325, p. 411.
[27] HUNGRIA, Nélson. Ação popular — pressupostos. *Revista de Direito Administrativo*, v. 54, p. 325, 1958.

não bastava para tornar nulo ou anulável o ato, de modo que nada podia a ação popular contra ato lesivo que fosse formalmente perfeito.

A Lei nº 4.717 aborda a questão. Declara nulos os atos lesivos que forem viciados por incompetência, vício de forma, ilegalidade do objeto, inexistência dos motivos e desvio de finalidade (art. 2º), bem como alguns que expressamente enumera (art. 4º). Declara anuláveis os atos lesivos "cujos vícios" não forem os indicados.

Sua lição não é clara. É difícil identificar "vícios" outros que os na lei enumerados como causa de nulidade, a menos que se entendam como vício as quebras da moralidade administrativa. Destarte, seriam anuláveis os atos lesivos praticados com malícia, ou com violação das boas normas de moral administrativa ainda que formalmente perfeitos.

19. A NATUREZA DA AÇÃO

Outra questão controvertida era a da natureza da ação popular. A jurisprudência dominante, inclusive do Supremo, era ser a ação meramente declaratória.[28] Havia, porém, julgados que a consideravam condenatória.[29]

Hoje, em vista do art. 11 da Lei nº 4.717, é patente a natureza condenatória da ação popular. Aí se dispõe que a decisão que der invalidade ao ato condenará a perdas e danos os responsáveis pela prática do ato e seus beneficiários.

20. AÇÃO CIVIL PÚBLICA

A ação civil pública, embora não prevista no Título II da Constituição — "Dos direitos e garantias fundamentais", alinha-se às demais garantias instrumentais dos direitos constitucionalmente deferidos.

Está prevista como atribuição do Ministério Público, a quem compete promovê--la "para a proteção do patrimônio público e social, do meio ambiente e de outros interesses difusos e coletivos" (art. 129, III).

A proteção e defesa de interesses difusos e coletivos encontra no sistema processual óbices consideráveis.

A ação civil pública, disciplinada pela Lei nº 7.347, de 24 de julho de 1985, resolve, em parte, a questão.

A referida lei disciplina "a ação civil pública de responsabilidade por danos causados ao meio ambiente, ao consumidor, a bens e direitos de valor artístico, estético, histórico, turístico e paisagístico". Cobre a defesa de alguns dos direitos ou interesses difusos ou coletivos.

Não se trata, contudo, de competência privativa do Ministério Público conforme se verifica do disposto no § 1º do art. 129 da Constituição: "A legitimação do Ministério Público para as ações civis previstas neste artigo não impede a de terceiros, nas mesmas hipóteses, segundo o disposto nesta Constituição e na lei".

A Lei nº 7.347/1985 confere, não somente ao Ministério Público, a legitimidade ativa para propor ação civil pública, bem como eventuais medidas cautelares, como

---

[28] V. *Revista dos Tribunais*, v. 265, p. 803; *Revista de Direito Administrativo*, v. 50, p. 223.
[29] V., por exemplo, *Revista dos Tribunais*, v. 246, p. 507.

também às pessoas jurídicas estatais, autárquicas, às associações constituídas para a proteção do meio ambiente ou para a defesa do consumidor, ou do patrimônio artístico, estético, histórico, turístico e paisagístico.

De qualquer maneira, o Ministério Público atuará, se não como parte, como fiscal da lei, assumindo a titularidade ativa no caso de desistência ou abandono da associação legitimada.

Com a expressão "outros interesses difusos ou coletivos" a Constituição ampliou o campo da ação pública, como o veio a reconhecer a legislação infraconstitucional em seguida.

A ação civil pública objetiva a indenização pelo dano causado destinada à reconstituição dos bens lesados. Pode também ter por objeto o cumprimento da obrigação de fazer ou de não fazer, cumprimento este que será determinado pelo juiz, sob pena de multa diária, independentemente de requerimento do autor.

No que se refere a danos ao meio ambiente, a Lei nº 6.938/1981 (sobre Política Nacional do Meio Ambiente) adotou o princípio da responsabilidade objetiva. Efetivamente, dispõe seu art. 14, § 1º: "[...] é o poluidor obrigado, independentemente da existência de culpa, a indenizar ou reparar os danos causados ao meio ambiente e a terceiros, afetados por sua atividade".

O réu apenas se escusa da condenação se provar não ser responsável pela lesão ao meio ambiente, inexistência de lesão ou que o ato ou fato não é lesivo ou está legitimado pela autoridade competente com observância das normas legais.

A ação civil pública constitui, ao lado da ação popular, meio de defesa e proteção do interesse público.

21. *HABEAS DATA*

Outra das inovações da Constituição de 1988 é o *habeas data*, cuja concessão está prevista no art. 5º, LXXII. Serve o *habeas data* para:

a) assegurar o conhecimento de informações relativas à pessoa do impetrante, constantes de registros ou bancos de dados de entidades governamentais ou de caráter público;

b) a retificação de dados, quando não se prefira fazê-lo por processo sigiloso, judicial ou administrativo.

À semelhança do mandado de injunção, tratando-se de garantia constitucional instrumental, sendo ação especial, exige a previsão do procedimento a que será sujeito, embora a Constituição preveja a aplicação imediata das normas definidoras dos direitos e garantias fundamentais (art. 5º, § 1º).

Dois são os objetivos do *habeas data*: conhecimento de informações e retificações de dados.

O interessado em conhecer os dados pessoais constantes de registros ou bancos de dados governamentais ou de caráter público, em não os obtendo administrativamente, poderá impetrar *habeas data* a fim de assegurar tal conhecimento.

Os dados errôneos ou falsos inscritos em registros oficiais poderão ser retificados mediante três procedimentos, à escolha do interessado: pelo próprio *habeas data*, por processo administrativo, ou, ainda, por processo judicial; estes dois últimos de caráter sigiloso.

A disposição concernente ao *habeas data* há de ser compatibilizada com as disposições do art. 5º, XII, XXXIII e XXXIV, *b*.

O inc. XII prevê a inviolabilidade do sigilo de dados. Trata-se aqui de proteção contra a ingerência dos órgãos governamentais nos "segredos" pessoais, uma vez que, conjuntamente, garante-se o sigilo da correspondência e das comunicações em geral, com a ressalva prevista: "É inviolável o sigilo da correspondência e das comunicações telegráficas, de dados e das comunicações telefônicas, salvo, no último caso, por ordem judicial, nas hipóteses e na forma que a lei estabelecer para fins de investigação criminal ou instrução processual penal".

O inc. XXXIII dispõe que "todos têm direito a receber dos órgãos públicos informações de seu interesse particular, ou de interesse coletivo ou geral, que serão prestadas no prazo da lei, sob pena de responsabilidade, ressalvadas aquelas cujo sigilo seja imprescindível à segurança da sociedade e do Estado".

As informações que se podem obter do poder público aqui tratadas são de caráter geral, concernentes às atividades múltiplas dos órgãos governamentais e, portanto, justificam a ressalva imposta. Trata-se do direito à informação tão somente.

Aquelas que se pretendem obter mediante impetração de *habeas data* dizem respeito a dados relativos à pessoa do requerente que, obviamente, não admitem segredo com relação a ele.

Quanto ao direito à obtenção de certidões previsto no inc. XXXIV, *b*, não há novidade com referência ao direito anterior, a não ser a gratuidade do ato. Tem-se aqui objetivo especial de "defesa de direitos e esclarecimento de situações". Não configura apenas o direito de obter informações, mas de obtê-las para fins específicos.

A instituição do *habeas data* visa a prevenir que atos dos órgãos públicos sejam baseados em informações sigilosas, ignoradas pelo interessado, o que lhe subtrai qualquer possibilidade de contraste ou defesa, caracterizando uma nova garantia constitucional.

SUGESTÃO DE LEITURA COMPLEMENTAR – Nacionais: PONTES DE MIRANDA, *História e prática do "habeas corpus"*; CASTRO NUNES, *Do mandado de segurança*; HELY LOPES MEIRELLES, *Mandado de Segurança* (atualizado por ARNOLDO WALD e GILMAR FERREIRA MENDES).

Capítulo 35
OS SISTEMAS DE EMERGÊNCIA

1. CONSIDERAÇÕES GERAIS

Os direitos fundamentais, como demonstrou o exame já feito, impõem sérias e rigorosas limitações ao poder estatal. Essas limitações, na verdade, só podem ser respeitadas em períodos de normalidade, pois, nos momentos de crise, embaraçariam de tal modo a ação do governo que este seria presa fácil para os inimigos da ordem.

Em realidade, a normalidade constitucional pressupõe a normalidade social. A ordem jurídica estatal, mormente quando estruturada com freios e contrapesos, depende de uma ordem social aberta e receptiva para com ela e seus valores, que se manifesta pelo acatamento pacífico pelo povo de suas disposições.

As crises, porém, que quebram essa normalidade, são previsíveis. A experiência histórica ensina que todos os povos, inclusive os cultos e prósperos, passam por momentos de agitação, de desordem, de insubmissão, que não podem ser sufocados pelas medidas ordinárias de polícia, que não podem ser extintos dentro do respeito absoluto às garantias dos direitos fundamentais.

O Estado moderno, porém, é um Estado de Direito e, como tal, pretende regular por meio de normas jurídicas a vida social mesmo em momentos de crise. Preveem, por isso, as Constituições, para enfrentar circunstâncias anormais, a atribuição ao governo de poderes anormais.

2. OS SISTEMAS PRINCIPAIS DE DEFESA DA ORDEM CONSTITUCIONAL

Dois sistemas principais são consagrados nas Constituições atuais para enfrentar os períodos de crise política. Um, o que prepondera no Reino Unido e nos Estados que seguem de perto as tradições de seu direito: é o da "lei marcial"; outro, o que se prefere nos países de direito escrito, o "estado de sítio".

Além desses sistemas, há um terceiro, menos praticado, o das "ditaduras constitucionais", de que a romana foi o exemplo clássico, mas que tem seu equivalente na prática, já moderna, da suspensão da Constituição.

3. A DITADURA ROMANA

A ditadura romana merece breve estudo por sua importância histórica, pela atração que sempre exerceu sobre os homens em luta com a desordem.

De acordo com os historiadores, a ditadura se manifestou em suas linhas clássicas de 501 a.C. até 216 a.C., antes de degenerar, com a república, e se transformar num instrumento do poder pessoal, de Sila, de César etc., feitos ditadores perpétuos.

Caracterizava-se a ditadura clássica por ser uma instituição constitucional, prevista para as ocasiões de grave perigo, que consistia na atribuição de todo o poder a um magistrado extraordinário e temporário.

Proclamada a ditadura, concentravam-se nas mãos do ditador os poderes que normalmente se distribuíam pelos vários magistrados romanos. Podia assim o ditador tudo, ou quase, que fosse necessário para a salvação pública: *salus reipublicae suprema lex esto*. Essa concentração de poder era, porém, temporária. Desfazia-se, desaparecido o motivo que a determinara; extinguia-se, no máximo, pelo decurso do prazo de seis meses.

O ditador era nomeado pelos cônsules, depois que o Senado deliberava ser oportuno que tal se fizesse. Seu *imperium*, todavia, devia ser, posteriormente, confirmado por *lex curiata*. Daí em diante, enquanto durasse a sua missão seu poder era quase absoluto. Só não possuía o poder de legislar.

Era o ditador irresponsável. De seus atos não prestava contas, nem estava sujeito a sanções pela violação das leis.

4. A SUSPENSÃO DA CONSTITUIÇÃO

A suspensão da Constituição, medida prevista por algumas Constituições modernas, muito se aproxima da ditadura romana.

O modelo dessas Constituições parece ser a francesa do 22 frimário do ano VIII (13/12/1799), que serviu aos desejos e ambições de Napoleão. Foi sua imitadora a Constituição chilena de 1833, que teve influência real sobre as demais da América.

Também a Carta brasileira de 1937 a previu, sob o nome de "estado de emergência", para o caso de guerra.

Essas Constituições previam que, ameaçada a segurança do Estado, poderia ser a vigência da própria Constituição suspensa. Daí decorre que o governo passa a não ter limites, por tempo indeterminado. Era o que permitia a Carta de 1937. Esta previa a suspensão da Constituição em caso de guerra (art. 171), sendo que a declaração do estado de guerra recaía em última análise nas mãos do presidente, não podendo as Câmaras sequer suspendê-lo...

5. A LEI MARCIAL

Outro sistema de defesa da ordem constitucional é o da lei marcial, que Friedrich considera a modalidade anglo-saxônica das ditaduras constitucionais, com uma pitada de exagero.[30]

---

[30] FRIEDRICH, Carl Joachim. *La démocratie constitutionnelle*. Paris: Presses Universitaires de France, 1958. n. 167.

Dicey ensina que, em sentido estrito, a expressão "lei marcial" designa "o direito que, pela *common law*, têm a Coroa e seus agentes de repelir a força pela força, em caso de invasão, de insurreição, de tumulto ou mais geralmente de resistência violenta à lei".

A lei marcial, portanto, não é propriamente uma medida especial. É prevista pelo direito comum. No fundo, é uma justificativa, no sentido que tem essa expressão no direito penal. Ela exclui a antijuridicidade de certas ações que isoladamente consideradas traduziriam ofensas a direitos individuais.

Ela não envolve qualquer alteração da ordem legal. Apesar do nome, não passa de um estado de fato. "Durante o tempo em que as forças militares são empregadas para a execução da lei, isto é, quando a assim chamada lei marcial está em vigor, nenhum poder novo é dado ao Executivo, nenhuma extensão arbitrária da autoridade é reconhecida, nenhum direito do indivíduo é suspendido. A relação do indivíduo com o Estado não é alterada. Qualquer interferência com a liberdade pessoal ou com o direito de propriedade, deve ser justificada, como no caso do poder de polícia, por necessidade atual, razoavelmente presumida".[31]

Desse modo, os atos aparentemente ofensivos aos direitos fundamentais e a quaisquer outros, praticados pela força militar, para o restabelecimento da ordem, devem ser submetidos ao crivo do Judiciário. Este é que vai verificar se tais atos foram justificados pelas circunstâncias, e, se não o foram, vai punir os seus responsáveis.

A chamada proclamação da lei marcial não tem efeito jurídico. É um aviso de que a força militar será empregada para a manutenção da ordem. Se as circunstâncias justificam ou não atos excepcionais de violência, isso vai ser dito pelos tribunais exclusivamente e estes são rigorosos nessa apreciação. Em geral, só consideram circunstância grave para a justificação de ofensas aos direitos individuais a interrupção do funcionamento da organização normal de manutenção da ordem e de execução da justiça.

Em resumo, pode-se dizer que lei marcial significa que a autoridade pode praticar todos os atos que for capaz de provar necessários para a manutenção ou restabelecimento da ordem, perante um tribunal.

6. A SUSPENSÃO DO *HABEAS CORPUS*

O direito anglo-americano prevê, ao lado da lei marcial, outro meio de defesa da ordem constitucional, que é a suspensão do *habeas corpus*. Este meio já está na metade do caminho entre a lei marcial e o estado de sítio.

Anteriormente já se viu qual a importância do *habeas corpus* e seu papel relevante. Todavia, em momentos de grave crise, a concessão generosa dessa ordem pode dificultar sobremodo a ação das autoridades. De fato, impede a prisão de suspeitos, antes que sólidas provas sejam reunidas, o que só acontece em geral quando é muito tarde e a insurreição está nas ruas.

Por isso, a Lei inglesa de 1679, ao consagrar e regular o *habeas corpus*, admitiu a suspensão do *writ*, em caráter transitório e por intermédio de lei, sempre que a gravidade das circunstâncias exigisse ação drástica.

---

[31] WILLOUGHBY, Westel Woodbury. *The Constitutional Law of the United States*. New York: Baker, Voorhis & Company, 1910. v. 2, p. 1.235-1.236.

Nas colônias da América do Norte, com o *writ* veio a sua suspensão. Tanto assim que a Constituinte de Filadélfia só menciona o *habeas corpus* para ressalvar que este não será suspenso, exceto nos casos de rebelião ou invasão, se a segurança pública o exigir (art. 1º da Seção IX da Constituição norte-americana).

Assim, ainda que não seja o caso de implantar a lei marcial, admite o direito anglo-americano que seja levantada a garantia da liberdade de ir e vir, para facilitar a salvaguarda da ordem pública, só que para isso é necessário ato formal do poder competente.

7. O ESTADO DE SÍTIO: ORIGEM

O meio de defesa da ordem preferido nos países de direito escrito é o estado de sítio, medida cuja origem se encontra no direito francês.

Reconhecidos em favor do indivíduo direitos e garantias superiores ao próprio Estado, foi logo visto que, em certas circunstâncias graves, como o sítio de uma cidade por inimigo em armas, era impossível respeitá-los e assegurar a defesa. Em razão disso, um Decreto de 10 de julho de 1791, posterior à Declaração dos Direitos do Homem, mas anterior à primeira Constituição, previu o estado de sítio, isto é, admitiu a suspensão temporária e localizada de certas garantias constitucionais, em momentos de grave perigo.

Se o estado de sítio foi de início previsto apenas para os casos de efetivo cerco por tropa inimiga, foi ele depois estendido ao caso de desordens internas, como faz fé o Ato Adicional de 1815, que, no art. 66, o regulou de modo muito próximo ao das Constituições vigentes.

8. NO DIREITO BRASILEIRO

Da França, a prática do estado de sítio se espalhou por toda a Europa, vindo também para a América. Nesta, o primeiro ou um dos primeiros documentos que o adotaram foi a Carta brasileira de 1824, embora esta não usasse da expressão. Permitia ela (art. 179, § 35) que, "nos casos de rebelião ou invasão de inimigos pedindo a segurança do Estado", se dispensassem, "por tempo determinado, algumas formalidades que garantem a liberdade individual [...] por ato especial do Poder Legislativo".

Pouco inovou a esse propósito a Constituição de 1891, salvo no usar a expressão "estado de sítio". Na primeira Constituição republicana, todavia, a suspensão de garantias constitucionais foi tratada com pouca minúcia. Daí decorreu que, sendo frequentíssimo o seu emprego a partir de 1891 e não raro o seu abuso, a experiência forneceu vastos subsídios que a Constituição de 1934 procurou aproveitar, regulando-o pormenorizadamente. Esta, porém, previa forma qualificada de estado de sítio para o caso de guerra, que, pela Emenda Constitucional nº 1, obtida no pânico provocado pela intentona comunista, foi estendida a crises internas, o que muito facilitou o golpe de 1937.

A Carta de 1937, como se viu, foi mais longe que qualquer Constituição brasileira anterior, admitindo a própria suspensão de sua vigência. A de 1946, todavia, retomou praticamente o texto original de 1934, sem, é claro, as adjunções da Emenda nº 1.

De 1946 a 1961, da promulgação da Constituição à renúncia do Pres. Jânio Quadros, foi raro e breve o uso do estado de sítio. A crise da renúncia, porém, abriu a prática do estado de sítio *de facto*, ou seja, sem sua declaração expressa e legal. Na verdade, daí em diante, várias vezes as autoridades, sobretudo militares, tomaram medidas só cabíveis decretando o sítio sem que este o fosse, principalmente porque para a solução das crises se pretendia alteração da Constituição, o que esta proibia durante a suspensão das garantias constitucionais. Isso se tornou rotineiro após a Revolução de Março, apesar de os atos constitucionais revolucionários facilitarem sobremodo a instauração jurídica do estado de sítio.

A Constituição de 1967, em linhas gerais, pouco modificou o texto de 1946. Enfim, a Emenda nº 11 trouxe algumas novidades: as *medidas de emergência* e o *estado de emergência*, que desapareceram do texto em vigor.

9. ANÁLISE DO CONCEITO

O estado de sítio, como se pode depreender do anteriormente exposto, consiste na suspensão temporária e localizada de garantias constitucionais. É essa a lição da doutrina e o ensinamento do próprio constituinte, em 1891.

Que compreende, porém, nesse conceito, a expressão "garantias constitucionais"?

Conforme ensinava Rui Barbosa, a expressão "garantias constitucionais" pode ser tomada em sentido lato e em sentido estrito. Em sentido lato, essa expressão designa "as providências que, na Constituição, destinam-se a manter os poderes no jogo harmônico das suas funções, no exercício contrabalançado e simultâneo das suas prerrogativas". Emprega-se, pois, "no mesmo sentido em que os ingleses falam nos freios e contrapesos da Constituição".[32]

Em sentido estrito, "garantias constitucionais se chamam, primeiramente, as defesas postas pela Constituição aos direitos especiais do indivíduo. Consistem elas no sistema de proteção organizado pelos autores da nossa lei fundamental em segurança da pessoa humana, da vida humana, da liberdade humana".

É óbvio que na conceituação do estado de sítio é o sentido estrito da expressão "garantias constitucionais" o considerado. Do contrário, o estado de sítio equivaleria à suspensão da Constituição, que é repelida, sem discrepância, por todos os que o estudaram.

O estado de sítio suspende as garantias dos direitos fundamentais, e, nunca, segundo se afirma impensadamente, esses direitos. Suspende aquelas limitações postas à ação governamental que acompanham declaração de direitos. Com isso, alarga a esfera de ação legítima do Estado. Por exemplo, suspendendo a garantia da liberdade de expressão do pensamento — a proibição da censura — permite que o Estado estabeleça a censura, restringindo o direito à livre manifestação do pensamento. Por outro lado, importa não confundir a garantia constitucional com o remédio constitucional, ou seja, com o meio de se fazer valer o direito fundamental ameaçado ou violado. O conceito de garantia constitucional é mais amplo; do contrário se resumiria o estado de sítio na suspensão do *habeas corpus* e do mandado de segurança.

---

[32] BARBOSA, Rui. *Comentários*, cit., v. 6, p. 279.

10. LIMITAÇÃO NO TEMPO E NO ESPAÇO

Para que haja estado de sítio é mister que a suspensão seja limitada no tempo e localizada no espaço. Se ela não for limitada no tempo, não haverá, no fundo, suspensão de garantias, mas sim supressão de garantias. Entende-se, porém, como limitada a suspensão que se apraze até ocorrer fato futuro, porém certo. Assim, na Constituição de 1988, o estado de sítio pode ser decretado para perdurar enquanto perdure guerra externa (art. 138, § 1º, *in fine*). O estado de sítio, com o fundamento de comoção grave de repercussão nacional ou ocorrência de fatos que comprovem a ineficácia de medida tomada durante o estado de defesa, não pode ser decretado por mais de trinta dias (art. 138, § 1º, 1ª parte).

As medidas que poderão ser tomadas nesse caso são predeterminadas pelo art. 139, não podendo haver qualquer extensão pela autoridade pública.

A exigência de ser localizada a suspensão de garantias suscita o problema de se saber se é lícita a decretação do estado de sítio na totalidade do território nacional. Apesar de a letra da Constituição opor-se a essa interpretação, com Pontes de Miranda[33] se deve entender que sim. De fato, podem ocorrer, ao mesmo tempo, em todo o território nacional, perturbações que justifiquem o recurso ao estado de sítio, não havendo razão para que, por apego ridículo à letra da Constituição, seja negado esse meio à defesa da ordem constitucional.

11. OS FUNDAMENTOS FÁTICOS DO ESTADO DE SÍTIO

Medida excepcional e perigosa, o estado de sítio só deve ser declarado em circunstâncias excepcionais e graves, de perigo extremo para a ordem constitucional. Para o constituinte brasileiro, essas circunstâncias se agrupam em duas hipóteses: a comoção grave (art. 137, I) e a guerra externa (art. 137, II).

Entende-se por "comoção grave" aquela perturbação da ordem pública que excede a força dos meios normais de repressão. Isto se revela, por exemplo, pela ineficácia de medida tomada anteriormente para restabelecê-la. Assim, o texto do art. 137, I, é redundante.

Quanto à "guerra", não faz dúvida em face do texto constitucional ser essa tanto a "declarada" — ou seja, aquela que decorre do procedimento formal para a sua decretação (decretação pelo Presidente da República, autorizada pelo Congresso Nacional, ou sem esta, se em recesso as Câmaras — art. 84, XIX) —, como a situação de fato decorrente de agressão estrangeira. Assim, neste último caso, pode haver o estado de sítio sem a guerra em termos formais, embora seja difícil a hipótese, pois não haverá o estado de sítio sem autorização do Congresso Nacional (art. 137, *caput*) e este, no caso de agressão estrangeira, poderá (deverá?) autorizar a declaração de guerra (art. 84, XIX).

A Constituição omitiu como pressuposto do estado de sítio a ameaça de guerra externa, ao contrário da de 1934 (art. 175), que mencionava a "iminência da agressão estrangeira". Dentro dos mais rigorosos ditames da hermenêutica, deve-se rejeitar, então, a possibilidade de o sítio ser declarado nessa hipótese. Como no caso da guerra não declarada, porém, esse impedimento parece ser contornável.

---

[33] PONTES DE MIRANDA, Francisco Cavalcanti. *Comentários*, cit., v. 6, p. 459.

12. A DECRETAÇÃO DO SÍTIO

Na Constituição vigente, a decretação do estado de sítio compete ao Presidente da República (art. 137, *caput*). Para tanto, ele deverá ouvir os Conselhos da República e de Defesa Nacional e solicitar autorização ao Congresso Nacional. Sendo ela deferida, cabe-lhe decretá-lo.

Essa autorização não poderá ser feita senão pelo voto da maioria absoluta do Congresso Nacional. Tal maioria absoluta será dos membros do Congresso Nacional (deputados mais senadores) e não de cada Casa desse órgão.

Não dispensa a Constituição a autorização do Congresso Nacional para a decretação do estado de sítio mesmo no período de seu recesso, como se depreende do art. 138, § 2º. Nessa hipótese de recesso, o Presidente do Senado Federal, recebida a solicitação do Presidente da República, deverá convocar o Congresso Nacional para reunir-se no prazo de cinco dias.

Na verdade, a Constituição rompe com a tradição, pois, nas anteriores, no caso de recesso do Congresso, o Presidente da República poderia decretar o estado de sítio, sujeitando em seguida ao Legislativo a aprovação desse ato. Compreende-se a intenção do constituinte, evidentemente temeroso do risco que o estado de sítio pode trazer para a ordem constitucional; entretanto, não levou ele em conta que cinco dias, no mundo contemporâneo, é um prazo muito longo. Em muito menos tempo é possível ganhar uma guerra ou derrubar um governo.

13. A PRORROGAÇÃO DO SÍTIO

A suspensão das garantias não pode ser decretada por prazo maior que o de trinta dias (art. 138, § 1º). Abre, todavia, a Constituição exceção para o caso de ser ela fundada em guerra, entenda-se bem, quando então poderá sê-lo por tempo indeterminado.

De acordo com o art. 138, § 1º, da Constituição, poderá o Presidente, findos os trinta dias, solicitar prorrogações por igual prazo do estado de sítio. Na hipótese de guerra não há prazo prefixado.

As regras concernentes à decretação do sítio aplicam-se à sua prorrogação. Desse modo, deve o Presidente submeter o pedido de prorrogação, com sua justificativa, ao Congresso Nacional. Se não o fizer, o sítio se extinguirá *ipso facto*, restabelecendo-se as garantias suspensas.

14. A EXECUÇÃO DO SÍTIO E A RESPONSABILIDADE DOS SEUS EXECUTORES

Declarado o estado de sítio, publicado o decreto que o instaura, cabe ao Presidente (art. 138) designar as pessoas a quem é atribuída a execução do estado de sítio.

Os executores do estado de sítio e o Presidente que os nomeia respondem civil e criminalmente pelos abusos cometidos durante a suspensão de garantias. Essa regra foi expressamente consagrada pelo direito brasileiro (1824, art. 179, § 35; 1891, art. 80, § 4º; 1934, art. 175, § 13), mas apenas o foi implicitamente pela Constituição de 1967, que nisso repetiu a omissão da Lei Magna anterior. A atual Constituição prevê a responsabilidade dos executores e agentes no art. 141.

A Lei nº 1.079, de 10 de abril de 1950, que define e sanciona os crimes de responsabilidade, capitula entre estes, por exemplo, "tomar ou autorizar durante o estado de sítio medidas de repressão que excedam os limites estabelecidos na Constituição" (art. 7º, n. 10).

A responsabilidade criminal pode, sem dúvida, ser extinta por lei. Esta, contudo, deve ser clara e precisa a esse respeito, não podendo ser entendida como extintora de responsabilidade a aprovação geral aos atos praticados pelo governo durante o sítio.

15. A FISCALIZAÇÃO JUDICIÁRIA

O estado de sítio não foge à fiscalização do Judiciário. Essa fiscalização envolve, porém, diversos problemas.

O primeiro concerne à possibilidade de o Judiciário fiscalizar a própria declaração do sítio. Em nosso sistema não há dúvida de que lhe é dado verificar se sua formalização obedeceu aos requisitos constitucionais. Ser-lhe-á dado verificar se ocorrem os pressupostos fáticos da declaração, se há comoção intestina grave, por exemplo?

Não falta quem sustente que sim, apoiado, sobretudo, nas lições do direito americano concernentes à lei marcial.[34] A melhor doutrina, porém, repele esse entendimento. A apreciação de dever ou não ser declarado o sítio é uma apreciação política, uma apreciação de conveniência. Deve, por isso, ficar a critério das autoridades políticas que por ela responderão.

Outro problema é o da apreciação pelo Judiciário dos atos lesivos a direitos individuais praticados sob o sítio. Essa questão estava resolvida à luz do art. 157, parágrafo único, da Constituição anterior. O controle judicial cabe se o ato ferir qualquer dos preceitos constitucionais concernentes ao estado de sítio.

O mesmo entendimento há de ser mantido em decorrência do sistema constitucional atual.

16. O CONTROLE POLÍTICO DO SÍTIO

Os atos praticados durante o estado de sítio são submetidos também a um controle político. Este é desempenhado pelo Congresso, não só durante o prazo de suspensão de garantias, mas também posteriormente. Na verdade, esse controle posterior, dadas as circunstâncias, é o que pode ser mais rigoroso (art. 140).

Terminado o estado de sítio, expirados os seus efeitos, para que esse controle seja facilitado, obriga a Constituição o Presidente da República a enviar ao Congresso, dentro de trinta dias, mensagens em que relate, com especificação e justificação, as medidas e providências adotadas (art. 141, parágrafo único).

17. MODALIDADES DO SÍTIO

A atual Constituição prevê duas modalidades de estado de sítio.

A primeira — única possível para a hipótese de comoção grave (art. 137, I) — autoriza uma série de medidas restritivas enunciadas no art. 139, I a VII. Ou seja,

---

[34] WILLOUGHBY, Westel Woodbury. *The Constitutional Law of the United States*, cit., § 733.

só poderão ser tomadas contra as pessoas as seguintes medidas: "I — obrigação de permanência em localidade determinada; II — detenção em edifício não destinado a acusados ou condenados por crimes comuns; III — restrições relativas à inviolabilidade da correspondência, ao sigilo das comunicações, à prestação de informações e à liberdade de imprensa, radiodifusão e televisão, na forma da lei; IV — suspensão da liberdade de reunião; V — busca e apreensão em domicílio; VI — intervenção nas empresas de serviços públicos; VII — requisição de bens".

A segunda, que evidentemente não cabe senão no caso de guerra, permite outras medidas, em específico a suspensão das garantias constitucionais que forem autorizadas pelo Congresso Nacional (art. 138).

18. AS IMUNIDADES PARLAMENTARES

No que tange às imunidades parlamentares, soube a nova Constituição protegê-las melhor que as anteriores. De fato, a Constituição de 18 de setembro de 1946, por exemplo, permitia que a suspensão de imunidades de determinados parlamentares, no intervalo das sessões legislativas, pudesse ser autorizada pelo presidente da Câmara Alta, ou pelo da Câmara dos Deputados, conforme o caso. A Carta em vigor, em qualquer hipótese, somente permite a suspensão dessas imunidades por deliberação da Casa a que pertencer o congressista (art. 53, § 7º), mediante o voto de dois terços de seus membros e, ainda assim, restrita a casos de atos praticados fora do recinto do Congresso, desde que incompatíveis com a execução da medida.

19. A QUESTÃO DAS ELEIÇÕES DURANTE O ESTADO DE SÍTIO

Merece breve nota a questão das eleições em estado de sítio.

Como é fácil supor, a suspensão de garantias impede, ou dificulta sobremodo, a propaganda eleitoral e a livre coleta dos sufrágios. Por isso, a doutrina tradicional (Rui, Maximiliano etc.) considera incompatíveis sítio e eleições.

Assim, se realizado o pleito sob estado de sítio, é ele nulo.[35] Por isso, na primeira República, em que o estado de sítio foi comum, usava-se suspendê-lo na data das eleições. O que era um cumprimento do vício à virtude...

A questão deve ser encarada de outro modo. Se o sítio impediu, ou dificultou gravemente, a campanha eleitoral, a eleição foi viciada, embora no dia do pleito o sítio não vigorasse. Por outro lado, se o sítio foi devido ao combate aos que desejavam impedir o pleito apesar das restrições havidas, a eleição deve ser considerada válida.

A questão permanece em aberto, porque a Constituição em vigor, como as anteriores, nada dispõe sobre o assunto.

20. PROIBIÇÕES DURANTE O ESTADO DE SÍTIO E DE DEFESA

A Lei Magna, todavia, dispõe não poder ser ela emendada na vigência de intervenção federal, de estado de sítio e de sua forma atenuada, que é o estado de defesa (art. 60, § 1º).

---

[35] MAXIMILIANO, Carlos. *Comentários*, cit., n. 302.

Certamente, o constituinte entendeu que essas são situações de anormalidade e nelas não se deve mudar as instituições. Quanto ao estado de sítio e o estado de defesa, certamente as medidas que ensejam podem embaraçar a livre deliberação sobre matéria constitucional.

Entretanto, e isto se viu no Brasil em agosto/setembro de 1961, com a crise da renúncia do Pres. Jânio Quadros, a proibição levou ao fato de que medidas de restrição que somente poderiam ser tomadas constitucionalmente durante o estado de sítio foram impostas. A razão disto é que, para evitar uma possível guerra civil, a solução aventada e que afinal foi adotada era a instauração do parlamentarismo. Isto evidentemente não poderia ocorrer na vigência do estado de sítio...

21. O ESTADO DE DEFESA

A Constituição vigente, inspirada na Carta anterior, prevê um estado de defesa. Trata-se de instrumento análogo ao estado de sítio, contudo mitigado quanto à sua potencialidade.

O primeiro ponto a assinalar consiste em poder ele ser decretado pelo Presidente da República, independentemente de autorização do Congresso Nacional, mas sempre depois de ouvidos o Conselho da República e o Conselho de Defesa Nacional (art. 136, *caput*). Somente após a decretação é que o Presidente da República deverá submeter o ato, com sua justificação, ao Congresso Nacional. Este, então, deverá decidir por maioria absoluta se o aprova ou não (art. 136, § 4º). Se estiver em recesso o Congresso, deverá ele ser convocado para reunir-se em cinco dias (art. 136, § 5º).

O segundo está em que, além de caber para restaurar a ordem pública (ou a paz social), pode ele ser decretado para prevenir "grave e iminente instabilidade institucional", que no fundo é a comoção grave, já referida quanto ao estado de sítio. Também poderá ele ser decretado para restaurar a normalidade em caso de calamidade pública — por exemplo, inundação, terremoto etc. — de grandes proporções. Assim, o estado de defesa não tem, ao contrário do de sítio, necessariamente um caráter repressivo, pode ser simplesmente um instrumento de emergência, desvinculado de ameaça política.

Em terceiro lugar, o estado de defesa, sempre decretado por prazo determinado (no máximo trinta dias e somente prorrogável uma vez por outros trinta dias — art. 136, § 2º) e em área também determinada, autoriza as seguintes medidas: "I — restrições aos direitos de: (*a*) reunião, ainda que exercida no seio das associações; (*b*) sigilo de correspondência; (*c*) sigilo de comunicação telegráfica e telefônica; e II — ocupação e uso temporário de bens e serviços públicos, na hipótese de calamidade pública, respondendo a União por danos e custos decorrentes".

Se tiver, porém, caráter repressivo, poderá ensejar também: (1) a prisão por crime contra o Estado, determinada pelo executor da medida (que será por este comunicada imediatamente ao juiz competente, que a relaxará, se não for legal, facultado ao preso requerer exame de corpo de delito à autoridade policial); bem como (2) que a prisão ou detenção de qualquer pessoa não poderá ser superior a dez dias, salvo quando autorizada pelo Poder Judiciário, sendo vedada a incomunicabilidade do preso (art. 136, IV).

O decreto instituidor do estado de defesa, além de indicar as medidas coercitivas a serem implantadas, deverá fixar a área respectiva de ação.

São, como se disse, precauções para impedir que as restrições impostas à liberdade sejam exercidas com maior severidade do que o necessário para o restabelecimento da ordem pública ou da paz social.

Cessado o estado de defesa cessam seus efeitos, subsistindo, no entanto, a responsabilidade dos seus executores pelos ilícitos que cometerem.

22. O QUADRO CONTEMPORÂNEO

Uma derradeira observação deve ser feita neste capítulo. Desde a Guerra de 1914, as novas formas de guerra e insurreição têm posto em xeque as medidas, como sítio, previstas para enfrentar suas convulsões internas.

Na sociedade industrial contemporânea, as crises e a mobilização dos recursos destinados a enfrentá-las não podem ser levadas a cabo sem modificações legislativas, que os parlamentos não conseguem rapidamente fornecer aos governos necessitados. Em vista disso, na França de 1914 se toleraram os "regulamentos de necessidade", materialmente leis, mas editados pelo Poder Executivo, pelo poder regulamentar; na Grã-Bretanha, nas duas Grandes Guerras, por leis especiais — *Emergency Powers Acts* — recebeu o gabinete plenos poderes, inclusive o de alterar as leis do país; nos Estados Unidos, também largamente se usou do expediente de alargar a esfera do poder regulamentar, fazendo, no fundo, do presidente verdadeiro legislador.

Isso também se passou durante a Segunda Guerra. Os grandes protagonistas, como Reino Unido, Estados Unidos etc., recorreram a poderes extraordinários para essa mobilização industrial. O mesmo fizeram neutros, como a Suíça.

Por seu turno, o terrorismo internacional teve o efeito perverso de desencadear nos Estados Unidos e na Europa um alargamento da esfera repressiva por parte dos Estados ameaçados. Exemplo disto é o *Patriot Act,* de 2001, editado pelos Estados Unidos após os ataques de 11 de setembro.

Bem antes, a preocupação com uma guerra atômica inspirou, na Constituição francesa de 1958, o art. 16. Este previu que o Presidente da República, estando interrompido o funcionamento regular dos poderes públicos, tomasse as providências que as circunstâncias exigissem, ouvidos o Primeiro-ministro, os presidentes das Câmaras e do Conselho Constitucional. Deu-lhe praticamente plenos poderes. (Entretanto, não tendo havido guerra atômica, esses poderes foram usados pelo Presidente De Gaulle para reprimir a rebelião e o terrorismo de militares descontentes com a orientação governamental de aceitar a independência da Argélia.)

Enfim, cabe observar que, no século passado, houve numerosos casos em que medidas de emergência foram utilizadas, não para preparar o poder para uma guerra ou uma insurreição armada, mas para enfrentar crises econômico-financeiras — como o fez a França em 1926. Também, crises decorrentes de greves — como o fez o Reino Unido por um *Emergency Powers Act* de 1920, várias vezes aplicado em 1921 (greve de mineiros), 1924 (greves na indústria), 1926 (greve geral).

SUGESTÃO DE LEITURA COMPLEMENTAR – Nacionais: Rui Barbosa, *O estado de sítio*; Obras do autor: *O estado de sítio*; *A reconstrução da democracia*; *Estado de Direito e Constituição.*

Parte VI
A ORDEM ECONÔMICA

1. PLANO DESTA PARTE

A existência de um título na Constituição dedicado à "ordem econômica" e outro à "ordem social" revela bem claro ter o constituinte visão de que a democracia não pode desenvolver-se senão onde a organização social e a econômica lhe sejam propícias.

Não é praticável a democracia política, cujos valores fundamentais são a liberdade e a igualdade, onde a organização da produção e do consumo reduza a liberdade e a igualdade a afirmações solenes e vãs.

Para o estabelecimento da democracia política urge, portanto, que se organize um regime econômico em que se satisfaçam todas as exigências fundamentais do indivíduo, em que se abram para todos oportunidades relativamente iguais.

Isto é imprescindível para o estabelecimento de uma organização social que assegure a todo o povo condições de vida digna. Sem esta, regime político algum se sustenta.

Ciente disto, o direito constitucional, a partir do final da Primeira Guerra Mundial, abriu nas Constituições espaço para a regulamentação da economia propícia à democracia. O exemplo é a Constituição alemã de 1919, a Constituição de Weimar. No Brasil, isso veio a ocorrer a partir da Constituição de 1934.

Tal questão foi uma das mais debatidas na Constituinte de 1987/1988, quando houve forte tentativa de imprimir ao texto a visão socialista. Esta não prevaleceu, mas deixou traços no texto da Constituição vigente.

Na verdade — pode-se dizer —, a Constituição vigente engloba três Constituições: uma Constituição política, uma Constituição econômica e uma Constituição social.

Nesta Parte, será examinada a Constituição econômica, em três capítulos: um examinando o cerne dessa Constituição econômica; outro, suas bases e valores; e, enfim, o papel do Estado e da iniciativa privada na economia.

PARTE VI

A ORDEM ECONÔMICA

Capítulo 36
A CONSTITUIÇÃO ECONÔMICA

1. O "ECONÔMICO" NAS CONSTITUIÇÕES LIBERAIS

A ideia de Constituição que o século XVIII consagra como imprescindível à reta organização do Estado descura do elemento econômico. Sua preocupação é com o "político", com a estruturação do poder e sua limitação, a bem da liberdade individual. Visa a estabelecer uma organização limitativa do poder político que sirva para garantir, contra o abuso, a liberdade e as liberdades individuais. Abuso este que, a juízo dos pensadores da época, somente proviria do governo, ou melhor, do rei e de seus ministros, como era então o caso. As Constituições que formam a primeira geração do constitucionalismo não contêm, por isso, normas destinadas a disciplinar a atividade econômica. Tal omissão, ademais, se ajusta perfeitamente ao pensamento econômico liberal, segundo o qual a regra de ouro seria o *laissez faire, laissez passer*, devendo o Estado abster-se de ingerência na órbita econômica. Melhor do que ele, mais sabiamente do que ele, a "mão invisível" de que fala Adam Smith regularia a economia.[1]

Havia, é certo, nessas Constituições e, mormente, nas declarações de direitos que as precediam ou acompanhavam, normas de repercussão econômica. É o caso, por exemplo, na Declaração dos Direitos do Homem e do Cidadão, de 1789 — que a Constituição francesa de 1791 se propõe garantir —, do princípio geral de liberdade enunciado no art. 4º e, sobretudo, da afirmação do direito de propriedade, com sua proteção específica (art. 17); na Declaração de 1793, não só da reafirmação do direito de propriedade (arts. 16 e 19), como do reconhecimento expresso da liberdade de trabalho, indústria e comércio, essencial para a livre-iniciativa (art. 17) etc. Ou, na Constituição do Império, não só a consagração do direito de propriedade (art. 179, n. 22), da liberdade de trabalho, indústria e profissão (art. 179, n. 24), como a expressa proibição das corporações de ofício (art. 179, n. 25). Não havia nelas, contudo, uma disciplina sistemática, ou consciente, da atividade econômica.

Sem dúvida, as Constituições promulgadas no curso do século XIX foram repetindo essas regras de repercussão econômica e a elas acrescentando uma ou outra, sempre de modo esparso e assistemático. Assim, a Constituição francesa de 1848 se antecipa a qualquer outra, na medida em que consagra não apenas a liberdade de trabalho, mas igualmente um direito ao trabalho, que envolve o ensino primário gratuito, a educação profissional, o estabelecimento de "trabalhos públicos próprios para empregar os braços desocupados" etc. (art. 13). Entretanto, foi ao final da Primeira Guerra Mundial que pela primeira vez apareceu, na Constituição escrita, um corpo de normas destinado a reger o fato econômico.

---

[1] SMITH, Adam. *Da riqueza das nações*. trad. port. São Paulo: Abril, 1983. v. 1, p. 379.

2. NAS CONSTITUIÇÕES SOCIAIS

Foi a Constituição alemã de 11 de agosto de 1919, conhecida como a Constituição de Weimar, que fixou o modelo. Esta, de fato, contém uma seção intitulada "Da vida econômica", na qual estão as grandes linhas de uma regulação sistemática da economia, de uma Constituição "econômica". Há quem conteste essa primazia, apontando a anterioridade da Constituição mexicana de 1917. Este documento, sem dúvida, antecipa-se no reconhecimento de direitos sociais, como educação (art. 3º); na previsão de uma reforma da estrutura agrária (art. 27) etc. Todavia, nela inexiste sequer um esboço de tratamento sistemático da atividade econômica. Por outro lado, seu reflexo imediato foi reduzido, enquanto a repercussão da Constituição germânica foi instantânea e profunda, na Europa e fora dela. E foi ela e não a mexicana que serviu de inspiração, e foi copiada, às vezes, pelas Constituições da Europa central e báltica, da Espanha (1931), e pela brasileira de 1934.

Esse modelo, aliás, não se exauriu, sendo ainda seguido, depois da Segunda Guerra Mundial, pelas Constituições da Itália (1948), da República Federal Alemã (1949) e do Brasil (1946 e 1967). Em todas estas, como na de Weimar, abre-se espaço para o delineamento de uma disciplina da economia. Enfatize-se, contudo, que o enfoque nesses textos é ainda predominantemente o de garantir ao indivíduo determinados direitos, considerados necessários para a plena expansão de suas virtualidades e, especialmente, para que possa realmente gozar das liberdades públicas e adequadamente participar do exercício do poder. Não existe neles a pretensão de fixar a organização da economia, numa verdadeira Constituição da economia, paralela à intenção de estabelecer a organização política, na Constituição (política).

3. NAS CONSTITUIÇÕES SOCIALISTAS

O desiderato de incluir no corpo da Constituição tanto a disciplina do político quanto do econômico e do social primeiro se manifestou nas leis fundamentais de inspiração marxista. Assim, ele é patente nas Constituições soviéticas, desde a de 1936, como nas Constituições das "democracias populares" editadas logo nos primeiros anos que se seguiram à Segunda Guerra Mundial. Nesse rol ocupa lugar à parte a Iugoslávia, que cedo se desvinculou do padrão moscovita e, com a Constituição de 1974, delineou uma economia socialista autogestionária.

Ainda por inspiração socialista, o mesmo se deu, nos últimos anos, em Portugal, com a Constituição de 1976, e na Nicarágua, com a Constituição de 1986, por exemplo.

4. A CONSTITUIÇÃO "ECONÔMICA"

Entretanto, o mais significativo é que Constituições que rigorosamente não são socializantes, como a da Espanha, de 1978, e a brasileira de 1988, também possuem normas que sistematizam a disciplina da economia, a ponto de se poder dizer, a seu respeito, que possuem uma Constituição "econômica" integrada no corpo da Lei Magna. Consagram, pode-se dizer, um novo tipo.

Não se tome, entretanto, a expressão "Constituição econômica" num sentido não jurídico, descritivo. Há, entre os economistas, quem o faça, usando da expressão para descrever a organização básica da economia, sua estrutura fundamental, suas leis (no sentido de relações necessárias) que regem a produção, a distribuição e o consumo, ou, mais especificamente, as leis (econômicas) que regem preços, moeda, crédito, câmbio etc.

Aqui, porém, a Constituição econômica a que se faz referência é *jurídica*. Trata-se da *Constituição juridicamente definida da economia*. Mas, quanto à Constituição econômica, cumpre também distinguir entre Constituição "material" e Constituição "formal", tal qual se dá com referência à Constituição política. Igualmente, essa Constituição pode ser efetiva ou não.

5. OBJETO

O direito constitucional econômico tem, pois, como objeto as bases da organização jurídica da economia. Seu propósito é estabelecer o controle da economia, porque esta enseja fenômenos de poder. Consiste, assim, nas regras jurídicas que regem a atuação do indivíduo, dos grupos, do Estado, no domínio econômico. Compreende, pois, as *normas jurídicas básicas que regulam a economia, disciplinando-a, e especialmente controlam o poder econômico, limitando-o, com o fito de prevenir-lhe os abusos*.

6. CONSTITUIÇÃO ECONÔMICA FORMAL

Como se faz a propósito da Constituição política, também cabe, com referência à Constituição econômica, estabelecer sua conceituação tanto formal quanto material. *A Constituição econômica formal é o conjunto de normas que, incluídas na Constituição, escrita, formal do Estado, versam o econômico.* Inexistindo até hoje a formulação da Constituição econômica num documento exclusivo, essa Constituição aparece nos textos escritos como uma espécie de complemento, ou apenso, da Constituição política. Isto, porém, é um fenômeno decorrente da história, visto como, bem antes de surgir a preocupação de controlar o poder econômico, já era o poder político objeto de disciplinamento constitucional.

A primeira tentativa de dar tratamento constitucional sistematizado ao fenômeno econômico está, como se viu acima, na Constituição alemã de 11 de agosto de 1919. As Constituições liberais — relembre-se — não possuíam normas que visassem diretamente à disciplina da economia, conquanto nelas houvesse regras de repercussão econômica.

O modelo de Weimar, todavia, não importava num tratamento completo da matéria econômica. Longe mesmo fica de abordar todos os pontos fundamentais de uma ordenação jurídica da economia. Contém, sobretudo, afirmações de princípio, não raro, declarações pias de intenções generosas, bem como numerosos lugares comuns.

É indiscutível, porém, que, nessa Constituição, como nas que lhe seguiram os passos, se encontra uma *Constituição econômica formal*. Há regras formalmente constitucionais que definem pontos fundamentais da organização jurídica da economia.

A fortiori, existe nas Constituições que, por primeiro, incluíram uma ordenação mais ou menos completa e sistemática da economia, uma Constituição econômica formal. É, como se assinalou, o caso de Portugal em 1976, da Espanha em 1978, e o do Brasil na Constituição de 5 de outubro de 1988.

7. CONSTITUIÇÃO ECONÔMICA MATERIAL

Encarada *em sentido material, a Constituição econômica abrange todas as normas que definem os pontos fundamentais da organização econômica, estejam ou não incluídas no documento formal que é a Constituição escrita.* Frequente é, aliás, que a Constituição econômica material seja mais extensa que a Constituição formalizada.

As regras jurídicas, portanto, que integram a Constituição material, caracterizam-se não pela forma e sim pelo conteúdo. Esse conteúdo, ou matéria, é o fundamental para a organização da economia.

8. ELEMENTOS ESSENCIAIS DA CONSTITUIÇÃO ECONÔMICA MATERIAL

Vale aprofundar a análise da "matéria" da Constituição econômica.

Que compreende essa "matéria"? Quais são os pontos essenciais da Constituição econômica encarada no aspecto material?

Indiscutivelmente, aí se incluem: (1) a *definição do tipo de organização econômica*, que de perto se relaciona com (2) a *delimitação de campo entre a iniciativa privada e a pública*, e mais (3) a *determinação do regime básico dos fatores de produção, capital e trabalho*, tudo isto encimado pela (4) *finalidade* atribuída à atividade econômica.

9. TIPOS DE ORGANIZAÇÃO ECONÔMICA: ECONOMIA DESCENTRALIZADA

Distinguem os especialistas dois tipos de organização econômica, isto é, dois modos pelos quais se concilia a oferta com a demanda.

Um, o de *economia descentralizada*. Esta é marcada, segundo Barre, cujas lições doravante se seguem, pelo fato de que "os planos e as ações das unidades independentes são coordenados por intermédio do mercado e da moeda".[2]

Quatro são os traços que a caracterizam:

1) "É uma economia de mercado", constituído este por redes de troca entre centros de produção, de oferta de fatores e de consumo, ligados por uma solidariedade funcional. "A economia é multipolar."

2) "É uma economia de empresa." Esta é "a unidade econômica de produção que assegura a ligação entre os mercados de bens e serviços (demanda de consumo final) e os mercados de fatores de produção (trabalho e capital). Mais do que à combinação de quantidades de fatores, o empresário procede a combinações de preços e é guiado por uma comparação de preços (preço de custo e preço de venda)".

3) "É uma economia de cálculos em moeda." Esta é "o denominador comum das experiências dos sujeitos econômicos. Os preços, relações entre bens e moeda, exprimem e medem as tensões de escassez da vida econômica, traduzem as necessidades e as pretensões entre as quais se instaura um equilíbrio econômico".

---

[2] BARRE, Raymond. *Économie politique*. Paris: Presses Universitaires de France, 1957. t. 1, p. 184 e ss.

4) "É uma economia em que o Estado exerce somente uma intervenção indireta e global." Indireta, ou seja, "respeita a liberdade de decisão dos que demandam e dos que ofertam e a liberdade de formação dos preços. Certamente, o Estado pode influenciar estas liberdades por uma política financeira, monetária ou social, mas a liberdade de disposição dos agentes econômicos, em última análise, não é eliminada. A economia é somente orientada". Essa intervenção estatal é global, ou seja, "não desce a pormenores do mecanismo econômico. Atua sobre 'as grandes linhas' (Tinbergen) da atividade econômica (condições da repartição, nível da demanda global, regras de concorrência)".

Nesse tipo, enfim, salienta o mestre francês, "o Estado procura proteger o mercado, melhorá-lo e não o destruir. Assim, fala-se frequentemente de 'intervenção conforme', isto é, respeitosa da lógica interna da economia de mercado e de empresa".

10. ECONOMIA CENTRALIZADA

Esta é a *economia comandada de um centro de decisões*. Suas características são:

1) "É uma economia à base de injunções." Sublinha Barre que "todas as ações econômicas são submetidas a um conjunto de ordens em números, endereçadas pelo Estado, que é o único centro de decisão, aos agentes econômicos: a economia é unipolar. A intervenção do Estado é direta e pormenorizada. Suas prescrições são imperativas".

Acrescenta o mesmo professor: "A ação do Estado é totalitária num tríplice sentido: determina os objetivos da economia, os meios para atingir esses objetivos e fixa o período de realização desses objetivos." Motivo por que "à coerção do mercado, se substitui a coerção do Estado".

2) "É uma economia de unidades técnicas de produção." Nela, "a empresa e o empresário desaparecem". Em lugar deste, que procura ocasiões de lucro, satisfazendo necessidades de consumo, colocam-se técnicos, incumbidos de executar as ordens sobre o volume de produção, utilizando os fatores que tenham sido alocados no plano.

3) "É uma economia de cálculos técnicos e objetivos." Com efeito, aos cálculos do empresário "se substituem avaliações administrativas puramente convencionais: os planos ou ordens das autoridades centrais são estabelecidos sobre o cálculo de quantidades físicas, às quais se atribuem valores globais contábeis. A noção de custo econômico igualmente se apaga".

11. ECONOMIA MISTA

Os dois tipos referidos — economia descentralizada e economia centralizada — são formas puras, que fornecem um quadro de referência para o estudo da realidade. Convém acrescentar que Barre nega a existência de uma economia mista, decorrente da *justaposição de um setor público a um setor privado*. Na sua opinião, de duas uma: ou o setor público obedece às indicações do mercado, ou não o faz, seguindo um plano. Na primeira hipótese, indubitavelmente existe economia de mercado, apesar da participação de um setor público mais ou menos amplo, mais ou menos importante. Na segunda, caso o setor público seja dominante, existe economia centralizada, ou uma variante desta.

12. A INICIATIVA ECONÔMICA

O segundo ponto fundamental numa Constituição econômica é a delimitação de campo entre a iniciativa privada e a pública. Isso evidentemente reflete, numa larga medida, a opção por um dos dois tipos básicos de organização econômica.

A economia descentralizada se desenvolveu com a plena liberdade de iniciativa privada, a um tempo em que se condenava qualquer intervenção do Estado no domínio econômico. Embora, segundo aponta Ripert, o Estado jamais tenha ficado totalmente alheio à atividade econômica.[3]

Hoje se tolera como compatível com a economia descentralizada o planejamento (indicativo) por parte do Estado, sua intervenção frequente e multifária, bem como sua atuação direta, como empresário, nos campos da produção e do consumo.

Essa coexistência de iniciativa privada e atuação pública no plano econômico reclama uma delimitação. Do contrário, há o risco de que se desnature o tipo de organização econômica. De fato, quando o setor público se torna dominante, é fortíssimo o impulso para a adoção da economia centralizada, enquanto se faz muito difícil, e precária, a sobrevivência do empresário particular.

É verdade que nas economias centralizadas sempre subsiste um setor residual para iniciativa particular. Tem ele, porém, caráter marginal, de importância negligenciável.

13. O REGIME DOS FATORES DE PRODUÇÃO

O terceiro é o regime jurídico dos fatores de produção.

Aqui se inclui a base do regime da propriedade, especialmente da terra e dos meios de produção: o capital, em sentido estrito. Obviamente esse regime é intimamente relacionado com a delimitação de campos acima referida e se inscreve no quadro do tipo de organização econômica. A economia descentralizada, por exemplo, presume propriedade privada dos meios de produção, inclusive da terra, e livre-iniciativa sem maiores embaraços. A centralizada, ao invés, capital estatizado e fortes restrições à liberdade de empreender.

Insere-se também nesse elemento o regime do trabalho, ou seja, as regras que fixam as relações entre o empregado e o empregador. Tais normas podem deixar essas relações à livre estipulação entre as partes (como queria o liberalismo clássico), podem prefixar um mínimo de direitos garantidos ao trabalhador, especialmente quanto a salários e condições do trabalho (como ocorre nos Estados "sociais" atualmente), ou prescrevê-las por inteiro, definindo um estatuto (o que se dá nas economias centralizadas, como ocorria na extinta URSS).

14. A FINALIDADE DA ORGANIZAÇÃO ECONÔMICA

O último é a finalidade atribuída à organização econômica, modelada de acordo com os elementos anteriormente mencionados. É certo que toda organização econômica visa, em última análise, à satisfação das necessidades da comunidade. Entretanto,

---

[3] RIPERT, Georges. *Aspectos jurídicos do capitalismo moderno*. trad. port. Rio de Janeiro: Freitas Bastos, 1947.

podem-se considerar sob a rubrica "finalidade", tomado o termo num sentido lato, tanto os objetivos que se propõem à economia quanto o valor atribuído aos móveis da conduta econômica humana.

Com efeito, costumam ser impostos à economia objetivos, como o poderio do Estado, o bem-estar dos indivíduos (que é mais do que a mera subsistência da comunidade) etc., consoante revela o estudo comparado das Constituições econômicas.

Por outro lado, encarando-se o móvel dos agentes econômicos, vários posicionamentos constitucionais podem ser distinguidos, como, aliás, na história se revelam. Um se caracteriza por privilegiar o lucro, visto como mola mestra da ação econômica, e, em consequência, pautar a conduta da sociedade no plano econômico pelo *enrichissez-vous*. Outro, oposto, proscreve o lucro, esperando que cada indivíduo dê de si segundo suas possibilidades ou capacidades, numa atitude altruísta. Essa visão idealista, claramente presente no mundo de hoje, ora deriva da religião (caso de algumas correntes cristãs), ora de ideologia leiga. Um terceiro, a procurar um meio-termo, propõe que a busca do lucro seja tolerada, desde que compensada por uma redistribuição inspirada na justiça social.

SUGESTÃO DE LEITURA COMPLEMENTAR – **Clássico:** André de Laubadère e Pierre Delvolvé, *Droit public économique*; **Nacional: Obra do autor:** *Direito constitucional econômico*.

Capítulo 37
BASES E VALORES DA ORDEM ECONÔMICA BRASILEIRA

1. CONSIDERAÇÕES GERAIS

Até a Primeira Guerra Mundial, como já se assinalou anteriormente, as Constituições só se preocupavam com a organização política. A essa regra abre exceção a revolucionária Constituição mexicana de 1917 cuja influência imediata foi pequena.

Na verdade, foram as Constituições do pós-guerra, Weimar (1919) e outras, que procuravam acrescentar às Constituições normas que estendessem aos campos econômico e social os valores, se não os mecanismos, democráticos. Daí em diante, no Brasil, a partir de 1934, em geral se abriu espaço nas Constituições para a *ordem econômica e social*.

Assim, ao lado dos preceitos sobre a organização política — órgãos governamentais, divisão de competências etc. — as Constituições modernas passaram a conter também um complexo de regras autoaplicáveis e princípios programáticos destinados a dar raízes, nos planos econômico e social, à democracia política.

A Constituição de 1988 abriu um título, o sétimo, para a "Ordem econômica e financeira".

2. OS PRINCÍPIOS DO ORDENAMENTO CONSTITUCIONAL ECONÔMICO E SUA INSPIRAÇÃO

A Constituição vigente, ao fixar os princípios fundamentais do ordenamento econômico, não fugiu à linha traçada pela Lei Magna anterior. Seguindo-a, embora não a tenha copiado. Antes, explicitou o que na obra dos constituintes anteriores fora, talvez, sintetizado demais.

Como as Leis Fundamentais de 1946 e 1967, a nova Carta nesse ponto, como noutros, revela influência nítida da doutrina social da Igreja e particularmente dos documentos pontifícios mais recentes, como a *Mater et Magistra*. Atenta, porém, às ideias do seu tempo, não olvidou de sublinhar o desenvolvimento econômico e a repressão aos abusos do poder econômico, erigidos, hoje, em pilares de nossa ordem econômica.

3. A JUSTIÇA SOCIAL

Essa ordem é dominada pelo princípio da justiça social. De fato, o art. 170 indica a justiça social como uma das metas da ordem econômica brasileira.

A expressão "justiça social" longe está de possuir sentido unívoco. Presta-se, por isso, a interpretação contraditória. Seu uso, porém, é corrente, divulgado especialmente pela doutrina social da Igreja. Na verdade, pode-se dizer que essa expressão logrou emprego na Constituição, tanto por sua dubiedade quanto por ser difundida em todos os púlpitos, embora nem sempre com a mesma conotação. Pode-se, portanto, sustentar que, no texto de 1988, o sentido dessa expressão não refoge ao que tem nos documentos papais. Todavia, é forçoso sublinhar que ferve a polêmica entre os teólogos quanto ao verdadeiro alcance dela nas encíclicas pontifícias.[4] Para Calvez e Perrin, que merecem ser seguidos, a justiça social é a virtude que ordena para o bem comum todos os atos humanos exteriores.[5] Assim, a afirmação constitucional significa que a ordem econômica deve ser orientada para o bem comum.

4.   O DESENVOLVIMENTO ECONÔMICO

Outra das metas da ordem econômica é a do desenvolvimento econômico, na linguagem da Constituição vigente enfocada como "redução das desigualdades regionais e sociais" (art. 170, VII). Nos países como o Brasil, em que a maior parte da população ainda vive na pobreza, senão na miséria, é imperiosa a luta em favor do desenvolvimento econômico. Este é, na verdade, condição da justiça social, já que não é possível assegurar a todo o povo uma vida digna, se a produção nacional não atingiu grau elevado.

É preciso sublinhar, porém, que o desenvolvimento não é um fim em si, mas um simples meio para o bem-estar geral. Dessa forma, tem ele de ser razoavelmente dosado para que não sejam impostos a alguns, ou mesmo a toda uma geração, sacrifícios sobre-humanos, cujo resultado somente beneficiará as gerações futuras, ou que só servirão para a ostentação de potência do Estado.

5.   A LIBERDADE DE INICIATIVA

A interpretação acima, que atribui à expressão justiça social o sentido que tem na doutrina social da Igreja, se fortalece quando se considera que outro princípio que o art. 170 consagra é o da liberdade de iniciativa.

Como reflexo da liberdade humana, a liberdade de iniciativa no campo econômico mereceu acolhida nas encíclicas de caráter social, inclusive na célebre encíclica *Mater et Magistra*. Esta, textualmente, afirma que "no campo econômico, a parte principal compete à iniciativa privada dos cidadãos, quer ajam em particular, quer associados de diferentes maneiras a outros".[6]

Daí decorre que ao Estado cabe na ordem econômica posição secundária, embora importante, já que sua ação deve reger-se pelo chamado "princípio da subsidiariedade"

---

[4]   CALVEZ, Jean-Yves; PERRIN, Jacques. *Église et société économique*. Paris: Aubier, 1959. p. 543 e ss.
[5]   Idem, p. 202.
[6]   JOÃO XXIII. Carta Encíclica *Mater et Magistra*: sobre a recente evolução da questão social à luz da doutrina cristã. Segunda Parte, n. 51.

e deve ser tal que "não reprima a liberdade de iniciativa particular, mas antes a aumente, para a garantia e proteção dos direitos essenciais de cada indivíduo".[7]

O princípio da livre-iniciativa reclama a livre concorrência, que também é erigida em princípio (art. 170, IV).

6. A VALORIZAÇÃO DO TRABALHO HUMANO

É também princípio sublinhado pelo constituinte, dentro ainda da linha firmada pela doutrina social da Igreja, o da *valorização do trabalho humano*.

Numa indubitável reação contra os que não veem no trabalho mais do que uma mercadoria, a Igreja timbrou em reafirmar o valor cristão do trabalho. E, como notam Calvez e Perrin, a Igreja reconhece no trabalho uma verdadeira nobreza, por sua relação com a obra criadora do próprio Deus.[8]

Na verdade, o trabalho é ao mesmo tempo um direito e uma obrigação de cada indivíduo. Como direito, deflui diretamente do direito à vida. Para viver, tem o homem de trabalhar. A ordem econômica que lhe rejeitar o trabalho, recusa-lhe o direito a sobreviver. Como obrigação, deriva do fato de viver o homem em sociedade, de tal sorte que o todo depende da colaboração de cada um.

7. A FUNÇÃO SOCIAL DA PROPRIEDADE

Outro dos princípios fundamentais da ordem econômica, segundo a Constituição vigente, é o da propriedade privada (art. 170, II) e de sua função social (art. 170, III). Com isso, condena ela a concepção absoluta da propriedade segundo a qual esta é o direito de usar, gozar e tirar todo o proveito de uma coisa, de modo puramente egoístico, sem levar em conta o interesse alheio e, particularmente, o da sociedade.

Reconhecendo a função social da propriedade, sem a renegar, a Constituição não nega o direito exclusivo do dono sobre a coisa, mas exige que o uso da coisa seja condicionado ao bem-estar geral. Não ficou, pois, longe o constituinte da concepção tomista de que o proprietário é um procurador da comunidade para a gestão de bens destinados a servir a todos, embora não pertençam a todos.

Por outro lado, preocupa-se a Constituição com a difusão da propriedade, especialmente territorial rural. Tendo presente a necessidade de fixar o lavrador à terra e de lhe dar maior estímulo para o trabalho, fazendo-o dono do solo que cultiva, a nova lei fundamental conservou em seu corpo as regras sobre desapropriação por interesse social de propriedades rurais, que a Emenda nº 10 à Constituição de 1946 havia adotado para facilitar a "reforma agrária". Assim, o art. 184 permite que a indenização, nas expropriações para redistribuição de terra no campo, se fizesse em títulos especiais da dívida pública, com cláusula de exata correção monetária, resgatáveis no prazo máximo de vinte anos.

---

[7] Id., Segunda Parte, n. 55.
[8] CALVEZ, Jean-Yves; PERRIN, Jacques. *Église et société économique*, cit., p. 295.

8. A EXPANSÃO DAS OPORTUNIDADES DE EMPREGO PRODUTIVO

Não esquece a Constituição de mencionar entre os princípios básicos da ordem econômica a expansão das oportunidades de emprego produtivo, quer dizer, a "busca do pleno emprego". Realmente, não basta valorizar o trabalho, é necessário, em sociedades como a nossa, criar oportunidades de trabalho, para que todos possam viver dignamente, do próprio esforço.

9. SOBERANIA NACIONAL

Esta não era posta como princípio da ordem econômica pelo direito anterior. Sua menção traduz o espírito "nacionalista" da nova Lei Magna. Revela a preocupação de que, mesmo no plano da economia, o País não esteja sujeito a ditames estrangeiros. O problema, porém, é que a economia moderna está cada vez mais integrada no plano mundial, o que dificulta, se não impede, o desenvolvimento de uma economia ao mesmo tempo pujante e desvinculada das demais.

10. DEFESA DO CONSUMIDOR

Aqui não está propriamente um princípio de ordenação econômica, mas sim a enfatização da necessidade de se proteger o consumidor contra abusos. Liga-se esse princípio à norma do art. 5º, XXXII, que manda o Estado promover a defesa do consumidor.

11. DEFESA DO MEIO AMBIENTE

Em boa hora o constituinte se apercebeu que a expansão das atividades tem como limite natural a defesa do meio ambiente. A deterioração deste ameaça a própria sobrevivência da humanidade.

12. FAVORECIMENTO ÀS EMPRESAS NACIONAIS DE PEQUENO PORTE

Numa era de gigantismo empresarial, a sobrevivência das empresas de pequeno porte é extremamente difícil. São elas, porém, um elemento de equilíbrio e dispersão do poder econômico. Por essa razão, justifica-se recebam um tratamento especial.

SUGESTÃO DE LEITURA COMPLEMENTAR – **Clássico:** JEAN-YVES CALVEZ e JACQUES PERRIN, *Église et société économique*; **Nacionais:** WASHINGTON ALBINO PELUSO DE SOUZA, *Do econômico nas Constituições vigentes*; OBRA DO AUTOR: *Direito constitucional econômico*.

Capítulo 38
A ATUAÇÃO DO ESTADO NO DOMÍNIO ECONÔMICO

1. ORIENTAÇÃO BÁSICA: NEOLIBERAL

Inerente à democracia providencialista é a intervenção estatal no domínio econômico.

Condenada pelo liberalismo clássico, a intervenção do Estado no domínio econômico é hoje admitida pelos próprios neoliberais. Na verdade, raros são os que ainda discutem a sua legitimidade, embora ferva a polêmica sobre seus limites.

Três orientações principais se desenham no Ocidente a propósito da intervenção estatal no domínio econômico, ainda que, em sua aplicação prática, muitas vezes seja difícil distingui-las.

A primeira é de cunho neoliberal. Esta considera inabalado o princípio de que a vida econômica é regida por leis naturais, cuja ação não deve ser embaraçada. Contudo, reconhece que os embaraços à ação dessas leis podem provir também de indivíduos e grupos e não apenas do Estado, embaraços que as próprias leis econômicas viriam a suplantar, mas a longo prazo e com alto custo. Destarte, convém que esses óbices sejam eliminados, não sendo antinatural a intervenção que o fizer. Assim, admitem os neoliberais a intervenção repressiva do Estado no domínio econômico — a intervenção destinada a suprimir os entraves ao livre jogo das leis naturais. Essa orientação é que, por exemplo, inspira a legislação americana antitruste, pois este impede a ação da concorrência.

2. A DOUTRINA SOCIAL DA IGREJA

Outro caráter imprime à intervenção do Estado no domínio econômico a doutrina social da Igreja. Esta a encara em termos bem mais amplos. De fato, não só recomenda a intervenção para reprimir abusos, como também a intervenção para espaldar a iniciativa particular fraca ou insuficiente (o que alguns neoliberais igualmente fazem), mas sobretudo a considera lícita para assegurar a todos uma vida digna. Admite, portanto, uma intervenção de cunho positivo. Na verdade, chega a admitir a intervenção do Estado para prevenir que, em certos setores-chave da vida econômica, tomem particulares preeminência que ameace o bem comum, donde se deduz a legitimidade de certas "nacionalizações", ou melhor, "estatizações".

3. A SOCIALISTA-DEMOCRÁTICA

Enfim, terceira corrente se pode identificar no socialismo não marxista, hoje predominante na Escandinávia, no trabalhismo britânico etc. Ela entende que o Estado deve controlar toda a vida econômica, planejando-a, não apenas cuidando de reparar erros ou corrigir abusos. Mas ainda deve ao Estado pertencer o monopólio de certas explorações — petróleo, energia elétrica etc. — essenciais para a vida nacional, embora à iniciativa particular seja deixado campo ainda vasto, se bem que debaixo de minuciosa regulamentação.

4. A MARXISTA

Em oposição às três correntes mencionadas, ergue-se, como é sabido, a marxista. Esta pretende a centralização de toda a economia sob o comando político do Partido. Recusa a propriedade privada dos meios de produção e só admite a iniciativa privada em setores desprezíveis da economia. Tem ela inúmeros adeptos no Terceiro Mundo, embora a maioria destes melhor se inscreva numa quinta corrente — a estatista.

5. A CORRENTE ESTATISTA

Esta não é autenticamente marxista, na medida em que encara o Estado como uma força sempre benfazeja. O marxismo, como se sabe, vê no Estado um opressor e prega, é verdade, para um futuro que não se enxerga, a disparição do Estado. Guarda dele, porém, o vocabulário.

Entende que o Estado deve reger a economia, ignorando o mercado. O plano econômico, os comandos do Estado é que devem reger, racionalmente, a economia, em benefício de todos. Em particular, contra o capital estrangeiro "espoliador", contra o capitalista explorador etc.

Contrariando todas as lições da ciência econômica, o resultado de sua atuação, como aponta a experiência, é sempre desastroso. Exige uma máquina estatal imensa, bem paga e ineficiente, provoca inflação galopante, conduz a economia ao caos. Mas guarda boa consciência: os culpados de seus fracassos são sempre os outros...

6. O ECONÔMICO NA CONSTITUIÇÃO VIGENTE

Ao contrário da Constituição anterior, cuja inspiração era neoliberal, embora na prática não o tenha sido, a Constituição vigente, na sua letra, tem forte componente estatista no plano econômico, mas evoluiu para o liberalismo. Com efeito, nos seus trinta anos de vigência, ela evoluiu nesse sentido, sobretudo em razão do mau resultado da atuação econômica e financeira do Estado. Esta tem levado à alienação de empresas estatais para obter recursos financeiros, dada a situação constante de estarem vazios os cofres públicos, mas também pela percepção de que têm sido elas um ninho de corrupção.

O art. 174 é a chave do sistema econômico previsto pela Constituição. Ele define o Estado como "agente normativo e regulador da atividade econômica".

Essa redação atenuou o que estava no projeto que daria ao Estado o controle, além da fiscalização da atividade econômica. O termo "controle", contraposto a "fiscalização", não era uma redundância, visava a dar ao Estado o comando que nas empresas privadas tem o agente controlador — o acionista ou grupo de acionistas que comandam a empresa, como o entende o direito comercial. Assim, não seria o mercado, como é típico de uma economia descentralizada (ou liberal), mas o poder público, segundo é próprio de uma economia de tipo centralizado (ou soviético), que regeria a economia.

A percepção disso levou à exclusão do termo "controle" pelo plenário da Constituinte, que fez enfatizar princípios de livre-iniciativa e de livre concorrência, que a Constituição consagra (arts. 1º, IV, 170, *caput,* IV), que colidem com esse centralismo econômico.

Entretanto, o art. 174 ainda prevê o planejamento, outro dos elementos de uma economia centralizada. Entretanto, só o considera "determinante", isto é, obrigatório para o setor público. Para o setor privado, ele é apenas indicativo: sugere metas desejáveis. É verdade que, se o setor público realmente realizar um planejamento obrigatório, a ele deverá ser dada uma prioridade de recursos, matérias-primas, divisas etc., que forçosamente sacrificaria demais o setor privado.

Quanto a esse ponto — o planejamento — tornou-se letra morta. Nunca se cuidou de estabelecer o planejamento determinante, e pouco se fala de planejamento indicativo.

7. INICIATIVA PRIVADA *VERSUS* INICIATIVA ESTATAL

Posto de lado o controle, ganhou importância o art. 173 que dá à iniciativa privada a primazia no plano da atividade econômica. Ela é a regra, a iniciativa estatal, a exceção.

A iniciativa estatal poderá ter lugar em duas — largas — hipóteses: quando necessário para a segurança nacional ou quando necessário ao atendimento de "relevante interesse coletivo", na forma da lei. Isto significa que, apesar de reconhecida a primazia da iniciativa privada, caberá a atuação do Estado como empresário onde o legislador, numa decisão política, entender existir um "relevante interesse coletivo". Não há, pois, garantia segura e efetiva contra o avanço da estatização na economia.

8. IGUALDADE NA COMPETIÇÃO

A Emenda Constitucional nº 19/1998 flexibilizou o direito anterior, inclusive o texto primitivo da Constituição em vigor (art. 173), no tocante à igualdade entre empresas públicas, sociedades de economia mista e suas subsidiárias que explorem atividade econômica e empresas privadas.

Hoje, na redação vigente do art. 173, § 1º, a lei que estabelecer o estatuto jurídico de tais empresas vinculadas ao Estado *disporá* sobre sua sujeição ao regime jurídico das empresas privadas relativamente a direitos e obrigações civis, comerciais, trabalhistas e tributários (inc. II), o que significa poder abrir exceções a essa igualação, dando-lhes condições especiais.

Fica, todavia, expressamente vedado conferir a essas empresas estatais "privilégios fiscais não extensivos às do setor privado" (§ 2º).

9. EMPRESA BRASILEIRA DE CAPITAL NACIONAL E DE CAPITAL ESTRANGEIRO

A Emenda Constitucional nº 6/1995 revogou o art. 171 da Constituição, que definia a nacionalidade das pessoas jurídicas. Tal matéria, portanto, passa a ser regulada por lei ordinária.

É esse um fato relevante para apreciar a evolução da Constituição econômica. Significa um pragmatismo na distinção entre empresa nacional e empresa estrangeira, que a lei pode ensejar, enquanto o texto revogado a enrijecia. Nisto, transparecia o viés "nacionalista" que frequentemente se traduz em hostilidade ao capital estrangeiro (o que é muito bom para o capitalista brasileiro que não precisa temer a concorrência de fora, mas onera o consumidor nacional, com produtos mais caros e às vezes de pior qualidade).

SUGESTÃO DE LEITURA COMPLEMENTAR – **Clássico:** Jean-Yves Calvez e Jacques Perrin, *Église et société économique*; **Nacionais:** Washington Albino Peluso de Souza, *Do econômico nas Constituições vigentes*; Obras do autor: *Direito constitucional econômico*.

Parte VII
A ORDEM SOCIAL

1. PLANO DESTA PARTE

A Constituição deu particular destaque à ordem social, à qual dedicou oito capítulos. Estudá-los detidamente seria muito longo, e fugiria ao campo tradicional do direito constitucional. Por isso, apenas serão sublinhados os seus pontos principais.

Capítulo 39
A ORDEM SOCIAL NA CONSTITUIÇÃO VIGENTE

1. BASE DA ORDEM SOCIAL

A Constituição enfatiza como base da ordem social o primado do trabalho e como seus objetivos o bem-estar e a justiça sociais. Sobre estes pontos já se discorreu a propósito da ordem econômica.

A Emenda Constitucional nº 108/2020 incluiu o parágrafo único ao art. 193 para dispor que "o Estado exercerá a função de planejamento das políticas sociais, assegurada, na forma da lei, a participação da sociedade nos processos de formulação, de monitoramento, de controle e de avaliação dessas políticas".

2. SEGURIDADE SOCIAL

Este capítulo fixa princípios e regras gerais que devem assegurar os direitos relativos à saúde, à previdência e à assistência social.

Nesse campo, o primeiro e principal dos princípios é o da "universalidade da cobertura e do atendimento". Outro, o do "caráter democrático e descentralizado da administração, mediante gestão quadripartite, com participação dos trabalhadores, dos empregadores, dos aposentados e do Governo nos órgãos colegiados".

3. SAÚDE

Esta é afirmada como direito de todos e dever do Estado.

As ações e serviços de saúde são considerados de relevância pública, devendo essas ações e serviços públicos de saúde ser integrados numa rede regionalizada e hierarquizada, constituindo um sistema único.

Entretanto, a assistência à saúde é livre à iniciativa privada, "de forma complementar do sistema único de saúde" e "segundo diretrizes deste".

4. PREVIDÊNCIA SOCIAL

A previdência social, organizada sob a forma de regime geral, tem caráter contributivo e filiação obrigatória. Destina-se a previdência a atender a cobertura dos eventos de doença, invalidez e morte, incluídos os resultantes de acidentes do trabalho, velhice e reclusão, bem como a ajuda à manutenção dos dependentes dos segurados de baixa renda, a proteção à maternidade, especialmente à gestante, a proteção ao trabalhador em situação de desemprego involuntário, a pensão por morte do segurado.

5. ASSISTÊNCIA SOCIAL

Esta será prestada a quem dela necessitar. Tem por objetivos a proteção à família, à maternidade, à infância, à adolescência, à velhice, às crianças e adolescentes carentes.

6. EDUCAÇÃO

É afirmado o direito à educação como um direito de todos, ao qual corresponde o dever da família e do Estado.

O direito ao ensino obrigatório (1º grau) e gratuito é reconhecido como direito público subjetivo. Disto resulta que o titular desse direito poderá fazê-lo valer em juízo, contra o Estado, que deverá assegurar-lhe matrícula em escola pública, ou bolsa de estudos em escola particular (art. 213, § 1º) se houver falta de vagas nos cursos públicos.

O ensino obedecerá, entre outros, aos seguintes princípios: liberdade de aprender, ensinar, pesquisar, divulgar o pensamento, a arte, o saber; pluralismo de ideias e concepções pedagógicas; garantia de padrão de qualidade.

É assegurada a coexistência entre o ensino público e o privado. Este, porém, deverá ser autorizado e terá sua qualidade avaliada pelo poder público.

O ensino público deverá ser gratuito em todos os níveis. A ele caberá dar atendimento especializado aos portadores de deficiências, às crianças desde o nascimento até os seis anos de idade. Também promover oferta de curso noturno regular e amparar o educando, no ensino fundamental, por meio de programas suplementares de material didático-escolar, transporte, alimentação e assistência à saúde. Deverá empenhar-se na erradicação do analfabetismo.

Os Municípios deverão atuar prioritariamente no ensino fundamental e pré-escolar.

As universidades gozarão de autonomia didático-científica, administrativa e de gestão financeira e patrimonial. Obedecerão ao princípio da indissociabilidade entre ensino, pesquisa e extensão.

7. CULTURA

Transparece neste ponto a preocupação de fazer do Estado o protetor de todas as manifestações culturais. Em especial do patrimônio cultural brasileiro, o qual lhe incumbe preservar de todos os modos. Cabe-lhe, também, estimular o desenvolvimento pelo incentivo para a produção e a divulgação de bens e valores culturais.

A Emenda Constitucional nº 71/2012 introduziu o art. 216-A, no qual estabelece os lineamentos de um sistema nacional de cultura. Com isso, pretende guiar, de modo global, a atuação cultural da União, dos Estados, do Distrito Federal e dos Municípios.

8. DESPORTO

Atribui-se ao Estado o dever de fomentar as práticas desportivas, formais ou não formais. Estas, com efeito, contribuem para a higidez do povo.

9. CIÊNCIA E TECNOLOGIA

Reconhecendo a importância que assumem no Estado contemporâneo a ciência e a tecnologia, a Constituição de 1988 dá ao Estado a tarefa de promover o desenvolvimento científico, a pesquisa e a capacitação tecnológicas e a inovação (com a redação da EC nº 85/2015).

10. COMUNICAÇÃO SOCIAL

Este capítulo da ordem social procura dar tratamento sistemático ao tema da comunicação social. Ele é crucial para a democracia. De fato, é por meio desta que o cidadão se informa sobre os temas públicos e numa larga medida forma a sua opinião. Ademais, não é preciso encarecer o relevo que tem para a própria educação o impacto dos meios audiovisuais de comunicação social.

O texto constitucional firma um princípio geral de plena liberdade. Como contrapartida, enfatiza o direito à resposta e a responsabilidade por danos materiais e morais, inclusive à imagem. Proíbe terminantemente toda e qualquer forma de censura.

No tocante a diversões e espetáculos públicos, propõe uma atuação orientadora do poder público.

Promete meios legais que garantam à pessoa e à família a defesa contra programas ou programações de rádio e televisão — cinema, não — que desrespeitem valores éticos e sociais — religiosos aqui inclusos — da pessoa e da família.

A propriedade das empresas de comunicação social — jornais, revistas, rádio, cinema e televisão — cabe exclusivamente a brasileiros natos ou a brasileiros naturalizados há mais de dez anos (art. 222, *caput*). Entretanto, depois da Emenda Constitucional nº 36/2002, é admitida a participação de empresas estrangeiras, ou de estrangeiros, no capital total e no capital votante dessas empresas, desde que não ultrapasse 30%. Isto, na forma disciplinada em lei (art. 222, § 1º).

A brasileiros, natos ou naturalizados há mais de dez anos, é, todavia, reservada a responsabilidade editorial e as atividades de seleção e direção da programação veiculada (art. 222, § 2º). A intenção disso é fazer com que os meios de comunicação social não atuem sob orientação estrangeira. A norma, contudo, é facilmente contornável.

11. MEIO AMBIENTE

Consagra a nova Constituição o direito (de terceira geração) de todos a um meio ambiente ecologicamente equilibrado, essencial à sadia qualidade de vida. Coloca-o sob a proteção da coletividade e do poder público. A este atribui numerosas incumbências, que evidentemente deverão ser exercidas dentro da esfera de competências próprias a cada um. Quer dizer, ao poder público federal segundo a competência federal, ao estadual segundo a competência dos Estados etc.

12. FAMÍLIA

Seguindo a tradição, a Constituição afirma, no *caput* do art. 226, ser a família a "base da sociedade" e ter direito à "especial proteção do Estado".

Entretanto, a Lei Magna não vê liame necessário entre a família e o casamento, como se dava no direito constitucional a ela anterior. No que tange ao casamento, não somente ela aceitou o divórcio adotado por Emenda à Constituição anterior (nº 9/1977), abandonando, pois, a indissolubilidade do vínculo matrimonial, como também vem facilitando tal dissolução, abolindo obstáculos, do que faz fé a Emenda Constitucional nº 66/2010.

A Constituição reconhece igualmente como entidade familiar a união estável (art. 226, § 3º), embora nesse passo preveja que a lei deverá facilitar a sua conversão em casamento. Note-se mais que o texto desse parágrafo é expresso em prever que a união estável a ser protegida como entidade familiar haveria de ser aquela formada entre homem e mulher. Os anais da Constituinte mostram claramente que essa referência visava a impedir que fossem reconhecidas como uniões estáveis as agora chamadas uniões homoafetivas. Entretanto, o Supremo Tribunal Federal, ao julgar a Arguição de Descumprimento de Preceito Fundamental (ADPF) nº 132/RJ, relatada pelo Min. Ayres Britto, reconheceu essas uniões como estáveis.

Dois pontos ainda merecem ser destacados.

Um é o reconhecimento como entidade familiar de comunidade formada por qualquer dos pais e seus descendentes (art. 226, § 4º).

Outro é o estabelecimento da plena igualdade de direitos e deveres entre o homem e a mulher na sociedade conjugal (art. 226, § 5º).

13. CRIANÇA, ADOLESCENTE, JOVEM E IDOSO

Enfatiza a atual Constituição a proteção à criança, ao adolescente e ao idoso.

Timbra o texto, no art. 228, em consagrar a inimputabilidade penal do menor de dezoito anos. É incoerente essa previsão se se recordar que o direito de votar — a maioridade política — pode ser alcançado aos dezesseis anos...

A Emenda nº 65/2010 veio a postular a proteção, além da já prevista para a família, a criança e o adolescente, para o jovem. Isto se reflete na nova redação dada ao art. 227, no qual passa a ser o jovem expressamente mencionado sempre que o texto anterior falava em criança e adolescente.

Mais, ela edita a previsão, num novo parágrafo, o 8º, de um "estatuto da juventude" e de um "plano nacional da juventude". Esses documentos é que darão o verdadeiro alcance da inovação.

14. ÍNDIOS

Preocupa-se sobremodo a Constituição de 1988 em proteger o indígena. Nela, parece abandonada a ideia de sua plena integração na sociedade brasileira — o ideal do Mal. Rondon — e privilegiada a ideia de sua preservação como uma identidade apegada a tradições milenares, mas bloqueada na sua evolução para alcançar a modernidade. Parece isto uma volta à visão idealizada do "bom selvagem" e de sua vida idílica.

De fato, a Constituição reconhece ao indígena o direito à organização social própria, aos costumes, línguas, crenças e tradições. E, sobretudo, às terras que "tradicionalmente ocupam". Tais terras são aquelas por eles habitadas, utilizadas para atividades produtivas, bem como as imprescindíveis à preservação dos recursos ambientais necessários a seu bem-estar. Também as necessárias à sua reprodução física e "cultural", segundo seus usos, costumes e tradições. Sobre tais terras tradicionalmente "ocupadas", cabe-lhes a posse permanente. Tão larga é esta caracterização que talvez fosse mais fácil ao constituinte discriminar as terras suscetíveis de ocupação por não índios...

É preciso, porém, observar de passagem que a Constituição, como toda lei, não retroage (salvo se ela expressamente o indica — e a vigente não o faz). Assim, o que ela dispõe sobre as terras não atinge a propriedade privada regularmente adquirida até a entrada em vigor da atual Lei Magna.

Além disso, o aproveitamento dos recursos hídricos e de outras riquezas situadas em "terras indígenas" pressupõe a autorização do Congresso Nacional, "ouvidas as comunidades afetadas", cuja opinião evidentemente não terá caráter decisivo. Isto ainda é letra morta, trinta anos depois da promulgação da Lei Magna. É, aliás, fato notório que os indígenas, em várias das áreas a eles reservadas (cerca de 10% do território nacional) têm, mediante contrapartida financeira, "autorizado" a exploração de tais riquezas, sem que o governo federal o saiba, ou queira saber, em prejuízo do interesse nacional.

Parte VIII

A EFETIVAÇÃO DA CONSTITUIÇÃO

1. PLANO DESTA PARTE

Apresentada nas páginas anteriores a parte substantiva do direito constitucional, não descabe, nesta, enfrentar alguns aspectos técnico-jurídicos, que são importantes para a efetivação da Constituição.

Ora, uma Constituição é efetiva quando realmente rege a vida do Estado que ela organiza. Em outras palavras, para que ela seja efetiva, necessário se torna que ela seja aplicada, toda a vez que for o caso, na vida desse Estado.

Para aplicar a Constituição, como para aplicar toda e qualquer norma jurídica, é indispensável interpretá-la. Em razão disso, o primeiro dos capítulos desta Parte trata da *interpretação da Constituição*, tendo em vista a doutrina geral da hermenêutica jurídica, bem como as peculiaridades decorrentes de ser a Constituição a lei suprema e a lei fundamental.

Ora, ao interpretar a Constituição, depara o aplicador com diferentes espécies de normas jurídicas. De fato, numa Constituição há normas de diversa exequibilidade, há normas que são princípios e normas que são regras (se se aceita a distinção entre princípios e regras que tão encarecida é por alguns autores contemporâneos), há normas explícitas e normas implícitas, escritas e não escritas etc. Isto obriga ao estudo das normas constitucionais nessa diversidade, que modela a sua aplicabilidade. Estudar-se-ão, pois, num segundo capítulo, as *espécies de normas constitucionais*.

Enfim, as Constituições contemporâneas — e disto é bom exemplo a brasileira de 1988 — apreciam enunciar *princípios* que hão de ser de pronto aplicados, a fim de que ocorra a desejada efetividade da Constituição. A *aplicação dos princípios constitucionais* suscita problemas peculiares, como o da colisão entre eles, como o de sua concretização, imprescindível para a acomodação dos casos concretos a seu preceito. Por isto, impõe-se o tratamento em separado da aplicação dos princípios, o que se fará no terceiro capítulo desta Parte.

Capítulo 40
A INTERPRETAÇÃO DA CONSTITUIÇÃO

1. LINGUAGEM E DIREITO

É por meio da linguagem que se exprime o direito. Este é expresso por meio de enunciados, nos quais se combinam palavras, a fim de indicar prescrições, proibições, ou permissões, ou seja, normas.

Vinculado à linguagem, o direito pressupõe que a comunidade a que se dirige apreenda igualmente a significação das expressões linguísticas; haja destas uma apreensão comum.

Assim, o legislador e os destinatários das normas devem "falar a mesma língua". Ou seja, o enunciado normativo (quer dizer, o texto escrito, para somente ter presente o que é mais comum na atualidade), portanto, a norma que dele decorre, deve ter sentido idêntico tanto para o legislador, que a edita, como para aqueles aos quais ela se dirige.

Esse é o ideal, mas, na vida de todos os dias, os ideais não são, sempre, atingidos, e isto acontece no plano da comunicação das normas.

O que edita o legislador pode ser imperfeito (ou seja, exprimir incorretamente a norma), seja porque o legislador disse mal o que queria, seja porque empregou expressões ou termos com pluralidade de sentidos (e estes são muitos). Isso evidentemente se reflete na compreensão que vai formar o destinatário da norma. Ele pode entender certo o que exprime o enunciado, mas esse "certo" não ser o visado pelo legislador.

Por outro lado, mesmo que o legislador exprima perfeitamente o que ele quer, o conteúdo da norma pode ser mal compreendido pelo destinatário, seja porque ele desconhece as expressões empregadas, seja porque ele dá a elas sentido diferente daquele que têm elas para o legislador. Quantas palavras não variam de sentido, numa mesma região, entre pessoas de diferentes origens, ou de diversos estratos sociais? E esta última possibilidade aumenta em razão de que o direito, na medida em que é uma ciência, naturalmente passa a ter um vocabulário próprio, de caráter técnico, que escapa à maioria do povo.

Assim, é possível, e frequente, a incompreensão quanto à norma, ou má compreensão da norma, o que vicia a sua aplicação.

2. A INTERPRETAÇÃO

Por meio da interpretação é que o aplicador da norma, ou o destinatário desta, procura o sentido dela no exame do enunciado normativo. A interpretação, pois, visa a fazer o destinatário da norma apreender o sentido desta, mas o sentido desta tal qual é ele para o legislador (ou deve ser para este, se ele se exprime corretamente). A interpretação, por isso, tem um pressuposto, um pressuposto de boa-fé — o intérprete deve procurar o que o legislador quer, não aquilo que lhe parece melhor, ainda que mais justo. Ao menos num Estado de Direito e, sobretudo, num Estado Democrático de Direito. Sim, porque somente a lei, no Estado de Direito, pode obrigar alguém a fazer ou a deixar de fazer alguma coisa (princípio de legalidade, CF, art. 5º, II). E, se o Estado é democrático, apenas o povo, ou seus representantes *eleitos* podem editá-la (CF, art. 1º, parágrafo único). Especialmente num Estado Democrático de Direito, em que somente a lei gera direitos e proibições, e, mais, em que a lei é fruto da representação popular.

A interpretação consiste em determinar o sentido e o alcance da norma, a partir da compreensão do enunciado que a exprime, de acordo com o pressuposto: a boa-fé. É ela um ato de conhecimento, não de vontade.

É esta a doutrina, por assim dizer, clássica.

3. OBJEÇÕES DA DOUTRINA "REALISTA"

Há uma ponderável corrente de jusfilósofos contemporâneos que põe em dúvida a lição acima indicada.

Observam eles que inexistiria um "verdadeiro" sentido da norma, pois os enunciados normativos ensejam vários sentidos para ela. Ora, havendo vários sentidos possíveis, quem vai aplicar a norma é que determina a sua significação, escolhendo entre esses sentidos possíveis. Por isso, a interpretação seria um ato de vontade, não de conhecimento.

Na observação há alguma coisa de verdade e muito de sofisma. Com efeito, mesmo que o "verdadeiro" sentido da norma seja inalcançável, há meios — os métodos de interpretação — que permitem realizar a compreensão do enunciado normativo, realizando a aproximação máxima entre o significado que a ele quis dar o legislador e o que dele apreendeu o aplicador, ou o destinatário. Afinal, é isto que reclama a comunicação entre os seres humanos. Se isso não fosse possível, impossível seria a comunicação entre os homens, pois um não compreenderia o outro.

De qualquer forma, mesmo que a interpretação seja um ato de vontade, o intérprete não pode arbitrariamente dar o sentido que quiser à norma; há um limite que advém exatamente da linguagem, sob o pressuposto da boa-fé. Como diz Umberto Eco, "a interpretação consiste em ler sob o controle do que está escrito". Fugir disso é identificar o aplicador com o legislador (o que contraria a separação dos poderes, uma das bases do constitucionalismo).

Na verdade, frases como "a interpretação é ato de vontade", "o intérprete produz a norma" são extremamente enganosas. Justificam-se quando significam, "entre vários sentidos possíveis, dada a ambiguidade do enunciado, que o intérprete escolhe um deles; e como escolher é ato de vontade, a interpretação é um ato de vontade"; ou, "lendo o enunciado, o intérprete dá sentido às expressões de que ele usa e, assim, produz o sentido da norma, por isso ele produz a norma" (que não é evidentemente o conjunto de sinais impressos no papel). Mas são absurdas se querem dizer que o intérprete faz a norma de acordo com sua vontade, ou o justo que pressupõe. Ou, pelo menos, renegam o sistema do Estado de Direito, porque negam o primeiro de seus princípios — o de legalidade; contestam a democracia, na qual a lei é expressão da vontade geral; abandonam a separação dos poderes, que reserva ao legislador o estabelecimento da lei.

4. OS MÉTODOS DE INTERPRETAÇÃO

Há muito são conhecidos e usados determinados métodos de interpretação. Esses métodos são procedimentos destinados a realizar a identificação entre o sentido do enunciado normativo visto pelo legislador (o emitente do enunciado) e pelo destinatário. Na verdade, eles servem para que este, o destinatário, encontre a norma (o sentido do enunciado) que editou o legislador.

Lembrem-se os principais. O primeiro método, que é ponto de partida necessário de toda a interpretação, consiste na determinação do sentido das palavras (a "letra") de que usa o enunciado e da vinculação que entre eles existe. Isso se obtém, se necessário, pelo dicionário e pela gramática. Daí ser esse método chamado de *método gramatical*. Leva ele a uma compreensão literal do enunciado. Às vezes isso basta para o aplicador ou destinatário da norma.

Entretanto, a experiência ensinou que essa compreensão literal é muitas vezes insuficiente ou até enganosa. As palavras são frequentemente plurívocas; o legislador nem sempre se exprimiu corretamente pelo enunciado. Disso resulta a necessidade de utilização de outros métodos.

Desses, um é o *método histórico*. Procura nos fatos da elaboração do enunciado normativo a explicação deste. No caso de uma lei, verifica a sua tramitação nas câmaras, a justificativa do projeto, o parecer das comissões, as manifestações do debate, as razões de veto, se houve etc.

A aplicação desse método favorece a determinação da finalidade buscada pela norma. Essa procura da finalidade — o *método teleológico* — leva à intenção da lei (da norma), dita em latim *voluntas legis* (vontade da lei). Essa vontade da lei não se confunde com a vontade ou intenção do legislador (a motivação deste, em latim, *voluntas legislatoris*). O método teleológico esforça-se, essencialmente, por descobrir o valor que inspira a norma, não o motivo da norma, que pode ser mesquinho (p. ex., criar embaraços ao governo) ou irrelevante.

Indo além, como o direito é um sistema, nenhuma norma pode ser bem compreendida, se não for encontrado o "lugar" dessa norma no sistema jurídico, ou, mais restritamente, no sistema constitucional. Quer dizer, se não for ela posta no seu lugar (p. ex., como regra geral, como exceção). Essa integração da norma no sistema é buscada pelo método *lógico-sistemático*.

5. A INTERPRETAÇÃO AUTÊNTICA

Pode ocorrer que, em face de dúvidas quanto ao sentido da norma editada, aquele que a editou venha a proclamar a sua própria interpretação. É a interpretação do autor, a interpretação dita autêntica. É essa uma interpretação obrigatória para todos os destinatários da norma. Entretanto, ela não escapa à sina dos enunciados normativos: o enunciado que a edita precisa também ser interpretado.

6. A INTERPRETAÇÃO JURISPRUDENCIAL

Dentre os aplicadores e, portanto, dentre os intérpretes do direito, destaca-se o juiz. Na verdade, este diz (o que é) o direito. Ele é exatamente o que exprime a palavra latina *iurisdictio*, de onde vem o vocábulo português *jurisdição*.

Claro, assim, está que o mais alto tribunal do país é o mais importante dos intérpretes do direito. Por isso, o mais importante dos interpretadores do direito é o tribunal que interpreta a Constituição; no Brasil, o Supremo Tribunal Federal.

Os tribunais, em princípio, somente interpretam o direito na medida em que isso é necessário para aplicar as normas vigentes a casos concretos. Ao fazê-lo, definem o sentido das referidas normas, de tal forma que seu conteúdo, para efeitos práticos, é o que a elas dá a interpretação judicial. Um grande juiz da Suprema Corte americana, Wendell Holmes, exprimiu essa colocação de modo radical, ao afirmar que a Constituição dos Estados Unidos é o que a Suprema Corte diz que ela é.

Algumas Constituições admitem — é verdade — que os tribunais interpretem em abstrato, em tese, os enunciados normativos, mas isso é excepcional. No Brasil, foi isso previsto pela Emenda nº 7/1977 à Constituição de 1967 (ao dar nova redação ao art. 119, I, *l* da Carta). Hoje, por força da Lei nº 9.868/1999, nas ações diretas de inconstitucionalidade e declaratórias de constitucionalidade, pode o Supremo Tribunal Federal fixar a "interpretação conforme à Constituição", quer dizer, aquela que deve ser dada a um ato normativo, para que este seja considerado constitucional.

A interpretação dos tribunais se exprime na sua jurisprudência, ou seja, numa posição reiterada em numerosos julgamentos quanto ao sentido de uma norma. Nessa jurisprudência, desenha-se um parâmetro de interpretação que esclarece o conteúdo da norma. A definição dessa jurisprudência, quer dizer, dessa interpretação, não exclui, porém, que, mudando os tempos ou em face de novos argumentos, o tribunal altere o entendimento a respeito da norma.

7. *STARE DECISIS*, SÚMULA E EFEITO VINCULANTE

No direito norte-americano, prevalece o princípio do *stare decisis* (em tradução livre: deixar ficar como está nas decisões [anteriores]). Os juízos e tribunais pautam o seu entendimento quanto à definição do sentido da norma pela orientação dos órgãos judiciais que lhes são superiores. Assim, em última análise, prevalece a opinião da Suprema Corte. Mas esse *stare decisis* não impede a evolução e mesmo a mudança de orientação. É o que sucedeu quanto à discriminação racial, pois, havendo a Suprema Corte aceito no final do século XIX a doutrina do "separado, mas igual" — a doutrina de que, nos estabelecimentos públicos, escolas, meios de transporte etc. não haveria discriminação se os negros fossem separados dos brancos, desde que as instalações e condições fossem iguais — pôde ela abandoná-la, em meados do século passado — caso Brown, entre outros —, adotando a exigência da integração racial.

O direito brasileiro procurou imitar o *stare decisis*, adotando a súmula de jurisprudência e o efeito vinculante de decisões do Supremo Tribunal Federal — como se viu acima (cap. 29). Entretanto, sendo a súmula um texto escrito, não exclui, por um lado, a problemática da interpretação, e, o que é mais grave, cristaliza a posição jurisprudencial, dificultando a sua adaptação a novos tempos, ou sua mudança em decorrência de novos argumentos. Na verdade, a súmula brasileira mais se aproxima de uma lei interpretativa editada pelo Supremo Tribunal Federal do que do *stare decisis* norte-americano.

8. AS FÓRMULAS DE EXPERIÊNCIA

A experiência de mais de dois mil anos de interpretação conduziu à condensação de brocardos que servem de orientação.

Vale apontar alguns, que arrola Carlos Maximiliano, com a advertência de que devem ser aplicados de forma prudente e não de modo mecânico. Deles, alguns já foram apontados pelos jurisconsultos romanos.

Os principais são: (1) "Conhecer a lei não é conhecer o sentido das palavras, mas sua força e poder" (*Scire leges non hoc est verba earum tenere sed vim ac potestatem* — Celso, *Digesto*, Liv. I, Tít. 3, Frag. 17); (2) "Não se interpreta o que é claro" (*in claris cessat interpretatio*) (Nem sempre, porém, o que parece claro o é; as aparências enganam — observo); (3) "A exceção confirma a regra"; (4) "As exceções interpretam-se restritivamente"; (5) "Casos iguais regem-se por normas iguais" (*ubi eadem ratio eadem dispositio*); (6) "Onde a lei não distingue não devemos distinguir" (*ubi lex non distinguit nec non distinguere debemus*); (7) "O geral abrange o especial"; (8) "Os ônus devem ter interpretação restritiva, os benefícios, extensiva" (*odiosa restringenda, favorabilia amplianda*); (9) "Altere-se o menos possível o que sempre foi interpretado do mesmo modo" (*minime sunt mutanda quae interpretationem certam semper habuerunt* — Paulo, *Digesto*, Liv. I, Tít. 3, Frag. 23); (10) "Prefira-se o que torne viável o objetivo ao que leve à inutilidade"; (11) "Ninguém está adstrito a coisas impossíveis" (*ad impossibilia nemo tenetur*); (12) "As leis não têm palavras inúteis"; (13) "O acessório segue o principal" (*accessorium sequitur principale*); (14) "Na dúvida, pela liberdade" (*in dubio pro libertate* — Gaio, *Digesto*, Liv. 50, Tít. 17) etc.

9. A INTERPRETAÇÃO CONSTITUCIONAL

Como a Constituição se revela num enunciado normativo, a sua interpretação segue os mesmos métodos de interpretação do direito em geral. Entretanto, como a Constituição, por um lado, registra os valores mais caros à comunidade, que os manifesta pelo poder constituinte, por outro, é a "lei das leis", a lei suprema; sua interpretação não pode olvidar esses dois aspectos.

Deles de pronto decorre que, na exegese de qualquer de suas disposições, se deve levar em conta os valores que inspiram a Constituição e os objetivos a que esta se propõe. Servem, pois, de ponto de referência para a aplicação do método teleológico de interpretação.

Tais valores, traduzidos em princípios, apontam, frequentemente ao Preâmbulo, daí a importância deste para a orientação do intérprete. Exemplo de tal importância é dado pelo direito constitucional francês em vigor, que, de acordo com a jurisprudência do Conselho Constitucional (o seu órgão de controle de constitucionalidade), tem o condão de incorporar ao direito constitucional legislado normas como as definidoras de direitos fundamentais. É bem de ver, porém, que muitos Preâmbulos apresentam uma tal acumulação de valores, cuja utilidade para a interpretação tende a zero.

10. A LIÇÃO DOS ANTIGOS

A questão da interpretação constitucional já preocupou os constitucionalistas ainda no século XVIII. Lembrem-se as observações de juristas norte-americanos, como Story, Cooley, Bryce, Black, Willoughby e Marshall, que muito influenciaram Rui Barbosa e, por intermédio deste, a formação da doutrina constitucional brasileira.

11. A LIÇÃO DE MAXIMILIANO

No Brasil, vale recordar ainda a esse respeito a lição de Carlos Maximiliano. O mestre gaúcho deu ao tema da interpretação constitucional uma atenção especial. Formulou mesmo alguns brocardos a serem observados nessa tarefa, aproveitando o ensinamento dos constitucionalistas norte-americanos.

Destaquem-se alguns deles: (1) "Forte é a presunção de constitucionalidade de um ato, ou de uma interpretação, quando datam de grande número de anos" (Willoughby); (2) "Todas as presunções militam a favor da validade de um ato" (Bryce, Black); (3) "Quando a nova Constituição mantém, em alguns de seus artigos, a mesma linguagem da antiga, presume-se que se pretendeu não mudar a lei nesse particular" (Cooley); (4) "Sempre que for possível sem fazer demasiada violência às palavras, interprete-se a linguagem da lei com reservas tais que se torne constitucional a medida que ela institui, ou disciplina" (Willoughby); (5) "Quando a Constituição confere poder geral ou prescreve dever, franqueia também, implicitamente, todos os poderes particulares, necessários para o exercício de um, ou cumprimento de outro" (Cooley); (6) "A prática constitucional longa e uniforme aceita pelo Poder Legislativo, ou pelo Executivo, tem mais valor para o intérprete que as especulações engenhosas dos espíritos concentrados" (Story); (7) "Interpretam-se estritamente os dispositivos que instituem exceções às regras gerais firmadas pela Constituição" (Black) etc.

12. A LIÇÃO DE CANOTILHO

Os constitucionalistas contemporâneos também não se furtam a traçar diretrizes para a interpretação constitucional.

Canotilho, por exemplo, depois de formular eruditas e profundas observações acerca da interpretação, fornece um "catálogo tópico dos princípios de interpretação".

Eis alguns: (1) princípio da unidade da Constituição, que exclui contradições; (2) princípio do efeito integrador, ou seja, deve-se preferir a interpretação que dá reforço à unidade política; (3) princípio da máxima efetividade, quer dizer, deve-se preferir a interpretação que dê maior efetividade à norma; (4) princípio da justeza ou conformidade funcional, que impede a alteração da repartição de funções; (5) princípio da concordância prática ou harmonização, pelo qual se deve evitar o sacrifício (total) de um bem jurídico em favor de outro; (6) princípio da força normativa, em razão do qual se deve procurar dar eficácia óptima à lei constitucional etc. Salienta, ademais, que se devem interpretar as leis de conformidade com a Constituição e não a Constituição de acordo com as leis, bem como exclui interpretação *contra legem*.

SUGESTÃO DE LEITURA COMPLEMENTAR – Clássicos: CARLOS MAXIMILIANO, *Hermenêutica e aplicação do direito*; CHAÏM PERELMAN, *Logique juridique*; JOSÉ JOAQUIM GOMES CANOTILHO, *Direito constitucional e teoria da Constituição*.

Capítulo 41
A APLICABILIDADE DAS NORMAS CONSTITUCIONAIS

1. OS DIFERENTES ÂNGULOS

O intérprete da Constituição depara, ao analisar os enunciados que a exprimem, com diversas espécies de normas. A análise destas é uma das tarefas que mais preocupam os constitucionalistas contemporâneos, que se esmeram em desenvolver a chamada teoria da Constituição. Num curso de direito constitucional é necessário tocar no assunto, mas evidentemente de modo simplificado, pondo de lado as sutilezas (mormente da doutrina alemã). No curso deste livro várias vezes se tocou no tema, mas me parece convir dar num capítulo um tratamento sistemático da questão.

De quatro pontos de partida podem ser encaradas as normas constitucionais: o ângulo de sua *forma*, o de sua *completude*, o de sua *densidade* e, enfim, o de sua *aplicabilidade*. Note-se que esses ângulos não se excluem mutuamente. Cada norma constitucional pode, e deve, ser focalizada de todos os quatro ângulos mencionados, que são — reitere-se — os principais. Podem, ademais, ser examinadas de vários outros, como se faz na teoria da Constituição.

2. A FORMA: NORMAS ESCRITAS E NORMAS NÃO ESCRITAS

O constitucionalismo dá ênfase às Constituições escritas, a ponto de ser quase esquecido que há Constituições não escritas — é verdade que hoje uma ínfima minoria, prestigiada, no entanto, pela Constituição da Inglaterra. Assim, olvida-se haver normas constitucionais não escritas.

Entretanto, estudos recentes têm demonstrado que, mesmo em Estados que possuem Constituição escrita, se desenvolvem normas não escritas que completam ou "interpretam" as normas escritas.

Delas, muitas se constituem no relacionamento entre os poderes, como a aceitação de mensagens aditivas pelas quais o Executivo "emenda" projetos de lei. Caso típico é o da reiteração das medidas provisórias, anteriormente à Emenda nº 32/2001 à Constituição brasileira em vigor. São tais normas até reconhecidas pela jurisprudência constitucional, como era o caso da reiteração de medidas provisórias. Outras exprimiriam princípios superiores, suprapositivos.

Lembre-se — de qualquer modo — que o direito constitucional brasileiro admite direitos fundamentais implícitos (Constituição, art. 5º, § 2º). Ora, direitos implícitos são normas não escritas. E a doutrina brasileira não hesita em reconhecer princípios subjacentes a normas escritas, os quais teriam força constitucional.

A matéria, todavia, não é pacífica. Há uma corrente que objeta serem essas normas manifestadas no relacionamento entre os poderes meras normas convencionais — "convenções da Constituição", para lembrar a lição de Dicey a respeito do direito inglês. Outra — evidentemente não aplicável ao caso dos direitos fundamentais implícitos —, a de que tais normas não gozariam de supremacia relativamente às normas infraconstitucionais e, portanto, não seriam verdadeiramente normas constitucionais. Vale, porém, por sua importância, ter presente a questão.

3. A COMPLETUDE

Entre as normas que encontra na Constituição o intérprete, umas lhe aparecem completas, outras, incompletas. Recorde-se que toda norma, na sua estrutura lógica, importa em dois elementos. De fato, ela parte de uma hipótese, à qual acarreta uma solução jurídica. Ou seja, possui uma *hipótese*, que, na verdade, seria uma proposição condicional, em decorrência da qual adviria uma consequência jurídica, expressa numa proposição afirmativa ou negativa, num *dispositivo*.

A norma é completa quando tem suficientemente definidos esses dois elementos — a hipótese de seu cabimento; a consequência jurídica a isto associada (o seu "mandamento").

À falta dessa definição, seja na hipótese, seja no mandamento, é ela incompleta. Isto, como se irá ver, reflete-se na questão da aplicabilidade da norma.

Nem sempre o enunciado normativo exprime norma completa, ou suficientemente definida nos seus dois elementos. Um exemplo importante é o fornecido pelo art. 5º, LXXI, da Constituição brasileira, que suscitou e suscita muita polêmica. Recorde-se o texto: "LXXI — conceder-se-á mandado de injunção sempre que a falta de norma regulamentadora torne inviável o exercício dos direitos e liberdades constitucionais e das prerrogativas inerentes à nacionalidade, à soberania e à cidadania". Aí, está definida a hipótese: a inviabilidade do "exercício de direitos e liberdades constitucionais e das prerrogativas inerentes à nacionalidade, à soberania e à cidadania". Mas o mandamento, não.

Que é um mandado de injunção? Isto não é dito. Para que serve ele? Não o diz a Constituição.

4. A APLICABILIDADE DAS NORMAS CONSTITUCIONAIS

A doutrina clássica distingue a esse respeito duas espécies. É o que Rui Barbosa já ensinava, com arrimo em Cooley, Story e outros constitucionalistas norte-americanos. Essa ainda é a lição da doutrina moderna, da estrangeira, por exemplo, de Jorge Miranda, e de parte da brasileira, por exemplo, a do autor deste livro. São elas as *normas exequíveis por si sós* (normas autoexecutáveis, *self executing*) e as *normas não exequíveis por si sós*.

5. AS NORMAS EXEQUÍVEIS POR SI SÓS

As primeiras podem ser aplicadas sem a necessidade de qualquer complementação. É tipicamente o caso das normas completas. Já as segundas, exatamente por serem incompletas, precisam receber, antes de poderem ser aplicadas, a complementação, seja quanto à hipótese, seja quanto ao dispositivo. Tal complementação se diz a sua regulamentação, mas se tenha presente que, no caso das normas constitucionais, essa complementação se deve dar normalmente por lei — é a regulamentação legal.

Entretanto, se a completude é o critério essencial da aplicabilidade de uma norma, não é um critério absoluto. O ordenamento jurídico às vezes prevê a aplicabilidade de normas incompletas. É o que faz a Constituição brasileira a propósito das normas definidoras de direitos fundamentais (art. 5º, § 1º), ou a respeito de princípios (art. 37, *caput*), por exemplo. Nesse caso, ela está "delegando" ao aplicador a complementação do que não está definido, ou suficientemente definido. Assim, para retomar o exemplo do art. 5º, LXXI, da Lei Magna de 1988, à falta do dispositivo coube ao Supremo Tribunal Federal definir a consequência do deferimento do mandado de injunção, assimilando-o grosso modo à inconstitucionalidade por omissão.

6. AS NORMAS NÃO AUTOEXECUTÁVEIS OU NÃO EXEQUÍVEIS POR SI SÓS

Quanto a normas não exequíveis, podem-se distinguir várias espécies.

Uma é obviamente a da *norma incompleta* (p. ex., o já citado art. 5º, LXXI).

Outra é a da *norma programática*, ou seja, aquela que prevê uma política pública, uma legislação específica (não raro predeterminando aspectos desta). Lembre-se que é para forçar a implementação dessas normas que a Constituição prevê a ação de inconstitucionalidade por omissão (art. 103, § 2º) (p. ex., a participação dos empregados nos lucros da empresa — art. 7º, XI).

Terceira, a das *normas de estruturação*, as quais instituem entes ou órgãos, deixando ao direito infraconstitucional a definição de sua organização (embora às vezes a predeterminem parcialmente) (p. ex., o Conselho da República, segundo decorre do art. 90, § 2º).

Uma última espécie é a das *normas condicionadas*. São essas normas completas, que poderiam ser autoexecutáveis, mas que a Constituição condicionou à lei infraconstitucional. Esse artifício, que logicamente é absurdo, não o é no plano político, visto que deixa ao legislador ordinário a decisão quanto à oportunidade de dar eficácia a tais normas. Trata-se de uma forma de conciliação entre o mérito — que a Constituição decide — e a oportunidade. Famoso a esse respeito é o art. 192, § 3º, com a redação primitiva da Constituição que proibia taxa de juros reais acima de 12% ao ano, pondo isso, todavia, na dependência de uma lei complementar, reguladora de todo o sistema financeiro nacional.

7. A DOUTRINA DE JOSÉ AFONSO DA SILVA

Esse ilustre jurista, que foi titular de direito financeiro na Faculdade de Direito da USP, lançou no livro *Aplicabilidade das normas constitucionais* (com que concorreu infrutiferamente à cátedra de direito constitucional) uma classificação das normas constitucionais, muito aceita no país.

Para ele, haveria três espécies de normas constitucionais quanto à aplicabilidade: (1) normas de eficácia plena; (2) normas de eficácia contida; e (3) normas de eficácia limitada.

As primeiras — *normas de eficácia plena* — têm incidência imediata, visto haverem recebido do constituinte "normatividade suficiente" para tanto; ou seja, por serem completas.

As segundas — *normas de eficácia contida* — receberam do constituinte "normatividade suficiente", e "preveem meios normativos [...] não destinados ao desenvolvimento de sua aplicabilidade, mas, ao contrário, permitindo limitações a sua eficácia e aplicabilidade".

As últimas — *normas de eficácia limitada* — "não receberam do constituinte normatividade suficiente para sua aplicação". Quer dizer, são normas incompletas.

Como é fácil apreender, a trilogia, quando limitada à questão da aplicabilidade, se reduz ao dualismo clássico. Realmente, as normas de eficácia plena e as normas de eficácia "contida" são normas exequíveis por si mesmas, enquanto a última espécie — as normas de eficácia limitada — corresponde às normas não exequíveis por si mesmas. Ora, manda a lógica que duas espécies (a primeira e a segunda) não sejam separadas quanto à aplicabilidade, quando, no que toca a esta, são iguais. A diferença entre normas de eficácia plena e normas de eficácia contida não está na aplicabilidade, portanto, e sim na possibilidade ou não de ser restringido o seu alcance pelo legislador infraconstitucional, o que nada tem que ver com a aplicabilidade das normas enquanto constitucionais.

8. PRINCÍPIOS E REGRAS CONSTITUCIONAIS

Observe-se, ainda a propósito das normas constitucionais, que, ora elas se apresentam como princípios, ora como regras.

Tal distinção não é essencial — diga-se desde logo — para a aplicabilidade das normas constitucionais. Embora os princípios, normalmente, pela indefinição relativa de sua hipótese e pela pluralidade de soluções que enseja o seu dispositivo, não sejam exequíveis por si mesmos, pode a Constituição considerá-los autoexecutáveis. É o que faz a Carta Magna de 1988 no art. 37, *caput*. Isso significa que sua densificação ou concretização fica a cargo do aplicador.

SUGESTÃO DE LEITURA COMPLEMENTAR – **Clássico:** Jorge Miranda, *Manual de direito constitucional*, t. II — *A Constituição*; **Nacional:** Obra do autor: *Comentários à Constituição de 1988*, v. I.

Capítulo 42
OS PRINCÍPIOS CONSTITUCIONAIS E SUA APLICAÇÃO

1. CONSTITUIÇÃO E PRINCÍPIOS

De há muito a doutrina constitucional convive com a ideia da importância dos princípios para a Constituição.

É notório que as Constituições escritas foram e são estabelecidas a partir de princípios políticos, vistos como dogmas. Daí a oposição entre *Constituições dogmáticas* e *Constituições históricas*, hoje como que esquecida, em razão da absoluta predominância das primeiras, mas polêmica nos séculos XVIII e XIX; ou seja, no nascedouro do constitucionalismo.

Flagrante, por outro lado, é o fato de que Constituições contemporâneas — e bom exemplo disto é a Lei Magna brasileira de 1988 — têm uma *"textura aberta"* e assim enunciam princípios obrigatórios, autoexecutáveis, no seu corpo. Isso corresponderia à necessidade de uma flexibilização dos imperativos constitucionais em face da realidade sempre cambiante. Mais, em velocíssima transformação, numa época de "globalização".

2. ESPÉCIES DE PRINCÍPIOS CONSTITUCIONAIS: OS PRINCÍPIOS INFERIDOS

Há que ter presente, contudo, que são duas as espécies de princípios com que depara o direito constitucional: *princípios* que (na falta de designação melhor) podem ser ditos *inferidos* e *prescritivos*.

Com efeito, as Constituições dogmáticas do século XVIII, do século XIX e da primeira metade do século XX incorporavam princípios que nelas apareciam como regras. A partir destas é que eles eram *inferidos*. Sem dúvida, na atividade de elaboração da Constituição, estavam claros como diretrizes na mente dos constituintes, mas como que desapareciam quando feita a obra, como andaimes que se retiram de uma construção terminada.

Assim, a Constituição brasileira poderia ser, por indução, reduzida a alguns princípios, em última instância: princípio do Estado de Direito, princípio democrático, princípio federativo, princípio da separação dos poderes, princípio liberal, ou da limitação do poder, princípio social, ou da proteção aos economicamente fracos.

Destarte, na Constituição estão sempre implícitos alguns princípios que podem ser designados por *princípios inferidos*. A doutrina moderna ousa chamá-los eruditamente de *princípios apofânticos*.

3. ESPÉCIES DE PRINCÍPIOS CONSTITUCIONAIS: OS PRINCÍPIOS PRESCRITIVOS

Entretanto, como já se apontou, numa Constituição como a brasileira em vigor, há o enunciado de princípios que, portanto, estão nela explícitos. Veja-se, por exemplo, o art. 37, que fala em legalidade, impessoalidade, moralidade, publicidade e eficiência, impondo-os como obrigatórios para a administração pública.

Tais princípios são editados para prescrever linhas de conduta, ou de orientação, que indicam o rumo de efetivação da Constituição. Eles traduzem certamente valores que inspiram a Lei Magna. São normas, e normas jurídicas, tanto quanto as regras, podendo ser, segundo a Carta determine, de aplicação imediata (o que significa — já se disse — que ao aplicador é "delegada" a sua concretização).

Esses princípios, pois, são *princípios prescritivos* (ou, ainda na linguagem dos mais sábios, *princípios deônticos*).

É verdade que, para complicar as coisas, às vezes, os princípios prescritivos são, na sua substância, princípios inferidos. Disto são exemplos o art. 25, *caput*, da Lei Magna brasileira, que impõe aos Estados organizarem-se, observando os princípios dela própria, e o art. 29, *caput*, da mesma, que impõe aos Municípios organizarem-se segundo os princípios estabelecidos na Constituição federal e na Constituição estadual. Há, portanto, princípios prescritivos, cujo conteúdo é inferido de regras e — por que não? — de princípios inferidos.

4. PRINCÍPIOS E REGRAS: A DISTINÇÃO CLÁSSICA

Falou-se até agora de princípios e regras como se se tratasse de conceitos bem definidos e claros para todos. Isto não ocorre, porém, em face dos modismos doutrinários contemporâneos.

A distinção tradicional apoia-se num critério formal.

Numa análise de abrangência, os princípios seriam normas jurídicas, sim, mas generalíssimas, tanto na sua hipótese quanto no seu dispositivo. Por isto, a sua diferenciação seria uma questão de grau de generalidade.

Assim, por exemplo, o princípio democrático, na hipótese, abrange a atribuição do poder; no dispositivo, a supremacia do povo, mas num e noutro ponto cabem incontáveis fórmulas. No extremo oposto, estão as regras, normas jurídicas, cuja hipótese é (mais ou menos) restrita e cujo dispositivo é (mais ou menos) preciso (*pode, não pode; se matar, sofrerá tal pena*, p. ex.).

Claro está que há um *continuum* entre os dois extremos — a generalidade máxima (de alguns princípios) e a generalidade mínima (de algumas regras) —, de modo que, separando o que é notoriamente um princípio do que é visivelmente uma regra, há uma zona cinzenta, na qual cabem hesitações.

5. PRINCÍPIOS E REGRAS: A DOUTRINA SUBSTANCIALISTA

Hoje, há quem não se contente com essa diferenciação formal e pretenda haver entre princípios e regras uma diferença substancial. Entretanto, não há acordo entre os adeptos dessa tese, podendo-se distinguir diversos entendimentos quanto a essa diferença. Realmente, o que ensina Dworkin não é subscrito por Alexy; o que ensina Eros Grau não é o que entende Humberto Ávila etc.

E o pior é que não há entre os substancialistas um acordo acerca do critério (substantivo) de diferenciação, ao contrário. Em consequência, fica o estudioso sem uma diretriz clara a respeito do critério substantivo de diferenciação. Dizer, por exemplo, que os princípios são "mandados de otimização" (Alexy) não leva muito longe (toda norma, incluídas as regras, são mandados de otimização, no sentido de que se pretende com elas a otimização de um valor). Igualmente, é falho outro critério, o de Dworkin, segundo o qual as regras são aplicadas num tudo ou nada, enquanto os princípios podem ser dosados ou graduados na sua aplicação (porque a conciliação de regras é tão antiga quanto o direito).

Certamente há pontos comuns entre os substancialistas (senão não se poderia falar numa escola, ou corrente). Dentre eles salientem-se dois. Um é a "otimização" inerente ao princípio; quer dizer, a afirmação do princípio importa numa ordem, a ordem de otimizá-lo nos casos em que cabe a sua aplicação. Outro, a "flexibilização"; o princípio, ao contrário da regra, admite temperamentos na sua aplicação.

6. A APLICAÇÃO DOS PRINCÍPIOS

A aplicação dos princípios suscita um problema específico. Sendo amplíssima a sua hipótese e amplíssimo o seu dispositivo, necessitam eles de ser "densificados", para a sua aplicação. Isto significa que a norma generalíssima deve ser reduzida a regras, evidentemente de abrangência mais restrita. Somente "densificadas" é que podem elas ser aplicadas a casos concretos — "concretizadas".

Põe-se então a pergunta: A quem cabe essa densificação?

7. A DENSIFICAÇÃO DOS PRINCÍPIOS: COMPETÊNCIA DO LEGISLADOR

Num Estado de Direito, num sistema democrático — num Estado Democrático de Direito, no sentido que dá à expressão o art. 1º, *caput*, da Lei Magna em vigor —, organizado segundo a separação dos poderes, é indiscutível que essa densificação (o desdobramento em regras do princípio) compete ao legislador. Realmente, o primeiro princípio do Estado de Direito é o de legalidade: "Ninguém será obrigado a fazer ou deixar de fazer alguma coisa senão em virtude de lei" (Constituição, art. 5º, II).

Por seu turno, a edição da lei — expressão da vontade geral, na fórmula famosa de Rousseau — cabe à representação popular, eleita. O povo se governa "por meio de representantes eleitos ou diretamente" (Constituição, art. 1º, parágrafo único).

Num Estado de Direito, portanto, não cabe senão ao legislador densificar os princípios.

Há, sem dúvida, juristas de peso que entendem caber tal densificação ao Judiciário, em caso de mandado de injunção. Não é essa, porém, a jurisprudência do Supremo Tribunal Federal.

8. A APLICAÇÃO DIRETA DOS PRINCÍPIOS

A aplicação direta (a concretização, propriamente dita) dos princípios apenas excepcionalmente pode ser posta em prática pelo Judiciário.

Caso de fazê-lo é o da lacuna, ou seja, da falta de regra a aplicar, por ser omissa a legislação (Lei de Introdução, art. 4º). Nessa situação, pode o juiz aplicar a analogia, os costumes e os princípios gerais de direito, e, *a fortiori*, os princípios constitucionais. Inexiste lacuna, porém, quando a norma constitucional, ou mesmo a lei infraconstitucional, existe, contudo não é exequível por si mesma, dada a falta da regulamentação. Reitere-se que a regulamentação é juízo de oportunidade, atribuído a quem deve fazê-la, seja o legislador, seja o administrador.

9. APLICAÇÃO *CONTRA LEGEM*

Absolutamente descabida é a aplicação *contra legem* do princípio. Isso seria levar o juiz a prevalecer sobre o legislador no plano da densificação, o que fere o Estado de Direito.

É verdade que, ocorrendo inconstitucionalidade da lei, por ofensa a princípio — e a lei obviamente tem de ser compatível com os princípios constitucionais —, o juiz pode declarar a sua inconstitucionalidade e aplicar em seu lugar o princípio. Ele não pode fazê-lo — sublinhe-se — sem declarar tal inconstitucionalidade, porque estaria sobrepondo a sua vontade à do legislador (o que configura violação do Estado de Direito). Essa hipótese de inconstitucionalidade de lei por violação de princípio há de ser rara, visto que o princípio, em razão de sua generalidade, é compatível com diferentes densificações. Ora, não pode o juiz fazer prevalecer a sua à densificação legal.

10. A COLISÃO ENTRE PRINCÍPIOS

A aplicação direta de princípios, quando cabe, tem de enfrentar um problema frequente. Trata-se da colisão de princípios; ou seja, em face de um caso concreto, não é raro que mais de um princípio esteja em causa. Num exemplo teórico, o princípio da livre concorrência e o princípio da defesa do consumidor (ambos constantes do art. 170 da Constituição). Ou, o direito à privacidade (art. 5º, X) e a liberdade de comunicação social (art. 220). Como resolvê-lo?

Vários critérios podem ser propostos. O primeiro — óbvio — é o de se procurar a conciliação de ambos. Outro, o da pertinência, ou seja, qual o princípio que concerne, mais de perto, à matéria em causa.

Aponte-se mais um — o do "peso". Entretanto, este presume uma valoração — qual o princípio mais importante —, o que é sempre arbitrário e discutível, já que a Constituição não estabelece tal escala.

11. OS DIREITOS FUNDAMENTAIS COMO PRINCÍPIOS

A questão da colisão preocupa especialmente os adeptos da tese de que os direitos fundamentais são sempre princípios. Essa tese, para muitos, é a lição de Alexy. O mestre alemão, todavia, não afirma serem os direitos fundamentais sempre princípios, mas poderem ser enunciados como princípios, ou como regras, ou como princípios e regras. Assim, é com relação a cada norma específica enunciadora de direitos fundamentais que se há de formular a pergunta se ela é princípio, regra, ou ambos.

No direito constitucional brasileiro é, sem dúvida, muito difícil aceitar que determinados dispositivos do art. 5º sejam meros princípios, portanto, suscetíveis de flexibilização, segundo querem os substancialistas, ou de diferentes densificações. Por exemplo, se há de ver como mero princípio a norma do art. 5º, III, que proíbe a tortura e o tratamento desumano ou degradante? Se se trata de um princípio, no caso de sua colisão com o princípio da segurança da sociedade e do Estado (que está no inciso XXXIII), caberia a tortura (p. ex., a fim de obter informações no combate ao terrorismo) etc.

É certo que, entretanto, se podem identificar princípios subjacentes — princípios inferidos, pois — ao enunciado de direitos fundamentais. Por exemplo, um princípio de respeito ao sigilo em geral, que está por detrás de vários direitos fundamentais especificados no art. 5º da Constituição (X — inviolabilidade da intimidade; XII — sigilo da correspondência; XIV — sigilo quanto à fonte; XXXIII — sigilo de informações etc.), princípio que implicitamente fundamenta o sigilo do médico, do advogado etc. Isso evidentemente não significa serem os direitos fundamentais sempre princípios, e sim que dos direitos fundamentais se podem inferir princípios, o que é coisa completamente diferente.

> **SUGESTÃO DE LEITURA COMPLEMENTAR – Clássico:** ROBERT ALEXY, *Teoría de los derechos fondamentales*; **Nacionais:** HUMBERTO ÁVILA, *Teoria dos princípios*; ARTIGO DO AUTOR: "A concretização dos princípios constitucionais no Estado Democrático de Direito", no livro *Estudos em homenagem à Professora Ada Pellegrini Grinover* (coordenado por FLÁVIO YARSHELL E MAURÍCIO ZANOIDE DE MORAES).

PARTE IX

QUESTÕES CONTROVERSAS

1. **PLANO DESTA PARTE**

Para encerrar este livro, é útil tratar sucintamente de dois temas importantes.

Um é referir — ainda que superficialmente — a questão das alterações e mudanças sofridas pela Constituição de 1988 por obra da atuação judicial (cap. 43) e, o seguinte, analisar o ativismo constitucional, a que várias vezes se aludiu em capítulos anteriores.

Capítulo 43
ALTERAÇÕES E MUDANÇAS DA CONSTITUIÇÃO BRASILEIRA DE 1988

1. A DISTINÇÃO ENTRE ALTERAÇÃO E MUDANÇA

A Constituição brasileira recebeu desde a sua promulgação — 5 de outubro de 1988 — até hoje — janeiro de 2022 — 114 Emendas (6 de revisão e mais 108 ordinárias). Assim, o seu teor muito foi alterado.

Mas em que medida terá ela *mudado*?

A indagação pressupõe uma distinção entre alteração e mudança. Aquela é a modificação do texto, da letra da Constituição. Esta é a modificação da significação. Claro está que toda alteração — se efetiva — importa numa mudança, mas — é o que aqui se quer sublinhar — as modificações de significação podem ocorrer (como adiante se mostrará) sem modificação do texto.

A alteração do texto produz mudanças **formais** na Constituição — é o caso das Emendas; entretanto, outros meios — por exemplo, a interpretação judicial — podem produzir mudanças **informais** na Constituição.

Assim, posta em outros termos a pergunta, a questão suscitada é se a Constituição mudou — ou seja, tomou, hoje, significação diversa em pontos importantes, de modo que ela não é a mesma no sentido substancial, independentemente das alterações no seu texto.

Insista-se. As 114 Emendas (alterações formais) à Constituição, evidentemente se efetivas, mudaram-na. Contudo, não terá ela mudado, sem alteração do texto?

A experiência observada por mestres do direito constitucional aponta para o fato de que as Constituições também mudam [e quanto!], informalmente, sem alteração do seu texto escrito.

2. MUDANÇAS INFORMAIS NA CONSTITUIÇÃO DE 1988

O questionamento proposto concerne a esse fenômeno. Visa a indagar se a Constituição de 1988 não mudou, informalmente, em aspectos significativos. A questão não é sem importância, pois, no Supremo Tribunal Federal, já se chegou a sustentar que isso ocorre.

A resposta a essa questão envolve duas ordens de considerações no estrito campo jurídico, pois, se se descesse ao da política, da sociologia, da história, muitas outras se imporiam.

A primeira delas é a análise do fenômeno da mudança constitucional, enfatizando a questão das mudanças não formais da Constituição. A segunda, o exame de algumas implicações doutrinárias importantes. Entre elas se insinua outra, qual seja, a das mudanças operadas informalmente na Constituição brasileira no período 1988-2019 pelo Supremo Tribunal Federal, ou com a "sanção" (aprovação) deste, cujo papel é primordial a respeito delas.

3. O FENÔMENO DA MUDANÇA INFORMAL DA CONSTITUIÇÃO[1]

Como é elementar, as Constituições escritas (documentais) são — normalmente — alteradas por Emendas, adotadas por um procedimento formal que elas estabelecem. Está nisto a chamada rigidez da Constituição, que é generalizada nas Constituições escritas. De fato, é excepcional — e raríssimo — que uma Constituição escrita admita alterações por força de leis adotadas pelo procedimento ordinário de legiferação.

Estas são considerações elementares com que se começam os cursos de direito constitucional. Obviamente — reitere-se — essas alterações formais levam (quando efetivas) a mudanças na Constituição, mudanças que, em decorrência de sua fonte, são chamadas de mudanças formais.

Entretanto — como já se assinalou na introdução — juristas mais sutis de há muito se aperceberam que as Constituições mudam, efetivamente, no seu conteúdo normativo, sem que isso seja determinado por alterações formais. Ou seja, sofrem mudanças informais. O texto não é alterado, mas o seu sentido muda.

4. OS FATORES DE MUDANÇA INFORMAL

A mudança informal deriva de diversos motivos, alguns deles enumerados a seguir, não em caráter taxativo, e sim exemplificativo.

Um primeiro a considerar é a *nova compreensão dos valores* que a inspiram.

Disto é exemplo, na jurisprudência brasileira, a extensão dada à "dignidade da pessoa humana", inscrita como princípio fundamental da República, no art. 1º, III. São incontáveis as decisões que, fundadas em interpretações não raro subjetivistas, reconhecem direitos com base nela, ainda os vendo como direitos absolutos e ilimitados. É o caso do direito à saúde.

Outro caso é a *reação em face de problemas insuspeitados* pelo constituinte. Aqui se põe — sempre como exemplo — o caso das renúncias a mandato para evitar sanções. Isto, que se tornou frequente no plano parlamentar, eclodiu de modo estrondoso no *impeachment* do Presidente Collor. Este renunciou para evitar a imposição da pena acessória de suspensão dos direitos políticos. Tal pena lhe foi assim mesmo aplicada, contrariando o posicionamento tradicional de que, não podendo ser imposta a pena

---

[1] Vejam-se sobre esse assunto, entre muitas outras, as obras de Kenneth C. Wheare (*Modern Constitutions*), de A.V. Dicey (*Law of the Constitution*), de Pierre Avril (*Les conventions de la Constitution*), as lições dos colaboradores da obra coletiva *Les règles et principes non écrits en droit public*, coordenada por Pierre Avril e Michel Verpeaux, e, entre os brasileiros, a obra de Anna Cândida da Cunha Ferraz (*Processos informais de mudança da Constituição*).

principal — no caso a perda do mandato — não poderia ser aplicada a pena acessória — a suspensão.

Um terceiro pode ser visto na *aceitação de práticas* que geram convenções (na lição de Dicey)[2] ou, com o tempo, verdadeiros costumes. Assim foi, antes da Emenda nº 32/2001, com a reedição de medidas provisórias não aprovadas nem rejeitadas no prazo constitucional de trinta dias. Essas práticas podem, ademais, ser encaradas como a identificação de normas não escritas da Constituição, uma outra hipótese de mudança da Constituição.

Quarta hipótese é exatamente a referida *descoberta de normas constitucionais não escritas*. Isso transparece do entendimento hoje adotado no Brasil de que pode o parlamentar perder o mandato por deixar o partido que o elegeu.

Tais normas não escritas são vistas ordinariamente como normas implícitas, que são explicitadas pela jurisprudência. Entretanto, muitas vezes elas são normas novas, como as que se criam para responder a situações insuspeitadas quando da elaboração da Constituição ou resultam de práticas consagradas.

É certo que, na maior parte das vezes, essas mudanças aparecem na jurisprudência e são justificadas como interpretação do texto. Contudo, muitas vezes estão muito longe da letra, a ponto de tornar questionável poderem decorrer do que foi redigido e, presumidamente, desejado pelo legislador.[3]

5. A IDENTIFICAÇÃO DE NORMAS NÃO ESCRITAS

Deve-se observar, outrossim, que a identificação de normas não escritas, implícitas ou não, "aumenta" ou "alarga" a Constituição. O melhor exemplo disto vem do direito constitucional francês.

Como se sabe, a Constituição de 1958 não contém nem declaração de direitos nem disposições sobre a ordem econômica e social. Apenas seu Preâmbulo confirma a adesão aos princípios da Declaração dos Direitos do Homem e do Cidadão de 1789, bem como aos que em matéria econômico-social são enunciados pelo Preâmbulo da Constituição de 1946. Em vista disto, desenvolveu-se na doutrina, com o beneplácito do Conselho Constitucional — o órgão de controle de constitucionalidade — a ideia de "*Bloc de constitutionnalité*"; em termos simplificados, a concepção de que a Constituição francesa é o texto promulgado em 1958, incorporando entre seus princípios e regras o que decorre do Preâmbulo. Assim sendo, como deflui da jurisprudência do referido Conselho, a fiscalização de constitucionalidade toma como parâmetro a Declaração de 1789 que, portanto, é norma vigente.[4]

---

[2] Na sua obra clássica, *Introduction to the study of the Law of the constitution*, ele aponta a existência das "convenções da Constituição".

[3] A doutrina criou a distinção entre a vontade do legislador e a vontade da lei, que ainda hoje é debatida na Suprema Corte americana, entre os apegados ao legado dos pais da Constituição e os modernizadores. Cf. SUNSTEIN, Cass. *A Constituição parcial*. Belo Horizonte: Del Rey, 2008.

[4] Tal noção de que a Constituição é mais que o texto assim denominado foi incorporada pelo pensamento jurídico espanhol. Cf. FAVOREU, Louis; LLORENTE, Francisco Rubio. *El bloque de constitucionalidad*. Madrid: Civitas; Sevilla: Universidad, 1991. (Cuadernos Civitas).

Por isto, a conhecida lição de Wheare: *"Constitutions are not made, they grow"* ("As Constituições não são feitas, elas crescem").

6. O PAPEL DO JUDICIÁRIO E DOS DEMAIS PODERES NA MUDANÇA INFORMAL

Essa mudança informal tem como ator destacado, contudo não único, o Judiciário, principalmente a Corte constitucional. Entretanto, nem sempre é ele o autor da mudança, mas simplesmente quem chancela essas mudanças, reconhecendo-lhes valor de normas jurídicas efetivas e eficazes. No Brasil, todavia, o seu papel de agente vem se acentuando, conforme se analisará mais adiante.

Todos os poderes, com efeito, mudam a Constituição quando desenvolvem práticas de relacionamento, especialmente o Executivo e o Legislativo. Assim, nos Estados Unidos, o Presidente da República não recebe do texto de 1787 a iniciativa legislativa, mas nem por isso deixa ele de ser autor de numerosíssimos projetos, formalizados sem a sua assinatura.

Outrossim, o Legislativo especialmente afeiçoa o processo legislativo. É o que, no Brasil, faz ele tornando letra morta o "juízo prévio sobre o atendimento (dos) pressupostos constitucionais" das medidas provisórias (art. 62, § 5º, da Constituição, com a redação da Emenda nº 32/2001).[5]

Igualmente, o Legislativo muda a Constituição quando adota leis interpretativas ou regulamentadoras que dão novo alcance a normas constitucionais. Bom exemplo disto é a Lei nº 9.868/1999 que, ao regulamentar as ações diretas de inconstitucionalidade e declaratórias de constitucionalidade, inovou em vários pontos. Além disto, admitiu claramente, contra uma longa tradição corroborada pela própria jurisprudência do Supremo Tribunal Federal, que nem sempre o ato inconstitucional é nulo e írrito, devendo ter os seus efeitos desconstituídos *ex tunc*. De fato, o art. 27 dessa Lei permitiu a restrição dos efeitos da inconstitucionalidade, tanto no tempo quanto na substância — a chamada "modulação" dos efeitos.

7. A MUTAÇÃO CONSTITUCIONAL

A mudança informal pode ir tão longe que configura, segundo aponta a doutrina, uma mutação constitucional; ou seja, o novo sentido está tão longe do original considerado em bloco que pode ser tido como exprimindo uma nova Constituição.

Indica-se como exemplo deste fenômeno o chamado Estatuto Albertino, de 1848. Este foi promulgado como Constituição do reino da Sardenha. Com a unificação italiana, tornou-se a Constituição da Itália e vigorou formalmente até 31 de dezembro de 1947, quando cedeu lugar à vigente Constituição da República da Itália. Nesse longo século, ela presidiu uma monarquia limitada, depois uma monarquia de regime parlamentarista, mais tarde um Estado fascista... Entretanto, deve-se ter em mente, por um lado, que se tratava, embora escrita, de uma Constituição flexível, portanto, alterável e alterada pela lei ordinária. Sob sua égide, vieram à luz normas não escritas que Biscaretti di Ruffia

---

[5] Isso deu lugar, em 7 de março de 2012, a uma declaração de inconstitucionalidade pelo Supremo Tribunal Federal (ADI nº 4.029, Rel. Min. Luiz Fux).

denominou "*norme di correttezza costituzionale*",[6] que serviram a muitas adaptações a uma realidade política — esta sim — incontestavelmente mutante.

8. O SUPREMO TRIBUNAL FEDERAL E AS MUDANÇAS INFORMAIS NA CONSTITUIÇÃO BRASILEIRA

Na vigência da Lei Magna de 1988, sobretudo nos últimos dez anos, o Supremo Tribunal Federal vem tomando decisões que muito se afastam da letra da Constituição, seja no âmbito do controle abstrato seja no âmbito do controle concreto, quer nas ações de controle de constitucionalidade, estritamente falando, quer nas ações que também o instrumentalizam, como o mandado de injunção. Assim, pode-se dizer que ele tem mudado a Carta fundamental. Tem ido muito além de negar validade a leis e atos inconstitucionais, vem ousando construir uma ordem constitucional, que reflete o seu entendimento acerca dos valores e princípios da Lei suprema. Nisto, evidentemente, assume um papel político (no sentido nobre do termo), porque contribui para a governança do Estado brasileiro.[7]

É o que se vai mostrar, indicando e analisando (sumarissimamente) algumas de tais decisões.

9. ALGUNS EXEMPLOS: A REEDIÇÃO DE MEDIDAS PROVISÓRIAS

As primeiras decisões que mereceriam exame seriam as — já aludidas — em que o Supremo Tribunal Federal declarou possível a reedição de medidas provisórias não transformadas em lei pelo Congresso Nacional, sem que este expressamente as tivesse rejeitado. Elas, com efeito, foram as primeiras a mudar a Constituição. A questão, porém, perdeu importância com a promulgação da Emenda nº 32/2001 que a redefiniu e regulou. Entretanto, cabe lembrar que a redação primitiva do art. 62 da Constituição não previa a reedição e dava a entender (claramente) a impossibilidade. De fato, o parágrafo único do art. 62 dispunha sem obscuridade: "*As medidas provisórias perderão eficácia, desde a edição, se não forem convertidas em lei no prazo de trinta dias, a partir de sua publicação*, devendo o Congresso Nacional disciplinar as relações jurídicas delas decorrentes" (grifei).[8]

A mudança feita pelo Supremo foi a descoberta de uma exceção, uma norma não escrita — "exceto se não tiver havido deliberação sobre elas".

Ora, o impacto dessa exceção foi grave. Com efeito, transformou o Executivo em legislador de fato, pois lhe permitiu editar normas que, sem aprovação do Legislativo, se perpetuavam pelas reedições — às vezes por dezenas de vezes. Isso se obtinha

---

[6] RUFFIA, Paolo Biscaretti di. *Le norme della correttezza costituzionale*. Milano: Giuffrè, 1939.

[7] Na verdade, pode-se dizer que o Judiciário brasileiro, em sua totalidade, vem assumindo um papel ativo na governança, não hesitando, por exemplo, em promover a concretização de políticas públicas ou a efetivação de direitos fundamentais. A análise desse fenômeno escapa à temática desta obra, mas trato dele em vários estudos, como "*O papel político do Judiciário na ordem constitucional*", publicado na *Revista dos Advogados*, da AASP, número dedicado aos vinte anos da Constituição (ano XXVIII, setembro de 2008).

[8] Nem se fale do desinteresse do Supremo Tribunal Federal pela aferição da condição de urgência, posta pelo art. 62, *caput*, exigida como condição para a edição da medida provisória.

em vista da obstrução da bancada governista e do acúmulo de medidas a votar pelo Congresso. Além disso, criou um fator de insegurança jurídica, visto que as normas editadas eram "provisórias" — em tese — já que poderiam não ser convertidas em lei, perdendo eficácia *ex tunc*, sem se falar que nas reedições, não raro, o Executivo alterava algumas das disposições do ato renovado...

10. A FIXAÇÃO DO NÚMERO DE VEREADORES

Outra decisão do Supremo Tribunal Federal tomada sem qualquer fundamento constitucional, mas justificada pela necessidade e pela urgência, foi o caso da fixação do número de vereadores.

A Constituição de 1988 atribui aos Municípios o poder de auto-organização, respeitados os princípios e normas que ela própria edita a respeito deles, bem como os que, na sua esfera de competência, forem postos pelos Estados em que se integram (art. 29).

Ora, a Constituição, na redação que perdurou até a Emenda Constitucional nº 58/2009, dispunha no inciso IV que:

"IV — número de Vereadores [seria] proporcional à população do Município, observados os seguintes limites:

a) mínimo de nove e máximo de vinte e um nos Municípios de até um milhão de habitantes;

b) mínimo de trinta e três e máximo de quarenta e um nos Municípios de mais de um milhão e menos de cinco milhões de habitantes;

c) mínimo de quarenta e dois e máximo de cinquenta e cinco nos Municípios de mais de cinco milhões de habitantes".

Considerando o seu poder de auto-organização e o fato de que a norma constitucional federal se referia a "limites", muitos Municípios fixaram no máximo permitido para cada nível populacional o número de vereadores a integrar sua Câmara legislativa.[9] Não levaram em conta a proporcionalidade mencionada na disposição.

Tal fixação foi objeto de questionamento judicial, no controle concreto, e chegou por meio de recursos extraordinários à apreciação do Supremo Tribunal Federal. Este, num *leading case*,[10] julgou, em 2004, inconstitucional essa fixação, entendendo ser imperativa a proporcionalidade matemática e rigorosa entre a população e o número de vereadores em cada um dos níveis estabelecidos pela Constituição.[11]

Entretanto, nesse mesmo ano, iria ocorrer a renovação dos mandatos municipais e não haveria tempo para que os Municípios corrigissem a anomalia. Isto levou o Supremo Tribunal Federal a fazer com que o Tribunal Superior Eleitoral fixasse para as eleições o número de vereadores de cada Município, o que este fez por meio de

---

[9] Isso provocou na opinião pública, incitada pelos meios de comunicação de massa, uma forte onda de indignação pelo abuso e pelo acréscimo de despesa que acarretava.

[10] RE 197.917-8/SP, Rel. Min. Maurício Corrêa, referente ao Município de Mira Estrela, julgado em 24 de março de 2004.

[11] Aponte-se que modulou o efeito da decisão, para que somente produzisse efeito ao renovarem-se as Câmaras, com o término do mandato dos vereadores em exercício.

uma Resolução,[12] baixada com apoio em norma do Código Eleitoral, que lhe permitia regulamentar o processo eleitoral. Nessa Resolução, o critério foi o da estrita proporcionalidade, calculada matematicamente em cada nível.

Sem discutir a interpretação dada ao preceito constitucional — que, se menciona proporcionalidade, permite uma fixação entre "limites", máximo e mínimo — não é excessivo apontar que nessa decisão habilitou-se o Tribunal Superior Eleitoral a substituir o poder municipal — no campo de autonomia deste e deixado à sua auto-organização — na determinação do número de vereadores. Não se conhece qual a norma constitucional escrita que o justifique, embora razões de necessidade e urgência dessem cobertura à solução.

Incontestavelmente, porém, o Supremo Tribunal Federal concedeu a si próprio uma competência constitucional, qual seja, a de substituir um ente político autônomo fixando normas em lugar dele num campo expressamente conferido pela Constituição a tal ente, se houver urgência para tanto.[13]

11. A VINCULAÇÃO DO ELEITO AO PARTIDO

Numa temática política delicada — a da vinculação do eleito ao partido por que se elegera — o Supremo Tribunal Federal deu apoio ao Tribunal Superior Eleitoral, instituindo (ou reinstituindo, se o plano for histórico) a chamada fidelidade partidária.

Com efeito, em 2007, o Tribunal Superior Eleitoral respondeu a duas consultas indagando sobre a existência de vínculo entre o eleito e o partido pelo qual ele teria sido eleito, de tal modo que, deixando aquele tal agremiação, perderia o mandato. A primeira concernia aos eleitos em eleição proporcional — sistema adotado para a Câmara dos Deputados, Assembleias Legislativas dos Estados (ou do Distrito Federal), Câmaras Municipais.[14] Foi ela respondida afirmativamente, entendendo o Tribunal que o abandono do partido sem motivo legítimo importaria em tal perda. A segunda, aos eleitos em eleição majoritária — sistema previsto para o Senado Federal e a chefia dos Executivos, federal, estadual (e distrital) e municipal.[15] A resposta foi dada no mesmo sentido.

A primeira foi contestada no Supremo Tribunal Federal por meio de vários mandados de segurança, que, todavia, deram apoio à orientação do Tribunal Superior Eleitoral.[16] Ora, como sem tais decisões do Supremo a manifestação do Tribunal Eleitoral não subsistiria, ao Supremo se há de imputar a responsabilidade pela instauração da fidelidade partidária sob a Constituição vigente. Desdobramento disto foi o Tribunal Superior Eleitoral editar uma Resolução que regula tal perda e o procedimento que a

---

[12] Resolução TSE nº 21.802/2004.
[13] Se o Executivo o tivesse feito, certamente o Supremo Tribunal Federal teria decretado a inconstitucionalidade.
[14] Consulta nº 1.398/2007, Rel. Min. Asfor Rocha.
[15] Consulta nº 1.407/2007, Rel. Min. Carlos Britto (integrante do Supremo Tribunal Federal).
[16] MS nº 26.602, Rel. Min. Eros Grau; MS nº 26.603, Rel. Min. Celso de Mello; MS nº 26.604, Rel. Min. Cármen Lúcia.

determinará[17] (o que pode ser visto como exercício do poder de legislar, também sob a tutela do Supremo Tribunal Federal).

Para avaliar o alcance deste entendimento, é preciso levar em conta alguns pontos. O primeiro, que a Constituição não enuncia o abandono do partido como causa de perda do mandato. E, quanto aos parlamentares federais, ela trata da perda do mandato de modo minudente no art. 55. Outro — que alimenta o critério interpretativo histórico — é que, sob o regime militar, se previu a perda do mandato por "infidelidade partidária"[18] — exclusivamente para os membros do Legislativo, nunca para os chefes do Executivo — e isto fora intensamente criticado na elaboração da Constituição em vigor. Indiscutivelmente, a intenção do legislador constitucional foi a de proscrever essa causa de perda de mandato. O terceiro ponto está no texto do art. 17, § 1º, da Lei Magna, o único que se refere a "disciplina e fidelidade partidária". Esse dispositivo, todavia, expressa a "autonomia" dos partidos "para definir sua estrutura interna, organização e funcionamento" etc., "devendo seus estatutos estabelecer normas de disciplina e fidelidade partidária". Assim, entendia-se que disciplina e fidelidade partidárias seriam questões *interna corporis*.

As respostas às Consultas, bem como os votos nas decisões do Supremo Tribunal Federal, são eruditas e eloquentes em matéria de doutrina política, exprimindo convictamente a ideia de que a democracia se faz pelos partidos e que, portanto, para fortalecer aquela, deve-se fortalecer essas entidades. Já a argumentação jurídica tem menos desenvolvimento, contentando-se em esgrimir pontos, como o monopólio partidário das candidaturas estabelecido pela Carta Magna, ou a índole do sistema de representação proporcional, dos quais não deriva, de modo inexorável, a perda do mandato dos infiéis ao partido por que se elegeram.

Trata-se, como se vê, de decisões que alteram a estrutura da democracia representativa adotada pela Constituição, tomadas com base sobretudo em argumentação doutrinária.

Reitere-se, como já foi anteriormente dito, que a Emenda Constitucional nº 111/2021, ao acrescentar um § 6º ao art. 17 da Constituição, permitiu que, com a anuência do partido pelo qual se elegera o deputado estadual, o deputado federal e o deputado distrital, o deixem sem perder o mandato.

12. O RECONHECIMENTO DAS UNIÕES HOMOSSEXUAIS COMO ENTIDADE FAMILIAR

Outra manifestação da assunção pelo Supremo Tribunal Federal do papel de legislador constituinte ocorreu a propósito do reconhecimento de relacionamentos homossexuais como "entidade familiar".[19] Em causa estava a interpretação do art. 226, § 3º, da Constituição, que reconhece como entidade familiar "a união estável entre o homem e a mulher", o que também faz o Código Civil no art. 1.723.

---

[17] Resolução TSE nº 22.610/2007.
[18] Constituição de 1967, com a redação da Emenda nº 1/1969, art. 152, § 5º, que subsistiu até a Emenda nº 25/1985.
[19] Decisão na ADIn nº 132/RJ, em conjunto com a ADPF do mesmo número, sendo relator o Min. Ayres Britto, e por votação unânime.

Sem dúvida alguma, numa interpretação histórica, pode-se demonstrar que a intenção do constituinte, ao inscrever no texto a menção à união estável entre *homem e mulher*, era exatamente a de impedir que uniões entre homossexuais alcançassem o *status* de "entidade familiar". É o que resulta claríssimo dos Anais da Constituinte, ou seja, a referência a homem e mulher foi inscrita com o objetivo declarado de vedar o reconhecimento como entidade familiar das uniões homossexuais.[20]

Decidiu, todavia, o Supremo Tribunal Federal que o texto constitucional não excluía o reconhecimento de outra união estável, a de homossexuais, como entidade familiar. Tal posição deve ser entendida como uma mudança na Constituição.

13. O SUPRIMENTO DE OMISSÃO LEGISLATIVA

Outra mudança constitucional operada pelo Supremo Tribunal Federal está em haver ele se investido da competência para colmatar a omissão legislativa.

A preocupação com esta manifesta-se no texto constitucional, cujo art. 103, § 2º, prevê uma ação de inconstitucionalidade por omissão a ser julgada por essa Corte. Entretanto, esse texto especifica que, verificada a omissão "de medida para tornar efetiva norma constitucional, será dada ciência ao Poder competente para a adoção das providências necessárias". Bem claro fica aí que quem colmataria a lacuna seria o poder competente — obviamente na hipótese de omissão legislativa, o Poder Legislativo, não o Judiciário. A experiência mostrou que essa ação era inócua.

Noutra disposição, todavia, a Constituição também dispôs sobre a omissão. É o que está no art. 5º, LXXI, em que se prevê um mandado de injunção "sempre que a falta de norma regulamentadora torne inviável o exercício dos direitos e liberdades constitucionais e das prerrogativas inerentes à nacionalidade, à soberania e à cidadania".

Considerando esta norma autoexecutável, o Supremo, desde o início da vigência da Constituição, expediu tais mandados. Entretanto, a falta de regulamentação do instituto, nos primeiros tempos, se restringiu à comunicação da omissão ao poder competente. Aos poucos, porém, veio a dispensar para o exercício de direitos individuais a norma regulamentadora exigida pelo texto.

Mais recentemente, porém, assumiu de modo ostensivo a competência de suprir a omissão do legislador, fixando ele próprio o direito aplicável à matéria discutida. O caso em que isso se tornou flagrante é o da regulamentação do direito de greve do servidor público.

A Constituição de 1988 concedeu ao servidor público o direito de greve (art. 37, VII), determinando, todavia, que seria "exercido nos termos e nos limites definidos em lei específica". Entretanto, este dispositivo não fora regulado em 2007 — não o foi até hoje — pelo legislador. Disto, resultaram problemas, tanto para os que pretenderam usar desse direito — o que descambou para greves "selvagens" — como para a administração pública, que não tinha orientação quanto a ele — e seus eventuais abusos.

Ora, entidades de servidores públicos que consideravam cerceado o direito de greve por falta de regulamentação impetraram mandado de injunção em face do Su-

---

[20] Nesse sentido, cf. MARTINS, Ives Gandra da Silva. A Constituição "conforme" o STF. *Folha de S. Paulo*, São Paulo, 23 maio 2011, p. 3.

premo Tribunal Federal. Este, ao julgá-lo, determinou que fosse aplicada à greve de servidores públicos o que está previsto na legislação sobre a greve no setor privado, acrescentando alguns parâmetros concernentes à especificidade dos serviços públicos.[21] Fê-lo, ademais, determinando tal aplicação não apenas relativamente aos impetrantes, mas a toda a categoria. Assim, assumiu o papel de legislador, inclusive fazendo *tabula rasa* da exigência constitucional de que uma lei "específica" dispusesse sobre a greve no setor público.

14. A EDIÇÃO DE NORMAS GERAIS

Esta postura de legislador, porém, já foi além, pois veio a dispensar até a omissão do legislador. Com efeito, merece registro a edição pelo Supremo Tribunal Federal, em controle concreto, de normas de direcionamento geral. Foi o que se verificou, por exemplo, da decisão tomada no tormentoso caso da terra indígena, Raposa Serra do Sol.[22]

A delimitação de tal área foi contestada perante essa Corte, que rejeitou a pretensão, mantendo o que fora estabelecido administrativamente. Contudo, a decisão teve o cuidado de explicitar *dezenove pontos* que deveriam pautar, não aquela demarcação que já estava feita, mas quaisquer demarcações outras.

Sem dúvida, editou com isto "lei", no sentido material e formal do termo, fixando normas gerais, aplicáveis a todos os casos da espécie. Nenhuma necessidade jurídica o conclamava a fazê-lo, nem urgência havia que justificasse substituir-se a Corte judiciária ao Poder Legislativo.

15. AS SÚMULAS VINCULANTES

Complete-se o quadro com as normas editadas como súmulas vinculantes. Estas, segundo prevê o texto do art. 103-A da Constituição, se destinam a exprimir de modo consolidado a jurisprudência do Supremo Tribunal Federal sobre matéria constitucional. Têm ademais efeito vinculante. Assim, são verdadeiras leis constitucionais, inclusive porque vão servir para a aferição dos atos dos demais poderes da República. Isto, por si só, não é pouco, mas — é de lembrar-se a lição célebre de Montesquieu[23] — o Supremo tem delas usado para estabelecer normas circunstanciadas, cujo fundamento é nitidamente apreciação de conveniência — juízo político. Disto, são exemplos claros a Súmula nº 11 — sobre o emprego de algemas — e a Súmula nº 13 — sobre o nepotismo.

16. A MODULAÇÃO DOS EFEITOS DO RECONHECIMENTO DA INCONSTITUCIONALIDADE

Vale referir a posição do Supremo Tribunal Federal no tocante à modulação dos efeitos do reconhecimento de inconstitucionalidade. Essa modulação, conforme já se indicou, não está em qualquer das disposições da Constituição brasileira. Ela, assim, já

---

[21] Cf. MI nº 712-8/PA, Rel. Min. Eros Grau; MI nº 670-9/ES, Rel. Min. Maurício Correa; MI nº 708-0/DF, Rel. Min. Gilmar Mendes; todos julgados em 25 de outubro de 2007.
[22] Petição nº 3.388/RR, Rel. Min. Carlos Britto, julgada em 19 de março de 2009.
[23] V. *Espírito das Leis*, livro XI, cap. IV: "É uma experiência eterna que todo homem que tem poder é levado a dele abusar; ele vai até onde encontra limites".

é por si só uma complementação desta, feita por lei ordinária, mas pacificamente aceita como constitucional pelo Supremo Tribunal Federal.[24] A sua aplicação, por outro lado, configura — rigorosamente falando — uma mudança da Constituição, na medida em que afasta, ainda que pontualmente, uma norma da Lei Magna, para fazer subsistir um ato a ela contrário. Assinale-se, porém, que a Lei nº 9.868/1999 que a prevê, não o faz senão relativamente a decisões no controle abstrato.

Entretanto, o Supremo Tribunal Federal vem operando a modulação também no controle concreto. Citem-se alguns casos significativos. Um é o da declaração de inconstitucionalidade nas questões — já mencionadas — relativas ao número de vereadores. Nelas, pelo voto do Min. Gilmar Mendes, que invoca o princípio da segurança jurídica e as graves implicações para o sistema legislativo municipal, se restringiu o seu alcance no tempo, dando-lhes efeitos exclusivamente *pro futuro*. Outro é o da fidelidade partidária — também já examinado — em que nos mandados de segurança que, no Supremo Tribunal Federal, coonestaram o entendimento do Tribunal Superior Eleitoral, foi fixado como termo a data da resposta à Consulta nº 1.398/2007.

Mais um veio no julgamento de um *habeas corpus*,[25] no qual foi reconhecida a inconstitucionalidade da norma que excluía a progressão no cumprimento de pena imposta com base na chamada Lei dos Crimes Hediondos, por violar a garantia constitucional da individualização da pena (Constituição, art. 5º, LXVI). Nesse julgamento, foi explicitado que tal declaração não teria consequências jurídicas relativamente a penas já extintas na sua data, nem excluiria a apreciação pelo magistrado competente dos requisitos que presidem a progressão no cumprimento das penas.

17. O DEBATE EM TORNO DA MUTAÇÃO DA CONSTITUIÇÃO

Foi este último caso que suscitou o debate acerca de uma mutação na Constituição de 1988.

Isto se deu porque, no Acre, estimulados pela mencionada decisão, presidiários que cumpriam pena por crime hediondo reclamaram do juízo competente a progressão. Este a recusou, alegando que decisões no controle concreto têm efeitos exclusivamente *inter partes*, sendo expressa a Constituição de que a suspensão da execução de norma declarada inconstitucional pelo Supremo Tribunal Federal no controle concreto depende de ato da competência privativa do Senado Federal (Constituição, art. 52, X), que inexistia no caso.

Dirigiram eles uma Reclamação ao Supremo Tribunal Federal.[26] No ensejo de seu julgamento, o relator, Min. Gilmar Mendes, sustentou a procedência do pedido, alegando que à regra constitucional deveria ser dado novo entendimento, por força de uma mutação constitucional. Ou seja, teria havido "uma autêntica reforma da Constituição sem expressa modificação do texto". Foi ele seguido nesta posição pelo Min. Eros Grau,

---

[24] Antes da Lei n. 9.868/99, e mesmo sob Constituição anterior, houve casos de modulação, como relata José Levi Mello do Amaral Júnior no trabalho "*Da admissibilidade da restrição temporal dos efeitos das decisões de inconstitucionalidade em controle concreto*", lido em Encontro Luso--brasileiro de Direito Constitucional na Faculdade de Direito da Universidade de Lisboa, em abril de 2010.
[25] *Habeas Corpus* nº 82.959-7/SP, Rel. Min. Marco Aurélio, julgado em 23 de fevereiro de 2006.
[26] Reclamação nº 4.335/5.

também alegando tal mutação. Desta, resultaria que a norma constitucional deveria ser lida: "Compete privativamente ao Senado Federal dar publicidade à suspensão da execução, operada pelo Supremo Tribunal Federal".[27]

Entretanto, não chegou o Tribunal a tomar decisão, em razão de pedido de vista. Depois, a questão foi superada pela edição da Súmula Vinculante nº 26 que consolidou o entendimento de que se aplica ao cumprimento da pena, em caso de crime hediondo, a progressividade.

18. MUDANÇA OU MUTAÇÃO?

A análise sumariamente feita nas páginas anteriores demonstra uma ponderável mudança da Constituição brasileira se comparada ao que significava ao ser promulgada.[28] Certamente, essa mudança não chega a uma mutação, mas atingiu pontos importantes. Assim, a readoção da fidelidade partidária, a assunção da colmatação das omissões legislativas, a legiferação por súmulas e a extensão do entendimento sobre a união estável são bons exemplos disso.

Todos estes pontos são obra do Supremo Tribunal Federal, perto dos quais as mudanças originadas do Legislativo e do Executivo são "inocentes". Reflete-se aí o papel político que essa Corte vem conscientemente assumindo, como, aliás, todo o Judiciário, hoje manifestamente "ativista". A discussão sobre esse papel político e suas implicações e consequências ou riscos não é, todavia, o objeto desta obra.[29]

19. IMPLICAÇÃO DAS MUDANÇAS EM RELAÇÃO À DOUTRINA DO PODER CONSTITUINTE

No tocante, entretanto, ao constituinte, há observações relevantes merecedoras de atenção e meditação.

A doutrina corrente, derivada de Sieyès, ensina que a Constituição é obra de um poder extraordinário — o poder constituinte — que emana diretamente do povo — o soberano — e somente pode ser modificada de acordo com a Constituição. Ou seja, por um poder (constituinte) derivado desta, de acordo com normas procedimentais definidas na Carta e limitadas ao que esta consente ser mudado. Decorre logicamente disto que toda mudança da Constituição teria de advir de alteração formal desta, jamais por obra dos poderes constituídos — Legislativo, Executivo e Judiciário. Tudo isto, sob pena de ser inconstitucional a mudança, portanto, nula e írrita.

É certo que tal doutrina suporta que a Constituição seja completada ou desdobrada pela lei, mas as mudanças disto decorrentes jamais alcançam o *status* constitucional e, destarte, não têm supremacia sobre as normas ordinárias, não podem servir para que estas sejam fulminadas por inconstitucionais.

Ora, essa doutrina é ao menos relativizada pela ocorrência de mudanças informais.

---

[27] Na minha opinião, os ministros não dão ao termo "mutação" o sentido de transformação da Constituição, mas de mudança informal em ponto específico. A dúvida, porém, sobrevive.

[28] Claro está para a generalidade dos que então a comentaram, e não foram poucos.

[29] Já o fiz noutros trabalhos. Por exemplo, no já referido artigo *"O papel político do Judiciário na ordem constitucional"*, publicado na Revista dos Advogados, da AASP, número dedicado aos vinte anos da Constituição (ano XXVIII, setembro de 2008).

20. UM PODER CONSTITUÍDO CONSTITUINTE...

Em primeiro lugar, essas mudanças tornam claro que normas de valor constitucional no plano da efetividade muitas vezes provêm de poderes constituídos, aos quais o poder constituinte não outorgou competência para tanto. Há, pois, normas reconhecidas como constitucionais que não se vinculam diretamente ao poder constituinte, nem se justificam por uma derivação por ele admitida. É clara, portanto, a relativização da doutrina do poder constituinte que, no Brasil, é divinizada por muitos.

21. UM ASPECTO NÃO PREVISTO DO CONTROLE DE CONSTITUCIONALIDADE

Em segundo lugar, as mudanças destacam uma faceta do controle de constitucionalidade que não foi prevista pelos seus articuladores originais, nem é muitas vezes devidamente enfatizada pelos juristas. Ou seja, o controle de constitucionalidade, concebido para guardar a Constituição, pode mudar e muda a Constituição.

Há mais de um século, já se disse que "a Constituição é aquilo que a Suprema Corte diz que ela é".[30] No contexto, esta observação não significava mais do que dizer que o sentido e o alcance das normas constitucionais formais seriam definidos pela interpretação da Corte. Hoje, no Brasil, teria de ser entendido um pouco diferentemente. "A Constituição é aquilo que a Corte constitucional *estabelece* como tal", não o sentido das normas formais que estão enunciadas no texto constitucional.

Não é exagero salientar que, na atualidade, mormente brasileira, a Corte constitucional assumiu um papel de superpoder constituinte. Ela pode mudar a Constituição, como entenda deva esta ser. Pode identificar normas constitucionais não escritas e aplicá-las sem contestação possível. Pode aceitar ou rejeitar Emendas Constitucionais se, na sua compreensão, desobedecerem às prescrições formais e materiais — aí estão as cláusulas pétreas a serviço disto. Pode aceitar ou rejeitar as práticas do Legislativo ou do Executivo que, efetivamente, precisam de sua "sanção" para vingar. Nisto se insinua o campo aberto pela ação declaratória de constitucionalidade, que põe o Supremo Tribunal Federal como uma terceira casa legislativa, pois reclama o seu concurso para estabelecer a legitimidade da norma legal e dar ao seu comando a imperatividade por meio de uma força vinculante...

22. A QUESTÃO DA LEGITIMIDADE DEMOCRÁTICA

Enfim, esse poder constituinte anômalo dispensa a legitimidade democrática. Com efeito, mudanças constitucionais não decorrentes de alterações formais da Constituição não podem, nem indiretamente, invocar a soberania popular. O povo não é assim o autor, mesmo indireto, do todo constitucional. Ele pode ser visto como autor indireto do que estabelecem, pelo procedimento específico e dentro dos limites especificados na Constituição, os seus representantes, não o que é obra dos juízes. É o que se tem de deduzir do parágrafo único do art. 1º da Constituição brasileira, exprimindo a soberania

---

[30] Teria sido Oliver Wendell Holmes, juiz da Suprema Corte dos Estados Unidos.

democrática: "Todo o poder emana do povo, que o exerce por meio de representantes *eleitos* ou diretamente, nos termos desta Constituição" (grifei).

> **SUGESTÃO DE LEITURA COMPLEMENTAR – Nacionais:** GILMAR FERREIRA MENDES E CARLOS BLANCO DE MORAIS (COORD.), *Mutações constitucionais;* ANNA CÂNDIDA DA CUNHA FERRAZ, *Processos informais de mudança da Constituição.*

Capítulo 44
O ATIVISMO NA JUSTIÇA CONSTITUCIONAL

1. UMA SÍNTESE DO PROBLEMA

Este trabalho pretende resumir o problema que já foi tratado muitas vezes, mas que, por sua importância e significação para o constitucionalismo, não pode ser ignorado. Aliás, em capítulos anteriores, já se aludiu a ele.

Nele, se vai abordar preliminarmente a relação entre a judicialização da política e o fenômeno do ativismo judicial, para depois apreciar esse ativismo na sua linha de manifestação, na sua fundamentação doutrinária; e, ao final, fazê-lo no que concerne às suas implicações políticas, quanto ao constitucionalismo, quanto ao princípio democrático e quanto à separação dos poderes, peça essencial da democracia.

2. A JUDICIALIZAÇÃO DA POLÍTICA

A judicialização da política, no sentido de um alargamento do poder de intervenção do poder judicial, na esfera de atuação dos demais poderes, mesmo no tocante a atos de natureza política, é um fenômeno difundido pelo mundo afora. Já em 1994 era abordado a fundo por publicações científicas estrangeiras.[31]

Correspondia tal alargamento a uma atualização, não a um abandono da separação dos poderes. Visava ele a uma ampliação do controle sobre as ações governamentais tendo em vista a ampliação do campo de sua incidência. Reflete o registro de Karl Loewenstein, de que três seriam os momentos principais da governança: a determinação da política, a execução da política e o controle da política.[32]

Não importava essa judicialização — insisto — no abandono da divisão funcional do poder pleiteada por Montesquieu. Apenas abria caminhos para o seu equacionamento em face de uma nova realidade. Assim, a judicialização não excluía a independência dos demais poderes, não retiraria destes a apreciação do mérito dos atos políticos na sua esfera própria. E obviamente ela se exerceria sempre nos limites estabelecidos na Constituição, portanto, impedindo qualquer usurpação pelo juiz de funções de governante, ou mesmo de representante político do povo.

A Constituição brasileira de 1988 seguiu essa orientação. Já o apontei em trabalho publicado em 1994 — "O Poder Judiciário na Constituição de 1988".[33]

---

[31] Cf. The judicialization of Politics, *International Political Science Review*, v. 15, n. 2, Apr. 1994.
[32] *Political power and the governmental process*. 2. ed. Chicago: University of Chicago Press, 1965. p. 48 e ss.
[33] *Revista de Direito Administrativo*, Rio de Janeiro, v. 198, p. 1 e ss., out./dez. 1994.

Não parece necessário insistir nisso. No plano instrumental, a previsão da ação de inconstitucionalidade por omissão e do mandado de injunção, e a consagração da ação civil pública bastam para demonstrá-lo. Também militava para esse controle judicial o meticuloso desdobramento dirigente prescrito para reger a governança — a meu ver, excessivo e negativo — somado à afirmação de princípios deônticos, suscetíveis de múltipla interpretação, também nela inscritos. Tudo isto certamente ampliava o controle.

Nessa judicialização, via eu o risco de propiciar uma politização da justiça. O subtítulo do trabalho referido o diz claramente — é "judicialização da política e politização da justiça". Sim, porque a abertura trazida por essa judicialização poderia resvalar para uma atuação política — e até partidária — de magistrados, desviando o Poder Judiciário de seu parâmetro essencial — não abandonado pela Constituição —, ou seja, aplicar contenciosamente a lei de modo imparcial.

Insista-se. A Constituição não alterou a função essencial do Judiciário num ponto fundamental — *sine qua non* — da separação dos poderes. O juiz julga — ou controla — aplicando a lei que ele não faz. E sua atuação tem um limite infrangível: não pode invadir o campo discricionário dos demais poderes.

Em suma, a judicialização é uma atualização do sistema de divisão funcional do poder — separação dos poderes — que autoriza o controle de atos dos poderes políticos. Entretanto, na forma e nos limites da Constituição e da lei. Atende ao espírito da separação clássica: é um sistema constitucionalizado, portanto, jurídico, para coibir o abuso ou desvio de atos políticos.[34]

3. O ATIVISMO JUDICIAL

O chamado ativismo judicial, que indubitavelmente a judicialização ensejou no Brasil, não é um sistema jurídico — é um fenômeno sociológico que tem profunda repercussão no sistema jurídico. O termo "ativista", inicialmente de viés crítico, mas hoje assumido pelos que o exercem, já o demonstra.

Com efeito, o termo "ativismo", hoje, tem como uma de suas acepções o sentido de militância por uma causa, o mais das vezes uma causa "revolucionária", ou, ao menos, transformadora de práticas ou concepções tradicionais. Assim, a expressão "ativismo judicial" indica uma militância no plano dos órgãos judiciais. É uma militância que não se escora numa doutrina definida, a não ser que se pretenda ver num simplório antipositivismo uma teoria.

Esse fenômeno, segundo autor insuspeito, o eminente Min. Luís Roberto Barroso, manifesta-se de três modos principais. São estes: "(1) a aplicação direta da Constituição a situações não expressamente no seu texto e independentemente de manifestação do legislador ordinário; (2) a declaração de inconstitucionalidade de atos normativos emanados do legislador, com base em critérios menos rígidos que os de patente e ostensiva violação da Constituição; (3) a imposição de condutas ou abstenções ao Poder Público, notadamente em matéria de políticas públicas".[35]

---

[34] Uma análise jurídica em profundidade está no livro do Prof. Elival da Silva Ramos, *Ativismo judicial*: parâmetros dogmáticos.

[35] BARROSO, Luís Roberto. Judicialização, ativismo judicial e legitimidade democrática. *Anuario Iberoamericano de Justicia Constitucional*, Centro de Estudios Políticos y Constitucionales, Madrid, n. 13, p. 17 e ss., 2009. O texto citado está na p. 22.

Tal posicionamento seria motivado por uma "participação mais ampla e intensa na concretização dos valores e fins constitucionais" e importa — reconhece — "numa maior interferência no espaço de atuação dos outros dois Poderes".

Claramente, aí se confessa que: (1) o ativista despreza o Estado de Direito, cujo primeiro princípio é o da legalidade; (2) a declaração de inconstitucionalidade fica à mercê de critérios subjetivos; e (3) o ativismo invade a esfera dos demais poderes, portanto, da governança, contrariando a separação dos poderes.

Demonstra o texto, em suma, que o ativismo judicial é uma militância contra o direito positivo.

O mestre carioca esqueceu-se, porém, de outras manifestações do ativismo.

Uma delas é o abandono nas decisões judiciais de jurisprudência arraigada (e o valor disto a Constituição reconhece ao prever as súmulas vinculantes).

Outra é o "consequencialismo", ou seja, o descumprimento de norma jurídica, em nome de pretendidas consequências indesejáveis de sua aplicação. Seria este um reflexo do brocardo romano *Sumum jus, summa injuria*, mas que, bem manipulado, pode servir de pretexto para todo e qualquer descumprimento da Constituição ou da lei.

E, enfim, não raramente ocorre o "estupro" de preceitos claros, para lhes dar sentido que escapa ao comum dos mortais. E sem mesmo invocar a semiótica, como até ontem pudicamente se fazia.

E nem se fale das decisões fundadas apenas no entendimento do prolator sobre o que ele concebe como "dignidade da pessoa humana", sem sequer explicar por quê.

Em resumo, todas essas manifestações significam que o ativista põe a sua opinião acima da lei. Ou, de modo velado, por meio de interpretações que negam o significado do texto, a história deste, ou o entendimento comum. Ou, ainda, por modo frontal, criando normas que a Constituição ou a lei não previram. E tem chegado, em matéria penal, à criação de crime por analogia, esquecendo-se do princípio *Nullum crimen sine praevia lege*.

Trata-se, em bom português, de arbítrio. Esquece-se o ativismo da advertência dos romanos: *Legum servi sumus, ut liberi possimus*.

4. A FUNDAMENTAÇÃO DOUTRINÁRIA DO ATIVISMO

No Brasil, esse ativismo, o mais das vezes, invoca como fundamento um pós--positivismo, que também se designa a si próprio de neoconstitucionalismo.[36]

Trata-se — cite-se ainda o Prof. Barroso, noutro de seus brilhantes e criativos trabalhos — de um "pós-tudo" — pós-marxista, pós-kelseniano, pós-freudiano.[37] Ou, mais precisamente, "o pós-positivismo identifica um sistema de ideias difusas que ultrapassam o legalismo estrito do positivismo normativista, sem recorrer às caracte-

---

[36] V. meu trabalho "Notas sobre o direito constitucional pós-moderno, em particular sobre certo neoconstitucionalismo à brasileira", *Revista de Direito Administrativo*, v. 250, p. 151 e ss., jan./abr. 2009.

[37] Cf. BARROSO, Luís Roberto. Fundamentos teóricos e filosóficos do novo direito constitucional brasileiro (pós-modernidade, teoria crítica e pós-positivismo). *Revista de Direito Administrativo*, Rio de Janeiro, v. 225, p. 6, jul./set. 2003.

rísticas da razão subjetiva do jusnaturalismo".[38] E insiste o jurista em ser ele um "ideário difuso", noutros trabalhos.[39]

Na verdade, a militância pós-positivista invoca diferentes fundamentos, combinados eclética e arbitrariamente, para justificar-se (quando se dá a esse trabalho).

Um deles é justificar o rompimento com a compreensão comum da norma, por meio da invocação da semiótica. Numa manipulação esotérica em que se cita Saussure, faz-se a norma dizer o que ela não diz e até o contrário do que ela diz. Isto seria a "verdadeira" significação da norma que se extrai do texto.

Caso fosse aceita tal postulação, o Estado de Direito seria impossível. Com efeito, este presume que o que manda a lei seja compreendido, ou alcançado, por aqueles que a devem cumprir; não apenas por mandarins iluminados, e não pelos que a devem cumprir.

Outro é a pretendida interpretação "moral" do direito, desconhecendo a diferença entre moral e direito e não se apercebendo que o direito necessariamente é um "mínimo ético".

Reclama, em favor dessa "moralização", a *integrity* do direito, acentuada por Dworkin; esquecendo que, para esse jurista, "o ativismo é uma forma virulenta de pragmatismo jurídico", o que ele condena exatamente em nome da *integrity*.[40]

Dela, é variante a exaltação dos princípios e de sua supremacia sobre as regras. Nisto, esquecem-se de que os princípios, quando deônticos, são de ampla abrangência e suscetíveis de numerosas concretizações, ao passo que as regras são definidas nas suas determinações e seu alcance. Disto decorre que hão de ser respeitadas essas concretizações, salvo se inexoravelmente colidirem com um princípio. Não prevalece este obviamente sobre os seus desdobramentos. Ora, no Estado de Direito, a certeza do direito é um pressuposto lógico, pois condiciona a previsibilidade das condutas. Assim, num Estado de Direito, salvo colisão incontestável, a regra positiva prevalece sobre o princípio.

Insista-se. A opção do legislador, fixando numa regra a positivação de um princípio, é que deve prevalecer, salvo a sua incompatibilidade absoluta com o princípio consagrado na Constituição.

Por outro lado, quanto aos princípios induzidos — os princípios ditos apofânticos pelos eruditos —, é simplesmente absurdo pretender que uma indução feita a partir de regras sirva para rejeitar regras a partir das quais foi induzido o princípio.

De outro ângulo, justifica-se o ativismo, afirmando que "direito é política".[41] Subentende-se aí a tese marxista de ser ele uma superestrutura, gerada pela infraes-

---

[38] V. meu estudo "Notas sobre o direito constitucional pós-moderno — em particular sobre certo neoconstitucionalismo à brasileira", publicado em: FERREIRA FILHO, Manoel Gonçalves. *Aspectos do Direito Constitucional contemporâneo*. 3. ed. São Paulo: Saraiva, 2011. p. 359 e ss.

[39] Cf. BARROSO, Luís Roberto; BARCELLOS, Ana Paula de. O começo da história — a nova interpretação constitucional e o papel dos princípios no Direito brasileiro. *Revista de Direito Administrativo*, Rio de Janeiro, v. 232, abr./jun. 2003.

[40] DWORKIN, Ronald. *Law's Empire*. Cambridge: Belknap Press/Harvard University, 1986. p. 278.

[41] A frase está no artigo "Judicialização, ativismo judicial e legitimidade democrática" do Min. Barroso (p. 27) que, em seguida, refere-se expressamente ao "refluxo das concepções marxistas". Destas ele claramente se aproxima ao afirmar a inexistência de "objetividade plena do ordenamento" e da "neutralidade absoluta do intérprete. É certo que logo adiante ele afirma que o "Direito não é política", mas "nem sempre é nítida e certamente não é fixa" a linha divisória entre direito e política.

trutura econômica.[42] Assim, ele muda quando essa evolui. Por isto, em momentos de transição — e a época atual seria uma delas —, haveria o direito "posto" — o do presente que está em vias de superação — e já existe um direito "novo", o do futuro, talvez "encontrado na rua".[43] Este é que o ativista há de usar, para acelerar a transformação revolucionária que trará o paraíso para sociedade.

Não se ignore que, frequentemente, é o ativismo instigado pelo "clamor das ruas". O posicionamento acima da lei ou contra a lei é impulsionado pelos meios de comunicação de massa e pelas redes sociais. O ativista procura não ser vilipendiado por aqueles que não conhecem o direito, ou, ser aplaudido pelos que almejam a satisfação de suas paixões ou convicções. Ou, ainda, com a melhor das intenções, pretende evitar que o Judiciário sofra uma deslegitimação...[44]

Para o ativismo, ademais, muito contribui, a meu ver, uma dessacralização da prestação judicial, favorecida, em nome da transparência, pela transmissão "ao vivo" de sua operação. Disto decorre, não raro, ser essa operação, acompanhada como uma competição esportiva, ou um debate de ideias e sofismas, por um público despreparado para compreender os seus parâmetros e implicações profundas.

5. A NEGAÇÃO DO CONSTITUCIONALISMO E DO ESTADO DE DIREITO

A principal decorrência do ativismo é a quebra da segurança jurídica, finalidade essencial do Estado de Direito.[45] E este, como limitação ao exercício do poder, é o próprio cerne do constitucionalismo.

Com efeito, torna imprevisível, para os órgãos públicos e aos próprios cidadãos, a conduta conforme a lei.

Significa a aplicação de norma criada — melhor se diria inventada — *ex post facto*, que é aplicada retroativamente — seja-se enfaticamente redundante.

É, ademais, o ativismo, no plano da jurisdição constitucional, flagrante usurpação do poder constituinte. Ele desfaz e refaz a Constituição, alterando-a a seu bel-prazer.[46]

E não raro com resultados desastrosos.[47]

---

[42] O Min. Barroso reconhece a influência dessa concepção na formação do ideário difuso do pós-positivismo, no artigo "Fundamentos...", cit., p. 52, e também no artigo "Judicialização...", cit., p. 27. Não é dele, porém, a distinção entre o "direito posto" e o "direito novo".

[43] Não se confunda essa distinção com a que faz o Prof. Eros Grau entre "direito posto" e "direito pressuposto", como está no livro *La doppia destrutturazione del Diritto*, particularmente na seção segunda — "Il diritto posto e il diritto presupposto".

[44] O temor de que isto suceda foi recentemente mencionado por Ministro do STF em entrevista ao jornal *O Estado de S. Paulo*, 31 mar. 2019.

[45] Cf. GALVÃO, Jorge Octavio Lavocat. *O neoconstitucionalismo e o fim do Estado de Direito*. São Paulo: Saraiva, 2014.

[46] Cf. FERREIRA FILHO, Manoel Gonçalves. A (re)construção do ordenamento constitucional brasileiro pelo Supremo Tribunal Federal. In: VV.AA. *Estudos em homenagem ao Prof. Dr. Jorge Miranda*. Coimbra: Coimbra Editora, 2012. v. II, p. 541 e ss.

[47] Exemplo incontestável disto é a "ressurreição", no Brasil, em 2007, da fidelidade partidária, por obra do TSE, com a bênção do STF. Teve ela o efeito perverso de multiplicar o número de partidos, fragmentando a representação parlamentar e dificultando a governabilidade, na medida

6. A NEGAÇÃO DA DEMOCRACIA E PARTICULARMENTE DA DEMOCRACIA REPRESENTATIVA

Outra implicação do ativismo é a negação da democracia. Ele, ao "fazer" o direito, usurpa a soberania do povo, na medida em que o direito exprime a governança. Lembre-se que, numa democracia, o povo se governa diretamente ou por meio de representantes que elege, como está na Constituição brasileira (art. 1º, parágrafo único). Sem legitimidade democrática, o ativista pretende governar.

Traduz o ativismo um claro elitismo. O ativista se pretende mais sábio do que o legislador, mesmo constituinte, mais sábio do que o representante do povo.

Nisto, ele é favorecido pela crise da democracia representativa, manifestada num desprezo e mesmo numa hostilidade contra a "classe política". Esta seria integrada por ignorantes, incapazes e corruptos salvo exceções raras.

Cabe, neste ponto, uma observação sociológica.

O estamento judicial é grupo social de elite. Tem ele um *status*, uma formação intelectual, recursos financeiros muito acima da grande maioria da população.

Tem ele, em razão dessa formação intelectual, não apenas um conhecimento técnico em razão de aprendizado para operadores do direito, mas também um nível cultural diverso do comum. Nisto, é aberto para ideias e modismos, vindos do estrangeiro.

Tem, igualmente, interesses que não se confundem sempre e necessariamente com os da maioria.

É uma aristocracia e, obviamente, se porta como tal. Entretanto, o governo democrático não é um governo pela aristocracia. É um governo pelo povo, por intermédio do que se chama de "classe política" — até que se encontre fórmula melhor.

Neste quadro, numa elite, pode surgir um desprezo, uma decepção com o estado de coisas, mormente no plano jurídico que lhe toca de perto. Disto, a querer mudá-lo, é um passo, mas um passo elitista. Para tanto, frequentemente importa ideias e modismos vindos dos países estrangeiros que toma como modelo. É o que um grupo de operadores do direito buscou dos "liberais" de Harvard.

Esse elitismo, porém, nem sempre promove o "progresso". Notórios são os equívocos de membros da elite jurídica que adotaram posições pró-nazistas na Alemanha — como Carl Schmitt —; fascistas na Itália — p. ex. Alfredo Rocco —; e muitos outros pelo mundo afora, incluindo o Brasil.[48]

É preciso ter a humildade de reconhecer que as elites e seus sábios muitas vezes se enganam.

Nem é preciso apontar que o ativismo contraria a separação dos poderes, peça essencial da democracia — tal qual é consagrada no modelo institucional que vivemos — e do próprio constitucionalismo. Isto, como já se apontou, é flagrante.

---

em que estimulou os descontentes com o partido em que militavam, a criarem o "seu" partido. E este "novo" partido não passa de uma máquina de disputar eleições em nome de interesses pessoais, com todas as benesses em matéria de recursos etc., previstas na legislação eleitoral.

[48] Cf. TELLES JUNIOR, Goffredo. *A democracia e o Brasil*: uma doutrina para a Revolução de Março. São Paulo: Revista dos Tribunais, 1965.

Acrescente-se, por fim, que o ativismo prejudica e não aprimora a governança. A razão é simples: o processo judicial não permite a visão de conjunto indispensável à condução dos negócios públicos, afasta a consideração de oportunidades e prioridades. Fere de modo geral o possível, porque tudo não pode ser concretizado ao mesmo tempo, com recursos que são necessariamente limitados.

7. O PAPEL LEGÍTIMO DA JUSTIÇA CONSTITUCIONAL

É preciso distinguir do ativismo a atuação legítima da justiça constitucional no âmbito da judicialização. Ela não incide em ativismo, quando atua, seja como legislador negativo, seja como controlador, nos termos e nos limites da Lei Suprema.

É certo que suas decisões têm efeitos políticos, como sempre possuiu a fiscalização de constitucionalidade. Por esse prisma, pode-lhe ser reconhecido um papel político. Entretanto, esse papel político não importa num poder político, nem, necessariamente, numa politização.

O ativismo ocorre quando, na jurisdição constitucional, vai além da Constituição, vai contra a Constituição, ou fora da Constituição. Há nisso um evidente desvio de poder, um abuso de direito. Ocorre também, quando, na jurisdição ordinária, desobedece à lei usando de pretextos, inclusive, constitucionais.

Tal ativismo é, certamente, uma ameaça ao constitucionalismo e à democracia, bem como hostil ao Estado de Direito.

A ocorrência do fenômeno ativista deve ser combatida, sem que se demonize a judicialização. Para tanto, é preciso distinguir esta do ativismo que há de ser defrontado racionalmente. É o que tenho a pretensão de haver feito.

SUGESTÃO DE LEITURA COMPLEMENTAR – Nacionais: Elival da Silva Ramos, *Ativismo judicial: parâmetros dogmáticos;* Jorge Lavocat Galvão, *O neoconstitucionalismo e o fim do Estado de Direito;* Obras do autor: *Aspectos do direito constitucional contemporâneo; A ressurreição da democracia:* Santo André, Dia a Dia Forense, 2020; *A nova Constituição de 1988?*, coordenada pelo autor e Roger Stiefelman Leal, Santo André: Dia a Dia Forense, 2021.

BIBLIOGRAFIA

ACHEN, Christopher; BARTELS, Larry M. *Democracy for realists*. Princeton: Princeton University Press, 2016.

ALEIXO, Pedro. *Imunidades parlamentares*. Belo Horizonte: Revista Brasileira de Estudos Políticos, 1961.

ALEXY, Robert. *Teoría de los derechos fondamentales*. 2. reimpr. Madrid: Centro de Estudios Constitucionales, 2001.

ALMEIDA, Fernanda Dias Menezes de. *Competências na Constituição de 1988*. 6. ed. São Paulo: Atlas, 2013.

ALMEIDA, Fernanda Dias Menezes de. *Competências na Constituição de 1988*. São Paulo: Atlas, 1991.

ALMEIDA, Fernanda Dias Menezes de. *Imunidades parlamentares*. Brasília: Câmara dos Deputados, 1982.

AMARAL JÚNIOR, José Levi Mello do. *Da admissibilidade da restrição temporal dos efeitos das decisões de inconstitucionalidade em controlo concreto*. In: Encontro Luso-Brasileiro de Direito Constitucional na Faculdade de Direito da Universidade de Lisboa, abr. 2010.

ARON, Raymond. *Democracia e totalitarismo*. Lisboa: Presença, 1966.

ARON, Raymond. *Démocratie et totalitarisme*. Paris: Gallimard, 1965.

ÁVILA, Humberto. *Teoria dos princípios*. 3. ed. São Paulo: Malheiros, 2003.

AVRIL, Pierre. *Les conventions de la Constitution*. Paris: Presses Universitaires de France, 1997. (Coll. Léviathan).

AVRIL, Pierre; VERPEAUX, Michel (Dir.). *Les règles et principes non écrits en droit public*. Paris: Pantheon-Assas, 2000. (Collection Droit public).

BARACHO, José Alfredo de Oliveira. *Teoria geral do federalismo*. Rio de Janeiro: Forense, 1986.

BARBOSA, Rui. *Comentários à Constituição Federal brasileira*. São Paulo: Saraiva, 1934. v. V.

BARBOSA, Rui. Estado de sítio. In: _____. *Obras completas*. Rio de Janeiro Ministério da Educação e Cultura, 1892. v. XIX, t. III.

BARRE, Raymond. *Économie politique*. Paris: Presses Universitaires de France, 1957. t. 1.

BARROSO, Luís Roberto. Judicialização, ativismo judicial e legitimidade democrática. *Anuario Iberoamericano de Justicia Constitucional*, Centro de Estudios Políticos y Constitucionales, Madrid, n. 13, p. 17 e ss., 2009.

BARROSO, Luís Roberto. Fundamentos teóricos e filosóficos do novo direito constitucional brasileiro (pós-modernidade, teoria crítica e pós-positivismo). *Revista de Direito Administrativo*, Rio de Janeiro, v. 225, p. 6, jul./set. 2003.

BARROSO, Luís Roberto. BARCELLOS, Ana Paula de. O começo da história. A nova interpretação constitucional e o papel dos princípios no Direito brasileiro. *Revista de Direito Administrativo*, Rio de Janeiro, v. 232, abr./jun. 2003.

BASTID, Paul. *Le gouvernement d'assemblée*. Paris: Cujas, 1956.

BIELSA, Rafael. A ação popular e o poder discricionário da administração. *Revista de Direito Administrativo*, v. 38, 1954.

BITTENCOURT, C. A. Lúcio. *O controle jurisdicional da constitucionalidade das leis*. Rio de Janeiro: Forense, 1949.

BROSSARD, Paulo. *O impeachment*. Porto Alegre: Globo, 1965.

BURDEAU, Georges. *Traité de Science Politique*. 2. ed. Paris : Libraire Générale de Droit et de Jurisprudence, 1969. v. 4, n. 186.

BURDEAU, Georges. *O Poder Executivo na França*. Belo Horizonte: Revista Brasileira de Estudos Políticos, 1961.

BUZAID, Alfredo. *Da ação direta de declaração de inconstitucionalidade no direito brasileiro*. São Paulo: Saraiva, 1958.

BUZAID, Alfredo. *Da ação direta de controle de constitucionalidade*. São Paulo: Saraiva, 1958.

CALVEZ, Jean-Yves; PERRIN, Jacques. *Église et société économique*. Paris: Aubier, 1959.

CAMPOS FILHO, Paulo Barbosa de. A ação popular constitucional. *Revista de Direito Administrativo*, v. 38, 1954.

CANOTILHO, José Joaquim Gomes. *Direito constitucional e teoria da Constituição*. 7. ed. Coimbra: Almedina, 2003.

CAPPELLETTI, Mauro. *Il controllo giudiziario di costituzionalità delle leggi nel diritto comparato*. Milano: Giuffrè, 1968.

COLLIARD, Claude-Albert. *Libertés publiques*. Paris: Dalloz, 1968. n. 354.

CORWIN, Edward S. *The president*: office and powers. 4. ed. New York: New York University Press, 1957.

CASSEB, Paulo Adib. *Processo legislativo – atuação das comissões permanentes e temporárias*. São Paulo: RT, 2008.

DAHL, Robert A. *Polyarchy*. New Haven/London: Yale University Press, 1972.

DAHL, Robert A. *A preface to democratic theory*. Chicago: University of Chicago Press, 1956.

DICEY, A.V. *Introduction to the study of the Law of the constitution*. 3. ed. London/New York: Macmillan & CO., 1889.

DAHL, Robert A. *The Law of the Constitution*. Oxford: Oxford University Press, 2013.

DÓRIA, Antônio de Sampaio. *Direito constitucional*. 3. ed. São Paulo: Editora Nacional, 1953. t. 2.

DURAND, Charles. *Confédération d'États et État fédéral*. Paris: Marcel Rivière, 1955.

DUVERGER, Maurice. *Les partis politiques*. Paris: Armand Colin, 1951.

DUVERGER, Maurice. *Os partidos políticos*. 3. ed. Rio de Janeiro: Guanabara, 1987.

DUVERGER, Maurice. *La cinquième république*. 5. ed. Paris: Presses Universitaires de France, 1974.

DWORKIN, Ronald. *Law's Empire*. Cambridge: Belknap Press/Harvard University, 1986.

FAGUNDES, M. Seabra. Conceito de mérito no direito administrativo. *Revista de Direito Administrativo*, v. 23, 1951.

FAVOREU, Louis; LLORENTE, Francisco Rubio. *El bloque de constitucionalidad*. Madrid: Civitas; Sevilla: Universidad, 1991. (Cuadernos Civitas).

FERRAZ, Anna Cândida da Cunha. *Processos informais de mudança da Constituição*. 2. ed. Osasco: Edifieo, 2015.

FERREIRA FILHO, Manoel Gonçalves. A (re)construção do ordenamento constitucional brasileiro pelo Supremo Tribunal Federal. In: VV.AA. *Estudos em homenagem ao Prof. Dr. Jorge Miranda.* Coimbra: Coimbra Editora, 2012. v. II.

FERREIRA FILHO, Manoel Gonçalves; *A ressurreição da democracia.* Santo André: Dia a Dia Forense, 2020; *A nova Constituição de 1988?*, coordenada pelo autor e Roger Stiefelmann Leal. Santo André: Dia a Dia Forense, 2021.

FERREIRA FILHO, Manoel Gonçalves. O papel político do Judiciário na ordem constitucional. *Revista do Advogado*, da AASP (Associação dos Advogados de São Paulo), São Paulo, ano XXVIII, set. 2008.

FERREIRA FILHO, Manoel Gonçalves. Notas sobre o direito constitucional pós-moderno, em particular sobre certo neoconstitucionalismo à brasileira. *Revista de Direito Administrativo*, v. 250, p. 151 e ss., jan./abr. 2009.

FERREIRA FILHO, Manoel Gonçalves. Notas sobre o direito constitucional pós-moderno – em particular sobre certo neoconstitucionalismo à brasileira. In: FERREIRA FILHO, Manoel Gonçalves. *Aspectos do Direito Constitucional contemporâneo*. 3. ed. São Paulo: Saraiva, 2011.

FERREIRA FILHO, Manoel Gonçalves. O Estado Federal brasileiro à luz da Constituição de 1988, *Revista da Faculdade de Direito da USP*, São Paulo, v. 86, p. 116 e ss., 1991.

FERREIRA FILHO, Manoel Gonçalves. Regime político. *Enciclopédia Saraiva do Direito*. São Paulo: Saraiva, 1981. v. 64.

FERREIRA FILHO, Manoel Gonçalves. Presidencialismo exacerbado, Legislativo fragilizado e Judiciário politizado. In: MARTINS, Ives Gandra da Silva (Coord.). *Princípios constitucionais relevantes*. São Paulo: Fecomércio, 2011.

FERREIRA FILHO, Manoel Gonçalves. Poder Judiciário na Constituição de 1988: judicialização da política e politização da justiça. *Revista de Direito Administrativo*, Rio de Janeiro, v. 198, p. 1 e ss., out./dez. 1994.

FERREIRA FILHO, Manoel Gonçalves. A concretização dos princípios constitucionais no Estado Democrático de Direito". In: YARSHELL, Flávio; MORAES, Maurício Zanoide de (Coord.). *Estudos em homenagem à Professora Ada Pellegrini Grinover*. São Paulo: DPJ Editora, 2005.

FERREIRA FILHO, Manoel Gonçalves. *O estado de sítio*. São Paulo: Revista dos Tribunais, 1964.

FERREIRA FILHO, Manoel Gonçalves. *Os partidos políticos nas Constituições democráticas*. Belo Horizonte: Revista Brasileira de Estudos Jurídicos, 1966. [Versão em português da tese de doutorado *Le Statut Constitutionnel des Partis Politiques au Brasil, en Italie en Allemagne et en France*. Paris, 1960.]

FERREIRA FILHO, Manoel Gonçalves. *Do processo legislativo*. 7. ed. São Paulo: Saraiva, 2012.

FERREIRA FILHO, Manoel Gonçalves. *A democracia possível*. 5. ed. São Paulo: Saraiva, 1979.

FERREIRA FILHO, Manoel Gonçalves. *Comentários à Constituição brasileira*. 6. ed. São Paulo: Saraiva, 1986.

FERREIRA FILHO, Manoel Gonçalves. *O poder constituinte*. 6. ed. São Paulo: Saraiva, 2014.

FERREIRA FILHO, Manoel Gonçalves. *Sete vezes democracia*. São Paulo: Convívio, 1977.

FERREIRA FILHO, Manoel Gonçalves. *A reconstrução da democracia*. São Paulo: Saraiva, 1979.

FERREIRA FILHO, Manoel Gonçalves. *O anteprojeto dos notáveis*. São Paulo: Saraiva, 1987.

FERREIRA FILHO, Manoel Gonçalves. *Ideias para a nova Constituição brasileira*. São Paulo: Saraiva, 1987.

FERREIRA FILHO, Manoel Gonçalves. *Estado de direito e Constituição*. 4. ed. São Paulo: Saraiva, 2007.

FERREIRA FILHO, Manoel Gonçalves. *Comentários à Constituição brasileira de 1988*. São Paulo: Saraiva, 1990. v. 1.

FERREIRA FILHO, Manoel Gonçalves. *Comentários à Constituição brasileira de 1988*. São Paulo: Saraiva, 1992. v. 2.

FERREIRA FILHO, Manoel Gonçalves. *Comentários à Constituição brasileira de 1988*. São Paulo: Saraiva, 1994. v. 3.

FERREIRA FILHO, Manoel Gonçalves. *Comentários à Constituição brasileira de 1988*. São Paulo: Saraiva, 1995. v. 4.

FERREIRA FILHO, Manoel Gonçalves. *Comentários à Constituição brasileira de 1988*. 2. ed. São Paulo: Saraiva, 1997. v. 1 (abrange o v. 1 e o v. 2 anteriores).

FERREIRA FILHO, Manoel Gonçalves. *Comentários à Constituição brasileira de 1988*. São Paulo: Saraiva, 1999. v. 2 (abrange o v. 3 e o v. 4 anteriores).

FERREIRA FILHO, Manoel Gonçalves. *Comentários à Constituição brasileira de 1988*. 3. ed. São Paulo: Saraiva, 2000. v. 1.

FERREIRA FILHO, Manoel Gonçalves. *Direito constitucional econômico*. São Paulo: Saraiva, 1990.

FERREIRA FILHO, Manoel Gonçalves. *O Parlamentarismo*. São Paulo: Saraiva, 1993.

FERREIRA FILHO, Manoel Gonçalves. *Constituição e governabilidade*. São Paulo: Saraiva, 1995.

FERREIRA FILHO, Manoel Gonçalves. *Direitos humanos fundamentais*. 14. ed. São Paulo: Saraiva, 2012.

FERREIRA FILHO, Manoel Gonçalves. *A democracia no limiar do século XXI*. São Paulo: Saraiva, 2001.

FERREIRA FILHO, Manoel Gonçalves. *Aspectos do direito constitucional contemporâneo*. 3. ed. São Paulo: Saraiva, 2011.

FERREIRA FILHO, Manoel Gonçalves. *Princípios fundamentais do direito constitucional*. 3. ed. São Paulo: Saraiva, 2012.

FERREIRA FILHO, Manoel Gonçalves. *Lições de direito constitucional*. São Paulo: Saraiva, 2017.

FERREIRA FILHO, Manoel Gonçalves. *A ressurreição da democracia*. Santo André: Dia a Dia Forense, 2020.

FERREIRA FILHO, Manoel Gonçalves. *A nova Constituição brasileira de 1988?* Obra coletiva coordenada com a colaboração de Roger Stiefelmann Leal. Santo André: Dia a Dia Forense, 2021.

FERREIRA FILHO, Manoel Gonçalves; GRINOVER, Ada Pellegrini; FERRAZ, Anna Cândida da Cunha (Coord.). *Liberdades Públicas*. São Paulo: Saraiva, 1978.

FRANCO, Afonso Arinos de Melo; PILA, Raul. *Presidencialismo ou parlamentarismo?* Brasília: Senado Federal, Secretaria Especial de Editoração e Publicação, 1999. (Coleção biblioteca básica brasileira).

FRIEDRICH, Carl Joachim. *La démocratie constitutionnelle*. Paris: Presses Universitaires de France, 1958.

GALVÃO, Jorge Octavio Lavocat. *O neoconstitucionalismo e o fim do Estado de Direito*. São Paulo: Saraiva, 2014.

GARCÍA-PELAYO, Manuel Alonso. *Derecho constitucional comparado*. 2. ed. Madrid: Revista de Occidente, 1951.

GRAU, Eros. *La doppia destrutturazione del Diritto*. 5. reimp. Milano: Unicopli, 2000.

HORTA, Raul Machado. Evolução política da Federação. *Revista de Ciência Política*, Rio de Janeiro, v. 3, n. 1, jan./mar. 1969.

HUNGRIA, Nélson. Ação popular – pressupostos. *Revista de Direito Administrativo*, v. 54, 1958.

HUNTINGTON, Samuel P. *A ordem política nas sociedades em mudança*. Rio de Janeiro: Forense Universitária; São Paulo: Editora da Universidade de São Paulo, 1975.

HUNTINGTON, Samuel P. *The third wave*: democratization in the late twentieth century. Oklahoma: University of Oklahoma Press, 1993.

JOÃO XXIII. Carta Encíclica *Mater et Magistra*: sobre a recente evolução da questão social à luz da doutrina cristã. Segunda Parte, n. 51.

KELSEN, Hans. *Teoria pura do direito*. 2. ed. Coimbra: Arménio Amado, 1962. v. 2.

KELSEN, Hans. *Teoria geral do direito e do Estado*. São Paulo: Martins Fontes, 2000.

KELSEN, Hans. *A democracia*. 2. ed. São Paulo: Martins Fontes, 2000.

KLEIN, Claude. *Théorie et pratique du pouvoir constituant*. Paris: Presses Universitaires de France, 1996.

LAUBADÈRE, André de; DELVOLVÉ, Pierre. *Droit public économique*. 4. ed. Paris: Dalloz, 1983.

LEME, Ernesto. *A intervenção federal nos Estados*. São Paulo: Revista dos Tribunais, 1930.

LESSA, Pedro. *Do Poder Judiciário*. Rio de Janeiro: Francisco Alves, 1915.

LIMA SOBRINHO, Barbosa. *As imunidades dos deputados estaduais*. Belo Horizonte: Revista Brasileira de Estudos Políticos, 1966.

LIJPHART, Arend. *Parliamentary* versus *presidential government*. Oxford: Oxford University Press, 1992.

LOCKE, John. *Segundo tratado sobre o governo civil*. Petrópolis: Vozes, 1994.

LOEWENSTEIN, Karl. *Political power and the governmental process*. 2. ed. Chicago: University of Chicago Press, 1965.

MARQUES, José Frederico. *Da competência em matéria penal*. São Paulo: Saraiva, 1953.

MARQUES, José Frederico. As ações populares no direito brasileiro. *Revista de Direito Administrativo*, v. 52, 1958.

MARTINS, Ives Gandra da Silva. A Constituição "conforme" o STF. *Folha de S. Paulo*, São Paulo, 23 maio 2011, p. 3.

MARTINS, Ives Gandra da Silva. *Princípios constitucionais relevantes*. São Paulo: Fecomércio, 2011.

MAXIMILIANO, Carlos. *Comentários à Constituição brasileira de 1891*. Brasília: Senado Federal, 2005.

MAXIMILIANO, Carlos. *Hermenêutica e aplicação do direito*. 20. ed. Rio de Janeiro: Forense, 2011.

MCILWAIN, Charles Howard. *Constitutionalism*: ancient and modern. Indianapolis: Liberty Fund, 2010.

MEIRELLES, Hely Lopes. *Mandado de segurança*. 31. ed. atual. por Arnoldo Wald e Gilmar Ferreira Mendes. São Paulo: Malheiros, 2008.

MENDES, Gilmar Ferreira. *Jurisdição constitucional*. 6. ed. São Paulo: Saraiva, 2013.

MENDES, Gilmar Ferreira; MORAIS, Carlos Blanco de (Org.). *Mutações constitucionais*. São Paulo: Saraiva, 2016.

MICHELS, Robert. *Para uma sociologia dos partidos na moderna democracia*. Lisboa: Antígona, 2001.

MIRANDA, Jorge. *Manual de direito constitucional*. 7. ed. Coimbra: Coimbra Editora, 2013. t. II.

MONTESQUIEU, Charles de Secondat. *O espírito das leis.* 9. ed. São Paulo: Saraiva, 2008.

The judicialization of Politics, International Political Science Review, v. 15, n. 2, Apr. 1994.

NUNES, José de Castro. *Do mandado de segurança e de outros meios de defesa contra atos do poder público.* Rio de Janeiro: Forense, 1954.

PERELMAN, Chaïm. *Logique juridique.* Paris: Dalloz, 1976.

PONTES DE MIRANDA, Francisco Cavalcanti. *Comentários à Constituição de 1967.* São Paulo: Revista dos Tribunais, 1967. v. 3 e 4.

PONTES DE MIRANDA, Francisco Cavalcanti. *História e prática do "habeas corpus":* direito constitucional e processual comparado. 4. ed. Rio de Janeiro: Borsoi, 1962.

RAMOS, Elival da Silva. *Ativismo judicial:* parâmetros dogmáticos. São Paulo: Saraiva, 2010.

RAPPARD, William E. *La Constitution fédérale de la Suisse:* 1848-1948. Boudry, Neuchâtel: La Baconnière, 1948.

REALE, Miguel. Município, criação, natureza jurídica; limites do poder do estado federado; direito ao território. *Revista Forense,* Rio de Janeiro, v. 162, p. 71-77, 1955.

RIPERT, Georges. *Aspectos jurídicos do capitalismo moderno.* trad. port. Rio de Janeiro: Freitas Bastos, 1947.

ROUSSEAU, Jean-Jacques. *Do contrato social.* São Paulo: Penguin, 2011.

RUFFIA, Paolo Biscaretti di. *Le norme della correttezza costituzionale.* Milano: Giuffrè, 1939.

SAMPAIO, Nelson de Souza. *Do inquérito parlamentar.* Rio de Janeiro: Fundação Getulio Vargas, 1964.

SARTORI, Giovanni. *The theory of democracy revisited.* Washington: CQ Press, 1987.

SARTORI, Giovanni. *Partidos e sistemas partidários.* Rio de Janeiro: Zahar; Brasília: UnB, 1982.

SARTORI, Giovanni. *Partidos e sistemas eleitorais.* Brasília: Zahar, 1982.

SARTORI, Giovanni. *Engenharia constitucional.* Brasília: UnB, 1996.

SAUVY, Alfred. *La bureaucratie.* Paris: Presses Universitaires de France, 1956.

SIEYÈS, Emmanuel Joseph. *Qu'est-ce que le tiers état?* Paris: Chez Alexandre Correard, 1822.

SILVEIRA José Britto da et al. Elementos militares do poder nacional. *Revista Brasileira de Estudos Políticos,* v. 21, p. 209, 1966.

SMITH, Adam. *Da riqueza das nações.* trad. port. São Paulo: Abril, 1983. v. 1.

SOUZA, Washington Albino Peluso de. *Do econômico nas Constituições vigentes.* Belo Horizonte: Revista Brasileira de Estudos Políticos, 1961.

SUNSTEIN, Cass. *A Constituição parcial.* Belo Horizonte: Del Rey, 2008.

TELLES JUNIOR, Goffredo. *A democracia e o Brasil:* uma doutrina para a Revolução de Março. São Paulo: Revista dos Tribunais, 1965.

TOCQUEVILLE, Alexis de. *De la démocratie en Amérique.* Paris: Flammarion, 2010.

TÔRRES, João Camilo de Oliveira. As Forças Armadas como força política. *Revista Brasileira de Estudos Políticos,* v. 20, p. 39, 1966.

UNESCO. Le rôle de l'exécutif dans l'État Moderne. *Bulletin,* v. 10, n. 2, 1958.

VEDEL, Georges. *Droit administratif.* Paris: Presses Universitaires de France, 1961.

VICENTE DO SALVADOR, Frei. *História do Brasil.* Belo Horizonte: Itatiaia, 1982.

WHEARE, Kenneth C. *Modern Constitutions.* Oxford: Oxford University Press, 1966.

WILLOUGHBY, Westel Woodbury. *The Constitutional Law of the United States.* New York: Baker, Voorhis & Company, 1910. v. 2.